教育部哲学社会科学系列发展报告
MOE Serial Reports on Developments in Humanities and Social Sciences

中国都市化进程报告2013

Report on Metropolitanization Advance in China 2013

刘士林 主编

北京大学出版社
PEKING UNIVERSITY PRESS

图书在版编目(CIP)数据

中国都市化进程报告.2013/刘士林主编.—北京:北京大学出版社,2014.1
(教育部哲学社会科学系列发展报告)
ISBN 978-7-301-23569-0

Ⅰ.①中… Ⅱ.①刘… Ⅲ.①城市化进程-研究报告-中国-2013
Ⅳ.①F299.21

中国版本图书馆CIP数据核字(2013)第296513号

书　　名:中国都市化进程报告2013
著作责任者:刘士林　主编
责 任 编 辑:闵艳芸
标 准 书 号:ISBN 978-7-301-23569-0/G·3755
出 版 发 行:北京大学出版社
地　　址:北京市海淀区成府路205号　100871
网　　址:http://www.pup.cn
新 浪 微 博:@北京大学出版社
电 子 信 箱:minyanyun@163.com
电　　话:邮购部62752015　发行部62750672　编辑部62750673
出版部62754962
印 刷 者:北京鑫海金澳胶印有限公司
经 销 者:新华书店
730毫米×980毫米　16开本　21.5印张　393千字
2014年1月第1版　2014年1月第1次印刷
定　　价:55.00元

总　　序

哲学社会科学的发展水平，体现着一个国家和民族的思维能力、精神状态和文明素质，反映了一个国家的综合国力和国际竞争力。在社会发展历史进程中，哲学社会科学往往是社会变革、制度创新的理论先导，特别是在社会发展的关键时期，哲学社会科学的地位和作用就更加突出。在我国从大国走向强国的过程中，繁荣发展哲学社会科学，不仅关系到我国经济、政治、文化、社会建设以及生态文明建设的全面协调发展，而且关系到社会主义核心价值体系的构建，关系到全民族的思想道德素质和科学文化素质的提高，关系到国家文化软实力的增强。

党的十六大以来，以胡锦涛同志为总书记的党中央高度重视哲学社会科学，从中国特色社会主义发展全局的战略高度，把繁荣发展哲学社会科学作为重大而紧迫的任务进行谋划部署。2004 年，中共中央下发《关于进一步繁荣发展哲学社会科学的意见》，明确了新世纪繁荣发展哲学社会科学的指导方针、总体目标和主要任务。党的十七大报告明确指出："繁荣发展哲学社会科学，推进学科体系、学术观点、科研方法创新，鼓励哲学社会科学界为党和人民事业发挥思想库作用，推动我国哲学社会科学优秀成果和优秀人才走向世界。"2011 年，党的十七届六中全会审议通过的《中共中央关于深化文化体制改革、推动社会主义文化大发展大繁荣若干重大问题的决定》，把繁荣发展哲学社会科学作为推动社会主义文化大发展大繁荣、建设社会主义文化强国的一项重要内容，深刻阐述了繁荣发展哲学社会科学一系列带有方向性、根本性、战略性的问题。这些重要思想和论断，集中体现了我们党对哲学社会科学工作的高度重视，为哲学社会科学繁荣发展指明了方向，提供了根本保证和强大动力。

为学习贯彻党的十七届六中全会精神，教育部于 2011 年 11 月 17 日在北京召开全国高等学校哲学社会科学工作会议。中共中央办公厅、国务院办公厅转发《教育部关于深入推进高等学校哲学社会科学繁荣发展的意见》，明确提出到 2020 年基本建成高校哲学社会科学创新体系的奋斗目标。教育部、财政部联合印发《高等学校哲学社会科学繁荣计划(2011—2020 年)》，教育部下发《关于进一步改进高等学校哲学社会科学研究评价的意见》、《高等学校哲学社会科学"走出去"计划》、《高等学校人文社会科学重点研究基地建设计划》等系列文件，启动了新一轮"高校哲学社会科学繁荣计划"。未来十年，高校哲学社会科学将着力构建九大体系，即学科和教材体系、创新平台体系、科研项目体系、社会服务体系、条件支撑体系、人才队伍体系、现代科研管理体系和学风建设工作体系，同时，大力实施高校哲学社会科学“走出去”计划，提升国际学术影响力和话语权。

当今世界正处在大发展大变革大调整时期，我国已进入全面建设小康社会的关键时期和深化改革开放、加快转变经济发展方式的攻坚时期。站在新的历史起点上，高校哲学社会科学面临着难得的发展机遇和有利的发展条件。高等学校作为我国哲学社会科学事业的主力军，必须充分发挥人才密集、力量雄厚、学科齐全等优势，坚持马克思主义立场观点方法，以重大理论和实际问题为主攻方向，立足中国特色社会主义伟大实践进行新的理论创造，形成中国方案和中国建议，为国家发展提供战略性、前瞻性、全局性的政策咨询、理论依据和精神动力。

自2010年始，教育部启动哲学社会科学研究发展报告资助项目。发展报告项目以服务国家战略、满足社会需求为导向，以数据库建设为支撑，以推进协同创新为手段，通过组建跨学科研究团队，与各级政府部门、企事业单位、校内外科研机构等建立学术战略联盟，围绕改革开放和社会主义现代化建设的重点领域和重大问题开展长期跟踪研究，努力推出一批具有重要咨询作用的对策性、前瞻性研究成果。发展报告必须扎根社会实践、立足实际问题，对所研究对象的发展状况、发展趋势等进行持续研究，强化数据采集分析，重视定量研究，力求有总结、有分析、有预测。发展报告按照“统一标识、统一封面、统一版式、统一标准”纳入“教育部哲学社会科学发展报告文库”集中出版。计划经过五年左右，最终稳定支持百余种发展报告，有力支撑“高校哲学社会科学社会服务体系”建设。

展望未来，夺取全面建设小康社会新胜利、谱写人民美好生活新篇章的宏伟目标和崇高使命，呼唤着每一位高校哲学社会科学工作者的热情和智慧。我们要不断增强使命感和责任感，立足新实践，适应新要求，以建设具有中国特色、中国风格、中国气派的哲学社会科学为根本任务，大力推进学科体系、学术观点、科研方法创新，加快建设高校哲学社会科学创新体系，更好地发挥哲学社会科学认识世界、传承文明、创新理论、咨政育人、服务社会的重要功能，为全面建设小康社会、推进社会主义现代化、实现中华民族伟大复兴作出新的更大的贡献。

教育部社会科学司
2012年7月

目　　录

主题报告：中国式城市化的宏观观察与趋势分析

上篇：中国城镇化的概念辨析、关系阐释与战略思考

2012年12月4日，中央经济工作会议首次提出“城镇化是我国现代化建设的历史任务，也是扩大内需的最大潜力所在”，并将城镇化列入下一年经济工作的主要任务。2013年3月17日，李克强总理在回答中外记者提问时指出：“中国的城镇化规模之大为人类历史所未有，不仅对中国的发展很重要，而且会影响世界。”同时，他还强调说：“城镇化是现代化的必然趋势，也是广大农民的普遍愿望，它不仅可以带动巨大的消费和投资需求，创造更多的就业机会，其直接作用还是富裕农民、造福人民。”据不完全统计，两会期间代表有关城镇化的建议和提案超过了500件，使近年来备受关注的中国城市化问题愈加凸显。与之相比，学术界对中国城市化的特点、规律、战略、路径等基础研究显得相对不足，难以满足中国城乡在快速发展中对观念、理论、思想和智慧的强烈需要。深入探讨“城镇化”战略的内涵和本质属性，着手梳理当下在这个问题上存在的各种认识误区及混乱标准，既是针对现实问题的补课，有助于认识和评估城镇化指导思想、重大方针和政策措施，同时也是面向未来的构建，直接关系到如何“引导城镇化健康发展”以及是否可以真正完成“提高城镇化质量”。

一、概念辨析：城镇化、城市化与都市化

在城市发展热浪滚滚、“城镇化”成为国家战略概念并被社会各界和媒体高频使用的当下，实际上很有必要提出一个具有基础和前提性的问题，即“城镇化”这个概念的确切内涵是什么？进一步说，它与人们日常习惯使用的“城市化”、“都市化”等具有家族类似性的概念有何本质上的异同，以及作为国家战略概念的“城镇化”与学术界惯常使用的“城镇化”究竟是一种什么样的关系？就此而言，当下的这种情景和态势，很容易使人想到海德格尔当年对“存在”一词的困惑。在《存在与时间》扉页上，海德格尔曾题写了这样一句话：“当你们用‘存在着’这个词的时候，显然你们早就熟悉这究竟是什么意思。不过，虽然我们也曾相信领会了它，现在却茫然失措了。”[①]而在这些基本概念、范畴的界定和阐释上的缺乏和含糊，不仅

① 〔德〕海德格尔著，陈嘉映等译：《存在与时间》，北京三联书店1987年版，扉页。

直接影响到当代人对城市发展应有的正确态度与理性判断，同时也会由此深入影响到我国城镇化进程的方方面面，必须回过头来“补课”和“交代”。

依据人口和资源的空间流动方式及由此形成的城市层级体系，我们曾提出过当代城市化进程主要包括城镇化、城市化、都市化三个层面[①]。也可以说，城镇化、城市化、都市化这三个概念既紧密联系又有所区别，构成了认识和研究当今城市化进程规律和特点的范畴群。由此可知，与城镇化关系最密切的概念，主要是“城市化”和“都市化”，其中，“都市”与“城镇”的层级差异比较明显，而居于中间层的“城市化”成为我们界定“城镇化”概念的关键。但在城市社会学的相关研究中，这两个概念的差异和区别一直比较含糊，原因在于“城镇化”与“城市化”的英文拼写均做 Urbanization，究竟译为何者、如何使用完全基于学者的个人选择和判断。尽管在概念上略有差异，但不管是城镇化，还是城市化，都是指农业性的环境、资源、人口、财产、社会结构、文化传统、生活方式、审美观念的现代化进程。但在这些城市化研究中，也有一个普遍存在的问题，其关注点主要集聚在农村人口与资源转变为非农性的人口与资源，而至于它们是转移到小城镇、大中城市，还是 20 世纪 60 年代后出现的“国际大都市”和“世界级城市群”，特别是由于城市规模和层级差异而对原本属于农业文明的一切所产生的巨大影响，一般的城市社会学是很少考虑和加以细分的。长期以来，人们对“城市化”和“城镇化”不作概念上的细分，经常混搭在一起交错使用，也根源于此。

但在当今世界进入城市时代，“城镇化”概念高调进入中国国家战略体系，大城市与小城镇的本质区别越来越明显的当下，很有必要在逻辑上严格区分城市化的不同形式并将其各自的特殊内涵加以揭示和固化，以便为规模宏大、层次繁复、矛盾交集的城市化进程提供清晰的“内在生产观念”和“客观理性指导”。当今世界是城市时代，不同层级和规模的城市，不仅在外观和形态上发生巨大变迁，更重要的是在功能和本质上也早已迥异于传统城市。从层级体系的角度看，当今城市化主要可分为三种形式：一是以县城（县级城市化区域）为中心的城镇化，二是以大中城市（区域性城市群）为中心的城市化，三是以国际大都市（世界级城市群）为中心的都市化[②]。它们分别代表了农业人口和资源三种不同的流动和集聚方式，并对不同层级的城市生产生活方式、社会组织结构、文化审美趣味产生了举足轻重的影响。但在当下的主流城市研究中，无论西方还是中国，却很少对这三种城市化形式做严格区分，其后果是不仅在理论上容易导致各种“伪问题”的产生和流行（如“北上广”特有的很多大都市问题对中西部地区的城市和城镇就很不真实），

① 刘士林：《中国都市文化研究三题议》，《中华读书报》2006 年 4 月 12 日。

② 刘士林：《都市化进程论》，《学术月刊》2006 年第 12 期。

在实践中也不利于制定系统性的层级战略规划和有较强针对性的政策法规。我们认为，在城市化进程的层级差异越来越明显的当下，以Townization（城镇化）、Urbanization（城市化）、Metropolitanization（都市化）为元概念，建构当代城市化进程研究的范畴群，分别指称当今世界的三种城市化形式，不仅有助于揭示大都市、大中城市和小城镇在形态、功能和本质上的巨大差异，使不同性质和来源的城市化问题得到正确的反映并获得真实的名分，同时也是全面了解和把握我国城镇化国家战略的复杂内在机制与真实背景，以及制定层级分明、具有分类指导功能的政策制度和路径的大前提，同时，这也是在我国城镇化进程中统一思想意识、形成发展共识及超越各种肤浅无根的理论研究与战略设计的当务之急。

和很多“日用而不知”的概念一样，中国国家领导人和部分学者之所以选择“城镇化”概念，主要原因有三方面：一是在国家战略层面看，中国是传统的农业国家，至今“三农”问题仍相当突出，其中很多新问题、新矛盾都和城市化进程的影响直接相关，同时也必须承认，在未来相当长的一段时期内，农业人口、农村社会、农民生活方式的城市化及其质量，仍是决定中国现代化进程成败的关键要素与根本性矛盾，就此而言，在国家战略中使用“城镇化”概念，表明了国家对中国农村发展的高度重视和重大关切。二是从学者文化心理的角度看，不少学者出身于农民家庭，早期的乡村生活经验和后天的“悯农”心理，使他们更喜欢把目光凝聚在作为城市化最低层级的乡镇空间，有时还会出现比较严重的“逆城市化”及“反对大都市”的倾向与问题。三是从理论谱系的角度看，则与我国城市社会学长期形成的“乡土中国”学统密切相关。在中国社会学的百年历程中，主要是由于城市化水平低等现实原因，以费孝通先生的中国本土社会学理论与方法为代表，其研究和关注的重点长期凝聚在乡村与小城镇上①，而对快速的城市化、特别是都市化进程缺乏必要的思想准备和学术积累。其中一个有代表性的案例是，尽管自2005年以来，城市群、国家中心城市等目标逐渐进入国家战略框架，突破了国务院1989年制定的“三句话方针”——“严格控制大城市规模，合理发展中等城市，积极发展小城市”，但在文化心理和理论谱系的共同作用下，很多学者依然倾向于认定“微型城市化”、“小城镇”是中国城市化的主要形式。这是“城镇化”概念远比“城市化”、“都市化”受欢迎并被广泛采用的深层原因。

由上可知，以“城镇化”概念指称当今中国的城市化进程，主要是基于国家的价值立场和个体的学术训练及文化心理。对此必须阐明的是，使用尽可以使用，但绝不能由此把“城镇化”狭义化为Townization，并将在中国城市发展中占据主导地位、与全球都市化进程相呼应的“大都市”和“城市群”排斥在外。正如十八大报

① 刘士林：《文学：从文化研究到都市文化研究》，《学术研究》2007年第10期。

告提出“构建科学合理的城市化格局”,2012 中央经济工作会议强调“大中小城市和小城镇、城市群要科学布局”,李克强总理在今年两会期间答记者问时再一次强调城镇化“要大、中、小城市和小城镇协调发展,东、中、西部地区因地制宜地推进。”[①]凡此表明,在作为国家战略概念的“城镇化”范畴中,本身就包含着 Urbanization 和 Metropolitanization 的内容。基于以上分析,我们认为,对作为国家战略概念的“城镇化”应做广义的理解,即其在内涵上包括了 Townization(城镇化)、Urbanization(城市化)、Metropolitanization(都市化)三个层级体系,以与一般理论研究中狭义的“学术概念”区别开。只有这样,才能完整理解和把握我国“城镇化”战略的准确内涵,防止把“城市群”、“大中城市”和“小城镇”的发展对立起来,以实现对我国层级复杂、形态多元的城市化进程的科学引领和指导。

二、关系阐释:城镇化和现代化及扩大内需

在 2012 年中央经济工作会议中,特别提到“城镇化是我国现代化建设的历史任务,也是扩大内需的最大潜力所在”。既凸显了城镇化与现代化、扩大内需的紧密关联,同时也提出了一个需要认真解读、分析和阐释的关键命题。我们知道,“现代化”是改革开放总设计师邓小平提出的国家战略规划目标,也是中华民族在 21 世纪实现伟大复兴的标志与象征。而“扩大内需”则是我国改革开放进入深水区、全面建成小康社会进入攻关期,特别是应对国际政治、军事、经济、外交、文化等矛盾冲突时的重要的战略手段之一。也可以说,“现代化”是中长期战略目标,“扩大内需”则是当务之急,而“城镇化”则成为解决“近忧”和绸缪“远虑”的中坚和桥梁,在中国当下和未来具有重要的核心地位和枢纽作用。正确理解和科学把握三者的关系,具有十分重要的理论与实践价值。

首先,从“现代化”和“城镇化”的内在关系看,“现代化”是“城镇化”的内在机制与内容,“城镇化”是“现代化”的空间载体和形式,以“工业化”为中介和动力,两者在很大程度上相互叠合、同步发展。这是因为,现代化意味着传统农业文明向现代工业文明的转型,其最突出的特点是以基于现代科学技术的工业生产方式为基本手段,深刻改变了人类传统的空间环境、社会形态和生活方式,使城市成为人类生产生活的核心和主流。大约在 30 多年前,一位美国城市社会学家曾写道:“当今美国的大多数人都与城市结下了不解之缘,生于斯、长于斯、终于斯。城市支配着人们的工作、娱乐、居住、社交以及所有日常生活,人们相互交往的方式也反映着以城市为背景的文化特征。……城市的规范与社会结构,对于人们将成为

① 《李克强总理等会见采访两会的中外记者并回答提问》,《人民日报》2013 年 3 月 18 日。

什么样的人,以及他们如何看待这个世界,都发生着重大的影响。"①这段话也完全适用于描述中华民族在改革开放以来发生的沧桑巨变,具体说来,一是传统农村在生产生活方式上的"城镇化"。以小城镇为例,1978 年全国小城镇仅 2176 座,至 2000 年则猛增至 20312 座,有近 90% 的小城镇是在 1978 年之后出现的,平均每年增加 820 个以上②。二是传统城市由政治型城市转变为政治、经济、文化功能全面发展的现代化大都市。以中、大、特大城市为例,从 1978 年至 2003 年,全国 20 万至 50 万人的中等城市从 59 个增加到 213 个,50 万至 100 万人的大城市从 27 个增加到 78 个,100 万人以上的特大城市从 13 个增加到 49 个。③ 中国城市在改革开放 30 年来的高速与持续发展,极大推动了中国传统农业社会向其现代形态的结构转型与本体创新。所以说,如果没有当代工业化进程,就既不可能有中国社会的现代化,也不可能有令世界瞩目的城镇化。

其次,从"城镇化"和"扩大内需"的相互关联看,以"消费也是生产"、"消费的需要决定着生产"④为基本原理,"城镇化"是"扩大内需"的"木之本"和"水之源","扩大内需"是"城镇化"的"孵化器"和"加速器",两者的协调关系有助于推动国民经济的可持续发展。

一方面,城镇化的直接成果是城市人口快速增长,而城市是天生的消费主义者,城市人口的快速增长为"扩大内需"提供了现实条件和广阔前景。关于城镇化对中国经济增长的巨大带动,不仅已有定论,也是大家一致看好的前景。2002 年,世界银行专家尤素福曾认为,自 20 世纪 80 年代以来,中国经济增长有 10% 是从城市化进程中获得的。⑤ 2012 年,由世界银行和中国国务院发展研究中心联合完成的中国展望报告指出:"中国的城市化将快速发展。到 2030 年,城市居民占总人数的比重将从 1/2 上升到 2/3。这又会成为中国经济增长的推动力。"⑥国内最近还有研究表明,快速的城市化有可能使中国 GDP 的增长重新恢复到 9%⑦的增长率。在某种意义上,现在最可担心的,不是城市化率保持在快速增长的水平上,

① 康少邦、张宁:《城市社会学》,浙江人民出版社 1986 年版,第 1 页。

② 中国社会科学院青年人文社会科学研究中心:《中国百姓蓝皮书》,《北京青年报》2002 年 9 月 2 日。

③ 杜宇、刘嫒嫒:《建设部公布我国城市发展"成绩单" 城市总数达 661 个》,新华网 2005 年 11 月 11 日。

④ 〔德〕马克思、恩格斯:《马克思恩格斯选集》第 2 卷,人民出版社 1972 年版,第 102 页。

⑤ 中国社会科学院青年人文社会科学研究中心:《中国百姓蓝皮书》,《北京青年报》2002 年 9 月 2 日。

⑥ 《1978—2030:中国发展之路》,《社会科学报》2012 年 4 月 26 日。

⑦ 《中央经济工作会议渐近 新城镇化或出配套政策》,东方财富网 2012 年 12 月 14 日。

相反却是如何使受金融危机影响而有所下滑的城市化率重新得到提振[①]。

另一方面，与工业革命时期的欧洲城市化相比，当今世界城市化的突出特点是“高成本”，需要大量的资金和强大的经济支撑才能推进。21世纪以来，我国城市化率由2000年的36.09%飙升到2011年的51.27%，一直以年均超过1.5%的速度增长，并在2011年城市人口首次超过农村人口。据国外学者的相关测算，中国城市化率年均增长一个百分点，就需要年新增住房3~4亿平方米，建设用地1800平方千米，生活用水14亿立方米。[②] 据国内学者的相关测算，未来10年，我国城镇化率会以1或1.2个百分点增长，中西部城镇化率仍有15~20个百分点的增长空间，这意味着城镇化将对最终消费需求产生强劲的推动。“如果农村人均消费水平提高到城镇居民平均消费水平的60%，按照2011年数据测算，平均每年新增消费规模将超过4万亿元。此外，农民工市民化，不仅有助于释放2.3亿农民工的消费需求，还能拉动相关的投资。据测算，每增加1个城市人口可带动城镇固定资产投资50万元。”[③]特别是在国际贸易环境不断趋于恶化的大背景下，随着依靠资本形成驱动的爆发式增长逐渐退居二线，以国内消费为长效拉动机制的经济发展方式变得越来越重要，特别是城镇基础设施建设、民生工程及公共服务等方面的巨大需求，必然使城市成为推动我国经济增长的主要动力机制。

此外，在对待农民、农业的认识和政策上，当今中国与传统中国发生了根本性的变化。千百年来，以农立国的中华民族，在面临和解决农村问题时，主要是减轻赋税、奖励农桑、整治游手好闲之徒，即要把农民留在土地上。但在城市化的背景下，正如马凯说“只有减少农民，才能富裕农民”[④]，通过实施积极的城市化战略把农业人口解放出来已经成为国家共识。而随着城乡户籍制度的逐渐破冰，包括近期开始试水的异地高考、农民工城镇化等政策和制度的出台，可以预见，在未来一段时期内，中国的城市化仍会持续高歌猛进，必然会极大地提升我国城市消费的能力、规模和水平。由此可知，李克强总理提出“我国未来几十年最大的发展潜力在城镇化”，是十分正确和科学的战略判断。

---

① 如全国政协经济委员会副主任、中国国际经济交流中心常务副理事长郑新立曾指出：“1997年到2007年，这十年时间我们的城市化率提高了14个百分点，一年提高1.4个百分点，十年城市人口增加了2亿人，一年增加2000万人，所以前十年我们的经济增长出现一个平稳快速的局面，城市化率的提高作出了重要贡献。但是去年由于受金融危机的影响，城市化率下降到0.8个百分点，比此前十年的平均水平下降了0.6个百分点，我想明年、后年，我们一定要采取措施，把城市化率提高的水平恢复到前十年的水平。”（《专家：城市化率提高能拉动未来经济增长》，东方网2009年10月21日）。

② 饶及人：《中西文化谈21世纪中国城市的规划战略》，新浪网2006年8月10日。

③ 梁达：《城镇化释放巨大内需潜力》，《金融与经济》2013年第1期。

④ 马凯：《改革：参与和思考》，黑龙江教育出版社2002年版，第284页。

三、战略思考:经验教训与中国问题

在经济全球化背景下的中国城镇化,有两大现实问题必须引起高度关注:一是要认真吸取世界其他国家和地区的"城镇化"经验教训,避免重蹈覆辙或陷入"先污染,后治理"的恶性循环。二是必须大量推进城市研究和理论创新,以发现影响中国城镇化进程的关键问题与主要矛盾,力求选择和走出一条低成本、高质量的新型城镇化道路。

首先,在经验教训方面,当今世界主要有两种城市化模式,其一是作为现代城市化主要代表和当今世界城市化主流的欧美模式。城市化率高、城市化与工业化同步发展、城市化进程主要由市场经济主导,是这一模式的主要特点。其二是在欧美影响下形成的拉美模式。起点低而速度快、机械模仿欧美模式、城市化过度是拉美城市化进程的主要特点,所以这一模式又称"拉美陷阱"。[①] 就此而言,积极借鉴欧美经验和认真吸取拉美教训,应成为我国新型城镇化在参照别国发展道路时的一个基本原则。

尽管欧美城市化在早期也存在着"羊吃人"的圈地运动、恩格斯曾认真研究的伦敦住宅问题、美国作家德莱赛揭示的"农村人在城里变坏"等问题,但从总体上看,正如城市社会学家所说:"西欧和美国进行城市化时,本国人口是相当稀少的,工业化和对自然资源利用的速度达到了足以维持新增人口和原有人口生计的水平。"[②]所以,我们把欧洲城镇化比喻为"一个正常的儿童",其城镇化具有自然发展的特点,后遗症比较小。"法国、英格兰、比利时和德国的国土面积的90%至今仍然为农田、草场和森林,即使像荷兰这样高度城市化的国家,建设用地也仅为13%。"[③]对于欧美城市化而言,如果说有什么必须警惕的教训,主要是要反思和防止对环境与生态、社会与文化两方面的恶性损耗,或者说是走向纯粹的消费型城市化。而"拉美陷阱"则是我国城镇化要吸取的最大教训。拉美模式的主要问题是"城市化过度",即"一国城市居民相对于全国人口的比例大于该国经济发展水平所允许的比例,一般说来,它是迅速城市化的孪生兄弟。城市发展速度太快,其服务行业、就业、公用设施均落在后面,结果,大量城市人口拥挤不堪,生活贫困、环境恶劣。"[④]在某种意义上,由城市化过度导致的城市拥挤不堪、贫富分化加剧、生活环境恶化、失业与犯罪率走高、医疗卫生教育等公共服务短缺等"城市病",也是当下中国城市发展的主要问题与矛盾。如与拉美失业率居高不下相对,中国也

---

① 刘士林:《什么是中国式城市化》,《光明日报》,2013年2月18日。
② 康少邦、张宁等编译:《城市社会学》,浙江人民出版社1986年版,第277页。
③ 陈统奎、吴英燕:《揭开欧洲乡村神秘面纱》,《新民周刊》2006年7月7日。
④ 康少邦、张宁等编译:《城市社会学》,浙江人民出版社1986年版,第292页。

有约 1.3 亿的"农民工"及家属,在工作和生活条件上仍处于"半城市化"阶段。就此而言,如何充分发挥我国国家和社会制度的优势,通过制度建设与创新超越"拉美陷阱",已是迫在眉睫的重大问题与挑战。

其次,在中国问题方面,我国城镇化目前面临的主要矛盾有以下几方面:一是城市资源迅速膨胀,城乡差距不断加大。有关统计表明,目前中国国内生产总值的 70%,国家税收的 80%,第三产业增加值的 58%,高等教育和科研力量的 90% 以上,都集中在城市[①]。与之相比,乡村两级政府则是近万亿的沉重债务。有关统计表明,中国乡镇政府的财政债务每年以 200 多亿元的速度递增,预计当前乡镇基层债务已超过 5000 亿元,其中乡镇一级净负债 2300 亿元,村级预计达 2500 亿元[②]。二是大中城市的发展吞噬了大量的农业资源,使后者赖以持续的物质基础更加薄弱。举几个数据,从 1978 年到 1998 年,中国农业用地的"污灌面积"——"超过农田水质灌溉标准"的污水灌溉面积,已从 500 万亩增加到的 5427 万亩,占全国总灌溉面积的 7.3%。[③] 如粗放的城市化模式对本就紧张的农业用地的疯狂圈占与大肆侵吞。据国土资源部的报告,从 1996 年到 2005 年,中国耕地面积净减少 1.2 亿亩,约占耕地总量的 6.6%。同时,截止到 2004 年年底,全国城镇共有闲置土地、空闲地和批而未供地共计 393.61 万亩,相当于现有城镇建设用地总量的 7.8%。[④] 三是和非洲、拉丁美洲一样的农村"空心化"问题,其中最突出的是农村和农业"后继无人"。一位农民曾感慨地说:"我挣的不比他们在国外打工的人少。可种田养鱼毕竟是个苦差事,我的孩子们不愿意做,他们都向往着大城市。"一位学者也指出:"在中国当代发展的情景下,农村成为他们想要挣脱和脱离的生死场,而不是希望的田野;希望空间、做'人'的空间是城市。"[⑤]四是农村生活环境和文化问题日益严重。特别是作为"农村之首,城市之尾"的城乡结合部,由于聚集着大量的暂住人口,管理比较落后,特别是容易受到都市不良文化的辐射与影响,已成为犯罪率居高不下和各种不良文化、垃圾文化的仓储与集散地。这些问题都是由于在城市化的猛烈冲击下,农村传统生产生活方式裂变和被扭曲导致的。

以上问题当然有客观方面的原因,但从主体的角度看,则暴露出我国城市理论和战略研究的滞后、不足甚至是匮乏,特别是对当今世界的都市化进程与工业革命时期的欧美城市化,对中国城市化道路的特殊性及其与世界其他国家城市化

① 张玉玲:《大城市:欲"国际化"先要"国内化"——访刘维新》,《光明日报》2006 年 8 月 17 日。
② 钟合:《乡村财政困境:债务达 1 万亿》,《南方农村报》2006 年 4 月 11 日。
③ 李贵宝等:《中国农村水环境恶化成因及其保护治理对策》,《南水北调与水利科技》2003 年第 2 期。
④ 《国土资源部报告:中国 10 年耕地减少了 1.2 亿亩》,《新京报》2006 年 3 月 16 日。
⑤ 严海蓉:《虚空的农村和空虚的主体》,《读书》2005 年第 7 期。

的差异很少做认真和系统研究，使很多似是而非的认识、片面甚至是错误的观念未经审查和“杀毒”而直接进入到实践中，成为各种现实问题、矛盾和困境的导火索或发酵粉。现在是到了该认真清理和反思的时候了。需要清理和扬弃的问题当然很多，但就当下而言，最重要的是要清理对城镇化概念的各种望文生义的解读和阐释，在“乡土中国”的文化与价值语境中把它狭义化为 Townization，而完全排斥了这个概念特有的 Urbanization 和 Metropolitanization 等内容。一个时期以来，此起彼伏的各种否定大城市、城市群的“逆城市化”思潮，可以说都是由于未能正确理解和把握城镇化的概念而导致的。而以小农心理和意识形态去解读和阐释“城镇化”，必然会扭曲中国新型城镇化道路的顶层设计。实际上，早在 2005 年，《中央关于制定十一五规划的建议》首次提出城市群战略，就结束了长期以来关于走“小城镇”还是走“大都市”的发展路径之争，表明中国的城市化，既包括层级较低的城镇化，也包括层级最高的都市化。这个战略思想一经确立就没有改变，在十八大报告中成为“科学规划城市群规模和布局，增强中小城市和小城镇产业发展、公共服务、吸纳就业、人口聚集功能……”，将我国以城市群为主体形态、以中小城市发展为支撑、以四化同步为关键、统筹城乡发展的新型城镇化蓝图明确描绘出来。这也是我们在前文中强调作为国家战略的城镇化概念不同于学术上狭义的城镇化，而是包含了城市化和都市化两方面内容的主要原因。毫无疑问，在中国这样传统的农业国家，当然应多讲、多照顾农民的利益，对“三农”问题比较集中的小城镇也应给予更多的政策倾斜，但也必须警惕由此走向另一个极端，就是把“小城镇”和“大城市”对立起来，甚至以限制后者的方式去发展前者。道理很简单，正如我们多次强调的，在当今世界，“大都市和城市群强则国家强，大都市和城市群弱则国家弱”，已成为城市化背景下人类生存和发展的普遍原理，否则将会使包括小城镇在内的中国在整体上陷入落后与不发达的困境中。而至于小城镇、中等城市和大都市之间的现实矛盾和利益冲突，则可以通过更有针对性的制度设计和行政体制改革来解决和处理。

下篇：中国都市化焦点问题解读与阐释

焦点之一：在政策与战略层面，国家新型城镇化战略出台，在发展观念和模式上解决了一些关键和重大问题，为处于改革开放风口浪尖的中国城市指明了道路与目标。

2012年11月，十八大报告明确提出："坚持走中国特色新型工业化、信息化、城镇化、农业现代化道路，推动信息化和工业化深度融合、工业化和城镇化良性互动、城镇化和农业现代化相互协调，促进工业化、信息化、城镇化、农业现代化同步发展。"同年12月15日至16日中央经济工作会议召开，针对我国城市化进程中日趋严重的"城市大跃进"与城市空间失控问题、"半城市化"与户籍制度改革问题、"经济型城市化"模式及环境与资源不可持续问题，将新型城镇化的主体框架明确为三方面：一是"构建科学合理的城市格局"；二是"有序推进农业转移人口市民化"；三是"生态文明理念和原则全面融入城镇化全过程"。① 以此为抓手，大力推进城市化与工业化、信息化、农业现代化的协调发展，引领我国城镇化由"重规模"、"重速度"向"重内涵"、"重质量"转型发展，构成了我国新型城镇化道路的核心要求和基本特征。

与十六大、十七大报告提出的"城镇化"相比，新型城镇化之新主要体现在：一是战略框架设计更加完整。十八大报告强调"大中小城市和小城镇、城市群要科学布局"，超越了长期以来"发展小城镇还是大都市"的模式之争，有助于摒弃"非大都市即小城镇"的二元对立思维，为我国城市化设计了更加科学的战略框架。二是城市建设更加注重"以人为本"。以约1.59亿城市农民工和家属不能享受市民待遇②为表征，我国城市化深陷不均衡和不可持续的困境，新型城镇化以"有序推进农业转移人口市民化"为重点，有望从根本上解决我国城乡差异及城市内部发展失衡的痼疾。三是城市发展方式更加科学。十八大报告提出"新型工业化、信息化、城镇化、农业现代化"协同推进，扬弃了以工业化带动城市化的"经济型城市化"模式，不仅有助于扭转我国城镇化进程面临的资源和环境危机，同时也开启了以"人的城镇化"为核心、以提升生活质量为核心的新阶段。在这一顶层设计和

---

① 《明年经济工作的六项主要任务》，《东方早报》2012年12月17日。

② 降蕴彰：《城镇化规划将涉及20余城市群1万个城镇》，《经济观察报》2013年1月5日。

战略决策中，明确了我国城镇化进程的内涵、道路和目标，为人民群众在城市获得"更好的教育、更稳定的工作、更完善的社会保障、更舒适的居住环境、更好的文化生活"提供了根本保障。

焦点之二：在自然环境与资源层面，极端气候频繁引发灾害事件，应对能力与机制孱弱的城市首当其冲，"城市让生活更美好"演变为"如何在城市中生存"。

城市源于自然，城市的可持续发展首先基于一定的环境和资源条件。但这个基本常识在现代化进程中却被遗忘。2012年，全球极端性气候空前频繁，很多都是数十年一遇。我国城市不仅未能幸免，相反却由于环境污染严重、城市基础设施建设落后及应急管理不到位等原因而深受其苦。快速发展的城市与日益脆弱的自然环境如何友好相处这一问题亟待解决。

2012年，雾霾灾害十分严重。霾日平均达到16天，比常年多7.2天，居1961年以来的第四位。其中，京、津、苏、粤等地的雾霾天气较常年明显偏多，北京为此曾发布黄色预报。中国城市遭遇"十面霾伏"，令人窒息的脏空气毒空气充斥城中，使PM2.5这一冷僻的学术术语尽人皆知。人类污染物排放是"内因"和"主谋"。一方面，重污染天气是粗放型城市化长期累积的恶果，每个人不只是受害者，同时也是施害者。另一方面，相关部门在雾霾来临时预警不足、反应滞后、服务缺位等，也凸显出我国城市管理中存在的瓶颈性问题。事实上，比PM2.5污染更可怕的是"心灵雾霾"，前者只是破坏了城市生态，而后者则无情践踏了人们在城市过美好生活的努力和希望。大力发展公共交通、推广清洁能源、立法保护空气质量、调整企业战略结构、转变城市发展方式等，必须尽快提上议事日程，全面推行。

2012年暑期，江苏、安徽、湖北、湖南、贵州等地发生强降雨，多个城市出现严重积水，一些城区成为"看海"的景点。[①] 7月21日，北京遭遇特大暴雨袭击，暴雨为61年以来最大，造成经济损失近百亿元，77人遇难。暴雨成灾与我国快速的城市化进程密切相关。首先，大都市的钢筋水泥森林导致了巨大的热岛效应，地面硬化则影响了自然的云行雨施和雨水回归大地；其次，暴露了我国城市规划和建设标准偏低、目光短浅，如果将城市基础设施建设标准提升到70年一遇或100年一遇，就不可能导致如此严重的损失。再次是城市建设中的"政绩工程"、"形象工程"作祟，很多城市把大量财力、物力投入到"看得见、摸得着"的"地上"，而忽视了"地下"排水网道等建设。如何改变这种畸形的城市建设观念，对我国城市而言可谓任重道远。

---

① 龚亮：《城市设计弊病如何克服？》，《光明日报》2012年7月18日。

焦点之三：在城市建设与管理上，新旧问题相互缠绕形成综合型“城市病”，不稳定性、不平衡性、不确定性急剧飙升，深度考验着城市管理的应急和通变能力。

城市是一个高度复杂的社会组织，也是一个系统演化的有机形态。与我国处于改革开放深水区的大背景相一致，城市成为矛盾最为尖锐、关系最错综复杂的核心地带。我国城市建设与管理面临的突出问题与矛盾主要有：一是城市流动人口问题。以常住人口计，中国城市化率已突破50%，任务完成过半。但按照城镇户籍人数计，据估算仅为34%～35%。大量流动人口的迁移和居停，是中国城市化大船经常发生摇摆的主因。二是城市“新二元结构”问题。以往我们主要关注的是城乡差异，但在城市内部，由于贫富差距所导致的“新二元结构”问题同样日趋严重。如繁华的城市中心区与简陋的棚户区、工矿区就形成明显反差，在资源枯竭型城市中，各种困难群众更多。[①] 三是户籍改革阻力重重。据国家城镇化专题调研组的报告，“户改几乎遭遇所有市长的反对”，原因在于城镇化需要巨大的财政支持，而且启动越晚成本越高，在财政压力已然很大的背景下，很多城市有心无力。四是环境与资源支撑严重超载。在“人多地少”、“农民多市民少”的总体背景下，我国城市化面临的环境与资源压力不断增大。几乎每个稍大一点的城市，都面临着土地与空间紧缺、交通拥堵、“看病难”、“上学难”等问题。同时，这种超负荷运转并未因各种努力而出现好转，随着城市化的持续高位推进，越来越多的农业人口将来到城市，“走集约、智能、绿色、低碳的新型城镇化道路”，以有限的环境和资源支撑人类历史上最大的城市化，已刻不容缓。五是城市管理智慧和技术问题。在经济高速发展中，不稳定性、不平衡性、不确定性急剧飙升，突发事件增多，但政府的管理智慧和手段却比较简单、粗放、急功近利，只能疲于应付、十分被动。如要解决交通问题就修路，但却越修越堵；要解决住房问题就盖楼，而房价却越来越高。[②] 其他在教育、医疗、食品安全、网络、媒体等方面，也是管不胜管、防不胜防，特别是在人口众多的大城市，任何一个细小环节出了问题，都会由于城市本身的集聚放大效应而引发连锁反应，并形成综合型和并发性的“城市病”，深度考验着城市管理的应急和通变能力。

出现这些问题具有某种必然性。中国的城市化从一开始就是在西方挟裹和胁迫下的产物，很多内在条件和客观积累都不成熟、不充分，不仅超出了城市基础设施建设和城市经济发展的速度，也超过了城市自然环境和城市人的心理承受能力。就此而言，中国城市的可持续发展与前景，主要基于两方面问题的解决：一是能否在机遇期内获相对充足的资源与环境条件，二是要尽可能地减少发展的成本

---

① 《李克强：破解城市二元结构难题 走新型城镇化道路》，《人民日报》2012年9月26日。

② 文辉：《稳步推进城镇化需要——加快转变城市发展方式》，《每日经济新闻》2012年10月9日。

和代价，这就需要有更复杂的理论指导和参照。

焦点之四：国际市场环境不断恶化和国内市场重要性日益凸显，已经开始重构未来中国的经济地理版图，以城市群为主体的新"弓箭型"轮廓日渐清晰。

在我国经济地理版图上，一直以来比较醒目的是沿海经济带和三大经济圈，但这不足以充分描述我国的经济空间结构。从就业密度的空间格局看，我国最大的就业密度高值连片区首先是以北京、郑州和温州为中心的"京豫浙"三角区，其次是以武汉、长沙和南昌为代表的长江中游地区，再次是辽中南城市群、成渝经济区，最后是珠三角经济区和海西经济区。

经过30余年的改革开放，我国区域差距持续扩大的趋势得到了遏制，区域经济出现协调发展并持续向好。但这一过程会十分复杂，既不会遵循"梯度转移"或"点轴发展"的理论模型，也不会严格按照人为的片区规划展开，而是市场力量、政府意志、全域和局域经济环境共同作用的结果。总体上看，"京豫浙"三角区未来仍将是我国大型连片的高就业集聚区和人口集聚区，而最有可能与"京豫浙"三角区融合的是长江中游地区（其中武汉城市群有可能优先融入，届时北京、郑州、武汉和温州的连线将形成一个半圆弧形状），构成未来我国核心—边缘结构的核心区，而东北地区、成渝经济区、珠三角和海西经济区，则处于"边缘区"。由此判断，未来我国经济地理融合的趋势，核心区是由北京、郑州、武汉和温州连接而形成的半圆形，加上从青岛到郑州的连线，将形成一个新的"弓箭型"。这一未来中国经济带的轮廓，不仅在地理范围上与过去差异很大，更为重要的是其箭头将指向内陆而非海外。原因在于，和改革开放30年来我国经济主要依靠海外市场和技术引进不同，未来中国经济地理结构将主要依靠国内市场和自主创新驱动。① 基于城市群在区域发展中的地位已取代了城市，所以这一个新的"弓箭型"，是最有可能影响中国都市化进程的重大事件，值得认真关注和深入研究。

焦点之五：在城市交通上，史上最严"新交规"与"免费新政"试水，显示国家治理交通病的决心和改善交通服务的意向，但也需要更多的包容和理解。

城市在起源上与交通关系密切，交通问题是当今世界所有城市、尤其是现代化大都市最头痛的问题之一。近年来，随着中国进入汽车社会，各种恶性飙车、醉驾、不文明驾驶行为及事故多如牛毛，民众对城市交通现状已怒发冲冠。2012年，被称为史上最严"新交规"的出台，显示出国家在治理交通顽症上的决心。"新交规"的出台，为"中国式出行"破题，对闯红灯等行为加重处罚，在很大程度上起到了警示和震慑作用，对于缓解道路交通拥堵，培养文明出行习惯发挥了重要作

① 沈体雁、张晓欢、赵作权：《中国经济地理或走向新"弓箭图"》，《支点》2013年第1期。

用。[1] 但围绕着“闯黄灯”等问题，各种舆论与不同的声音此起彼伏，最终使“史上最严”四个字或多或少打了折扣，令人惋惜。

与“最严交规”相对，本年度还推出了节假日免费新政。2012 年 8 月，交通运输部发出通知，从本年国庆节假日开始，国务院办公厅文件确定的春节、清明节、劳动节、国庆节及其连休日期间，在收费公路上行驶的 7 座及以下小型客车将免费通行。[2] 但为很多人始料不及的是，节假日免费新政刚出台，就在试水中遭遇到考验。“双节”首日，各地不断传来高速公路拥堵的报道，一些民众还把“免费”新政看做是导致高速公路大面积堵车的主要原因。[3] 节假日免通行费体现了公共基础设施的公益性，是实实在在的惠民举措，但由于在具体落实过程中缺乏经验，导致免费首日交通拥堵严重状况。这说明，在城市化背景下，做好事也是需要周密考虑的，否则就难免陷入“好心未必有好报”的尴尬中。还要看到，城市交通不仅属于法律和管理范畴，也是人的问题与文化的问题。理想的方案是，一方面通过严厉的惩处遏制各种不遵守法律法规和不文明现象，另一方面，还需要通过城市文明与市民文化的培养，使有限和拥挤的城市空间为个体的出行提供更多的方便与自由。

焦点之六：在城市人口问题上，养老金“空账”引发了全民担忧，随着老龄化趋势不断加深加重，完善居民养老保障体系成新挑战。

城市是人口集聚的结果，老龄化则是当今全球性的挑战。我国老年人口规模目前已达到 1.78 亿，为 50 年前的 3 倍，未来我国老年人口将持续快速扩大，据估计 2014 年约为 2 亿，2025 年约为 3 亿，至 2050 年将达到 4.4 亿，届时比发达国家老年人口总和还要多 5000 万。由于老龄化进程加速，社会保障不够完善、相关产业未成规模、失能老人生存堪忧等问题，养老之忧正成为我国社会转型期必须应对的重大挑战。2012 年，有媒体发表到 2013 年我国养老金缺口将达 18.3 万亿元的报道，迅速掀起轩然大波。[4] 社会养老保险是退休后收入来源的主要支柱。目前我国城镇职工基本养老保险始于 20 世纪 90 年代确立的“统账结合”制度，由社会统筹和个人账户两部分组成，前者“现收现付”，用于支付已退休人员的养老金，后者实行的是长期封闭积累、产权个人所有的“完全积累”制。据预测，要确保 2020 年每个退休者都能领取养老金，我国养老金支付缺口将持续扩大，并最早在 2015 年出现支付缺口。如不能及时调整相关政策，到 2050 年缺口累积将占该年度 GDP 的 95%。在国家财政不堪重负的情况下，这只能转嫁给企业或进行代际

① 韩元俊：《网友期待新交规为“中国式出行”破题》，新华网 2012 年 12 月 27 日。
② 《交通运输部：今年国庆节假日起小客车免收通行费》，新华网 2012 年 8 月 8 日。
③ 《高速拥堵不能一股脑儿怪“免费”》，新华网 2012 年 10 月 2 日。
④ 《专家称养老金存量缺口 18.3 万亿 2015 年或入不敷出》，中国网 2012 年 7 月 23 日。

转移。

尽管事实证明情况并没有如此严重,但"缺口说"及其引发的社会焦虑,却彰显了人们对我国养老保险制度的担忧和恐慌。我国养老保险制度建立不过二十年,目前出现的征兆很有警醒意义。从国际经验看,养老保障体系通常由社会基本养老保险、企业年金和个人商业养老保险三部分组成。与此种"三条腿凳子"结构不同,在我国养老保障体系中,企业年金和个人商业养老保险的作用非常薄弱。在老龄化不断加速的趋势下,必须正视过度依赖基本养老保险可能产生的风险,形成国家、企业和个人三方分担的合理结构,并尽快出台作为第二支柱的企业年金个人缴费部分的税收优惠政策。[①] 这一问题不能得到有效解决,就不可能实现"老有所安"的和谐社会。

焦点之七:城市公共卫生安全形势严峻,食品安全问题层出不穷,违禁药物渗透到蔬菜水果,"吃什么"重新成为日常生活的头等大事。

2012 年 5 月,"媒体关注的十大公共卫生热点"发布:(1) 含铬工业明胶被用于制药胶囊,销售广泛;(2) 我国开始采用 PM2.5 作为环境监测指标;(3) 烟草专家当选中国工程院院士受到质疑;(4)双汇瘦肉精事件被央视曝光;(5)中国控烟成绩 37.3 分,排名世界倒数;(6) 台湾塑化剂事件流毒广泛;(7)中国乳业新国标低于欧美标准引发争议;(8)浙鲁豫破获食用地沟油生产销售团伙案件;(9)"中式卷烟"研究在反对声中退出申报国家科技奖;(10)蒙牛牛奶一批产品被检出黄曲霉毒素 M1 超标。[②] 此外,还有红牛饮料罐体配料表及食品添加剂的标注同批文不符,伊利生产的个别乳粉汞含量异常等,这些频繁发生的焦点热点事件,再现了我国城市公共卫生安全面临的严峻形势。

除了食品科技、化学化工、质量标准的原因,违禁药物在蔬菜水果等农产品上的滥用行为尤其引人关注。2012 年,山东青州市东夏镇部分商贩通过喷洒甲醛对大白菜保鲜事件被媒体曝光。甲醛是一种无色但具有强烈气味的刺激性气体,其 35% 至 40% 的水溶液通称福尔马林,曾被违规用于水产品保鲜。人体吸入高浓度甲醛后,将出现对呼吸道的严重刺激和水肿、眼刺痛、头痛的症状甚至发生支气管哮喘。经常吸入少量甲醛,也能引起慢性中毒。[③] 此外,许多菜农在冬季储存生姜时,为驱虫保鲜还使用国家明令禁止的"六六粉"和"敌敌畏"。除以上事件,被媒体曝光的还有烟台红富士苹果套药袋事件,这种药袋包裹幼果直到长熟,所用药

① 《专家称养老金结余难持续 2015 年或现支付缺口》,《经济参考报》2012 年 7 月 23 日。

② 张智:《2011—2012 年媒体关注的中国公共卫生十大新闻热点揭晓》,《华夏时报》2012 年 5 月 11 日。

③ 《广州检出 120 吨含甲醛白菜 主要来自山东和云南》,《北京晨报》2012 年 5 月 20 日。

物为国家明令禁止使用的退菌特和福美胂。[①] 随后又有媒体进行了辟谣，中国农业大学专家称，农药已无孔不入，包括农田里使用的各种除草剂和杀菌剂，都会从农作物根系进入各种农产品，尽管大多数蔬果符合国家标准，所含农药量不足以对健康构成损伤，但由于它们在进入人体后都要经过肝、肾代谢，所以会给肝肾带来沉重负担，长此以往必然对人体健康造成损害。[②] 以山东"甲醛白菜"事件为代表，违禁药物施用从副食品蔓延至蔬菜水果，使"吃什么"重新成为日常生活中的头等大事。

焦点之八：文化产业历经十年持续高速增长，产值"虚胖"、创意缺失、内容贫乏等深层问题浮出水面，文化与科技融合成为各界瞩目的新方向。

2012 年，中国文化产业进入快速发展的第十个年头，开始面临两种完全相反的评价：一种观点认为文化产业是"富矿"，商机无限；另一种观点则认为文化产业是"泡沫"，在热闹的表象下潜伏着产值"虚胖"、创意缺失、内容贫乏等深层问题。新修订的《文化及相关产业分类(2012)标准》于此际颁布，为科学和客观评价我国文化产业发展提供了依据。从 2000 年至 2011 年，中国 11 年间密集出台了 100 多种配套扶持文化产业发展的政策，并提出推动文化产业成为国民经济支柱性产业，频率之高、密度之大，在目前所有行业中实属罕见。但由于缺乏统一和细化的统计标准，很多地方政府出于政绩考虑，纷纷把体育、旅游、化妆品等装进"文化产业大口袋"，一些城市不断通过玩弄数字游戏，使文化产业增加值占 GDP 的比重迅速攀升，从 5% 到 10%，最"吓人"的年增长率则高达 50%，一场"文化产业 GDP 大赛"愈演愈烈。[③] 但实际上，这都是在钻原有文化产业统计国标过于粗放的空子。鉴于文化产业分类和统计标准的复杂性，此次新国标尽管未能全面、彻底解决统计混乱问题，但对于建构文化产业规范，提升文化产业发展质量，可以起到多方面的重要作用。

2012 年，文化与科技融合成为各界瞩目的新方向。但在当下，还存在着一些亟待解决的问题：一是对文化科技等基本概念的认知需要进一步深入。在"中国文化产业 30 人高端峰会"和"文化科技创新论坛"上，专家提出"文化科技的概念如何界定？文化与科技融合的提法是否严谨？"等问题。也有人认为，文化与科技的融合，创意是驱动力，科技是支撑力，科技只是实现创意的必要条件。文化科技更多是指科技在文化领域的集成应用，其自身的学科属性并不明显，因此需要在实践中培养既懂文化又熟悉科技的复合型人才。二是对政府与企业关系的认识

---

① 王瑞峰、张永生：《烟台红富士套药袋长大》，《新京报》2012 年 6 月 11 日。

② 《央视为烟台苹果正名，药袋农残不超标可放心食用》，腾讯网 2012 年 7 月 9 日。

③ 《科学描述文化产业现状——专家解读新修订的〈文化产业相关分类(2012)〉标准》，《光明日报》2012 年 8 月 2 日。

需要进一步深化。推进文化与科技的融合,必须坚持以企业为主体、以市场为导向、产学研相结合的方针。但就当下而言,我国文化产业仍处于小、散、滥、差的阶段,领军企业在数量和规模上均显不足,文化企业投入科技研发的自觉与实力不适应时代的要求,需要政府充分发挥引导和扶持的作用。进一步梳理政府引导与企业自主研发的关系,加快政府职能转变,使政府既不缺位又不越位,既在文化与科技创新公共服务平台建设上发挥扶持、引导作用,又充分尊重企业的主体地位,使研发成果尽快转化为生产力,十分必要和紧迫。三、对相关资源的整合力度要进一步加大。当前,财政用于文化科技研发的投入有限。由于行业管理体制等方面的原因,相关资源又分散于文化、科技等多个部门,不能很好地形成推进文化与科技融合的合力,如何进一步促进部门内部与部门之间的协同,构建联动机制,合理布局研发资源,加强对相关资源的整合,不断改进文化与科技生产方式,在当前是需要认真研究的问题。[①] 而本年度最新修订的《文化产业发展专项资金管理暂行办法》,至少在进一步增强中央财政对文化产业发展的保障功能上是一种有益的尝试。[②]

焦点之九:"结构调整"、"收益增长"、"互联网狂飙突进",是我国传媒发展的三个关键词,北京以规模优势取胜,上海传媒影响力不高。

当今世界,政治、经济、传媒逐渐取代了立法、行政、司法,成为推动社会发展和进步的"新三驾马车",其中最突出的是传媒地位的"火箭式跃升"。在后工业社会中,城市既是信息生产、交换与传播的中心,也是受各种信息冲击、干扰和影响最大的空间。信息生产、传播、管理与防范能力弱,是我国城市特别是大城市普遍存在的软肋。盘点与梳理我国都市传媒业的真实状况,有着多方面的重要意义。

2012 年,中国传媒可用三个关键词描述:"结构调整"、"收益增长"、"互联网狂飙突进"。"结构调整"是指报纸种数、广播电台数量和电视台的数量均呈下降趋势。这与近年来管理部门强调优化结构有关。"收益增长"是指报纸、广播和电视的广告收入均保持增长,但增速不一,报纸只有 10% 左右,广播和电视则在 17% 以上。"互联网狂飙突进"是因为 43.1% 的普及率和 500 亿的广告产值,增长率保持在 50% 以上。北京作为全国的政治、文化中心,来自政策的支持力度最大,在信息来源上有质优、量大的优势,形成了全面、系统、强势的传媒体系。但政策高地带来规模优势的同时,在某种程度上也出现了"致命的自负"。如北京卫视的广告收入尽管在全国处于前列,但媒体知名度和影响力偏低,缺乏湖南卫视《快乐大本营》、江苏卫视《非诚勿扰》和浙江卫视《中国好声音》一类的品牌。2011 年北京电

---

① 《2012 文化科技融合 星火渐成燎原之势》,《中国文化报》2012 年 12 月 31 日。

② 《文化产业发展专项资金管理暂行办法重新修订印发》,财政部网站 2012 年 5 月 4 日。

视台广告收入出现的负增长尤其令人深思。在新媒体领域北京也存在着类似问题,就上网网速而言,其 2.79 Mb/s 的平均网速在全国所有省份中仅排名第八。上海、杭州、深圳和成都等在新媒体上均对北京构成了挑战。改革开放后第一条电视广告首发在上海,但其传媒的数量与规模一直位于北京之后。上海报纸数量总印数持续下降,考虑到近年来上海人口的大幅增加,报纸的实际衰退程度远远大于目前数据所示,且会进一步加剧。经济因素对上海传媒发展的作用非常突出,广播电视及新媒体发展相对较好,网络广告收入在 2012 年首次超过报纸,制播分离、手机电视、IPTV 等率先在上海试点和运营。SMG 迅速壮大,百视通成功上市,是适应市场经济发展,实现资源优化配置的必然结果。但上海媒体机构在全国的影响并不大。上海传媒的集团化水平较低,多元化的综合性传媒集团尚未形成,阻止了传媒的进一步改革升级。

焦点之十:文学是城市永恒的梦想,也是市民日常生活必需的"心灵鸡汤",莫言获诺贝尔文学奖和"中国网络作家富豪榜",成为解读城市文化症候的钥匙。

文学是城市永恒的梦想,也是市民日常生活必需的心灵鸡汤。2012 年,中国作家莫言荣获诺贝尔文学奖,实现了一个拥有伟大文学传统的民族的"零的突破",可喜可贺。[①] 但莫言究竟是不是我们民族希望的那个"缪斯",也是仁者见仁智者见智的问题。其中苦辣酸甜和难言之隐,是其他民族很难体会的。

与之相关的重要事件是,2012 年 11 月 29 日,"中国作家富豪榜颁奖典礼"首次推出"中国网络作家富豪榜"。与前者代表了城市光彩照人的"地标"不同,该榜打出"阅读改变人生,写作致富光荣"的旗号,《华西都市报》推出了"中国网络作家富豪榜",网络作家唐家三少、我吃西红柿、天蚕土豆分别以 3300 万、2100 万、1800 万的版税收入荣登"网络作家富豪榜"前三甲。前 20 名上榜的网络作家,在文学网站行情是以 1000 字 1.4 分钱起步,但在短短 5 年内却敲出了 1.77 亿元的个人财富。此次活动还组织了上榜作家和顶级出版人齐走红毯出席作家富豪榜颁奖典礼等仪式,有媒体甚至称为中国文学的奥斯卡盛典。[②] 活动如同每个城市都会有的大排档,人头攒动,世俗而快乐。这表明,在城市欲望和商业营销的刺激带动下,各种富豪排名也从企业、商界渗透到作家群体。回顾来路,从 1997 年爱情小说《第一次的亲密接触》从网上火到网下,"网络写手"成为一个充满吸引力的新兴职业,众多网络文学网站由此诞生,如创办于 1997 年的华语文学门户"榕树下"及其集聚的安妮宝贝、宁财神、李寻欢、蔡骏、今何在……2002 年,网络文学大本营转移到天涯网站,慕容雪村在此被网友发现并大受追捧。与此同时,起点中

① 《中国作家莫言获得 2012 年诺贝尔文学奖》,中国新闻网 2012 年 10 月 11 日。

② 《中国网络作家富豪榜:首富 5 年吸金 3300 万》,《华西都市报》2012 年 11 月 26 日。

文网、天鹰文学网等一批中文小说网站先后建立，并出现网络作者签约现象。2004年，小说网发展到公司化经营模式，采取VIP会员制付费阅读形式，出现了众多人气爆红、收入甚高的“网络大神”。[①] 时至今日，除了以网络文学起家的盛大文学，新浪、搜狐等都开始主打原创文学，而完美时空旗下的纵横中文网、中文在线旗下的17K小说网、华夏中文网、魔铁中文网等主打原创文学的网站，也吸引了很多读者，不仅影响着整个互联网业态，也影响着整个社会。据统计，中国目前拥有网络文学写作者200多万人，每年有六七万部作品被签约；全国网络文学用户达1.94亿，超过了网上电子商务用户，中国年收入过百万的网络作者预计超过50个，月收过万的作者近千名，网络文学作品每年给阅读网站和移动运营商带来的直接收益接近20亿元，而以网络小说为核心衍生的出版物、游戏、漫画、影视剧、广告等相关产业的收入高达上百亿元。[②] 当然，寄居在虚拟时空中的网络写手，如何摆脱“各领风骚三两天”、“过把瘾就吐”的宿命，创造出有“永恒的魅力”的网络文学经典，也是需要深入思考和持续探索的。

① 刘慧：《2012网络作家富豪榜出炉　20位大神敲出1.7亿元》，《华商报》2012年11月27日。
② 《网络文学发展遭遇瓶颈 该何去何从?》，《互联网周刊》2012年10月12日。

专题报告：都市化进程的中国问题与战略参照

中国大都市治理与公共政策研究报告

一、大都市治理的基本理念及其转型

城市是人类文明的结晶,又是人类文明创造活力不断涌流之地。早在两千多年前,古希腊先哲亚里士多德在《政治学》中就对城市(城邦)之于人的“优良的生活”之功能做过精辟的揭示:人们为了活着,聚集于城市;为了活得更好,居留于城市。千百年来,人类社会在不同的区域创造了无数的城市文明形态,尽管一些作为文明形态的城市因为各种原因衰败了乃至被淹没了,但城市作为人类社会交往与活动的中心,作为不同文明交流和融合的枢纽,始终在见证着人类文明生生不息光芒的传承和发展。是故,美国城市理论家刘易斯·芒福德认为,“一座城市,象征地看,就是一个世界;而这个世界,从许多实际内容来看,已变成一座城市”。①

城市化是一个变传统乡村社会为现代城市社会的自然历史过程。城市化进程基本遵循如下规律:当城市人口达到总人口的10%以上时为城市化起点,达到20%以上进入快速城市化阶段,到了50%左右则成为城市化国家,在此阶段开始出现市区向郊区扩展的现象,但此后仍会有保持一段时期的城市化率增长,到70%左右开始放慢下来。也就是说,城市化过程要经历发生、发展和成熟三个阶段。这三个阶段的基本变化规律为:发生阶段变化速度缓慢,发展阶段变化速度加快,成熟阶段变化速度又趋缓慢,全过程呈“S”形曲线运动。②

自20世纪20年代后,尤其是第二次世界大战后,世界各主要发达国家进入了现代城市发展阶段,城市人口迅速增长,经济实力大大增强,出现了许多人口超千万的特大城市,如纽约、伦敦、巴黎、东京等。这些特大城市的出现标志着城市化进程的转向,即劳动力、资本、物流、信息、技术、资源等生产要素向大城市周边地区或曰城市郊区转移的状态,这种状况推动了西方发达国家城市空间结构的变化,形成了以特大城市为核心的大都市区或大都市圈。迄今为止,目前世界上业已形成公认的六大都市圈,分别为纽约都市圈、环五大湖都市圈、巴黎都市圈、伦

① 〔美〕刘易斯·芒福德:《城市发展史——起源、演变和前景》,宋俊岭等译,中国建筑工业出版社2005年版,第6页。

② 王旭:《美国城市史》,中国社会科学出版社2000年版,第3页。

敦都市圈、东京都市圈以及中国的长江三角洲都市圈。当代中国经过 30 余年的改革开放，在东南部沿海经济发达地区逐渐形成了三大都市圈——珠三角都市圈、长三角都市圈和京津冀都市圈。①

现代城市的兴起是为了更好地服务于人类社会自身发展的需要，又因人类自身的合作与发展而展现人类超越自然界的恩赐而进入重新建构一个把握自身发展命运的新的可操控的秩序体系之新境界，在此过程中，现代城市一方面展现了作为生存与发展共同体的普遍性价值，表达和释放着人类的创造性欲望，使得城市成为世界各地人们不约而同的追求，并推动着世界性的大都市处于不断的变动之中；另一方面在漫长的演化过程中，人们纷纷将建构精神得以皈依的神圣之地、提供基本的安全保障、拥有繁华的商业市场作为城市的基本价值，即将神圣、安全、繁荣这“六字方针”分别作为城市精神（文化）领域、政治领域、经济领域的根本价值取向，写入一个个城市发展的历史征程中，而且一旦城市在这三个领域出现了任何一个薄弱环节，都会自毁其生活，甚至最终导致其衰亡。② 长久以来，在持续的混乱中没有任何城市体系能够长存。只有在强有力的法律和秩序统治之下，城市才能兴旺发达。城市居民至少要有某种程度的人身安全感。他们也需要一个负责而有能力的政府来监管合约并监督执行基本的商业行为法规。③

随着人类社会进入到由工业化、信息化、城市化等多重力量共同推动的新时代，以大都市治理为核心的城市治理愈来愈成为现代世界各国城市治理的主要内容，而且以大都市治理为核心的治理范式越来越成为现代社会的主导范式。然而，大都市治理理念面临着从传统人力型治理走向数字化治理、从弥散型治理走向整体性治理、从孤岛型治理走向跨域一体化治理、从官僚制治理走向多元共治、从非均衡式治理走向发展与共享式包容性治理的全面转型这一复杂而综合的严峻挑战，与此同时，大都市治理理念除了在传统的神圣、安全、繁荣这“六字方针”基础上，还需要注入新的要素，包括自治、参与、合作、宜居、和谐等，进而形成大都市治理走向和谐发展的新型理念基础。

---

① 珠三角都市圈包括广州市、深圳市、珠海市、佛山市、惠州市、肇庆市、江门市、中山市和东莞市。长三角都市圈包括上海、南京、苏州、无锡、常州、镇江、南通、扬州、泰州、杭州、宁波、湖州、嘉兴、绍兴、舟山、台州；2009 年合肥、盐城、马鞍山、金华、淮安、衢州加入；2013 年芜湖、连云港、徐州、滁州、淮南、丽水、宿迁、温州加入。京津冀都市圈包括北京、天津两个直辖市和河北省的石家庄、秦皇岛、唐山、廊坊、保定、沧州、张家口、承德 8 地市。

② 〔美〕乔尔·科特金：《全球城市史（修订版）》，王旭等译，社会科学文献出版社 2010 年版，第 15—19 页。

③ 〔美〕乔尔·科特金：《全球城市史（修订版）》，王旭等译，社会科学文献出版社 2010 年版，第 237 页。

二、当代中国大都市治理理念转型的背景分析

1. 城市化的深度推进

近年来中国进一步加快推进城镇化发展，城市化率不断提升。从1978年到2011年，城镇人口从1.72亿人增加到6.9亿人，城镇化率从17.92%提升到51.27%，虽然从表面上看，中国城镇化建设已经达到世界平均水平，但目前中国城镇化率统计是以常住人口计算，按照这样的算法是已经突破了50%，但如果按照有城镇户籍的人数，按照政府提供的教育、医疗、社会保障等公共服务水平来说，中国的城镇化率大概只有35%～36%。官方统计的数据表明，在城镇打工的2.6亿的农民工中，真正在城市购房的还不足1%；大约有1.59亿在城市工作半年以上的农民工及其家属是处于“半市民化”状态。

原建设部副部长、中国房地产研究会会长刘志峰指出，中国城镇化过程中存在的一个比较突出的问题，就是土地城镇化速度明显快于人口城镇化速度，造成土地浪费严重的后果。中国城镇化水平与工业化水平相比，还明显滞后。由于缺少科学规划和城镇管理，一些城镇空间布局与人口环境承载能力不匹配，人口环境资源矛盾加剧，一些城镇脱离实际追求奢华和高标准，资源浪费突出，严重制约了城镇化健康、协调、可持续发展。一是城镇资源环境承受巨大压力。在经济快速发展过程中，城镇化付出了巨大的资源环境代价。特别是在城镇开发和“拆旧造新”过程中，消耗了大量钢材、水泥、玻璃、化学材料，不仅造成了环境污染，也牵制了建筑节能减排工作。二是城镇公共事业面临更大挑战。在城镇化快速推进和挤压下，中国655个城市中，近400个城市缺水，约200个城市严重缺水，约有三分之一城市联结城镇的交通，在进出城时出现高峰时段的拥堵。三是城镇建设过度依赖土地情况严重。一些地方在城镇建设中过度征用土地甚至耕地，一些城镇在推行“拆农居，建社区”过程中，操作不规范，配套政策不到位，让住上楼房后的农民失去了社会保障；一些农村人口迁往城镇后，由于无法得到住房保障，成为了边缘化的“二等市民”。四是城镇开发建设手段十分落后。在城镇建设和开发过程中，住宅建造采用工厂化方式生产的住宅比例较低，质量问题较为严重。城镇商品住房的“毛坯房”比例高，装修二次污染和资源浪费情况十分普遍，住宅使用寿命短、维护成本高的情况，在城镇建设中尤为突出。①

对于城镇化建设，中共十六大提出了“走中国特色的城镇化道路”；十七大进一步补充为“按照统筹城乡、布局合理、节约土地、功能完善、以大带小的原则，促进大中小城市和小城镇协调发展”；十八大提出“新型城镇化”建设将遵从“公平共

① 阮煜琳：《中国城镇化面临四大挑战，节约资源成当务之急》，中国新闻网2010年12月1日。

享”、“集约高效”、“可持续”三个原则，按照“以大城市为依托，以中小城市为重点，逐步形成辐射作用大的城市群，促进大中小城市和小城镇协调发展”的要求，推动城镇化发展由速度扩张向质量提升“转型”。具体到对新型城镇化的战略布局，更进一步的规划是，在东部地区，优化提升京津冀、长三角和珠三角城市群，逐步打造更具国际竞争力的城市群；在中西部资源环境承载能力较强的地区，培育壮大若干城市群。在此基础上，优先发展区位优势明显、基础条件较好的中小城市，有重点地发展小城镇，把有条件的东部地区中心镇、中西部地区县城和重要边境口岸逐步发展成为中小城市。① 中国城镇化发展的快速推进和由此带来的城镇化质量不高以及本身所具有的弊端使大都市的发展和治理遭遇双重困境。城镇化的发展既型构了大都市治理的背景，也为大都市治理带来了严峻的挑战。

城市化率是城市化的度量指标，一般采用人口统计学指标，即城镇人口占总人口（包括农业与非农业）的比重。根据 2010 年第六次人口普查数据：珠三角都市圈的城市化率为 81.84%（见表 1），长三角都市圈的城市化率为 67.15%（见表 2），京津冀都市圈的城市化率为 59.98%（见表 3）。这三大都市圈的城市化率都超过全国平均水平，珠三角地区更是达到了 81.84%。城市化的深度推进反映在三大都市圈为代表的城市化率的不断提升，由此带来了都市圈对其他城市的经济拉动、人员流动和社会生活的深刻影响，这对城市和大都市治理都提出了新的挑战。

表 1　珠三角都市圈城市化率

城市	城镇人口（万人）	常住总人口（万人）	城镇化率（%）
广州	1064.1	1270.2	83.77
深圳	1035.8	1035.8	100.00
珠海	137	156.3	87.65
佛山	677.2	719.7	94.09
惠州	284.4	459.8	61.85
肇庆	116	391.6	29.62
江门	277.3	445	62.31
中山	274.1	312.1	87.82
东莞	727.1	822	88.45
合计	4593	5612.5	81.84

① 《城镇化规划两会前后将出，涉及 20 城市群上万城镇》，《经济观察报》2013 年 1 月 4 日。

表 2　长三角都市圈城市化率

城市	城镇人口(万人)	常住总人口(万人)	城镇化率(%)
上海	2055.5	2301.9	89.30
南京	623.8	800.4	77.94
苏州	733	1045.9	70.08
无锡	448.2	637.4	70.32
常州	290.1	459.2	63.18
镇江	193	311.4	61.98
南通	406.4	728.4	55.79
扬州	253.1	446	56.75
泰州	257	461.9	55.64
杭州	637.3	870	73.25
宁波	519.5	760.6	68.30
湖州	153	289.4	52.87
嘉兴	240.1	450.2	53.33
绍兴	287.8	491.2	58.59
舟山	71.3	112.1	63.60
台州	331.5	596.9	55.54
合肥	388.7	570.2	68.17
盐城	377.3	726.2	51.96
马鞍山	93.9	136.6	68.74
金华	316.1	536.2	58.95
淮安	243.9	480.1	50.80
衢州	93.7	212.3	44.14
合计	9014.2	13424.5	67.15

表 3　京津冀都市圈城市化率

城市	城镇人口(万人)	常住总人口(万人)	城镇化率(%)
北京	1685.9	1961.2	85.96
天津	1033.59	1299.29	79.55
石家庄	514.5	1016.4	50.62
秦皇岛	141.9	298.8	47.49
唐山	385.1	757.7	50.82
廊坊	211.5	435.9	48.52
保定	434	1119.4	38.77

（续表）

城市	城镇人口（万人）	常住总人口（万人）	城镇化率（%）
沧州	291.3	713.4	40.83
张家口	196.2	434.5	45.16
承德	134.3	347.3	38.67
合计	5028.29	8383.89	59.98

数据来源：国务院人口普查办公室、国家统计局人口和就业统计司：《中国 2010 年人口普查分县资料》，中国统计出版社，2012 年。

2. 老龄化社会的提前来临

一般而言，65 岁以上人口占全社会总人口的比例为 7% 或 60 岁以上人口占全社会总人口的比例为 10% 以上就可称为老龄化社会。20 世纪 70 年代以来，计划生育政策的实施使中国在短时间内完成了人口转变过程，实现了从"高出生率、高死亡率和高自然增长率"到"低出生率、低死亡率和低自然增长率"的再生产类型的转变。与发达国家相比，中国人口老龄化具有鲜明的特点：第一，人口老龄化发展速度快。第二，老年人口数量大；第三，老年人口高龄化的态势显著，1982—1990 年，中国 80 岁以上的高龄老人年平均增长速度达到 5%，高于 60 岁及以上老年人口的增长速度。1990—2010 年，80 岁及以上的高龄老人年平均增长速度将达到 4.1%，高于世界平均水平 3.0% 和发达国家的 2.0%；第四，中国是在经济不发达的情况下迎来的人口老龄化；第五，家庭的养老功能逐渐弱化。[①]

根据第 6 次全国人口普查资料，中国人口年龄构成为：内地 31 个省、自治区、直辖市和现役军人的人口中，0—14 岁人口为 222459737 人，占 16.60%；15—59 岁人口为 939616410 人，占 70.14%；60 岁及以上人口为 177648705 人，占 13.26%，其中 65 岁及以上人口为 118831709 人，占 8.87%。同 2000 年第五次全国人口普查相比，0—14 岁人口的比重下降 6.29 个百分点，15—59 岁人口的比重上升 3.36 个百分点，60 岁及以上人口的比重上升 2.93 个百分点，65 岁及以上人口的比重上升 1.91 个百分点。[②] 可见，中国老龄化趋势越来越明显。据全国老龄办副主任吴玉韶介绍，"十二五"时期，中国人口老龄化加速发展，呈现出老龄化、高龄化、空巢化加速发展的三个新特征。其中，空巢化将进一步加速。城乡空巢家庭超过 50%，部分大中城市达到 70%；农村留守老人约 4000 万，占农村老年人口的 37%，老年

---

① 贾晓九：《人口老龄化与中国老年社会福利事业的发展构想》，《重构中国社会保障体系的探索》，中国社会科学出版社 2001 年版，第 245 页。

② 《2010 年第六次全国人口普查主要数据公报》，中华人民共和国国家统计局网站 2011 年 4 月 28 日。

人照料问题日益突出。①

表 4　60 岁以上老年人口占全国总人口比重

指标	2005 年	2006 年	2007 年	2008 年	2009 年	2010 年	2011 年
60 岁以上人口(万)	14408	14901	15340	15989	16714	17765	18499
60 岁以上人口比重(%)	11.03	11.3	11.6	12	12.5	13.26	13.7

资料来源:民政部 2011 年社会服务发展统计报告。

就三大都市圈而言,老龄化社会已提前到来。根据《广东统计年鉴 2012》中第六次人口普查结果整理发现,珠三角都市圈 65 岁及以上人口占总人口的比重为 5.07%(见表 5),接近老龄化社会的指标;根据《中国 2010 年人口普查分县资料》计算出长三角都市圈 65 岁及以上人口占总人口的比重为 10.34%(见表 6),京津冀都市圈 65 岁及以上人口占总人口的比重为 8.59%(见表 7),长三角和京津冀都市圈已经提前进入老龄化社会。

表 5　珠三角都市圈老龄人口比率

城市	65 岁以上人口(万)	总人口(万)	比率(%)
广州	84.75	1270.19	6.67
深圳	18.54	1035.84	1.79
珠海	7.82	156.25	5.00
佛山	37.82	719.74	5.25
惠州	27.18	459.84	5.91
东莞	18.83	822.02	2.29
中山	13.83	312.13	4.43
江门	40.41	445.07	9.08
肇庆	35.56	391.65	9.08
合计	284.74	5612.73	5.07

资料来源:《广东统计年鉴 2012》。

表 6　长三角都市圈老龄人口比率

城市	65 岁以上人口(万)	总人口(万)	比率(%)
上海	233.18247	2301.9	10.13
南京	73.47672	800.4	9.18
苏州	88.9015	1045.9	8.5
无锡	60.42552	637.4	9.48

① 卫敏丽:《中国:人口老龄化、高龄化、空巢化加速》,新华网 2011 年 3 月 1 日。

（续表）

城市	65岁以上人口(万)	总人口(万)	比率(%)
常州	44.86384	459.2	9.77
镇江	32.2299	311.4	10.35
南通	120.186	728.4	16.5
扬州	55.4824	446	12.44
泰州	65.72837	461.9	14.23
杭州	78.474	870	9.02
宁波	65.48766	760.6	8.61
湖州	31.51566	289.4	10.89
嘉兴	44.97498	450.2	9.99
绍兴	48.82528	491.2	9.94
舟山	11.7705	112.1	10.5
台州	58.67527	596.9	9.83
合肥	48.23892	570.2	8.46
盐城	86.85352	726.2	11.96
马鞍山	14.52058	136.6	10.63
金华	48.7942	536.2	9.1
淮安	49.88239	480.1	10.39
衢州	25.41231	212.3	11.97
合计	1387.90199	13424.5	10.34

数据来源：国务院人口普查办公室、国家统计局人口和就业统计司：《中国2010年人口普查分县资料》，中国统计出版社，2012年。

表7 京津冀都市圈老龄人口比率

城市	65岁以上人口(万)	总人口(万)	比率(%)
北京	170.82052	1961.2	8.71
天津	110.699508	1299.29	8.52
石家庄	82.63332	1016.4	8.13
秦皇岛	28.26648	298.8	9.46
唐山	69.63263	757.7	9.19
廊坊	33.78225	435.9	7.75
保定	90.78334	1119.4	8.11
沧州	58.99818	713.4	8.27
张家口	44.9273	434.5	10.34
承德	29.83307	347.3	8.59
合计	720.376598	8383.89	8.59

数据来源：国务院人口普查办公室、国家统计局人口和就业统计司：《中国2010年人口普查分县资料》，中国统计出版社，2012年。

随着老龄化社会的提前到来,城市特别是大都市面临着越来越大的养老等公共服务的压力。城市养老问题将成为大都市治理和政府能力建设中的重要任务。如何更好地提供与老龄化社会相匹配的养老服务以及与之相适应的其他公共服务,这需要政府开始转变职能和服务理念,未雨绸缪,制定有针对性的养老服务规划和计划,更进一步说,需要政府积极转变治理理念,提升自身治理能力,才能应对老龄化社会的诸多挑战。

3. 福利社会的全面建构

社会福利制度是指国家和社会为实现"社会福利状态"所作的各种制度安排,社会保障体系、社会救助体系、社会福利服务体系是社会福利制度的三大支撑体系。社会保障主要包括各种社会保险,以"防贫"为目的,是社会福利中最基本的制度;社会救助主要包括救灾、救济、扶贫等,以"济贫"为目的,是社会福利中最基础的制度;社会福利服务主要为优抚安置对象,为老年人、残疾人、孤儿等特殊群体提供福利和服务,以扶老、助残、救孤为目的,是社会福利中极具发展前景的事业。

我国社会福利制度的三大支撑体系职责分别为:(1) 社会保障体系:其核心是社会保险,包括养老保险、失业保险、医疗保险、工伤保险、生育保险和促进就业等。(2) 社会救助体系:社会救助包括城市居民最低生活保障、救灾救济、扶贫和紧急救援。社会救济是政府和社会对于收入不足以维持最低生活标准的贫困者提供帮助。城镇居民最低生活保障是社会救济制度的改革和延伸,要进一步规范完善。(3) 社会福利服务:国家和社会为优抚安置对象、老年人、残疾人、孤儿等群体提供必要的社会福利服务。

社会保障的思想在我国可以说是源远流长,早在公元前 500 年左右,在孔子的《礼记·礼运》"大同篇"中就有"大道之行也,天下为公。使老有所终,壮有所用,幼有所长,鳏寡孤独废疾者皆有所养"的论述。我国的社会保障制度建立于 1950 年代初,这一制度主要由社会保险、社会福利、社会救济以及优抚工作等内容组成。其发展大致可分为创建阶段(1949 年 10 月—1957 年);完善发展阶段(1966 年—1978 年)及改革创新阶段(1979 年至今)。①

十一届三中全会之后,我国的社会保障制度进入了改革阶段。这一时期的改革内容包括了制度模式、运行机制、项目构成、管理手段、管理体制等多方面的内容。1985 年通过的《中共中央关于制定国民经济和社会发展第七个五年计划的建议》,明确提出了"社会保障"的概念。在 1990 年 12 月通过的《中华人民共和国国

① 成思危:《中国社会保障体系的改革与完善》,民主与建设出版社 2000 年版,第 102—120 页。

民经济和社会发展十年规划和第八个五年计划纲要》更进一步指出了社会保障制度改革的总方针和总原则是："努力推进社会保险制度，要以改革和建立养老保险和待业保险制度为重点。按照国家、集体和个人共同合理负担的原则，在城镇各类职工中逐步建立养老保险制度，扩大待业保险的范围，完善待业保险办法，实行多层次的社会保险。同时，努力改革医疗保险和工伤保险制度，继续推行合作医疗保险。"

1997 年十五大报告提出，"建立社会保障体系，实行社会统筹和个人账户相结合的养老、医疗保险制度，完善失业保险和社会救济制度，提供最基本的社会保障"，"逐步增加公共设施和社会福利设施，提供教育和医疗保健水平。实行保障城镇困难居民基本生活的政策。"这进一步明确了我国社会保障体系的目标。

1999 年 3 月 5 日，朱镕基总理在第九届全国人大第二次会议上所作的"政府工作报告"中首次提出了"三条保障线"，即国有企业下岗职工基本生活保障、失业保险和城镇居民最低生活保障。尽管在具体执行中还有一些不足之处，但总体上起到了保持社会稳定的作用。1999 年 1 月 14 日，国务院第 259 号令颁布了《社会保险费征缴暂行条例》，对社会保险费的征缴管理做出了新的规定，将基本养老保险费、基本医疗保险费和失业保险费的征收纳入一个统一的条例中，并由统一的税务机关或社会保险经办机构办理。社会保险的覆盖范围也有了进一步的扩大。1999 年 3 月 19 日，劳动和社会保障部连续颁布了《社会保险登记管理暂行办法》、《社会保险费征缴监督检查办法》、《社会保险费申报缴纳管理暂行办法》，对社会保险的登记，社会保险费的申报、缴纳、监督和检查做出了规定，为规范企业的社会保险行为和国家的社会保险管理提供了有力的证据。[①]

近年来，我国的社会福利和社会救助水平不断提高，日趋完善。2011 年底，全国共有城市低保对象 1145.7 万户、2276.8 万人。全年各级财政共支出城市低保资金 659.9 亿元，比上年增长 25.8%，其中中央财政补助资金 502.0 亿元，占总支出的 76.1%。2011 年全国城市低保平均标准 287.6 元/人、月，比上年增长 14.5%；全国城市低保月人均补助水平 240.3 元（含一次性生活补贴），比上年提高 27.1%。2011 年城市"三无"救济 19.3 万人，比上年增长 30.9%。2011 年底，全国有农村低保对象 2672.8 万户、5305.7 万人，比上年同期增加 91.7 万人，增长了 1.8%。全年各级财政共支出农村低保资金 667.7 亿元，比上年增长 50.0%，其中中央补助资金 502.6 亿元，占总支出的 75.3%。2011 年全国农村低保平均标准 143.2 元/人、月，比上年提高 26.2 元，增长 22.4%；全国农村低保月人均补助水平

① 成思危：《中国社会保障体系的改革与完善》，民主与建设出版社 2000 年版，第 12—14 页。

106.1 元(含一次性生活补贴),比上年提高 43.4%。截至 2011 年底,全国有农村五保供养对象 530.2 万户,551 万人,分别比上年下降 0.95% 和 0.71%。全年各级财政共支出农村五保供养资金 121.7 亿元,比上年增长 24.1%。其中:农村五保集中供养 184.5 万人,集中供养年平均标准为 3399.7 元/人,比上年增长 15.2%;农村五保分散供养 366.5 万人,分散供养年平均标准为 2470.5 元/人,比上年增长 17.5%(见图 1 和表 8)。①

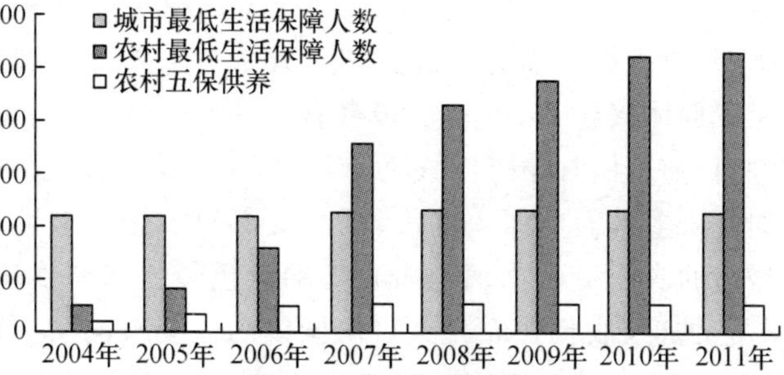

图 1　社会救助情况

表 8　社会救助情况

单位:万人

指标	2004 年	2005 年	2006 年	2007 年	2008 年	2009 年	2010 年	2011 年
城市最低生活保障人数	2205	2234.2	2240.1	2272.1	2334.8	2345.6	2310.5	2276.8
农村最低生活保障人数	488	825	1593.1	3566.3	4305.5	4760	5214	5305.7
农村五保供养	228.7	300	503.3	531.3	548.6	553.4	556.3	551

资料来源:民政部 2011 年社会服务发展统计报告。

2011 年全年累计救助城市居民 2222 万人次,其中:民政部门资助参加城镇居民基本医疗保险 1549.8 万人次,人均救助水平 67.9 元;民政部门直接救助城市居民 672.2 万人次,人均医疗救助水平 793.6 元。全年各级财政共支出城市医疗救助资金 67.6 亿元,比上年增长 36.6%。2011 年全年累计救助贫困农村居民 6297.1 万人次,其中:民政部门资助参加新型农村合作医疗 4825.3 万人次,人均资助参合水平 45.6 元;民政部门直接救助农村居民 1471.8 万人次,人均救助水平 635.8 元。全年各级财政共支出农村医疗救助资金 120.0 亿元,比上年增长 43.7%;2011 年临时救助城市居民 290.1 万人次、农村居民 596.8 万人次。

近几年,中央政府一再强调大力发展社会福利和社会保障事业,建立与我国经济实力相适应、满足民众切身需求的福利体系。中央财政也开始向民生领域重点倾斜,以保障民众特别是社会弱势群体的生活需要。随着普惠式的福利制度的

① 《2011 年社会服务发展统计报告》,中华人民共和国民政部网站 2012 年 6 月 21 日。

构建,城市政府开始由单纯的发展型政府向发展与民生并重型政府转型,使发展成果让广大民众共享,为城市居民提供符合其需求的福利计划,满足其生存权和发展权,推动整个社会的良性发展,维系社会不同群体之间的和谐关系。

4. 社会流动化的日益加速

现阶段社会流动化的一个非常重要的表现是城市新移民的大规模出现。城市新移民可分为智力型移民和劳工型移民,这两大主体的流动都会触动大都市现有社会结构和城市管理体制。劳工型移民是城市新移民中规模较大、持续时间较长的一种移民类型,以往多被称为"农民工"、"外来务工人员"或"流动人口"。规模性的城市农民工群体兴起于 20 世纪 80 年代末,90 年代以后急剧扩大,至 90 年代中期达到高潮,目前全国常年跨区域流动着的有 8000 多万人,占农村劳动力的 15% ~20% 。如此众多的人员涌入城市,既给城市和乡村带来了新的问题,反过来也使转移到城市的农村劳动力面临着自身的角色转换和城市适应即城市化问题①。城市化进程的加快表现在农村人口向城镇的大规模流动和转移,同时也表现为中小城市人口向大都市的转移,"城市移民是一种渐进的过程,从农场到乡村,从乡村到城镇,从城市到大都市"。②

总体而言,规模庞大的劳工型移民将给城市治理带来以下挑战:一是对现有户籍制度的冲击,现有的户籍管理制度制造了城市和农村两种身份,身份不同享受的权利和获得的利益也截然不同,进入城市的外地移民由于不具备这种身份因而与城市户籍人口的权利与福利都存在很大差异,这就形成了一种天然的裂缝和鸿沟,凸显了两种不同身份人群之间的不公平,附带也会引发其他的社会问题。城市政府必须开始对户籍制度以及与之挂钩的其他政策进行调整和反思并进行有效的改革。二是大规模的移民给城市管理带来巨大压力,城市空间和资源的有限与大规模的移民之间存在着一定的张力。城市管理者在应对城市新移民等新现象时缺乏有效的准备,因而在很多管理领域都会存在冲突与管理能力不足等问题。比较典型的挑战和压力主要集中在城市摊贩的治理、社会治安秩序的维护、流动人口的计划生育工作和公共安全等。三是对城市政府的公共服务和治理能力提出了更高要求。比如流动人口的随迁子女的教育问题、住房以及社会保障等都在考验城市政府的公共服务供给能力。

以上几个方面的背景既增大了大都市治理的难度,也为城市治理带来了新的问题。老龄化社会的提前到来对中国现有人口政策的一个挑战,也会对城市的产业发展、就业、教育、人力资源规划、养老服务等带来全方位的挑战;社会福利的全

---

① 周大鸣:《迁移与立足:新移民的城市认同》,《深圳特区报》2012 年 7 月 20 日。

② 〔美〕布莱恩·贝利:《比较城市化》,顾朝林等译,商务印书馆 2010 年版,第 6 页。

面构建和福利水平的提升意味着城市政府在公共支出上的一个调整和改革，需要城市政府设计一套有效的福利体系，满足低收入群体和弱势群体的需求；而随着城市化而来的流动性的加剧，越来越多的城市新移民对流入地城市政府的公共安全、就业、教育、住房、社会福利等公共服务形成了新的压力，迫使城市政府去研究和探讨这些发展过程中形成的新现象、新问题，提出有针对性的治理举措来缓解压力，解决问题。城市政府和大都市政府解决这些问题的关键在于树立符合现代城市发展规律的治理理念，不断提升其治理能力，着力解决大都市发展过程中遇到的重大问题和挑战，增强其运用公共政策解决公共问题的能力。

三、治理理念、治理能力与公共政策

大都市治理理念的转型对大都市治理能力建设提出了更高的要求，具体而言，大都市治理能力建设的内容主要包括以下内容：(1) 从文化建设(精神)层面来看，由神圣而衍生的中国大都市治理能力建设的内涵包括营造和谐精神家园能力、促进城市文化发展能力。(2) 从政治建设层面来看，由安全衍生的中国大都市治理能力建设的内涵包括提供公共服务能力、提升高效治理能力、抵御风险灾害能力。(3) 从经济建设层面来看，由繁荣衍生的中国大都市治理能力建设的内涵包括促进经济发展能力、提升自主创新能力。(4) 从社会建设层面来看，由自治衍生的中国大都市治理能力建设的内涵包括激活社会组织活力、提升民众参与能力、创造协作治理能力。(5) 从生态建设层面来看，由宜居衍生的中国大都市治理能力建设的内涵包括促进可持续发展能力、提升维护健康生态与宜居环境能力。

由大都市治理理念与治理能力建设共同推动的大都市治理形态将呈现如下主要变化：一是从发展型城市向发展与民生共享型城市转变，从之前关注经济增长等外延式发展向更为注重人的权利的内涵式发展，通过提升城市居民福利和幸福指数来寻求更为全面和有效的发展，让民众享受改革发展的成果。二是从片面依赖政府单一权威的刚性治理向依赖多元力量参与的人性化的柔性治理的转变，刚性治理依赖于政府的强大权力和单一的政府权威，管理方式简单化，追求治理效率而忽视管理手段的人性化和柔性化，比如在城管对摊贩的治理等方面；柔性治理则推行更为人性和人本的治理理念和治理方式，形成和谐平等的治理关系。三是从大而全的城市设计理念向宜居生态城市理念的转变。大都市的发展会引发一系列的城市病，如交通拥堵、空气污染、垃圾围城、犯罪率高等弊病。如果单纯追求城市的大而忽略民众的生活质量和幸福指数，那就失去了城市应有的生活魅力。宜居城市就要求政府重新调整城市规划，也要求政府树立低碳环保的发展思路，将经济发展和环境保护、城市建设、社区发展以及民众需求有机统一。四是从分割式治理向统筹式治理的转型。不同城市和城市群之间在很多公共问题和公共事务的治理上需要有全局观念和合作意识。去年开始席卷全国城市、引发公众强烈关注的空气污染、水污染等公共问题就很难由一个城市加以解决,因而需要不同城市密切合作,协调好产业发展、排污治理、经济布局和公共服务等政策来系统解决。随着经济联系、人员流动和生态影响的彼此勾连,城市群也会成为一个紧密的利益关联体,对城市问题的解决就需要建立一个有效的合作治理机制来加以解决。2012 年,北京、上海、广州等城市在城市治理和公共政策中的主要做法和经验主要有:

1. 构建精神家园:城市精神的定位

城市是人类赖以生存的大寓所。城市精神是一个城市独具特质的精神品格,是城市特色的集中概括。在人类文明发展史上,那些培育出独特文化和精神气质的城市,往往能形成强大的吸引力,长期保持领先的地位。纽约的"梦想和创造",伦敦的"坚守传统、稳固有序和以人为本"的精神,东京的"干练、优雅、合作"等绵延不衰的城市精神,使它们跻身于世界大都市之列。中国大都市在近几年也纷纷开始提炼和推出了各自的城市精神,寻求合适的精神定位,打造富有各自特色的城市气质,以提升城市品位和吸引力。城市精神背后也反映出不同城市在治理理念上的发展变化和追求。

1.1 北京城市精神

为进一步增强北京文化软实力,充分发挥城市精神在"人文北京、科技北京、绿色北京"建设和世界城市建设中的导向、凝聚、激励作用。2011 年 11 月 2 日,北京市公布了"北京精神"——"爱国、创新、包容、厚德"。这是首都人民长期发展建设实践过程中所形成的精神财富的概括和总结,体现了社会主义核心价值体系的要求,体现了首都历史文化的特征,体现了首都群众的精神文化追求。

"爱国"是"北京精神"的核心。这是北京城市精神最深刻、最显著的特征,源远流长,历久弥新。它体现了北京市民所具有的"天下兴亡、匹夫有责"的爱国精神,讲政治、顾大局、树正气、重奉献的时代精神,展现了北京时刻与民族命运紧密相连、心系国家发展、勇担时代使命的向心力与凝聚力。"创新"是"北京精神"的精髓,即突破常规、推陈出新。创新是民族进步之魂,是城市活力之源,它体现了北京积极进取、追求进步的精神状态。"包容"是"北京精神"的特征,即宽容、容纳。在统一多民族国家形成和壮大的漫长过程中,北京以自己宽广的胸怀和开放的心态吸引、融合着各地区各民族的文化,古典的、现代的、民族的、世界的,京腔京韵的、五湖四海的在今天的北京都有其展示的舞台;不同国度、不同民族、不同区域的人,都能在北京寻找到发展的机会。"厚德"是"北京精神"的品质。3000 多年的建城史和 850 年的建都史不仅赋予了北京辉煌灿烂的历史文化,也培育了北京市民胸怀坦荡、文明有礼的优秀品质，孕育了这座城市德泽育人、容载万物的独特城市品格。在建设世界城市过程中，北京也必将继续弘扬传统美德，建设社会主义先进文化，弘扬友爱、奉献、互助的人文精神，不断彰显人文关怀的内在品质。

1.2　上海城市精神

城市精神是推动城市持久发展、繁荣昌盛的灵魂。城市精神同时又具有鲜明的时代性与可塑性。培育具有上海特征的城市精神和价值取向，将有力地提升其品格和“精气神”。上海城市精神最早是上海市2003年精神文明建设工作会议在全市性大讨论的基础上正式确定的，为“海纳百川”、“追求卓越”八个字。2007年5月召开的上海市第九次党代会上，时任上海市委书记习近平同志在代表中共第八届上海市委所作的工作报告中指出，上海要“与时俱进地培育城市精神，大力塑造海纳百川、追求卓越、开明睿智、大气谦和的新形象，使全市人民始终保持艰苦奋斗、昂扬向上的精神状态。”

海纳百川是上海历史与现实最鲜明的特征；服务全国，是上海的责任，也是上海加快发展的必然要求。在服务全国中海纳百川，就是要兼容并蓄、学习别人长处的同时，真正发挥上海面向世界、服务全国的作用，不断提升上海城市综合服务功能，让方方面面在上海这个大舞台上能够长袖善舞、施展身手，共同为实现国家战略贡献力量。上海城市建筑至今还明显带有英、德的新教传统色彩，也有法、意等拉丁文化为代表的天主教传统风格，英、法、美、俄等国带来了各自特色的城市建筑和城市文化。此外，长江三角洲地区的城市传统，也深深影响着上海这座城市。海派文化中讲究实用、精于算计而又细腻、精致的倾向，与江南传统士大夫浪漫、颓废、唯美等心理传统融合在一起，为上海文化打上了深深的烙印。在此基础上形成的城市风格，是许多城市风格与江南地区城市民俗的综合。这一历史脉络，造就了海纳百川的上海城市精神。2011年11月召开的中共上海九届市委十六次全会上，时任市委书记俞正声提出，要结合上海历史文化积淀和现阶段发展实际，积极倡导“公正、包容、责任、诚信”的价值取向。

追求卓越，是上海突出的城市品格。发扬艰苦奋斗精神去实现“改革勇攀第一峰、竞争勇夺第一名、工作勇创第一流”目标。努力把宏伟目标和脚踏实地的工作结合起来，始终保持一种危机感、责任感、紧迫感，不断增创新优势，开创上海充满希望的未来。上海既有出色的地理环境、历史传统、文化基础、政策支持、市民素质等，更重要的是还具有永远追求卓越的城市精神。这种追求卓越的品格，体现于上海城市发展中所表现出来的勇于争当世界第一的精神。

开明睿智，是上海传统文化资源。一座城市精神的塑造，不能抛弃其自身的民族背景。中国传统文化中对政治社会开明的品格要求和儒家睿智的价值观，为上海塑造城市精神提供了丰富的传统文化资源。在建设社会主义现代化国际大都市的背景下,开明意味着不因循守旧、不抱残守缺,睿智意味着城市智慧更进一步的充分激发。

大气谦和,是上海现代化的基石。现代化城市需要理性精神。理性精神包括追求真理、崇尚科学、实事求是、自由进取、提倡法治等核心价值。作为得到全球普遍认同的价值观,它们成为了现代化的基石。我国传统文化中倡导的大气谦和精神,可以极大地推动城市现代化发展。一个现代化城市的发展要获得其他城市的认同,就必须具备大气谦和的城市品格。在城市自身建设的过程中,积极处理好与其他城市及地区的关系,体现出一个开放城市具有的国际大都市的广博胸怀。只有拥有这样的胸怀,才能产生向心力和辐射力,拥有强势的号召力和影响力。因此,从根本上说,大气谦和的精神,是未来城市发展的更为重要的资源。

1.3 广州城市精神

相比北京和上海大张旗鼓地对城市精神的讨论和提炼,广州城市精神受到的重视和关注就显得不那么惹人注目。广州精神定位为"敢为人先,团结友爱,奋发向上,自强不息"。

从北京、上海和广州三地城市精神的定位中可以看出,这三个城市的治理理念体现了如下特点:(1) 从文化精神上,三地都提到了包容(海纳百川)或者团结友爱,这与大都市在中国城市发展中的重要地位有关。大都市的发展需要有一种兼容并蓄的精神,能够吸引全国各地的人才,并能形成包容和宽容的城市心态。(2) 从个体行为规范上,北京强调爱国、厚德,上海提到了诚信、责任,广州提到了奋发向上、自强不息。这是对城市居民的一种道德规范,城市精神是由一个个鲜活的个体的言行所筑就,因而,现代城市居民和公民道德就构成了城市精神的基础。(3) 从大都市的发展动力来看,北京提到了创新,上海提到了追求卓越,广州提到了敢为人先。不同的大都市之间存在着竞争关系,如京沪之争,长三角和珠三角之争,背后都是以大都市为主的城市竞争力的比拼。保持自己的竞争优势,实现城市可持续快速的发展,就需要这些城市发掘其内在的发展动力。(4) 从社会正义层面上,上海提到了公正,北京和广州则阙失。这也反映出后两个城市政府在追求社会公平正义层面还比较淡漠。

正如科特金所言,一个伟大的城市所依靠的是城市居民对他们的城市所产生的那份特殊的深深眷恋,一份让这个地方有别于其他地方的独特感情。最终必须通过一种共同的认同意识将全体城市居民凝聚在一起。① 北京、上海和广州对城

① 〔美〕乔尔·科特金:《全球城市史(修订版)》,王旭等译,社会科学文献出版社2010年版,第242页。

市精神的讨论和提炼显示出大都市对城市精神的重视和追求，力图通过对城市精神的讨论更紧密地团结和调动城市居民的参与热情，塑造各自独特的城市价值。城市精神也反映出城市政府在治理理念上更加注重柔性治理和价值关怀，重视提升城市的人文精神，用精神和价值来凝聚人，构建人本而温馨的心灵城市。

2. 寻求更公平的公共政策："北上广"异地高考方案

2012 年被认为是异地高考的破局之年。2012 年 8 月 30 日，国务院办公厅转发了教育部等部门《关于做好进城务工人员随迁子女接受义务教育后在当地参加升学考试工作的意见》，该意见要求，2012 年年底前，31 个省(市、自治区)要因地制宜出台各地随迁子女参加升学考试(包括中考和高考)的具体政策。按照教育部部长袁贵仁对该意见的解释，随迁子女在异地参加中考和高考需满足三个条件：首先，家长的条件是在当地有稳定工作、稳定住所、稳定收入，并交了各种保险；学生的条件是，要在迁入所在地就读，各地将会根据实际情况，决定什么样的学生跟本地生享有同样权利；第三是城市条件，迁入地城市需要该行业和群体，具备承载能力。根据国务院和教育部的指导意见，北京、上海和广东三地都出台了各具风格的异地高考方案。

2.1 北京市异地高考方案

2012 年 12 月 30 日，北京市出台"异地高考"过渡方案。由于政策体制的创新和完善工作还需要时间，北京市设置了新制度实施前的过渡期，以方便进城务工人员随迁子女在京升学考试，过渡期政策包括：(1) 自 2013 年起，凡进城务工人员持有有效北京市居住证明，有合法稳定的住所，合法稳定职业已满 3 年，在京连续缴纳社会保险已满 3 年，其随迁子女具有本市学籍且已在京连续就读初中 3 年学习年限的，可以参加北京市中等职业学校的录取考试。其中来自农村的学生和学习涉农专业等符合相关规定的学生享有北京市中等职业教育免学费和国家助学金政策。学生从中等职业学校毕业后，可按照有关规定参加高等职业学校的录取考试。(2) 自 2014 年起，凡进城务工人员持有有效北京市居住证明，有合法稳定的住所，合法稳定职业已满 6 年，在京连续缴纳社会保险已满 6 年，其随迁子女具有本市学籍且已在京连续就读高中阶段教育 3 年学习年限的，可以在北京参加高等职业学校的录取考试。学生从高等职业学校毕业后，可以参加优秀应届毕业生升入本科阶段学习的推荐与录取考试。(3) 自 2014 年起，凡进城务工人员持有有效北京市居住证明，具有合法稳定职业及合法稳定住所，其随迁子女具有本市学籍且已在京连续就读高中阶段教育 3 年学习年限的，可选择在京借考高考。北京市按教育部相关文件规定，经学生户籍所在省同意后为学生提供高考文化课在京借考服务，学生回户籍所在省参加高校招生录取。(4) 凡进城务工人员持有有效北京市居住证明，其随迁子女均可按照有关规定，和户籍学生同等待遇报名参加北京市成人高等教育、高等教育自学考试、网络高等教育、开放大学的录取考试。

在北京市出台随迁子女在京升学考试办法之前和新办法公布后三年内，北京市将为学生提供高考文化课在京借考。另外，符合条件的随迁子女可在京参加中职录取考试、高职录取考试以及开放大学、网络高教、成人自考等录取考试。

2.2 上海市异地高考方案

2012 年 12 月 30 日，上海公布《进城务工人员随迁子女接受义务教育后在沪参加升学考试工作方案》，宣布从 2014 年起符合相关条件的随迁子女可在沪参加相应义务教育后升学考试。

《进城务工人员随迁子女接受义务教育后在沪参加升学考试工作方案》以“上海市居住证管理制度”为依据，其中明确，进城务工人员符合上海市进城务工人员管理制度规定的基本要求，并达到一定积分的，随迁子女可在沪参加高中阶段学校招生考试，接受高中阶段教育，包括普通高中教育或中等职业教育；其子女在上海参加高中阶段学校招生考试并完成高中阶段完整学习经历后，可在上海参加普通高等学校招生考试。

此外，进城务工人员符合“上海市进城务工人员管理制度”规定基本要求、但未达到积分者，其子女可在上海参加全日制中等职业学校自主招生考试，接受全日制中等职业教育，包括“中高职贯通培养模式”的专业教育；其子女在上海参加全日制中等职业学校自主招生，并完成全日制中等职业教育完整学习经历后，可参加上海普通高等职业学校自主招生考试；其子女参加全日制普通高等职业学校自主招生，并完成高等职业教育完整学习经历后，可在上海参加普通高等学校专升本招生考试。①

2.3 广东省异地高考方案

广东于 2012 年 12 月 30 日公布异地高考政策，根据城市承载能力，将 2013 年、2014 年、2016 年作为三个时间节点，分步骤分层次解决外来务工人员随迁子女在广东高考的问题，并同步要求各地市于 2013 年 3 月前出台异地中考政策，并于当年开始实施。

广东省教育厅、省发改委、省公安厅、省人社厅、省住建厅等部门经过数月的调查摸底，多次征求各界意见，出台了广东异地高考方案。方案分三步实施：2013 年起，在广东积分入户的异地务工人员、高技能人才子女“零门槛”参加高考；2014 年起，具合法稳定职业、住所并连续 3 年以上持有广东省居住证，并按国家规定在广东参加社会保险累计 3 年以上的进城务工人员，其随迁子女在广东中职学校具 3 年完整学籍的，可参加中职报考高职的考试，并广东籍考生同等录取；2016 年

① 《上海异地高考方案：挂钩居住证 后年可高考》，新华网 2012 年 12 月 31 日。

起，具合法稳定职业、住所并连续 3 年以上持有广东省居住证，并按国家规定在广东参加社会保险累计 3 年以上的进城务工人员，其随迁子女在广东参加中考且具 3 年完整高中学籍的，可报名参加高考，并与广东籍考生同等录取。对于不符合在广东报考条件的进城务工人员随迁子女，自 2014 年起，经户籍所在地省级招生办同意，可在广东借考，但须回到户籍所在省（市）参加录取。

广东解决异地高考问题存在四大难题：一是随迁子女众多，教育资源承载能力不足。广东预计每年将有超过 20 万的随迁子女进入高中阶段就读，且 80% 以上集中在珠三角地区，按现有学生测算，仅珠三角地区将至少增加 200 多所初中和高中，新增各类学校所需的土地、师资、投入等，是广东难以承受的；二是现有优质高校特别是高水平大学在粤招生计划难以满足广东高考生源激增的需要；三是人口过快膨胀会对广东未来发展带来冲击。目前，广东常住人口 1.2 亿，其中非户籍人口 3097 万，常住人口和非户籍人口均是全国第一；四是影响广东教育均衡化进程。城乡教育发展不均衡是广东教育发展过程中存在的突出问题，如果无条件放开随迁子女在广东升学考试条件，将对广东教育均衡化建设产生冲击和影响。[①]

2.4 简要评析

异地高考方案因为涉及教育资源的分配，引起了社会不同群体的争议和博弈，主要体现在城市政府和城市移民之间以及城市户籍人口和移民之间。在教育资源公平分配问题上，外来务工人员的诉求是希望自己的孩子与户籍孩子拥有平等的受教育的权利和机会，而这又会影响户籍人口的切身利益。目前，我国高校招生体制实行的是分省按计划集中录取，这一由计划经济时代延续下来的录取制度，长时间来一直屡遭诟病，其中一个弊端就是在一定程度上造成了地域间招生计划的不均等。“目前大学招生地域歧视是非常严重的，本地大学对当地考生投放了比平均水平高得多的名额，北大、清华等也不例外。当然在其他地方，像上海、江苏、浙江、湖北等，这种地方保护的程度比北京更严重。”异地高考的呼吁者、北京大学法学院教授张千帆表示。以北京大学 2012 年招生计划为例，北京、上海、广东当年高考人数分别是 7.3 万人、5.5 万人、65.5 万人，但北京大学在三个省市的计划招生人数（不含医科、保送生）分别为 396、30 和 34 人，差别巨大。中国教育科学研究院研究员储朝晖认为，“就随迁子女就读地高考问题而言，直接与它相关的两个关键点一是现有的户籍制度；二是现在实行的计划招生体制。若向深层追问，全国范围内教育发展的不均衡以及接受高等教育的权利和机会不平等才是问题的症结所在。”因而，不下系统的体制变革工夫，仅仅依靠各省市制定接收

① 陈静：《广东省出台异地高考政策，将分三步四年解决》，新华网 2012 年 12 月 30 日。

随迁子女就读地高考的方案是赋权与责任不相称的，也无法从根本上解决问题，若把握不当还会激化矛盾。21 世纪教育研究院副院长熊丙奇也认为，解决北上广等地的异地高考问题，应发挥国家主导作用，由国家制定开放的基本门槛，并根据这一门槛条件协调各地的招生录取指标，为地方开放异地高考创造条件。

三地出台的异地高考改革方案还有很多限制性条件，与公平合理的政策取向尚有一定距离，还需要后续的政策予以细化与推进。三地异地高考方案是贯彻落实中央政策的精神，进一步实现教育政策的公平，满足城市发展过程中不断增长的城市移民子女的教育权。但由于我国既有户籍和教育制度的惯性以及现实利益分配的阻力，三地的政策方案带有明显的过渡性质，缺乏实质性的政策内容，离城市移民的目标诉求还有较大差距，未来改革方向应该是实现教育资源的完全共享，使社会福利与公共资源逐步与限制人的权利和自由发展的不和谐的制度脱钩。

3. 公共文化服务创新：北京六大联盟整合文化资源

北京市建立六大联盟整合文化资源，包括首都剧院联盟、首都博物馆联盟、首都出版发行联盟、首都影院联盟、首都影视产业联盟和首都图书馆联盟，采取多项举措便民利民惠民，各联盟还通过提供多种周到的服务，盘活 791 家成员单位的资源，助推首都文化大发展大繁荣。

3.1　低价票观影看戏惠民

首都剧院联盟成立后，部分成员单位在 2012 年春节期间自发提出将 100 元以下低价票的比例由原来的 10% 左右扩大到 20%。在北京市文化局支持下，联盟选择了中央、市属等不同所有制的大中型剧场进行试点，推出低价票补贴措施。截止到 2012 年 12 月 10 日，联盟已补贴低价票演出 465 场，补贴低价票 51262 张，发放补贴资金 530 万余元。低价票补贴使更多观众走进剧场，剧场不仅提高了上座率，还增加了演出收入，同时也培养了观众花钱买票看演出的良好消费习惯。首都影院联盟也结合节假日和重要节庆活动，积极推行低价观影活动。2012 年春节，联盟推出了 2 元钱观影活动，共放映 14852 场，观众 52 万人次。儿童节期间，又推出了儿童 1 元钱观优秀儿童影片活动，558 场放映活动中，很多场次爆满。2012 年下半年，为迎接党的十八大召开，联盟又推出了“党在我心中”十八大献礼影片观影活动，印制观影券 10 万张，观众持观影券在北京各影院花 10 元钱观看国产影片。首都出版发行联盟在 2012 年元旦春节期间，也组织评选出 60 种“贺岁书”，开展了好书送下乡、送工地、送军营、进庙会系列活动，共捐赠价值 40 万元的优秀出版物。低票价解决了低收入群体因为票价太高而看不起电影和戏剧的难题，让民众能够享受到价低而质量不打折的文化大餐。

3.2 资源整合文化“家底儿”活起来

自从有了文化联盟,成员单位之间互通有无,把各自的“家底儿”都亮出来共同服务市民,让原本分属中央、地方以及民营企业的文化资源活了起来。

首都博物馆联盟首先恢复发行了博物馆通票,上面不仅有各博物馆的基本信息,还增加了不少特色藏品介绍,让通票本身也成为一本北京地区博物馆的普及手册。此外,联盟联合国家博物馆、故宫博物院推出了北京明清历史文化展,让主要藏于国家级博物馆内的资源可被更多观众看到。名人故居系列巡展使不便于接待过多观众的名人故居走进北京的学校、社区和单位,甚至走到外地,讲述历史名人与北京的故事。

首都图书馆联盟则实现了72家成员馆的图书通借通还。2012年,联盟通借图书约580万册,通还图书7万余册,达到了“一馆办证,各馆通用”、“一卡通借阅,就近还书”的目标。联盟还有效整合在京中央、科研、高校等单位的丰富资源。国家图书馆与首都图书馆的读者卡实现相互认证,持北京市公共图书馆“一卡通”的读者,可通过登录“一卡通”网站,使用国家图书馆授权开放的数字资源。同样,持国家图书馆读者卡的读者,可登录国家图书馆网站,享用北京市公共图书馆的网络数字资源。截至2012年12月,近5万人次读者通过“一卡通”网站访问国家图书馆。联盟内的高校图书馆也在加快对社会开放的步伐。北大、清华、北师大等10余家高校的图书馆,有些已实现定向对社会开放。通过整合多种资源,加强各种文化资源之间的流通,盘活现有的文化资源,既可以最大化地利用这些资源,又能够形成系统效应,满足民众的多层次多元化的文化需求。

3.3 统筹要素力推精品力作

六大文化联盟成立后,中央、地方和社会民间文化资源得到有效整合,在演出市场、图书出版、展览展映展示以及影视作品创作方面发挥了统筹推动作用。

首都剧院联盟旗下的中央及驻京部队院团、民营院团均积极参与重点题材剧目创作。四家民营艺术团体通过邀标方式,推出四部反映中关村题材和奥运题材的作品《那年的梦想》、《海淀之北》、《大街小巷》、《白纸坊太狮》。战友文工团通过委托创作的方式承担了金融街题材的话剧《金融街》。首都出版发行联盟在策划精品图书出版和发行方面发挥了直接的促进作用。联盟策划并启动了“三个一百”原创精品出版工程,计划用3年时间,引导推出百种国家级学术精品、百种“远航”精品、百种惠民公益性精品。首都影视产业联盟的创作生产也取得了丰硕成果。在23部十八大重点影视剧目里,14部作品由联盟成员单位创作生产。特别是2012年第十二届精神文明建设“五个一工程”奖获奖作品中,有3部北京选送的影视作品《杨善洲》、《惊沙》、《媳妇的美好时代》出自联盟成员单位。

3.4 精细服务提升行业实力

六大文化联盟在确定实施一系列文化惠民举措的同时，经过调查研究，针对本行业存在的困难和问题，集成相关政策，为联盟成员单位的发展营造了良好环境。首都影视产业联盟大力支持成员单位重大项目建设，在小马奔腾公司收购美国数字王国过程中，加强指导和监管，加大后续工作支持和帮助。联盟还大力推动影视产业宣传，及时反映联盟工作动态和首都影视制作机构创作、生产情况，对促进首都影视产业发展发挥了积极的推动作用。首都剧院联盟为加入联盟的剧场和院团提供剧场改造、信息发布、演出调配、售票联网等相关支持。联盟与中国人民财产保险公司签订了合作协议，提供了财产险、活动延迟取消险、意外和健康险等在内的8类保险，有效解决了经营者特别是民营单位的后顾之忧。首都出版发行联盟积极利用节庆和举办展节活动，为成员单位图书展销提供了平台和服务。第二十二届全国图书交易博览会上，联盟首次集体亮相，130余家成员单位组织了2万余种、10万余册新书参展。首都影院联盟还调整完善政策导向，引导影院建设向五环外人口集中度高、经济较发达地区倾斜。此外对影院升级改造等给予支持。初步统计，2012年前三季度，北京院线票房超过11亿元。[①]

北京的六大联盟既表明北京市对公共文化服务的重视，也是其在公共文化服务的供给方式上的一大创新。长期以来，公共文化服务对城市政府而言是从属于经济发展和社会管理等其他重要任务的，城市政府普遍对其重视不够；但市民对文化的需求又是比较强烈的，因而如何盘活北京市既有的丰富的文化资源，又能够降低政府成本，以较低的成本为民众提供优质而便利的喜闻乐见的文化服务就成了一道治理难题，通过联盟的方式来整合文化资源，让市民享受便利的文化资源可为其他城市政府提供借鉴。

4. 技术助推大都市治理：政务微博开启网络问政

4.1 北京微博发布厅开启网络问政新平台

2011年11月17日，北京宣布开通全国第一个省级政务微博群。和此前各省市零散开设的政务微博相比，北京微博发布厅的特点在于，将北京市各个重要职能部门聚合在一起。“北京微博发布厅”由北京市政府宣传部门管理主导微博内容，同时联合北京市发改委、北京市公安局、北京市环保局等百个北京市政府微博账号发布新闻内容。“北京微博发布厅”可以更近距离与民众沟通，更及时、全面地发布最新政令新闻，成为落实“人文、科技、绿色”北京的网络平台，变部门“独唱”为“合唱”。在北京微博发布厅上，各部门使用同一个平台发布政务信息。市民只要登录发布厅，就能看到各个部门即时发布的微博，包括最新政策法规，最新

① 《六大文化联盟资源整合助推首都文化大发展大繁荣》，《北京日报》2012年12月18日。

工作进展，回应热点和社会关切的问题。这样“一体化”的发布形式，有助于解决很多网友对于各委办局的职能划分不甚了解，有问题“找错门”的现象。北京微博发布厅以微博集群“联合舰队”的整体面貌出现，有助于克服政府网站之间互不往来的弊端，体现了推进官民互动、而不是把微博当成一个时髦的网上名片的超前政务微博思路。北京微博发布厅的扩容也相当迅速。至2012年3月1日，短短几个月时间里，职能部门已有80%被聚合在这一平台上。①

汇聚北京市百个“城市发言人”的“北京微博发布厅”官方新浪微博在信息传达、民意沟通、发动动员三方面发挥着重要作用。“北京微博发布厅”整合了市政府各部门资源，除及时全面传达最新权威政令外，还可直观地向市民展示工作进度和阶段效果；利于民意征集、调查工作展开；并可有效动员民众积极参与公益事业，全面宣传推广城市活动。“北京微博发布厅”的全新上线将中国政务微博的应用水平提升到一个新的高度。聚合城市百个重要城市职能部门的微博新闻发布平台，利于市政府高效地利用微博平台推动政务工作。“北京微博发布厅”的组建意味着民政网络互动渠道和平台进一步升级优化，并在中国政务微博应用领域树立起新标杆。

根据《北京市“十二五”时期政府信息公开体系建设规划》，“十二五”期间，北京市将为政府信息公开立法，政务博客、微博要主动公开信息。规划提出，政府信息公开要纳入本市年度立法工作计划，尽快出台《北京市政府信息公开规定》，确保增强操作性，突出便民性，体现创新性。以问需、问计、问效为目标，研究制定公众参与政府信息公开工作办法；可以采取开展公众需求调查、意见建议征集、公开实效评议工作等方式。信息公开要从申请公开向主动公开转化，建立健全网络政务博客、微博信息发布机制，丰富公开渠道。“十二五”期间，北京市将重点推进财政预算决算、公共资源配置、重大项目批准和实施、社会公益事业建设等领域的政府信息公开。各级政府财政总预算和总决算、部门预算和决算，以及政府性基金、国有资本经营等方面预算和决算，要向社会公开并细化内容。社会公益事业建设项目投资、资金使用、服务对象，以及交通疏堵、人口调控、垃圾处理、医疗和教育体制改革、住房保障等相关信息须及时公开。对于自然灾害、事故灾难、公共卫生、社会安全等重大突发事件和热点问题，要客观公布事件进展、政府举措、公众防范措施和调查处理结果。

北京微博发布厅创新了政务微博发布的新方式，通过整合多个政府部门集中在一个平台发布信息，让民众能够便利地获取及时的公务信息，有利于民众参与公共事务的管理，也使政府和民众的互动进入了一个新的阶段。这是大都市政府

① 《“北京微博发布厅”正式上线》，中国新闻网2011年11月18日。

积极主动利用新技术,提升电子政务水平,加强与民众沟通的有益尝试。

4.2“上海发布”微博开启为民服务新平台

“上海发布”微博平台于2011年11月28日上午在腾讯网、新浪网、东方网、新民网同时上线。这是上海市人民政府新闻办公室实名认证的政务微博。该平台旨在及时发布权威的上海政务信息,努力提供涉沪实用资讯,积极与网友开展互动,回应群众关切。“上海发布”首期推出早安上海、上海新闻、午间时光、灯下夜读等栏目,组织微访谈、微活动、微调查,链接“中国上海”门户网站和上海市人民政府新闻办公室官方网站,努力为公众提供即时的信息服务。首批亮相的是与市民生活工作密切相关的委办局、区县政府、社会团体、公共服务机构的官方微博,其中包括公安、交通、旅游、环保、民政、工商、教育、共青团、高校青年组织、志愿者团体、剧院、剧团,以及金山、虹口、杨浦、长宁、徐汇等部分区县政府官方认证微博。“上海发布”每天在醒目位置滚动推荐新上线的政务机构微博,以及群内活跃度高、互动性强的政务机构及公共服务微博。自“上海发布”微博平台开通之后,20分钟内粉丝总数破万。截止到2013年1月26日14时08分,“上海发布”新浪微博粉丝数已经达到6886310人。

在信息化时代,政府信息发布与民众的交流面临着全新的环境。社交媒体的蓬勃发展既给政府运用信息技术进行公共事务管理提供了新的契机,也给政府较大的外部压力。在微博时代,政府必须切实把握信息发布的规律,创新信息发布方式,为民众开启网络问政的新渠道。北京微博发布厅和“上海发布”的及时推出以及民众高涨的参与热情反映出中国城市政府在微博时代能够转变以往僵化的工作作风和公共关系模式,积极顺应外部环境的变化并进行及时的反应,昭示政府和民众的互动进入一个新的阶段。

5. 民生优先:广州力推十件民生实事

2012年广州市本级民生和各项公共事业投入385.1亿元,占市本级公共财政支出总额的75.2%。2012年是广州市连续第三年实施“十件民生实事”工程,为此安排财政预算183亿元保障各项工作的实施。这十件民生实事为:(1)稳定“菜篮子”价格。资助建设100家平价商店,新建231家平价商店(专营区);对承担广州市场定向供应任务的种养基地、冷储基地和实行产销对接、农超对接的平价商店(专区)给予补贴;扶持种养基地和冷藏设施建设项目98个,为16.7万低收入群体发放临时价格补贴2341万元。(2)提高社会保障水平。将城镇职工月人均基本养老保险待遇提高8%至10%,为2614元;城乡居民低保标准提高10%至14%,城镇平均低保标准从467元提高到530元,农村平均低保标准从377元提高到467元;建立重特大疾病医疗救助专项制度;低收入困难家庭认定标准由当地低保标准的1.2倍提高到1.5倍;对“六类老人”政府购买居家养老服务标准按不同类别在原有基础上增加100元，增加为70周岁以上孤寡老人、60周岁以上重度残疾或仅与重度残疾子女居住的老人每人每月分别购买200元和300元的居家养老服务。(3) 提高公共卫生服务水平。市民基本公共卫生服务项目增加至11大项37小项；免费为1000例贫困白内障患者实施复明手术；免费为当年政策内怀孕生育的约10万户家庭提供出生缺陷干预服务。(4) 资助普惠型学前教育。对广州市低收入困难家庭儿童、孤儿、残疾儿童以及其他优抚对象接受普惠型学前教育进行资助。(5) 加大住房保障力度。建立健全以公共租赁住房为主的保障性住房制度，筹集保障性住房46767套，新增解决15798户低收入家庭住房困难问题，廉租住房保障收入线标准从家庭人均可支配收入9600元以下提高到15600元以下。(6) 促进就业。发放6万张职业技能培训券，引导本市劳动者通过参加职业培训提高就业能力；对吸纳本市就业困难人员再就业的用人单位，给予每人每月缴纳社会保险费用约350元补助，共计3.4亿元，帮扶20.22万失业人员再就业，城镇登记失业率为2.4%。(7) 继续做好北部山区镇村扶贫开发。年底所有被帮扶的贫困村年集体收入基本达到10万元以上，被帮扶的贫困户家庭人均年收入基本达到5000元以上；贫困镇的市政及公共服务设施水平有较大提升。(8) 改善出行条件。优化新增50条城乡公交线路，与地铁接驳的公交线路比例提升到55%以上；完善金沙洲、同德围道路基础设施；为主要地段人行过街天桥加建雨篷。(9) 改善社区便民服务。开工建设87个公共服务基础设施，新开通50条公交线路。22个人行过街天桥加建雨篷项目全部完工。建成150个家庭综合服务中心，39个部门的571项事项接入市民网页，为55个社区装配自助金融终端设备。(10) 丰富文化体育活动。新建50个500平方米以上社区文化广场；修建288条健身路径、127个篮球场、9项乡镇农民体育健身工程顺利完工。建成绿道312公里，总里程达2174公里，居全省首位。①

改革开放以来，中国城市政府在经济发展这个中心任务的指引下，取得了举世瞩目的经济成就和城市建设成果，但是在耀眼的经济成就背后还存在相当多的城市低收入群体，这部分人的基本生活和发展权益问题并没有得到有效解决。近年来，随着中央政府强调重视民生，发展民生，各地政府也逐步加大在社会保障领域的投入，公共政策的利益分配和调节功能也进一步向低收入群体和弱势群体倾斜，通过公共财政支出确保民众的基本生活保障和基本权益的维护，通过构建普惠式的社会保障体系，让民众享受城市政府发展的成果，建设和谐而宜居的美好城市生活。

① 《2012年十大民生实事》，新浪网2012年1月7日。

课题组负责人

唐亚林:复旦大学国际关系与公共事务学院教授、博士生导师,上海交通大学城市科学研究院特聘研究员。

课题组成员

陈水生:复旦大学国际关系与公共事务学院讲师、博士。

中国都市传媒发展报告

都市传媒是都市文化的重要载体,都市社会的瞭望、整合、交流、发展工具,都市经济的支柱之一,也是都市的物质和精神生活的重要工具和建构力量,都市人幸福指数的重要影响因素。都市传媒还广泛辐射到其他城市和乡村地区,并成为国家文化软实力的重要组成部分。

本报告以中国传媒的总体状况为背景,深入考察中国特别有代表性的五个大都市,包括北京——首都,上海——经济中心和城市人口最多的都市,深圳——新兴和改革开放前沿都市,重庆——西部唯一直辖市,昆明——南部省会和多民族地区都市,并通过将上述各市的传媒状况与全国总体乃至国外城市的进行比较,从中探寻中国都市传媒发展的基本特点和趋势。

一、近年来全国传媒概况

全国传媒的发展既是都市传媒的基本背景,又是以都市传媒为主体和先导。

近5年,即2008年以来,我国GDP从30万亿元增加到50万亿元,包括传媒业在内的第三产业产值从12万亿元上升到23万亿元,几乎翻了一番,在GDP中的比重稳步增长,2012年接近45%[①],仍有宽阔的提升空间。

2011年,我国的城镇化率首次超过50%。城市人的传媒消费量大大高于农村人。2012年城镇居民人均可支配收入接近25000元,比5年前增加了近10000元[②],给传媒消费支出的增长提供了经济基础。

1. 全国报纸发展概况

2011年全国报纸有1928种,延续了缓慢下降的态势。

近5年来,全国报纸总印数虽然有波动,但总体上仍然略有增长,2012年达到了创新高的476亿份[③]。

---

① 《中华人民共和国2008年国民经济和社会发展统计公报》,国家统计局网站2009年2月26日;《中华人民共和国2012年国民经济和社会发展统计公报》,国家统计局网站2013年2月22日。

② 《中华人民共和国2008年国民经济和社会发展统计公报》,国家统计局网站2009年2月26日;《中华人民共和国2012年国民经济和社会发展统计公报》,国家统计局网站2013年2月22日。

③ 新闻出版总署出版产业发展司编:《2012中国新闻出版统计资料汇编》,中国书籍出版社2012年版,第193页;《中华人民共和国2012年国民经济和社会发展统计公报》,国家统计局网站2013年2月22日。

2011 年全国报纸总产值达到 789 亿元，比 2008 年增加了 50%，但同比增幅出现了下降，但仍然高于全国 GDP 的增速①。

表 1　2008—2012 年全国报纸发展情况

	2008 年	2009 年	2010 年	2011 年	2012 年
全国报纸种数(种)	1943	1937	1939	1928	—
全国报纸总印数(亿份)	445	437	448	467	476
报纸发行收入(亿元)	228.4	246.9	267.9	301.7	—
报纸广告收入(亿元)	342.7	370.5	439.0	487.3	—
报纸总产值增长率(%)	6.30	8.15	14.50	11.60	—

近年来，《参考消息》和《人民日报》一直保持全国报纸发行量的前两名，但具体数额都出现了缓慢下降。广东三大报(《南方都市报》、《广州日报》和《羊城晚报》)、江苏的《扬子晚报》、山东的《齐鲁晚报》表现突出，一直处于前十②。

表 2　2008—2011 年全国报纸发行量及排名

排名	2008 年	2009 年	2010 年	2011 年
1	参考消息 318.3	参考消息 314.2	参考消息 325.4	参考消息 313.6
2	人民日报 280.8	人民日报 293.9	人民日报 252.3	人民日报 238.1
3	扬子晚报 181.0	广州日报 180	广州日报 185	南方都市报 191
4	广州日报 168.0	齐鲁晚报 166.8	扬子晚报 173.8	扬子晚报 181
5	信息时报 148.0	信息时报 157	齐鲁晚报 166.8	齐鲁晚报 166.8
6	南方都市报 140	扬子晚报 148.3	信息时报 157	广州日报 165
7	羊城晚报 117.0	南方都市报 140	南方都市报 140	环球时报 139.7
8	楚天都市报 114	羊城晚报 120	环球时报 135	钱江晚报 129.9
9	新快报 113.2	环球时报 116	金陵晚报 120	都市快报 120
10	齐鲁晚报 105	楚天都市报 114	华西都市报 115.4	羊城晚报 105

① 崔保国主编:《2012 年中国传媒产业发展报告》，社会科学文献出版社 2012 年版，第 31 页。

② 陈中原:《2008 年世界日报发行量前 100 名排行榜》，《新闻记者》2008 年第 7 期；陈中原:《2009 年世界日报发行量前 100 名排行榜》，《新闻记者》2009 年第 10 期；陈中原:《2010 年世界日报发行量前 100 名排行榜》，《新闻记者》2010 年第 9 期；陈中原:《2011 年世界日报发行量前 100 名排行榜》，《新闻记者》2012 年第 10 期。本文选取排名前 10 位的中国报纸。

2. 全国广播发展概况

2008年以来广播覆盖率上升到97.5%,全国广播电台数量下降到213家[①]。2011年,全国广播广告收入首次超过100亿元,近两年的增速都在20%以上[②]。

表3 2008—2012年全国广播电台发展情况

	2008年	2009年	2010年	2011年	2012年
广播电台数量(家)	257	251	227	213	—
覆盖率(%)	96	96.3	96.8	97.1	97.5
广告收入(亿元)	72.57	81.46	99.58	123.32	—
广告收入增长率(%)	10.98	12.25	22.24	23.84	—

3. 全国电视发展概况

2012年全国电视覆盖率为98.2%,5年来提高了1.2个百分点。电视台数量为197家,连续4年保持了下降的态势[③]。

2011年全国电视广告收入超过900亿元,连续3年保持了17%以上的增速,唯独在2009年只有10%的增幅[④],这与全球金融危机对广告业的影响有关;有线广播电视用户已超过2亿户,入户率接近50%,收视费收入也保持了稳定的增长[⑤]。

① 《中华人民共和国2008年国民经济和社会发展统计公报》,国家统计局网站2009年2月26日;《中华人民共和国2009年国民经济和社会发展统计公报》,国家统计局网站2010年2月25日;《中华人民共和国2010年国民经济和社会发展统计公报》,国家统计局网站2011年2月28日;《中华人民共和国2011年国民经济和社会发展统计公报》,国家统计局网站2012年2月28日。《中华人民共和国2012年国民经济和社会发展统计公报》中只提到"各类广播电视播出机构共有2579座",并没有像之前几年统计具体的广播电视台数量。因此,本文没有标出。

② 国家广电总局发展研究中心编:《2012年中国广播电影电视发展报告》,社会科学文献出版社2012年版,第78页。

③ 《中华人民共和国2008年国民经济和社会发展统计公报》,国家统计局网站2009年2月26日;《中华人民共和国2009年国民经济和社会发展统计公报》,国家统计局网站2010年2月25日;《中华人民共和国2010年国民经济和社会发展统计公报》,国家统计局网站2011年2月28日;《中华人民共和国2011年国民经济和社会发展统计公报》,国家统计局网站2012年2月28日。《中华人民共和国2012年国民经济和社会发展统计公报》中只提到"各类广播电视播出机构共有2579座",并没有像之前几年统计具体的广播电视台数量。因此,本文没有标出。。

④ 国家广电总局发展研究中心编:《2012年中国广播电影电视发展报告》,社会科学文献出版社2012年版,第80页。

⑤ 国家广电总局发展研究中心编:《2009年中国广播电影电视发展报告》,社会科学文献出版社2009年版,附录;国家广电总局发展研究中心编:《2010年中国广播电影电视发展报告》,社会科学文献出版社2010年版,附录;国家广电总局发展研究中心编:《2011年中国广播电影电视发展报告》,社会科学文献出版社2011年版,附录;国家广电总局发展研究中心编:《2012年中国广播电影电视发展报告》,社会科学文献出版社2012年版,附录。

表 4 2008—2012 年全国电视台发展情况

	2008 年	2009 年	2010 年	2011 年	2012 年
电视台数量(家)	277	272	247	197	—
覆盖率(%)	97	97.2	97.6	97.8	98.2
有线用户数(万户)	16397.94	17522.73	18872.18	20264.39	—
入户率(%)	41.51	43.99	46.4	49.43	—
收视费收入(亿元)	250.06	284.62	322.52	364.17	—
广告收入(亿元)	609.16	675.82	796.59	934.54	—
广告增长率(%)	17.32	10.94	17.87	17.32	—

4. 全国网络媒体发展概况

2012 年全国网民达到 56400 万人,互联网普及率提升到 42.1%,5 年来翻了一番。手机网民人数 42000 万人,是 4 年前的近 4 倍,在全部网民中的占比达到 74.5%。2012 年网民人均每周上网时长达到 20.5 小时,比上一年增加了 1.8 个小时[①]。

2011 年,网络广告收入超过 500 亿,同比增长 67%[②],比 2008 年增加了 1.5 倍。

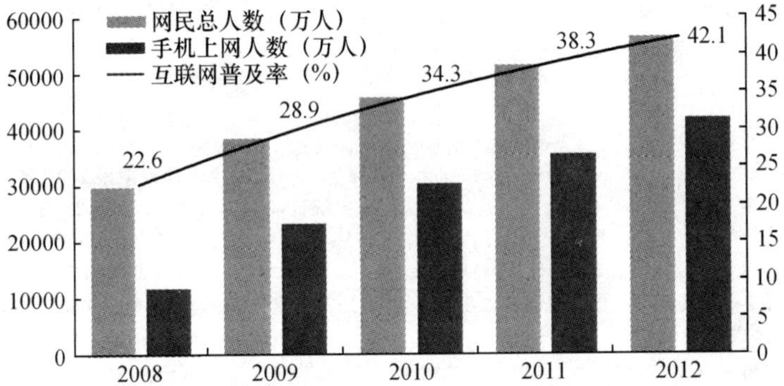

图 1 2008—2012 年全国网民人数、手机上网人数及互联网普及率情况

5. 全国传媒发展的三个关键词

中国传媒这一时期的发展特征主要有结构调整、收益增长、互联网狂飙突进。

(1)“结构调整”。报纸种数、广播电台数量和电视台的数量都呈下降趋势。

① 《第 23 次中国互联网络发展状况统计报告》,中国互联网信息中心 2009 年 1 月 22 日;《第 25 次中国互联网络发展状况统计报告》,中国互联网信息中心 2010 年 1 月 15 日;《第 27 次中国互联网络发展状况统计报告》,中国互联网信息中心 2011 年 1 月 18 日;《第 29 次中国互联网络发展状况统计报告》,中国互联网信息中心 2012 年 1 月 16 日;《第 31 次中国互联网络发展状况统计报告》,中国互联网信息中心 2013 年 1 月 15 日。

② 崔保国主编:《2012 年中国传媒产业发展报告》,社会科学文献出版社 2012 年版,第 38 页。

这与近年来管理部门强调优化结构和加强管理有关。

(2)“收益增长”。报纸、广播和电视的广告收入都保持增长,但报纸只有10%左右的增速,而广播和电视则有17%以上的增速。尤其是广播,连续保持了20%以上的增长,现在借移动收听之机更火了起来。

(3)“互联网狂飙突进”。42.1%的普及率、500亿的广告产值都不算太多,但多年保持50%以上的增长率,且增势依然强劲,则完全可用狂飙突进来形容。互联网市场竞争者众多,有利于对用户各类需求的满足,这对传统媒体和管理层提出了新的要求。

二、北京传媒发展报告

北京是我国市区面积最大的城市,因其政治中心的地位,也是我国媒体数量最多和影响最大的城市。

2012年北京地区生产总值达到17801亿元,五年平均增长9.1%;人均生产总值为36469元,达到中上等收入国家水平;第三产业占比达到76%,超过GDP的3/4;常住人口为2069万,城镇化率为86.2%[①]。

1. 北京报纸

表5 2008—2011年北京地区报纸出版统计汇总表

	北京地区报纸		北京市属报纸	
	种数(种)	总印数(万份)	种数(种)	总印数(万份)
2008年	259	732126	35	89228
2009年	260	716301	35	77672
2010年	262	775418	35	80088
2011年	254	830650	37	141008

2011年,北京市属报纸增加了2种[②],《京华时报》(之前由人民日报社主办)和《新京报》(之前由光明日报社、南方日报社联合主办)划归北京市委宣传部管理。报纸总印数的扩大与此密切相关。

北京地区综合类报纸市场中,前三位占据了近80%的市场份额[③],市场集中度较高。《北京晚报》稳居第一,《京华时报》和《新京报》分列第二、三位,但差距极小。

---

① 《北京市2012年国民经济和社会发展统计公报》,北京市统计局网站2013年2月7日。

② 《2008年度北京地区报纸出版统计汇总表》、《2009年度北京地区报纸出版统计汇总表》、《2010年度北京地区报纸出版统计汇总表》,北京市新闻出版局网站;新闻出版总署出版产业发展司编:《2012年中国新闻出版统计资料汇编》,中国书籍出版社2012年版,第47页。

③ 《2012年上半年北京地区综合类报纸销量排名》,华文报刊网2012年10月28日;《2012年下半年北京地区综合性报纸销量排名》,华文报刊网2013年1月29日。

表 6　北京地区综合类报纸销售情况排名

销量排名	2012 年下半年		2012 年上半年	
	媒体名称	市场份额	媒体名称	市场份额
1	北京晚报	31.33%	北京晚报	31.2%
2	京华时报	25.05%	京华时报	23.79%
3	新京报	24.81%	新京报	23.51%
4	法制晚报	13.67%	法制晚报	14.7%
5	北京晨报	3.03%	北京青年报	4.60%
6	北京青年报	2.12%	北京晨报	2.16%

北京市报纸的发行收入近两年出现波动，但总体趋势向好。广告收入持续的稳定增长使北京报纸产业收入在 2010 年超过 52 亿元①。

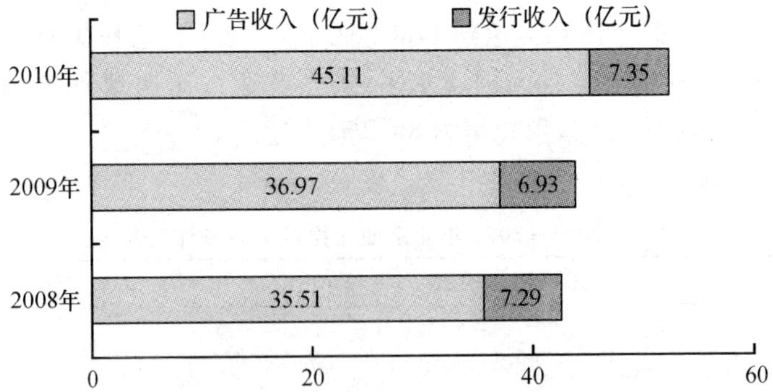

图 2　2008—2010 年北京市报纸经营收入

2. 北京广播

北京地区有中央级广播电台 2 座，市属广播电台 1 座。

北京地区的广播市场中，交通广播的收听率远远高于其他频率②。2011 年，北京市广播广告收入超过 12 亿元。北京人民广播电台收入为 8.6 亿元，位居全国第一，同比涨幅高达 70%③。

---

① 喻国明主编：《2012 年中国传媒发展指数报告》，人民日报出版社 2012 年版，第 37—39 页、北京市统计局、国家统计局北京调查总队编：《北京统计年鉴（2011）》，中国统计出版社 2011 年版，第 187—190 页。

② 《2012 年 3 月北京地区广播收听率/市场份额》，广告买卖网 2012 年 5 月 17 日；《2012 年 3 月北京地区广播收听率/市场份额》，广告买卖网 2013 年 1 月 14 日。

③ 国家广电总局发展研究中心编：《2009 年中国广播电影电视发展报告》，社会科学文献出版社 2009 年版，附录；国家广电总局发展研究中心编：《2010 年中国广播电影电视发展报告》，社会科学文献出版社 2010 年版，附录；国家广电总局发展研究中心编：《2011 年中国广播电影电视发展报告》，社会科学文献出版社 2011 年版，附录；国家广电总局发展研究中心编：《2012 年中国广播电影电视发展报告》，社会科学文献出版社 2012 年版，附录。

表 7　2012 年 11 月、3 月北京地区广播收听率/市场份额

2012 年 11 月				2012 年 3 月			
排名	频率名称	收听率	占有率	排名	频率名称	收听率	占有率
1	北京交通广播	1.09%	25.1%	1	北京交通广播	1.07%	22.9%
2	北京音乐广播	0.58%	13.2%	2	北京文艺广播	0.56%	12.0%
3	北京文艺广播	0.51%	11.8%	3	北京音乐广播	0.53%	11.3%
4	中国之声	0.37%	8.6%	4	北京新闻广播	0.37%	8.0%
5	北京新闻广播	0.34%	7.9%	5	中国之声	0.35%	7.5%

表 8　2008—2011 年北京市广播广告收入情况

	2008 年	2009 年	2010 年	2011 年
广播广告收入(亿元)	3.32	6.36	7.24	12.35
增长率(%)	—	91	13	70

3. 北京电视

北京市拥有中央级电视台 1 座,市级电视台 1 座。其中,北京电视台办有 12 套电视节目,其中 4 套既是有线又是无线、8 套为有线。

北京电视台一直占据着北京电视市场的主要份额①。2010 年 1—10 月,北京电视台在北京地区全天平均收视份额达 40.37%,黄金时段占 47.03%。2011 年 1—10 月,北京电视台全天收视份额达 40.61%;黄金时段占 48.34%②。

表 9　北京地区主要频道节目收视排行

排名	2010 年 3 月			2011 年 8 月		
	节目名称	播出频道	收视率	节目名称	播出频道	收视率
1	天气预报	北京卫视	16.33%	天气预报	北京卫视	16.19%
2	媳妇的美好时代	北京卫视	9.84%	永不磨灭的番号	北京卫视	8.44%
3	乡村爱情故事	央视综合频道	8.89%	转播新闻联播	北京卫视	8.31%
4	北京新闻	北京卫视	8.02%	北京国安 VS 广州恒大	北京体育频道	7.25%
5	大家说法	北京科教频道	6.96%	幸福秀	北京卫视	7.11%
6	历史的进程	北京影视频道	6.87%	北京新闻	北京卫视	6.86%
7	治安播报	北京科教频道	6.59%	男子 110 米栏决赛	中央台五套	6.75%
8	法治进行时	北京科教频道	6.55%	中国地	央视综合频道	6.60%
9	3·15 晚会	央视综合频道	6.51%	第三调解室	北京科教频道	6.40%
10	北京国安 VS 南昌八一	北京体育频道	5.78%	成家立业	北京卫视	4.55%

2008 年至 2010 年,北京市的电视广告收入稳步上升,但在 2011 年,出现了近

① 《2010 年 3 月北京地区主要频道节目收视排行》,广告买卖网 2010 年 7 月 13 日;《2011 年 8 月北京地区主要频道节目收视排行》,广告买卖网 2011 年 10 月 12 日。

② 《北京电视台 2011 收视成绩单》,BTV 在线 2011 年 12 月 4 日;《北京电视台 2010 年 1—10 月收视分析》,BTV 在线 2010 年 12 月 13 日。

年来的首次下降①。尽管只有1%的降幅，但这种现象仍然值得关注。

北京是全国最大的电视机构所在地。中央电视台2011年的广告收入超过228亿元，其中央视综合频道广告收入超过100亿元；央视经济频道和新闻频道广告收入均突破20亿元。2012年，中央电视台黄金资源广告招标竞购总额为142.58亿元，同比增长12.54%，创1994年广告招标以来央视招标新高②。

表10　2008—2011年北京市电视广告收入情况

	2008年	2009年	2010年	2011年
电视广告收入（亿元）	30.15	35.05	42.54	41.81
增长率（%）	—	16	21	-1

4. 北京网络媒体

2012年北京市网民总数为1458万人，同比增速达5.8%，互联网普及率达到72.2%③。

北京地区传统媒体所办的新闻网站中，综合排名靠前的都是中央级网站④。其中，央视网、人民网和新华网排名前三，后两者的网页浏览量和链接数遥遥领先。这也是中国电视、综合性日报、通讯社领域的最强者所创办的网站。

表11　北京地区新闻媒体网站排名

综合排名	新闻网站名称	Alexa周排名	百度权重	PR值	反链数
11	央视网	346	9	8	34465
12	人民网	174	8	9	90928
45	新华网	159	8	7	68952
67	中国经济网	561	7	8	16345
76	中国广播网	1186	7	8	13389
86	国际在线	973	7	8	5248

① 国家广电总局发展研究中心编：《2009年中国广播电影电视发展报告》，社会科学文献出版社2009年版，附录；国家广电总局发展研究中心编：《2010年中国广播电影电视发展报告》，社会科学文献出版社2010年版，附录；国家广电总局发展研究中心编：《2011年中国广播电影电视发展报告》，社会科学文献出版社2011年版，附录；国家广电总局发展研究中心编：《2012年中国广播电影电视发展报告》，社会科学文献出版社2012年版，附录。

② 国家广电总局发展研究中心编：《2012年中国广播电影电视发展报告》，社会科学文献出版社2012年版，第81页。

③ 《第31次中国互联网络发展状况统计报告》，中国互联网信息中心2013年1月15日。

④ 《北京地区网站排行榜》，站长之家2013年3月18日。本文遴选北京地区网站排行榜前100名中传统媒体所办的新闻网站作排名。此项排名的依据是综合得分，包括Alexa周排名、百度权重以及PR值。Alexa是目前全球最有影响力的网页访问量评价公司；百度权重是针对关键词排名方面给网站带来的欢迎度进行评级；PR值是Google用来标识网页等级/重要性的一种方法；反链数指非该站的网页上可以转入该站的链接数量。

5. 分析思考

北京作为全国的政治、文化中心，拥有全面、系统、强势的传媒体系。中央级媒体系统与市属媒体系统并存于北京，形成在全国绝无仅有的规模。中央级媒体有较高的行政级别，强大的政策支持，如可在全国各地办传媒，可获得上市支持。

北京在信息来源上具有质优、量大的优势，党和政府赋予了北京传媒获得和传播重大新闻的特殊条件。而文艺院团、高等院校及深厚的文化传统等，又使北京成为全国文化艺术和影视信息交流的最大集散地。四大新闻门户网站都把新闻部门放在北京也就不难理解了。

首都社会的特征也反映于北京传媒状况。北京交通广播电台的人均广告收入居全国传媒第一，反映了北京的私车与公车并盛，成为全国机动车最多的城市。

北京传媒也有相对劣势。北京卫视没有生产出能够媲美湖南卫视《快乐大本营》、江苏卫视《非诚勿扰》和浙江卫视《中国好声音》的电视节目。2011 年，北京电视台广告收入出现了负增长，令人深思。

北京上网的平均网速为 2.79Mb/s，在全国省级地区仅排名第八。就新媒体创新而言，上海、杭州、深圳、成都等城市也对北京构成了挑战。政策的宽松、人才的聚集、环境的宜居和包容都是重要因素。

三、上海传媒发展报告

上海是我国人口最多、经济总量最大的城市，也是金融、贸易和国际航运中心，总面积 6340.5 平方千米。2012 年，上海市生产总值为 20101 亿元，总人口为 2380 万，第三产业水平和城镇居民可支配收入在国内名列前茅①。

1. 上海报纸

上海市报纸总数近年来未发生变化②，但总印数呈现出下降的趋势③。在产业发展上，发行收入增长渐趋停滞④，2011 年同比出现零增长⑤，但广告收入保持了

---

① 《2012 年上海市国民经济和社会发展统计公报》，上海市统计局网站 2013 年 2 月 26 日。

② 《上海统计年鉴 2012》，上海统计局网。

③ 《上海统计年鉴 2012》，上海统计局网。

④ 喻国明主编：《2010 年中国传媒发展指数报告》，人民日报出版社 2010 年版，第 51 页；喻国明主编：《2011 年中国传媒发展指数报告》，人民日报出版社 2011 年版，第 50 页；喻国明主编：《2012 年中国传媒发展指数报告》，人民日报出版社 2012 年版，第 50 页；钱晓文：《2011 年上海报业市场综述：创新经营 品牌营销 稳中求进》，新华网 2012 年 5 月 10 日。

⑤ 钱晓文：《2011 年上海报业市场综述：创新经营 品牌营销 稳中求进》，新华网 2012 年 5 月 10 日。

稳定的增长[①]。

稍微乐观的是，上海读者每周读报天数为 3.04 天，列各省市第一[②]。

表 12　2008—2011 年上海市报纸发展情况

	2008 年	2009 年	2010 年	2011 年
种数(种)	100	100	100	100
总印数(亿份)	17.24	16.33	15.90	15.61
发行收入(亿元)	14.47	15.66	15.56	15.56
广告收入(亿元)	21.20	25.56	28.1	—

上海有两大报业集团：解放日报报业集团和文汇新民联合报业集团。《新民晚报》和《新闻晨报》稳居销量前两位。值得注意的是，新华报业传媒集团的《扬子晚报》固守第三名，是上海本地报纸的强劲对手[③]。

表 13　2008—2012 年上海市综合性日报销量/市场份额及排名

排名	2008 年下	2009 年上	2009 年下	2010 年上	2010 年下	2011 年上	2011 年下	2012 年上
1	新民晚报 47.42%	新民晚报 32.99%	新民晚报 31.05%	新民晚报 29.74%	新民晚报 34.51%	新民晚报 33.84%	新民晚报 31.72%	新民晚报 31.18%
2	新闻晨报 31.90%	新闻晨报 31.08%	新闻晨报 27.87%	新闻晨报 24.81%	新闻晚报 16.63%	新闻晨报 29.38%	新闻晨报 26.90%	新闻晨报 27.66%
3	扬子晚报 12.75%	扬子晚报 14.63%	扬子晚报 13.42%	扬子晚报 15.37%	新闻晨报 14.06%	扬子晚报 20.40%	扬子晚报 21.45%	扬子晚报 21.26%
4	新闻晚报 7.94%	新闻晚报 12.76%	新闻晚报 12.79%	东方早报 9.83%	上海青年报 9.82%	东方早报 7.23%	东方早报 7.61%	东方早报 8.94%
5		天天新报 8.55%	天天新报 8.22%	新闻晚报 8.53%	扬子晚报 9.81%	新闻晚报 3.38%	新闻晚报 4.92%	新闻晚报 4.88%
6			青年报 6.65%	天天新报 4.68%	天天新报 7.60%	天天新报 3.37%	天天新报 3.41%	天天新报 3.80%
7				青年报 3.57%	东方日报 4.23%	青年报 1.36%	青年报 2.79%	青年报 2.28%
8				解放日报 3.47%	解放日报 3.33%	解放日报 1.04%	解放日报 1.21%	

---

① 喻国明主编：《2010 年中国传媒发展指数报告》，人民日报出版社 2010 年版，第 51 页；喻国明主编：《2011 年中国传媒发展指数报告》，人民日报出版社 2011 年版，第 50 页；喻国明主编：《2012 年中国传媒发展指数报告》，人民日报出版社 2012 年版，第 50 页；钱晓文：《2011 年上海报业市场综述：创新经营 品牌营销 稳中求进》，新华网 2012 年 5 月 10 日。

② 《上海读者每周读报天数为 3.04 天，列各省市第一》，新民网 2012 年 12 月 15 日。

③ 《2008 年下半年上海都市报销量排名》，华文报刊网 2008 年 12 月 23 日；《2009 年上半年上海都市报销量排名》，华文报刊网 2009 年 8 月 14 日；《2009 年下半年上海都市报销量排名》，华文报刊网 2009 年 12 月 15 日；《2010 年上半年上海都市报销量排名》，华文报刊网 2010 年 7 月 23 日；《2010 年下半年上海综合性报销量排名》，华文报刊网 2011 年 1 月 17 日；《2011 年上半年上海都市报销量排名》，华文报刊网 2011 年 9 月 15 日；《2011 年下半年上海综合类报纸销量排名》，华文报刊网 2011 年 12 月 16 日；《2008 年下半年上海都市报销量排名》，华文报刊网 2012 年 9 月 21 日。

2. 上海广播

上海市共有21套广播节目,广告收入较快上升,2011年达到5.79亿元①,音乐广播有较强优势②。

表14 2008—2011年上海市广播广告收入情况

	2008年	2009年	2010年	2011年
广播广告收入(亿元)	3.34	3.4	4.61	5.79
增长率(%)	—	1	35	25

表15 2012年上海地区收听率/市场份额排行榜

排名	2012年12月			2012年2月		
	频道名称	收听率	市场份额	频道名称	收听率	市场份额
1	上海音乐101.7	0.53%	14.2%	上海音乐101.7	0.66%	15.3%
2	上海新闻广播	0.40%	10.9%	上海新闻广播	0.59%	13.5%
3	上海音乐103.7	0.39%	10.5%	上海交通广播	0.49%	11.4%
4	上海交通广播	0.30%	8.2%	上海都市广播	0.43%	9.8%
5	第一财经广播	0.30%	8.0%	上海音乐103.7	0.36%	8.2%

3. 上海电视

2011年上海有线电视用户超过600万③,广告收入超过60亿元,尽管在2009年出现负增长,但近两年保持了较高增速④。

① 国家广电总局发展研究中心编:《2009年中国广播电影电视发展报告》,社会科学文献出版社2009年版,附录;国家广电总局发展研究中心编:《2010年中国广播电影电视发展报告》,社会科学文献出版社2010年版,附录;国家广电总局发展研究中心编:《2011年中国广播电影电视发展报告》,社会科学文献出版社2011年版,附录;国家广电总局发展研究中心编:《2012年中国广播电影电视发展报告》,社会科学文献出版社2012年版,附录。

② 《2012年12月份上海地区收听率/市场份额》,广告买卖网2013年3月14日;《2012年2月份上海地区收听率/市场份额》,广告买卖网2012年4月11日。

③ 国家广电总局发展研究中心编:《2009年中国广播电影电视发展报告》,社会科学文献出版社2009年版,附录;国家广电总局发展研究中心编:《2010年中国广播电影电视发展报告》,社会科学文献出版社2010年版,附录;国家广电总局发展研究中心编:《2011年中国广播电影电视发展报告》,社会科学文献出版社2011年版,附录;国家广电总局发展研究中心编:《2012年中国广播电影电视发展报告》,社会科学文献出版社2012年版,附录。

④ 国家广电总局发展研究中心编:《2009年中国广播电影电视发展报告》,社会科学文献出版社2009年版,附录;国家广电总局发展研究中心编:《2010年中国广播电影电视发展报告》,社会科学文献出版社2010年版,附录;国家广电总局发展研究中心编:《2011年中国广播电影电视发展报告》,社会科学文献出版社2011年版,附录;国家广电总局发展研究中心编:《2012年中国广播电影电视发展报告》,社会科学文献出版社2012年版,附录。

表 16 2008—2011 年上海电视发展情况

	2008 年	2009 年	2010 年	2011 年
有线用户数(万户)	527.22	553.29	573.02	627.18
广告收入(亿元)	37.74	37.22	48.58	61.55

目前,上海广播电视台拥有 15 套模拟电视频道[①],上视新闻频道有较高的收视率[②]。2009 年 10 月上海文广集团推行了制播分离,广告收入明显上升,首年经营收入达到 113 亿元[③]。

表 17 2011 年 3 月(左)、2010 年 3 月(右)上海地区主要频道节目收视排行

排名	2011 年 3 月			2010 年 3 月		
	节目名称	播出频道	收视率	节目名称	播出频道	收视率
1	新闻透视	上视新闻频道	11.28%	新闻透视	上视新闻频道	10.57%
2	观众中来	上视新闻频道	10.91%	观众中来	上视新闻频道	10.11%
3	天气预报	上视新闻频道	9.52%	新闻报道	上视新闻频道	9.33%
4	新闻报道	上视新闻频道	9.13%	老牛家的战争	上视电视剧频道	9.29%
5	空气质量日报	上视新闻频道	8.08%	柏万青和谐热线	东视娱乐频道	9.06%
6	案件聚焦	上视新闻频道	7.80%	新老娘舅	东视娱乐频道	8.41%
7	柏万青和谐热线	上视娱乐频道	7.71%	东方 110	上视新闻频道	7.81%
8	一呼柏应	上视娱乐频道	7.37%	案件聚焦	上视新闻频道	7.33%
9	干部任前公示	上视新闻频道	7.26%	庭审纪实	上视新闻频道	7.30%
10	东方 110	上视新闻频道	6.93%	相约星期六	上视娱乐频道	7.12%

4. 上海网络媒体

截至 2012 年 12 月底,上海市互联网网民总数达 1239 万人,其中宽带网民规模达 1228 万人,互联网普及率为 64.5%[④]。

① 郭全中:《论广电“制播分离”改革的“上海”模式》,人民网 2010 年 3 月 10 日。

② 《2011 年 3 月上海地区主要频道节目收视排行》,广告买卖网 2011 年 12 月 28 日;《2010 年 2 月上海地区主要频道节目收视排行》,广告买卖网 2010 年 5 月 6 日。

③ 《上海文广制播分离改制首年经营收入 113 亿元》,搜狐新闻 2011 年 1 月 24 日。

④ 《第 31 次中国互联网络发展状况统计报告》,中国互联网络信息中心 2013 年 1 月 15 日。

表 18　上海市 2008—2012 年互联网发展情况

年份	2008 年	2009 年	2010 年	2011 年	2012 年
网民数(万人)	1110	1171	1239	1525	1606
普及率(%)	59.7%	62.0%	64.5%	66.2%	68.4%
增长率(%)	33.7%	5.5%	5.8%	23.1%	5.3%
时间消费(分钟)	94.90	—	307.2	—	—

上海地区传统媒体所办的新闻网站中,综合排名靠前的是东方网和新民网①。

东方网是由上海的报业集团和广电集团等联合组建;新民网是新民报系(新民晚报、新民周刊等)的新媒体平台。

表 19　上海地区新闻媒体网站排名

综合排名	新闻网站名称	Alexa 周排名	百度权重	PR 值	反链数
5	东方网	1105	8	8	13397
20	新民网	1019	6	8	5204
45	解放牛网	10960	5	8	2714
54	文新传媒	6492	6	7	3770
59	一财网	7911	6	7	2285
61	东方网新闻	1105	6	7	537
65	每经网	6814	6	7	2092
66	福布斯中文网	11729	6	7	1158
73	中国证券网	11699	6	6	5999
95	东方早报网	11926	4	8	1348

5. 分析思考

上海作为全国的经济中心,对现代传媒发展有许多资源和便利条件。改革开放之后的第一条电视广告首发在上海。但受到大环境的约束,传媒数量与规模一直处于北京之后。尽管如此,经济因素在上海传媒发展中的作用仍非常突出,这与西方发达都市的传媒发展有相似之处。

上海报纸的种数近些年来基本没有变化,但印数持续下降。考虑到近年来上海人口的大幅增加和不可持续(5 年来常住人口从 2008 年的 1888 万增加到了 2012 年的 2380 万,增加了近 500 万),报纸的实际衰退程度远远大于目前数据所示,且会进一步加剧。另一方面,上海的互联网迅速崛起,网络广告收入在 2012

① 《上海地区网站排行榜》,站长之家 2013 年 3 月 18 日。本文遴选上海地区网站排行榜前 100 名中传统媒体所办的新闻网站作排名。

年首次超过报纸。这也正是报纸衰退的主要原因。

上海的广播电视发展相对好得多。制播分离、手机电视、IPTV 等政策率先在上海试点，取得了较好的成效。上海广播电视台迅速壮大，百视通公司成功上市。原上海广播电视集团总裁任董事长的华人文化产业投资基金与香港 TVB 合办中国公司，在国际化方面迈出了重要一步。

但上海的传媒实力与纽约甚至香港的仍然差距较大。上海传媒在全国的影响并不大，更谈不上世界性影响。这与难以吸收社会资金和跨媒体、跨地区办传媒有关，有待于新的改革。

四、深圳传媒发展报告

深圳是我国改革开放的前沿都市，毗邻港澳，传媒业受境外的影响较大。1980 年成为我国第一个经济特区以来，从一个仅有 3 万多人口、两三条小街的边陲小镇，发展成了 1991.64 平方千米、1054 万人口的现代化大都会。

2012 年，深圳 GDP 高达 12950 亿元，居境内都市平均每平方千米创造 GDP 之最。其中第三产业占比达到 55.7%，文化产业是其四大支柱产业之一。近 5 年来，城镇居民可支配收入涨幅超过 50%，2012 年达到 40742 元[①]。

1. 深圳报纸

深圳市报纸稳定在 14 种，总印数缓慢增长，2012 年为 76170 万份[②]。

深圳报纸市场的竞争主要来自 4 个报业集团：深圳报业集团、南方报业传媒集团、广州日报报业集团和羊城晚报报业集团。5 年来，《晶报》逐渐占了上风，从 2011 年起稳居第一，与《南方都市报》的市场份额差距拉大至 5% 左右。《深圳特区报》和《深圳晚报》处于第二阵营，但市场份额皆下降至 10% 左右[③]。

2011 年世界品牌实验室发布的《中国 500 最具价值品牌》排行榜中，《深圳特区报》排名第 151 位，《深圳商报》居第 190 位，两报品牌价值突破 150 亿元大关[④]。

---

① 《深圳市 2012 年国民经济和社会发展统计公报》，深圳市统计局网站 2013 年 4 月 10 日；《深圳市 2008 年国民经济和社会发展统计公报》，深圳市统计局网站 2009 年 3 月 24 日。

② 《深圳市 2010 年国民经济和社会发展统计公报》，深圳市统计局网站 2011 年 4 月 28 日；《深圳市 2011 年国民经济和社会发展统计公报》，深圳市统计局网站 2012 年 4 月 27 日；《深圳市 2012 年国民经济和社会发展统计公报》，深圳市统计局网站 2013 年 4 月 10 日。2010 年前，深圳市统计局对报纸总印数不作统计。

③ 《2008 年下半年深圳都市报销量排名》，华文报刊网 2008 年 12 月 24 日；《2009 年下半年深圳都市报销量排名》，华文报刊网 2009 年 12 月 16 日；《2010 年上半年深圳都市报销量排名》，华文报刊网 2010 年 7 月 23 日；《2010 年下半年深圳综合类日报销量排名》，华文报刊网 2011 年 1 月 17 日；《2011 年上半年深圳都市报销量排名》，华文报刊网 2011 年 9 月 15 日；《2011 年下半年深圳综合类报纸销量排名》，华文报刊网 2011 年 12 月 26 日；《2012 年上半年深圳综合类报纸销量排名》，华文报刊网 2012 年 9 月 21 日。

④ 《2011 年中国 500 最具价值品牌排行榜发布》，《深圳商报》2011 年 6 月 29 日。

表 20　深圳市 2008—2012 年综合性日报销量/市场份额及排名　单位:%

	2008 年下	2009 年下	2010 年上	2010 年下	2011 年上	2011 年下	2012 年上
1	南都 27.99	南都 25.5	南都 28.7	南都 25.82	**晶报 31.48**	**晶报 25.03**	**晶报 31.96**
2	**晶报 26.33**	**晶报 24.6**	**晶报 24.34**	**晶报 24.61**	南都 24.11	深特 17.95	南都 26.95
3	深特 13.52	深特 14.4	深特 9.03	深特 14.56	深特 13.3	南都 17.63	深特 10.61
4	深晚 15.31	深晚 13.9	深晚 8.6	深晚 13	深晚 11.8	深晚 13.17	深晚 8.87
5	深商 4.92	广日 10.2	深商 6.92	广日 8.32	广日 8.66	广日 8.49	广日 7.81
6	广日 4.46	深商 4.8	广日 6.33	深商 5.37	深商 5.32	深商 8.28	深商 7.39
7	羊晚 2.42	羊晚 2.3	羊晚 6.24	羊晚 4.33	羊晚 3.49	南日 6.09	羊晚 4.31
8	深日 1.72	南日 2.2	南日 5.08	南日 2.08	南日 1.83	羊晚 3.35	南日 2.1
9	南日 1.33	深日 2.1	深日 4.76	深日 1.91			

注:此处的"南都"指《南方都市报》、"晶报"指《晶报》、"深特"指《深圳特区报》、"深晚"指《深圳晚报》、"深商"指《深圳商报》、"广日"指《广州日报》、"羊晚"指《羊城晚报》、"深日"指《深圳日报》、"南日"指《南方日报》。

2. 深圳广播

深圳广电集团拥有 4 套广播频率,牢牢占据着本地广播市场[①]。2011 年深圳市广播广告收入为 2.86 亿元,同比增长 35.53%[②],成功地走出了 2009 年的低谷。

表 21　深圳市广播收听率/市场份额排名

排名	2012 年 5 月			2013 年 1 月		
	频率名称	收听率	占有率	频率名称	收听率	占有率
1	深圳音乐频率	0.80%	17.3%	深圳音乐频率	0.73%	19.7%
2	深圳交通频率	0.73%	15.8%	深圳新闻频率	0.58%	15.6%
3	深圳新闻频率	0.65%	14.0%	深圳交通频率	0.53%	14.4%
4	深圳私家车频率	0.48%	10.4%	深圳私家车频率	0.42%	11.3%
5	广东南粤之声	0.32%	6.9%	广东南粤之声	0.27%	7.4%

① 《2012 年 5 月深圳地区广播收听率/市场份额》,广告买卖网 2012 年 7 月 27 日;《2013 年 1 月深圳地区广播收听率/市场份额》,广告买卖网 2013 年 3 月 21 日。

② 国家广电总局发展研究中心编:《2009 年中国广播电影电视发展报告》,社会科学文献出版社 2009 年版,附录;国家广电总局发展研究中心编:《2010 年中国广播电影电视发展报告》,社会科学文献出版社 2010 年版,附录;国家广电总局发展研究中心编:《2011 年中国广播电影电视发展报告》,社会科学文献出版社 2011 年版,附录;国家广电总局发展研究中心编:《2012 年中国广播电影电视发展报告》,社会科学文献出版社 2012 年版,附录。

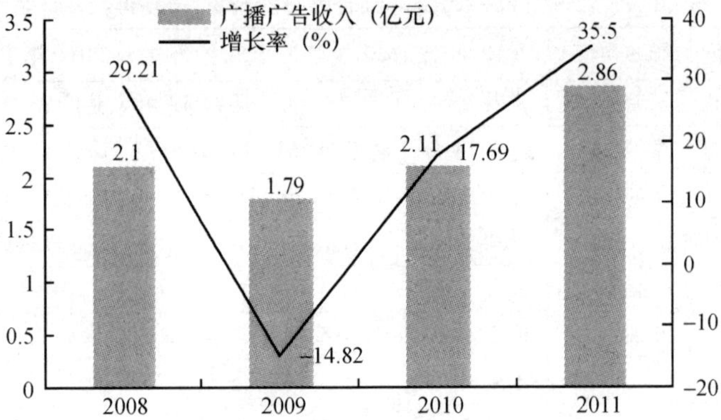

图 3 深圳市 2008—2011 年广播广告收入及增长率

3. 深圳电视

深圳广电集团拥有 11 个电视频道，包括 1 个卫星频道。深圳都市频道的新闻节目和电视剧节目有较强的竞争力①。值得注意的是，凤凰卫视中文台等境外频道在深圳电视市场上有一定的影响力。

表 22 深圳地区主要频道节目收视排行

排名	2010 年 10 月			2011 年 3 月		
	节目名称	播出频道	收视率	节目名称	播出频道	收视率
1	第 1 现场	深圳都市频道	5.73%	第 1 现场	深圳都市频道	6.05%
2	大西南剿匪记	深圳都市频道	3.84%	非诚勿扰	江苏卫视	3.59%
3	廉正直击	深圳都市频道	3.26%	厂花	深圳都市频道	3.58%
4	非诚勿扰	江苏卫视	3.14%	守候我们的幸福	深圳都市频道	3.37%
5	我的三个母亲	深圳都市频道	3.03%	廉正直击	深圳都市频道	3.31%
6	18 点新闻	深圳公共频道	2.79%	军情观察室	凤凰中文台	3.30%
7	全家福	深圳都市频道	2.71%	傻春	深圳都市频道	3.25%
8	NBA 中国赛	中央台五套	2.65%	回家的欲望	湖南卫视	3.22%
9	新闻广场	深圳公共频道	2.65%	龙行天下	深圳公共频道	3.15%
10	娘家的故事	深圳公共频道	2.60%	幸福来敲门	央视综合频道	2.72%

近年来，深圳市电视广告收入平均增幅在 12% 以上，2011 年的增长率更是高

① 《2010 年 10 月深圳地区主要频道节目收视排行》，广告买卖网 2010 年 12 月 22 日；《2011 年 3 月深圳地区主要频道节目收视排行》，广告买卖网 2011 年 12 月 7 日。

达23.69%，形成了近20亿元的规模①。

2011年深圳市有线广播电视用户数量为212.8万户，比2008年还减少了4万户。但收视费收入却一直上升，达到6.44亿元②。

表23 深圳市2008—2011年电视发展情况

	2008年	2009年	2010年	2011年
有线电视用户数(万户)	216.59	210.89	225.87	212.8
入户率(%)	91.94	89.02	88.14	92.91
收视费收入(亿元)	4.55	5.13	5.56	6.44
广告收入(亿元)	12.33	14.19	16.01	19.81
增长率(%)	8.76	15.1	12.85	23.69

4. 深圳网络媒体

2011年深圳市网民规模达到797万人，较2010年增长25.3%。互联网普及率达到76.8%，渗透水平已经接近亚洲互联网普及水平最高的日本(78.4%)③。

2012年，深圳的网民总数远远超过800万，互联网普及率超过80%。

深圳地区传统媒体所办的新闻网站中，综合排名前三的是奥一网、香港文汇网和深圳新闻网④。

此处需要明确的是，奥一网是《南方都市报》兼并了“深圳热线”之后改名而来的；香港文汇网是香港文汇报附属的新闻网站；深圳新闻网是深圳唯一一家重点新闻网站，其页面访问量(Alexa)和百度链接值处于领先地位，因此深圳新闻网很有可能是深圳地区最有影响力的新闻网站。

---

① 国家广电总局发展研究中心编:《2009年中国广播电影电视发展报告》，社会科学文献出版社2009年版，附录；国家广电总局发展研究中心编:《2010年中国广播电影电视发展报告》，社会科学文献出版社2010年版，附录；国家广电总局发展研究中心编:《2011年中国广播电影电视发展报告》，社会科学文献出版社2011年版，附录；国家广电总局发展研究中心编:《2012年中国广播电影电视发展报告》，社会科学文献出版社2012年版，附录。

② 国家广电总局发展研究中心编:《2009年中国广播电影电视发展报告》，社会科学文献出版社2009年版，附录；国家广电总局发展研究中心编:《2010年中国广播电影电视发展报告》，社会科学文献出版社2010年版，附录；国家广电总局发展研究中心编:《2011年中国广播电影电视发展报告》，社会科学文献出版社2011年版，附录；国家广电总局发展研究中心编:《2012年中国广播电影电视发展报告》，社会科学文献出版社2012年版，附录。

③ 王海婷、张玲:《2011—2012年深圳市互联网发展状况研究报告》，深圳新闻网2012年12月4日。

④ 《深圳地区网站排行榜》，站长之家2013年3月18日。本文遴选深圳地区网站排行榜前100名中传统媒体所办的新闻网站作排名。

表 24 深圳地区新闻媒体网站排名

综合排名	新闻网站名称	Alexa 周排名	百度权重	PR 值	反链数
23	奥一网	3671	6	7	5221
30	香港文汇网	11563	4	8	2663
52	深圳新闻网	4028	6	3	6778

5. 分析思考

深圳作为中国最早的特区,其经济、社会和传媒发展深受改革开放的影响。包容和谐中的繁荣、良好的软环境和年轻人聚集的公共空间,吸引了大批有胆识和创造活力的人才加入,使这座城市的外来人口超过本地人口的 3 倍,人均收入已多年雄冠全国。这有力支撑了文化产业——目前已是深圳市的四大支柱产业之一。

互联网发展水平最明显地反映了深圳的独特优势。网民总数自 2008 年来年均增加 100 万,2012 年远远超过 800 万,普及率超过 80%,接近日本等互联网最发达国家的渗透水平。

五、重庆传媒发展报告

重庆是中国西部地区唯一的直辖市,包含下辖县的总面积为 8.24 万平方千米,为其他三个直辖市(北京、上海和天津)总面积的 2.39 倍,常住人口为 2945 万人

2012 年重庆市 GDP 为 11459 亿元,比 2008 年翻了一番,但第三产业占比仅为 37.9%。2009 年,重庆市的城镇化率首次超过 50%,截至 2012 年达到近 57%[①]。

1. 重庆报纸

重庆市报纸总数保持在 26 种。2011 年报纸总印数为 66057 万份,同比增幅达 11%[②]。

2009 年,重庆市报纸的广告收入和发行收入双双下滑。2010 年总收入反弹,

---

① 《2012 年重庆市国民经济和社会发展统计公报》,重庆市统计局网站 2013 年 3 月 18 日;《2011 年重庆市国民经济和社会发展统计公报》,重庆市统计局网站 2012 年 3 月 15 日;《2010 年重庆市国民经济和社会发展统计公报》,重庆市统计局网站 2011 年 3 月 20 日;《2009 年重庆市国民经济和社会发展统计公报》,重庆市统计局网站 2010 年 4 月 2 日;《2008 年重庆市国民经济和社会发展统计公报》,重庆市统计局网站 2009 年 4 月 3 日。

② 新闻出版总署出版产业发展司编:《2010 中国新闻出版统计资料汇编》,中国统计出版社 2010 年版,第 191 页;新闻出版总署出版产业发展司编:《2011 中国新闻出版统计资料汇编》,中国书籍出版社 2011 年版,第 191 页;新闻出版总署出版产业发展司编:《2012 中国新闻出版统计资料汇编》,中国书籍出版社 2012 年版,第 193 页。

其中广告收入涨幅明显①。

表 25　2008—2011 年重庆市报纸发展情况

	2008 年	2009 年	2010 年	2011 年
报纸总印数(万份)	—	56649	59390	66057
广告收入(亿元)	17.36	15.9	19.4	—
发行收入(亿元)	4.07	3.74	3.59	—

5 年来,重庆报业市场由“4 报”格局演变为“2 + 2”格局②。2008 年,《重庆晨报》、《重庆时报》、《重庆晚报》与《重庆商报》之间的市场份额不相上下,;2012 年,《重庆晨报》和《重庆时报》的市场份额之和已超过 60%,而《重庆商报》和《重庆晚报》之和低于 40%。

值得注意的是《重庆时报》和《华西都市报》。前者由华商报系投资,后者为四川日报报业集团主办。这为重庆报业市场增添了活力。

表 26　2008—2012 年重庆市综合性日报销量/市场份额及排名　单位:%

排名	2008 年下	2009 年上	2009 年下	2010 年上	2010 年下	2011 年上	2011 年下	2012 年上	2012 年下
1	晨 28.1	时 28.99	晨 27.31	晨 27.89	晨 26.18	时 27.4	时 29.24	时 30.61	晨 31.89
2	时 27.58	晨 26.16	时 26.26	时 25.47	时 25.59	晨 26.92	晨 27.10	晨 26.24	时 31.44
3	晚 22.73	商 23.75	商 24.10	晚 22.15	晚 22.44	商 22.35	商 23.42	商 25.31	商 20.86
4	商 21.59	晚 21.11	晚 22.33	商 19.92	商 15.13	晚 20.79	晚 18.7	晚 15.81	晚 14.17
5				日 2.66	华 8.24	华 2.55	华 1.54	华 2.03	华 1.68
6				华 1.91	日 2.42				

注:此处的“晨”指《重庆晨报》、“时”指《重庆时报》、“晚”指《重庆晚报》、“商”指《重庆商报》、“华”指《华西都市报》、“日”指《重庆日报》。

2. 重庆广播

2011 年,重庆市广播覆盖率为 98.02%③。重庆广电集团(总台)旗下有 5 套广播频率。重庆音乐频率和交通频率的市场份额之和稳定在 40% 以上,有较高的

① 喻国明主编:《2012 年中国传媒发展指数报告》,人民日报出版社 2012 年版,附录;喻国明主编:《2011 年中国传媒发展指数报告》,人民日报出版社 2011 年版,附录;喻国明主编:《2010 年中国传媒发展指数报告》,人民日报出版社 2010 年版,附录。

② 《2008 年下半年重庆都市报销量排名》,华文报刊网 2008 年 12 月 24 日;《2009 年上半年重庆都市报销量排名》,华文报刊网 2009 年 8 月 14 日;《2009 年下半年重庆都市报销量排名》,华文报刊网 2009 年 12 月 16 日;《2010 年上半年重庆都市报销量排名》,华文报刊网 2010 年 7 月 23 日;《2010 年下半年重庆综合类日报销量排名》,华文报刊网 2011 年 1 月 17 日;《2011 年上半年重庆都市报销量排名》,华文报刊网 2011 年 9 月 15 日;《2011 年下半年重庆综合类报纸销量排名》,华文报刊网 2011 年 12 月 26 日;《2012 年上半年重庆综合类报纸销量排名》,华文报刊网 2012 年 9 月 20 日;《2012 年下半年重庆综合类报纸销量排名》,华文报刊网 2013 年 1 月 21 日。

③ 国家广电总局发展研究中心编:《2012 年中国广播电影电视发展报告》,社会科学文献出版社 2012 年版,附录。

市场影响力①。

2011 年,重庆广播收入首次超过 1 亿元,达到 1.19 亿②。

表 27 重庆地区广播收听率/市场份额

排名	2012 年 5 月			2012 年 6 月		
	频率名称	收听率	占有率	频率名称	收听率	占有率
1	重庆音乐频率	1.04%	20.2%	重庆交通频率	1.04%	21.3%
2	重庆交通频率	1.03%	20.0%	重庆音乐频率	0.95%	19.6%
3	重庆新闻频率	0.80%	15.6%	重庆新闻频率	0.73%	14.9%
4	重庆都市频率	0.72%	14.0%	重庆都市频率	0.69%	14.2%
5	重庆经济频率	0.61%	11.8%	重庆经济频率	0.59%	12.0%

3. 重庆电视

2011 年,重庆市的电视覆盖率为 98.8%③。

重庆电视台共有 12 个电视频道,重庆影视频道的电视剧优势明显,但央视和强势地方卫视在重庆电视市场上也有一定的影响力④。

表 28 重庆地区主要频道节目收视排行

排名	2010 年 10 月			2011 年 5 月		
	节目名称	播出频道	收视率	节目名称	播出频道	收视率
1	女人的战争	重庆影视频道	5.79%	新少林寺	中央台六套	5.63%
2	依本多情	重庆影视频道	5.51%	天天 630	重庆新闻频道	3.99%
3	来不及说我爱你	重庆影视频道	5.29%	中华英雄	中央台六套	3.71%
4	天天 630	重庆新闻频道	5.07%	星光大道	中央台三套	3.29%
5	娘	重庆影视频道	4.86%	江湖奇案	重庆影视频道	3.21%
6	铜头铁罗汉	中央台六套	4.77%	惊天动地	中央台六套	3.10%
7	再见艳阳天	重庆影视频道	4.66%	天气预报	央视综合频道	3.10%
8	少林寺	中央台六套	4.65%	快乐大本营	湖南卫视	3.08%
9	非诚勿扰	江苏卫视	4.00%	水浒传	重庆影视频道	3.02%
10	人在囧途	中央台六套	3.94%	周末影院	中央台六套	2.95%

① 《2012 年 5 月重庆地区收听率/市场份额》,广告买卖网 2012 年 7 月 27 日;《2012 年 6 月重庆地区收听率/市场份额》,广告买卖网 2012 年 8 月 29 日。

② 国家广电总局发展研究中心编:《2012 年中国广播电影电视发展报告》,社会科学文献出版社 2012 年版,附录。

③ 国家广电总局发展研究中心编:《2012 年中国广播电影电视发展报告》,社会科学文献出版社 2012 年版,附录。

④ 《2010 年 10 月重庆地区主要频道节目收视排行》,广告买卖网 2010 年 12 月 22 日;《2011 年 5 月重庆地区主要频道节目收视排行》,广告买卖网 2011 年 8 月 16 日。

2011年，重庆市电视广告收入为6.55亿元，同比降幅高达33%[①]。其原因可追溯至2011年初重庆卫视推行的"公益频道"策略。在2011年年初停止播出商业广告和电视剧之后，重庆卫视的广告收入大幅下滑。5年来，重庆市有线广播电视用户数超过500万户，但入户率涨幅较弱。2011年，收视费收入超过广告收入，成为重庆电视台的第一大收入来源[②]。

表29 重庆市2008—2012年电视发展情况

	2008年	2009年	2010年	2011年	2012年
有线电视用户数(万户)	445.67	454.64	492.12	508.76	509.27
入户率(%)	42.16	42.09	44.31	44.06	—
收视费收入(亿元)	5.85	6.94	7.92	8.17	—
广告收入(亿元)	10.06	10.89	9.88	6.55	—
广告收入增长率(%)	12.78	8.25	-9.29	-33.73	—

4. 重庆网络媒体

2012年重庆市互联网用户1200万，而增速由5年前的67%下降至11.9%，进入缓慢增长的周期。互联网普及率为40.9%，5年间几乎翻了一番[③]。

重庆地区传统媒体所办的新闻网站中，华龙网遥遥领先[④]。这是由重庆日报报业集团和重庆广播电视集团(总台)联合承办的。

① 国家广电总局发展研究中心编:《2009年中国广播电影电视发展报告》,社会科学文献出版社2009年版,附录;国家广电总局发展研究中心编:《2010年中国广播电影电视发展报告》,社会科学文献出版社2010年版,附录;国家广电总局发展研究中心编:《2011年中国广播电影电视发展报告》,社会科学文献出版社2011年版,附录;国家广电总局发展研究中心编:《2012年中国广播电影电视发展报告》,社会科学文献出版社2012年版,附录。

② 国家广电总局发展研究中心编:《2009年中国广播电影电视发展报告》,社会科学文献出版社2009年版,附录;国家广电总局发展研究中心编:《2010年中国广播电影电视发展报告》,社会科学文献出版社2010年版,附录;国家广电总局发展研究中心编:《2011年中国广播电影电视发展报告》,社会科学文献出版社2011年版,附录;国家广电总局发展研究中心编:《2012年中国广播电影电视发展报告》,社会科学文献出版社2012年版,附录。

③ 《第23次中国互联网络发展状况统计报告》,中国互联网信息中心2009年1月22日;《第25次中国互联网络发展状况统计报告》,中国互联网信息中心2010年1月15日;《第27次中国互联网络发展状况统计报告》,中国互联网信息中心2011年1月18日;《第29次中国互联网络发展状况统计报告》,中国互联网信息中心2012年1月16日;《第31次中国互联网络发展状况统计报告》,中国互联网信息中心2013年1月15日。

④ 《重庆地区网站排行榜》,站长之家2013年3月18日。本文遴选重庆地区网站排行榜前100名中传统媒体所办的新闻网站作排名。

表 30 重庆地区新闻媒体网站排名

综合排名	新闻网站名称	Alexa 周排名	百度权重	PR 值	反链数
4	华龙网	3164	7	3	8294
13	橙网	14368	4	6	646
14	重庆晨报官网	22761	4	6	1118
26	重庆晚报第一眼	41787	4	3	1335

5. 分析思考

重庆是中国面积最大和人口最多的城市，仅农业户口人数就达 2026 万。工业比重超过 50%，仍处在快速工业化时期。

这也决定了重庆传媒人均指标较为落后。在城镇居民可支配收入、千人报纸拥有量和互联网普及率等方面，重庆甚至低于全国水平。

定位为长江上游经济中心的重庆，却也是中国乃至世界最有发展潜力的城市之一，这为传媒产业提供了持久利好。报纸总印数稳定增长，广播电视覆盖率大幅提升，互联网用户超过千万，都表明了重庆传媒大有可为。

但是，2011 年重庆电视广告收入出现了 33% 的负增长，重庆卫视的全国收视降至末位。原因可追溯至重庆卫视推行的“公益频道”理念。当地官方对传媒的这种指导也引发了全国的热议。

六、昆明传媒发展报告

昆明是我国南部经济较不发达的省份云南的省会，也是多个少数民族聚居的典型城市。

2012 年，昆明市 GDP 首次超过 3000 亿元，达到 3011 亿元，第三产业占比 48.9%。常住人口为 653.3 万人，城镇人口比重为 67.05%，城镇居民可支配收入为 25240 元，同比增幅高达 17%[①]。

1. 昆明报纸

昆明市内有两大报业集团：云南日报报业集团和昆明报业传媒集团，前者主要包括《云南日报》、《春城晚报》等；后者主要有《昆明日报》、《都市时报》等。

此外还有《云南信息报》和《生活新报》。《云南信息报》隶属于南方报业传媒集团，《生活新报》由云南省残联主办。

昆明报纸市场竞争较为激烈[②]。

---

① 《2012 年昆明市国民经济和社会发展统计公报》，昆明市统计局网站 2013 年 4 月 10 日。

② 新闻出版总署出版产业发展司编：《2012 年中国新闻出版统计资料汇编》，中国书籍出版社 2012 年版，第 203 页。

表 31　2011 年昆明地区综合性报纸发行情况

	平均期印数(万份)	总印数(万份)	发行总金额(万元)
云南日报	17.97	6559	5248
春城晚报	28.21	9930	4965
都市时报	28.79	10105	5053
生活新报	32.00	11200	5600

广告收入方面,2007 年至 2009 年,《云南信息报》广告收入分别为 2390 万元、7251 万元、9303 万元[①]。这样快速的发展与其 2007 年由南方报业传媒集团和云南出版集团进行的重新打造密切相关。

2011 年,《云南日报》全年广告收入超 5000 万元,《春城晚报》实现 3 亿元的大跨越[②]。

2. 昆明广播

2011 年昆明市广播综合覆盖率为 99.12%[③]。

昆明人民广播电台共有 4 套频率;云南电台拥有 8 个频率,并同时有民族广播节目——除普通话广播外,还有 5 种少数民族语言广播节目。

昆明地区广播收听份额上,云南电台处于领先[④]。2011 年,云南省广播广告收入为 1.64 亿元[⑤]。

表 32　昆明地区主要频率市场份额情况

频率	平均收听率		市场占有率	
	2012 年 8 月	2012 年 9 月	2012 年 8 月	2012 年 9 月
云南电台音乐广播 FM97	0.68%	0.65%	17.2%	16.6%
云南电台新闻广播 FM105.8	0.58%	0.60%	14.6%	15.2%
云南电台交通广播 FM91.8	0.47%	0.44%	11.9%	11.2%
云南电台经济广播 FM88.7	0.37%	0.40%	9.2%	10.3%
云南电台香格里拉之声 FM99	0.36%	0.37%	9.1%	9.5%

① 尹欣、范建华:《2008—2009 云南文化产业发展报告》,云南大学出版社 2011 年版,第 114 页。

② 《传媒翘楚聚昆探讨报刊经营 云报集团获三项传媒大奖》,云南网 2012 年 1 月 13 日。

③ 《2011 年昆明市国民经济和社会发展统计公报》,昆明市统计局网站 2012 年 3 月 19 日。

④ 《2012 年 8 月昆明地区收听率/市场份额》,广告买卖网 2012 年 10 月 18 日;《2012 年 9 月昆明地区收听率/市场份额》,广告买卖网 2012 年月 10 月 18 日。

⑤ 杨素娟、李桂春:《云南省广播电视概况》,见《中国广播电视年鉴 2012》,中国广播电视年鉴社 2012 年版,第 101 页。

3. 昆明电视

2011 年昆明市电视覆盖率为 98.94%①。

云南电视台拥有 7 个频道,昆明电视台有 6 个频道。

收视率方面,无论昆明电视台或云南电视台,所占市场份额均不及中央电视台。从 2008 年到 2010 年,中央台的份额逐年减少、云南省级频道逐年增大,而昆明市级频道占有率也有提升但增幅不大②。

表 33 2008—2010 年昆明市场各类频道的市场占有率

频道类别	年份		
	2008	2009	2010
中央台频道	42.6	39.3	33.2
中国教育台频道	0.2	0.2	0.2
云南省级频道	21.4	23.0	27.0
昆明市级频道	11.4	10.4	13.6
其他省级卫视频道	17.7	19.8	19.7
其他频道	6.7	7.3	6.3

4. 昆明网络媒体

2012 年云南省共有网民 1321 万人③。昆明市网民数量已超过云南省的四分之一④,据此推算,2012 年昆明市网民数在 330 万人以上。

昆明地区传统媒体所办的新闻网站中,综合排名前两位的是云南网和昆明信息港⑤。令人瞩目的是,云南网在 2011 年完成总收入 1370 万元,是传统媒体借助网络延伸而创收的一个良好开端⑥。

云南网是云南省唯一重点新闻网站,拥有云南日报报业集团的所有内容资源;昆明信息港是昆明日报社承办的城市新闻网站。

① 《2011 年昆明市国民经济和社会发展统计公报》,昆明市统计局网站 2012 年 3 月 19 日。

② 王兰柱主编:《中国电视收视年鉴(2011)》,中国传媒大学出版社 2011 年版,第 560 页。

③ 《第 31 次中国互联网络发展状况统计报告》,中国互联网信息中心 2013 年 1 月 15 日。

④ 杜托:《昆明市网络媒体座谈召开 为建设美好幸福新昆明贡献力量》,昆明信息港 2012 年 9 月 3 日。

⑤ 《昆明地区网站排行榜》,站长之家 2013 年 3 月 18 日。本文遴选昆明地区网站排行榜前 100 名中传统媒体所办的新闻网站作排名。

⑥ 牛春颖:《云南日报报业集团市场化运作打通产业链条》,中国新闻出版网 2012 年 5 月 7 日。

表 34　昆明地区新闻媒体网站排名

综合排名	新闻网站名称	Alexa 周排名	百度权重	PR 值	反链数
2	云南网	22308	5	7	3976
5	昆明信息港	28116	4	6	962
7	云视网	148079	4	3	986

5. 分析思考

如果说北京、上海、深圳和重庆都背负着特殊标签的话，昆明的标签就是"没有标签"。这是一个很普通、也很有代表性的中国省会城市。

无论是人口、第三产业比重、城镇化率和城镇居民可支配收入，还是相应的报纸发行量、广电节目套数和互联网普及率，都反映了昆明的普通性：几乎各项指标都稍高于全国平均水平。

在昆明的传媒市场上，清晰地呈现出中央级媒体、省级媒体、省会城市级媒体的比例结构和竞争格局。报纸发行市场上，省市两级媒体竞争激烈；广播收听市场中，省级媒体表现优异；电视收听率排名中，中央级和省级媒体占据了大部分份额；新闻网站由省市两级的报业集团承办。

普通中也有机会可挖，即使在最传统的报纸市场。昆明的人均报纸种数比深圳还高，接近上海的水平。南方报业传媒集团与云南出版集团联合打造的《云南信息报》，成功地撬开了市场，年收入近 1 亿元。但在春节收假后首个工作日的走访中，我们在昆明街头随机选择的书报亭中仅能买到一两种报纸，反映了媒体机构在市场把握和服务意识方面的欠缺。

昆明媒体的数量多，选择余地大，可与发达的北京和上海相比。但是，论发展新媒体，如 IPTV，昆明的传媒集团的实力偏低，难以负担升级创新的开销，这在客观上进一步加大了省会城市级媒体的劣势，加速了外地优势媒体的扩张。在网络媒体消费上，可能更会出现本地媒体与新闻门户网站之间日益扩大的差距。

七、五大都市传媒发展比较

五大都市传媒发展的差异，大致反映了全国都市的传媒发展层次。这种层次很大程度上受到经济和社会环境的影响和制约。

2012 年，各大都市的经济总量都处于较高水平。除了昆明，其他四个都市都是 GDP"万亿俱乐部"的成员。和文化传媒业密切相关的第三产业比重，北京最高，为 76.4%，上海和深圳也在 50% 以上，昆明稍高于全国平均水平，重庆则远远低于全国水平。

城镇化率和居民可支配收入水平体现了传媒发展的潜力。由于历史的因素，重庆有较多的农村人口，城镇化率最低，但仍比全国高出了4个百分点，而城镇居民可支配收入则低于全国水平。

表35 2012年全国五大都市传媒环境比较

	GDP（亿元）	第三产业比重（%）	总人口数（万）	城镇化率（%）	城镇居民可支配收入（元）
全国	519322	44.6	134735	52.60	24565
北京	17801	76.4	2069	—	36469
上海	20101	60	2380	—	40188
深圳	12950	55.7	1046	—	40742
重庆	11459	37.9	2945	56.98	22968
昆明	3011	48.9	653	67.05	25240

1. 五大都市报纸发展比较

从报纸种数来看，北京占有绝对优势，与第二名上海的份额之和接近全国的五分之一。重庆因其直辖市的身份，以26种的数量居第三位。昆明的报纸种数比深圳多，是由于其报纸市场上既有市级的报业集团又有省级的报业集团。

从报纸总印数来看，深圳报纸的期均发行量最高，14种报纸的总印数超过7亿份。总体上看，北京遥遥领先，这得益于北京是中央级报纸的出版地。昆明最低，这与其城市人口最少有关。

表36 全国五大都市的报纸情况比较

	报纸种数（种）	报纸总印数（亿份）	发行收入（亿元）
全国	1928（2011年）	476（2012年）	301.70（2011年）
北京	254（2012年）	83（2011年）	84.98（2011年）
上海	100（2012年）	16（2011年）	15.56（2011年）
深圳	14（2011年）	8（2011年）	—
重庆	26（2011年）	6（2011年）	5.8（2011年）
昆明①	21（2011）	2（2011年）	4.24（2011年）

2. 五大都市广播电视发展比较

从广播电视台数量来看，北京地区依然处于领先地位，共有3座。

上海、深圳和昆明地区各有两家广播电视台，但缘由不同。东方广播电视台和上海广播电视台同属SMG集团；昆明和深圳地区有省市两级广播电视台，深圳

① 昆明市的报纸总印数和发行收入为模糊结果。

更是面临着境外电视频道的竞争。

重庆只有1家广播电视台,即重庆广电集团(总台)。

在广播电视覆盖率方面,北京、上海和深圳早已达到100%。重庆和昆明比全国水平高,但尚未完全覆盖,这可能与复杂的地理条件和建设的高成本有关。

表37　2011年全国五大都市广播电视台数量及覆盖率情况比较

	全国	总局直属	北京	上海	深圳	重庆	昆明
广播电台数量(家)	213	2	1	2	2	1	2
广播覆盖率(%)	97.5	—	100	100	100	98.02	99.21
电视台数量(家)	197	1	1	2	2	1	2
电视覆盖率(%)	98.2	—	100	100	100	98.8	98.94

广播的收入来源主要是广告。2011年,北京地区的广播收入为18.57亿元,占全国的15%,总体看来,北京地区的广播收入大概是上海的3倍,深圳的6倍,重庆的15倍,昆明的20倍。从增幅来看,北京高达70%,上海的增速最低,但也达到了25%,这样的发展令人欣喜。

表38　2011年全国五大都市的广播广告收入及增长率情况比较

	全国	总局直属	北京	上海	深圳	重庆	昆明①
广播广告收入(亿元)	123.32	6.22	12.35	5.79	2.86	1.19	1.64
增长率(%)	23.84	30.4	70.66	25.54	35.53	33.16	20.09

从有线电视用户数量及入户率的情况看,上海的发展水平遥遥领先。重庆最低,甚至低于全国平均水平。

收视费收入与有线电视用户数密切相关。但北京地区凭借总局直属的优势,收视费收入超过17亿,排名第一。

在电视广告收入上,总局直属电视媒体的广告达到259.75亿元,占国内电视广告总收入的比重超过25%。地方媒体上,上海占据领先地位。总体来看,北京地区电视广告收入约是上海的5倍,深圳的15倍,重庆的45倍,昆明的60倍。从广告收入增长率来看,昆明领先,上海和深圳次之,北京小幅下降,而重庆出现了大幅下滑。

① 此处昆明的数据沿用云南省的数据。考虑到昆明在云南省的权重,昆明市的广播广告收入估计为0.8亿元,增长率为25%。

表39 2011年全国五大都市的电视发展情况比较

	全国	总局直属	北京	上海	深圳	重庆	昆明[①]
有线用户数(万户)	20264.39	—	475.92	627.18	212.8	508.76	170
入户率(%)	49.43	—	95.97	120.78	88.14	44.06	85
收视费(亿元)	364.17	7.35	9.83	11.51	6.44	8.17	2.85
广告收入(亿元)	935.54	259.75	41.81	61.55	19.81	6.55	12.33
广告增长率(%)	17.32	19.13	-1.71	26.71	23.69	-33.73	51.79

3. 五大都市网络媒体发展比较

在网民总数上,上海凭借着人口优势排名第一,达到1606万人,但增幅明显放缓。深圳的涨幅最大,达到25.3%。重庆和昆明稍高于全国水平。

但从互联网普及率看来,深圳夺得桂冠,这样的水平可与日本等发达国家相媲美。昆明普及率高于全国水平,重庆甚至低于全国水平。

表40 2012年全国五大都市互联网络发展情况比较

	全国	北京	上海	深圳[②]	重庆	昆明
网民总数(万人)	56400	1458	1606	797	1200	330
普及率(%)	42.1	72.2	68.4	76.8	40.9	50.5
增长率(%)	10%	5.8	5.3	25.3	11.9	—

传统媒体所开办或联合创立的新闻网站也值得关注。从Alexa得分来看,排名顺序依次是北京、上海、深圳、重庆和昆明。

中央级媒体的新闻网站处于国内前列,涵盖了各种类型的媒介(报纸、广播、电视和通讯社);重庆的华龙网排名据前10位,令人鼓舞;这种由报业集团和广电集团联合主办的主流新闻网站,还有东方网;深圳新闻网和云南网是由两地的报业集团主办,处于所在地区领先的位置。

报纸主办的新闻网站占据整个榜单的大部分,这可能与报纸的新闻传统有关,也与其较早进行数字化转型有密切联系。

① 昆明市广告收入及增长率的数据沿用云南省的数据。考虑到昆明在云南省的权重,电视广告收入为6亿、广告收入增长率为30%。

② 此处为深圳市2011年的数据。2012年深圳市网民总数远高于800万,普及率更高。

表 41　全国五大都市传统媒体所办的新闻网站排行(Alexa)

排名	Alexa 得分	网站名称	地区	排名	Alexa 得分	网站名称	地区
1	159	新华网	北京	14	6814	每经网	上海
2	174	人民网	北京	15	7911	一财网	上海
3	346	央视网	北京	16	10960	解放牛网	上海
4	561	中国经济网	北京	17	1156	香港文汇网	深圳
5	973	国际在线	北京	18	11699	中国证券网	上海
6	1019	新民网	上海	19	11729	福布斯中文网	上海
7	1105	东方网	上海	20	11926	东方早报网	上海
8	1105	东方网新闻	上海	21	14368	橙网	重庆
9	1186	中国广播网	北京	22	22308	云南网	昆明
10	3164	华龙网	重庆	23	22761	重庆晨报官网	重庆
11	3671	奥一网	深圳	24	28116	昆明信息港	昆明
12	4028	深圳新闻网	深圳	25	41787	重庆晚报第一眼	重庆
13	6492	文新传媒	上海	26	148079	云视网	昆明

4. 总体印象

中央级国有企业和传媒机构大都在北京,制度的安排加上政策的支持使中央级媒体在我国媒介市场占很大份额,尤其是电视,现在又延伸到新闻网站上。

上海传媒的各项指标紧随北京,但因其城镇人口最多,有线电视用户和互联网用户数量处于领先。

深圳多数指标排名第三,但有两项值得骄傲的最高数据:全国最高的城镇人均可支配收入和全国最高的互联网普及率。

重庆地大人多,但传媒的集中垄断程度较高,竞争性较弱。综合指标排名第四。由报业集团和广电集团强力打造的华龙网表现出色,预示着重庆传媒的未来。

昆明人口较少,经济总量更小,传媒市场自然受限,但城市和传媒的各项指标仍稍高于全国平均水平。

八、中国都市传媒发展的基本特点

1. 政治中心与都市传媒

都市传媒的发展规模与所在城市的规模成正比,而城市规模又与国家的政治经济结构直接相关。中国的政治机构数量较多,规模较大,在社会中所占比重较高。目前中国的政府基本仍属于“大政府”,管理面较宽,有待于进一步改革。因而从中央到地方,政治中心就是当地最大的城市。加上政治在中国传媒中的特殊地位，政治中心和最大城市也就成为当地最大的传媒中心，如北京和各地省会城市。

这与美国、加拿大等西方国家不同。在美国，最大的传媒中心是最大的经济中心纽约，而不是首都华盛顿。一些地方的政府所在地也不是当地最大的传媒中心。加利福尼亚州的首府在萨克拉门托，而传媒中心在洛杉矶。

2. 经济中心与都市传媒

在传统媒体受到新媒体巨大冲击的当今时代，网络媒体是传媒发达程度的主要标志。2012 年，深圳的网民数量已远远超过 800 万人，普及率超过 80%，是我国境内互联网普及率最高的城市。与之直接关联的是，2012 年深圳人均 GDP 达到 12.29 万元，居境内各地之首，同时也是中国城镇居民收入最高的城市。

在我国传媒领域，政治中心城市具有特殊的位置，但随着经济建设在我国的地位突出，以及我国传媒对经营收入的依赖程度日益提高，经济中心城市在我国成为越来越大和越重要的传媒中心。反过来，传媒也帮助了经济中心的发展，提供了经济、生活的软环境和社会的公共空间，增加了经济中心对人才的吸引力，而人才和软环境对经济发展又十分重要。

沿海地区经济较发达，其传媒业的发展也远远快于中西部地区。应重视这种发展不平衡带来的传媒质量差异，让较发达城市的传媒带动其他地方的。这需要打破传媒业的地区分割和行业分割①，传媒机构也当积极抓住这种机遇。

3. 都市媒体结构的新变化

新媒体在都市最早落户，在都市人中最早扩散，现在已成为都市日常的政治、经济、文化、社会活动和市民生活的重要组成部分。新媒体优化了城市的工作、学习、生活环境，对智慧城市的建设有关键性作用，而城市智能化又是当今城市现代化的重要标志。

新媒体对一线城市的印刷媒体已构成较大的分流。2012 年，上海互联网广告收入达到 18.3 亿元，首次超过报纸广告，占报刊、广播电视和互联网广告总收入的 16.4%，远高于 2011 年的 10.6%。而受到新媒体冲击最大的报纸，2012 年广告收入仅为 17.8 亿元，同比下降 12.6%，报纸总印数也从 2008 年的 17.24 亿份，下降到了 2011 年的 15.61 亿份，且有加速之势。

广播的复兴主要源于都市的中产阶层兴起和私家车普及。电视广告收入的增长与有线电视的拓展相关，但 2011 年起，上海电视的"开机率"开始下降。

都市传媒的这种结构变化，正给都市的生活、工作、学习带来新变化，"一支香烟一杯茶，一张报纸看半天"的方式被打破，取而代之的是"一个电脑一辆车，一个

① 谢金文：《中国传媒产业概论》，上海交通大学出版社 2007 年 7 月版，第 123 页。

手机用一天”。

4. 从深圳电视看境外媒体的影响

深圳的 GDP 是上海的三分之二,而广播电视的广告总收入却只有上海的三分之一。其中,广播收入为上海的一半,电视收入不到上海的三分之一。

究其原因,部分在于深圳能收看到许多境外电视。香港凤凰卫视等频道多次登上深圳收视榜前十位。

随着卫星电视、网络电视、新媒体的发展,这种状况也会延伸到内地,甚至延伸到其他媒体,对境外媒体的禁堵会日益失效。应对的上策,当是提高自己的竞争力,主要依靠都市传媒的优势和辐射力①。

课题负责人

谢金文,上海交通大学城市科学研究院特聘研究员,上海交通大学媒体与设计学院教授、博士生导师。

课题组成员(顺序仅按工作流程):

董开栋,上海交通大学媒体与设计学院博士研究生;
徐金忠,上海交通大学媒体与设计学院硕士研究生;
龙慧君,上海交通大学媒体与设计学院硕士研究生;
马兆吉,上海交通大学媒体与设计学院硕士研究生;
武志勇,华东师范大学传播学院教授(负责审改)。

---

① 谢金文、吴丽华:《大都市传媒的辐射力及其提升》,《江南大学学报》2012 年第 1 期。

世界设计之都创新发展报告

——设计驱动的创新与国家设计系统

自2012年5月7日北京被联合国教科文组织批准作为“设计之都”加入联合国教科文组织创意城市网络之后，我国获得“设计之都”称号的城市已有三个，按照授予时间排列分别是深圳、上海、北京。这三个城市分布在珠三角、长三角和京津冀，从某种程度上讲，设计之都作为国家战略布局的建设规划，反映出国家在经济建设、文化建设方面对设计所赋予的重要使命。

当前，世界现代创意设计业的发展，越来越成为综合国力竞争的重要因素。世界发达国家和许多发展中国家都把创意设计业作为国家发展战略的一部分，设立政府管理机构，制定发展政策，给予金融、财税支持等，引导和扶持创意设计业快速发展。国际经济、文化的频繁交流和激烈竞争，为我国文化创意产业发展带来强劲动力。党的十八大提出的“实施创新驱动发展战略，坚持走中国特色自主创新道路，以全球视野谋划和推动创新，提高原始创新、集成创新和引进消化吸收再创新能力，更加注重协同创新”的转变经济发展方式的规划，要求设计作为创新的重要手段在新时期发挥更大的作用。自2010年工信部等11部委局通过发布《关于促进工业设计发展的若干指导意见》进一步确定了我国工业设计发展的核心内容，《国民经济和社会发展十二五规划纲要》中提出通过“促进工业设计从外观设计向高端综合设计服务转变”的战略来推动中国制造向中国创造转变，及国家《文化产业振兴规划》提出文化产业要成为推动社会主义文化大发展大繁荣的重要引擎和经济发展新的增长点等多项政府规划以来，根据城市定位与资源优势，北京[①]、上海[②]和深圳[③]均在十二五规划中提出了将创意设计产业打造成为引领和支撑城市新一轮发展的重要支柱产业的规划。自2011年以来，创意设计业在三地已获得快速而全面的发展。

与欧美国家的原发性设计之都如米兰、巴黎、伦敦、纽约和欧亚国家的催发型

---

① 北京市人民政府:《北京市“十二五”时期文化创意产业发展规划》，中国经济网2011年4月。

② 上海市文化创意产业推进领导小组办公室:《上海市文化创意产业发展“十二五”规划》，设计之都网——上海市文化创意产业公共信息服务平台2011年4月2日。

③ 深圳市人民政府:《深圳文化创意产业振兴发展规划(2011—2015年)》，深圳政府在线2011年10月。

设计之都如赫尔辛基、斯德哥尔摩、首尔等城市相比，得益于我国经济规模的庞大，近3年来上海、深圳、北京的设计业（以工业设计为主）虽然每年增幅明显，总产值一直保持上升态势。[①] 设计服务于第二、第三产业的能力也逐年加强，但无论是在设计产业规模、设计产业成熟度，还是设计竞争力方面与其他国际著名设计之都相比均存在明显差距，这是我国设计创新整体能力现状的真实反映。究其原因，除了设计产业起步较晚、设计资源结构与品质欠佳和相对缺乏较为深厚的设计文化之外，一个完善的设计系统依然是国家和地方建构具有可持续竞争优势的设计创新能力必须建设的首要内容，也应是国家和地方设计政策发挥效力的主要着眼点。本报告将从国家设计系统概念出发，通过对欧洲设计系统的分析探讨，提出我国当前建设设计之都、发展国家设计创新能力的对策与建议。

一、设计创新政策与国家设计系统

设计是一个问题求解的途径，能够通过发现与整合用户需求来促进公共、私人机构及社会的产品、服务和流程创新。英国设计委员会和丹麦设计中心的研究都表明设计不仅能从微观层面提升公司价值，也能从宏观层面驱动经济的增长。[②] 到目前为止，无论是在欧洲还是亚洲，设计依然处于国家与地方的创新政策框架之外。一个可喜的改变是欧委会已于2010年开始将设计定位为欧洲创新政策十个优先考虑要素之一，并将为进一步加强欧洲在设计和创造力方面的优势进行规划与探索。[③] 这一规划鼓励通过设计创造新的市场机会、寻求新的途径推动私营及公共机构的创新及运用设计来应对社会挑战，并对到2020年“设计在遍及全欧洲的创新政策中得到了很好的整合”充满希望。[④] 目前设计已经提上欧洲政策议事日程。与之类似的是，尽管经过多年的发展，我国的创新政策已经较为完善，但根据世界经合组织OECD的研究报告，我国的创新政策依然是围绕着科技创新展开的。[⑤] 设计并没有被纳入到国家创新系统的框架之内。

1. 设计是新的创新着力点

根据英国设计理事会的设计价值实证报告，商业活动中每100英镑的设计投

① 2013年上海市文化创意产业发展报告，中华人民共和国国务院新闻办公室2013年6月28日。

② Design Council: “Design Index: The Impact of Design on Stock Market Performance. Report to December 2004” p. 03. London, UK. 2005. http://www. designcouncil. org. uk/Documents/Documents/Publications/Design% 20Index% 202005_Design_Council. pdf; Ramlau, U. &Melander, C. :“In Denmark, design tops the agenda”. DesignManagement Review, Vol. 15, No. 4, 2004, pp. 48—54.

③ European Commission: “Europe 2020 Flagship Initiative Innovation Union”. SEC(2010)1161, Brussels, 6. 10. 2010COM(2010) 546 final. Brussels, Belgium.

④ Dröll, P. :“The European Design Innovation Initiative”. SEE Policy, Innovation and Design Conference, 29 March, Brussels, Belgium. 2011.

⑤ 薛澜、柳卸林、穆荣：《OECD中国创新政策研究报告》，科学出版社2011年版，第16—41页。

资,其回报为 255 英镑。[①] 丹麦商业管理部关于设计的经济效用研究报告显示"设计的使用与企业的经济表现及后续的宏观经济增长之间有着明显的相关性"且采购过设计服务的企业其营业总收益超出平均值 22% 以上。[②] 在过去几年中,越来越多的国家和地区开始将设计纳入到创新政策的框架内。设计促进政策的推行作为一种政府干预手段,其目的在于通过从国家和地区层面加强设计系统各单元之间的互动来刺激设计的供应与需求关系,以应对由于系统失灵导致的创新失败。[③] 对设计系统中表现不良的要素进行分析,政府能更好地选择与定制政策工具,改良系统短板,提高设计系统各部分的协调性和整体表现。确保设计系统的每一个方面强大稳健、步调一致才能保证系统有效,保证设计成为国家和地区获得竞争优势的关键资源。

设计与创新之间的联系一直都存在,设计是创新工具组合的一个部分。但是创新领域的涉入者对设计与创新之间关系的理解并不是很清晰。尽管对创新的概念已人所共知,但是不同的涉入者,如政策制定者、商业人士、设计师、公众和学界人士对于设计的理解是有明显差异的。Nonaka 认为创新是一个对技术、产品、服务进行知识整合,贯穿于整个企业策略中的价值创造过程。[④] Bonsiepe 认为,设计活动的目标既不是知识生产也不是 know-how 生产,而是对人与人造物界面关系的定义。[⑤] Brown 认为"设计,或更宽泛意义上的设计思维,是一个创造性的问题求解工具,应用于多类产业的产品、服务和流程创新,并开始频繁出现在社会问题的求解过程中"。[⑥] 设计与创新都能为产品、服务和系统带来竞争优势。不同之处在于创新活动通常无法保证一定会带来创新结果,而设计过程所形成的结果(产品、服务或流程)通常能实现其满足用户需求的目标。

另外,与过去不同,创新不再仅仅局限于单纯的技术开发,而是越来越多地涉及服务、用户体验和社会系统改良,这要求设计在创新中担当比过去更为重要的角色,许多调查数据也支持这一观点。英国 NESTA 创新指数显示,对于创新而

---

① Design Council:"The Value of Design Factfinder report", London, UK. 2007. http://www.designcouncil.org.uk/Documents/Documents/Publications/Research/TheValueOfDesignFactfinder_Design_Council.pdf.

② National Agency for Enterprise and Housing:"The Economic Effects of Design", Copenhagen, Danmark. 2003. http:www.ebst.dk/file/1924/the_economic_effects_of_designn.pdf.

③ Whicher, A., Cawood, G. and Walters, A.:"Research and Practice in Design and Innovation Policy in Europe", 2012 International Design Management Research Conference, 8—9 August, pp.1—18.

④ Nonaka, Ikujiro:"The Knowledge-Creating Company". 1991 *Harvard Business Review*, 69(6): p. 96.

⑤ Bonsiepe, G.:"The Chain of Innovation. Science. Technology. Design", 1995Design Issues, vol. 11, no. 3, p.35.

⑥ Brown, T.:"Change by design—How design thinking transforms organizations and inspires innovation", 2009HarperCollins, New York, USA. pp.13—39.

言，设计比研发更为重要（表一）。① 该报告还显示，英国私营机构产出的三分之二来源于创新，且设计的创新贡献（17%）高于研发（11%）。设计是架设在技术、服务、用户为中心和社会创新之间的桥梁，因为设计的核心是以用户为中心的创新过程。苹果公司尽管在科技研发方面投入巨大，但是其杰出成功的关键因素在于公司所具有的设计天赋，整合多领域技术的能力和对用户体验的执著。

表 1　NESTA 创新指数 2009：英国的无形资产投资

	无形资产投资	单位（10 亿英镑）	
1	技能训练	32.1	24.1%
2	组织品质提升	26.1	19.6%
3	设计	22.1	16.6%
4	软件开发	20.2	15.1%
5	研发	14.9	11.2%
6	广告与市场研究	14.5	10.9%
7	其他	3.5	2.6%
总计		133.4	100

在当今产品创新领域，竞争的全球化使得通过用户需求发现创新机会成为重要的获得竞争优势的有效途径，无论是面对个人消费品和服务设计还是公共服务产品都是如此。设计成为企业和公共机构寻求到的一条单纯技术研发之外的创新途径，对于那些不具备持续投资技术研发的实力的小型企业而言，以设计驱动的创新就显得尤其具有价值。另外，对于传统制造业而言，设计还有助于通过围绕其核心产品展开服务创新来提高消费体验价值。无论是对于企业还是公共服务及社会发展，设计都是一种强劲的创新力量。

2. 设计与创新政策

设计作为一种创意过程已成为各产业获取竞争力的重要手段。英国设计委员会2003 年调查表明，90% 快速增长的公司认为设计是实现优秀的财务表现必不可少的重要组成部分，那些为创新制定了设计战略的公司其伦敦金融 100 指数近十年来增长了 199% 。在丹麦一项针对设计重要性的研究中，接受调查的公司中有 71% 认为设计会促进创新，79% 认为设计具备促进公司增长的潜在作用。虽然有扎实的证据表明设计对于企业竞争力提高具有正面影响，但企业依然对设计之于企业的商业活动具有何种价值认识不足，企业内部活动也暴露出同样的问题。

① National Endowment for Science, Technology and the Arts : “Innovation Index 2009 : Measuring the UK’s investment in innovation and its effects”, London, UK. 2009.

根据英国设计委员会的调查，只有 22% 的英国公司通过设计来实施产品与服务开发，而 44% 的公司认为设计根本不重要。[①] 由于信息不对称的存在，私营机构对于设计价值认知低下并不足为怪，而且由于设计师拿不出证实投资设计具有可观的回报率的有效证据来说服客户，因此公司对一个无法搞清其投资回报的项目减少以至拒绝投入也就理所当然。这种设计供需关系的失衡阻碍了设计创新的实现。

设计供需关系的失衡在许多创新政策研究者看来不是由于市场失灵带来的，用系统失灵来解释更为适合。在创新研究领域，Woolthuis 等人的研究提出“创新是一种互动的、非线性的过程，其中的行动者如公司与许多其他的组织（如学术组织、客户、公共事业组织、金融组织等）和机构（如知识产权与文化等）存在一种互动关系”。[②] 而这里所指的互动关系在现实活动中出现的失调，即为系统失灵的表现。系统失灵意味着政策制定者需要对这些关联要素加以广泛了解，才有可能形成真正有效的政策。1980 年以来，Freeman[③] 和 Lundvall[④] 等一些政策理论家也提出有利于创新远离市场失灵的政策干预的调节方向的转化，以涵盖更为广泛的系统失灵理论。根据 Raulik-Murphy 和 Cawood[⑤] 及 Swann[⑥] 的研究，正是因为设计产业体系中存在着不同于市场失灵的系统失灵，才需要通过政策干预来推动设计发挥其创新价值。比如许多小型公司都存在着对专业设计服务的利用率低下的问题，原因之一可能是由于产业系统内部信息不对称，这就需要从更为系统的层面借助一些有效的政策工具来协调各个不同要素间的关系及其行为。在系统失灵基本理论中，政府的职能就是通过制定政策和行动计划，通过刺激设计的供需关系来解决一个交互系统中系统单元失调的问题。这就涉及国家或都市（区域）设计系统这一概念。

---

① Design Council: “Design in Britain 2008—How Businesses Use Design”, London, UK. 2008. http://www.designcouncil.org.uk/our-work/Insight/Research/How-businesses-use-design/Design-in-Britain-2008/

② Woolthuis, R., Lankhuizen, M., and Gilsing, V.: “A system failure framework for innovation policy design”, *2005 Technovation*. 25, pp. 609—619.

③ Freeman, C.: “The ‘National System of Innovation’ in historical perspective”. *Cambridge Journal of Economics* 1995, 19, pp. 5—24.

④ Lundvall, B.-Å. (1985). *Product innovation and user-producer interaction*. Aalborg: Aalborg University Press, 1985. pp. 4—37.

⑤ Raulik-Murphy, G., and Cawood, G.: “National Design Systems—a tool for policymaking”. Research Seminar—Creative industries and regional policies: making place and giving space, 23—24 September, University of Birmingham, UK. 2009.

⑥ Swann, P.: “The economic rationale for a national design policy”. *Department for Business, Innovation and Skills paper* no. 2, London, UK. 2010.

二、国家设计系统

1. 国家设计系统的概念

国家设计系统的主要职能在于通过呈现推动设计产业发展的各类相关主体、相互关系及其活动(行为),对创新主体及其相互作用与动态变化实施系统性的监测与评估,为设计产业创新发展中解决系统失灵的问题提供依据。最先提出这一概念的是Love和Raulik-Murphy及Cawood。这一概念所涉及的设计活动的相关主体包括:在设计活动中积累知识与能力的组织,如设计服务企业、市场中介服务组织、设计中心、行业协会、设计网络与集群等。或对设计产业发挥政策性引导作用、提供资金资助的相关主体,如政府或公共部门,非营利组织等。国家设计系统的相关主体既涵盖了政府公共部门、非营利组织,也涵盖了市场中介服务、设计企业等私人部门。Love在研究中提出来的国家设计基础体系包括18个子系统要素。[①] Swann提出来的国家设计系统涵盖5个类别,包括:设计职业的公共投资;国家设计资产的公共投资;金融机制内的投资;支持系统思考的投资及面向教育、公司和公共机构展开设计价值认知推广的投资。Raulik-Murphy和Cawood提出的国家设计系统包含7个元素,即设计政策、基金资源、设计教育、设计推进、设计支持、研究与开发、专业协会。这一模型被广为传播,但是其争议在于该系统存在两个关键要素的缺失:专业设计机构及私营及公共部门在设计方面的投入。

2. 欧洲设计系统

在研究前人的创新系统和设计系统相关成果的基础上,Whicher等人在对欧洲的设计与创新政策展开研究[②]的基础上进一步提出了一个包含9个构成要素的欧洲设计系统模型,分为设计供给与设计需求两个部分。[③] 这9个要素分别是:设计投资(公共及私人投资),设计支持,设计促进,设计中心、协会、网络及集群,专业设计机构,设计教育,研究与知识转化,基金,政策、治理与监管。相对于前人的模型,该系统更为完整地描述了设计系统的主体与关系(图1),已经成为欧洲制定设计政策的工作框架,也被其他国家和地区所借鉴,用于各自国家、区域及创意设计之都的设计系统建设。

---

① Love, T.:"National Design Infrastructures: the key to design-driven socio-economic outcomes and innovative knowledge economies". IASDR07 International Association of Societies of Design Research, 12—15 November, Hong Kong Polytechnic University, China. 2007.

② Whicher, A., Cawood, G. and Walters, A.:"Research and Practice in Design and Innovation Policy in Europe", 2012 International Design Management Research Conference, 8—9 August, pp. 1—18.

③ SEE PLATFORM:"European Design Systems and Innovation Policy". 7 September 2012.

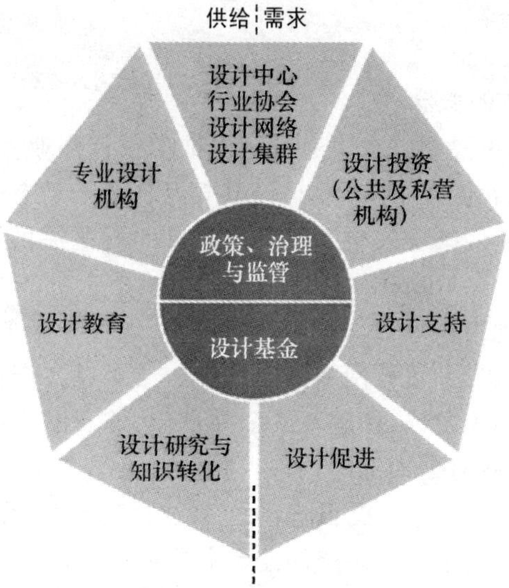

图1 欧洲设计系统

资料来源：Anna Whicher, Gavin Cawood and Andrew Walters (2012)。

3. 国家设计系统的要素

3.1 设计投资

解决设计政策系统失灵的方案通常围绕大幅提升私营和公共机构及其他机构与组织购买专业设计服务的规模这一核心展开。创新政策的出台是经济增长模式转变的标志,设计已经显示出在这一转变过程中所独有的价值。在欧洲设计系统中,“设计投资”要素的评估与监测涉及企业在设计上的经济支出和拥有内部设计团队的企业数量两个指标。根据 Livesy 和 Moutrie 的估算,英国企业每年在设计方面的支出大概在 500 亿英镑。[①] 丹麦商业管理局所作的设计的经济效果研究估计丹麦企业每年在设计方面的支出大概在 11 亿美元以上。如果把人口规模考虑在内,丹麦的人均设计支出为 200 美元,超过了英国的 124 美元。根据设计创造价值研究的调查,丹麦大概有 16% 的公司雇用了设计师,但雇用设计师超过 10 人的公司只占 1% 左右。[②] 根据设计产业研究的估计,在英国企业内部就职的设计

① Livesey, F. , &Moultrie, J. :“Company spending on design: Exploratory survey of UK firms 2008”. Report for Design for the 21st Century research. 2008. http://www. designcouncil. org. uk/Documents/Documents/Publications/Research/Company SpendingOnDesign. pdf.

② Danish Business Authority:“Design Creates Value”. Copenhagen, Denmark. 2008. http://ebst. dk/publikationer/design/design_skaber_vaerdi/pdf/design_skaber_vaerdi. pdf.

师约有83600个，占英国设计师总人数的36%，比2005年增长了8%。① 其他也有一些研究表明拥有内部设计团队（而且一部分还是与生产制造部门结合在一起的）的企业数量非常低。评价公共事业机构在设计方面的支出情况包括两个指标，即在专业设计服务方面的开支、管理部门所拥有的设计管理人员（如负责宣传工作的人员）的数量。各级政府（国家、区域和城市）采购专业设计服务的支出（无论是用于宣传还是更高层面的策略性设计）的相关数据普遍比较缺乏。但是公共事业机构中的设计管理者数量规模非常小，比较容易采集到。虽然由于数据不足，无法呈现当前设计实践的全貌，但设计日益显示出其对于经济增长的重要价值这一点对政策活动而言已经非常明确了。

3.2 设计支持

欧洲和亚洲的一些主要国家几乎都有自己的设计支持计划来落实政府的设计政策。如英国的"设计要求计划"和丹麦的"破冰计划"及爱沙尼亚设计中心近年来推行的"设计推土机计划"等。我国的《关于促进工业设计发展的若干指导意见》和《文化产业振兴规划》也为推动创意设计业的快速发展发挥了重要作用。设计政策中对设计的价值定位可以分为四个层面：无明显的设计政策、设计工业设计的政策、设计服务设计的政策、设计策略设计的政策。② 根据国家设计创新能力建设的需要，英国和丹麦的设计政策到目前为止已经经历了几个阶段的调整，进入到第三次甚至第四次调整期，其设计政策定位已经发展到推动设计进入企业和公共事业机构的战略制定过程的阶段（表2）。我国自2010年提出工业设计振兴计划以来，政策主体建立在企业设计创新意识的提高和服务于制造业竞争力提升的定位之上，设计政策总体处于第二层级为主体向第三层级过渡的阶段。

表2 欧洲主要国家的设计政策分布

第一层级	第二层级	第三层级	第四层级
无明显的设计政策	面向工业设计的政策	面向服务设计的政策	面向策略设计的政策
奥地利	法国	斯洛文尼亚	丹麦
比利时	爱尔兰	西班牙	爱沙尼亚
德国	意大利	瑞典	芬兰
希腊	葡萄牙	英国	
荷兰			

① Design Council: "Design Industry Research". London, UK. 2010. http://www.designcouncil.org.uk/Documents/Documents/Publications/Research/DesignIndustryResearch2010/DesignIndustryResearch2010_FactSheets_Design_Council.pdf.

② SEE PLATFORM: "Reviewing Innovation and Design Policies across Europe". SEE Report 2011.

值得注意的一点是,一些拥有深厚设计文化传统的国家如德国和荷兰,其政府政策主体中并没有明显的设计相关内容,因此虽然这两个国家的设计政策处于第一层级,并不表示其设计创新竞争力不强。

从政策效用层面看,设计支持计划尽管是面向所有的公司和企业,但优先考虑一些创新型公司的需要,会使计划更具效率。比如通过一些特别计划,为那些具有高增长性、出口外向型的企业,处于初创期的企业及代表国家和地方未来方向的新兴产业、传统制造业或处于服务设计能力提升阶段的私营及公共事业机构提供政策支持。目前我国各个地方都制订了非常全面的鼓励设计机构申请知识产权和注册专利方面的专项支持计划就是一例。

3.3 设计促进

面向不同的社会群体(公众、公共事业机构与企业)进行设计价值的教育和创新意识的培养是一件投入巨大的事业。根据丹麦商业管理部的研究,丹麦每年在设计促进方面的投入在 200 万美元以上。国家级的设计宣传活动由于资源消耗巨大,因而举办并不频繁,最为常见的社会推广与促进活动是设计大奖、设计周和设计展。丹麦和芬兰是媒体报道设计信息最为频繁的欧洲国家(在国家级报纸上报道频率为每月 5 ~7 次,国家级电视栏目上每月 1 次)。英国的国家级报纸对设计议题的报道频率为每月 2 ~4 次。数据进一步表明,这些设计相关话题多出现在媒体的文化与生活方式栏目,主要是对产品或时尚设计的讨论。设计话题在商业与经济栏目中出现的频率非常低。不过在丹麦,设计话题从媒体的文化栏目转移到主流商业栏目已经成为一个明显的趋势。从系统监测的角度看,通过实施公众设计认知的测量所获得的数据来指导强化和普及公众设计意识的政策制定,将有助于政策效力的提升,不过采集公众和企业的设计意识成熟度方面的数据并不是一件容易的事,这也是目前这类数据在欧亚各国普遍缺乏的原因。

我国的设计意识培养和设计促进工作展开已有 30 多年的历史,以面向制造业的工业设计的推广为核心。而广告、视觉传达设计及室内设计由于其民生接近性而更为民众熟知。不过在设计产业发展时期短、作为西方语境的设计在引入我国初期因历史原因所导致的认知偏差等因素影响之下,总体而言公众对设计价值的认知主要集中在视觉审美层面,对于设计的商业与经济层面的价值认知非常不足。一个新的动向是,尽管在主流媒体上设计往往成为时尚频道和栏目的主题,在互联网媒体中,设计更多的出现在创业和技术相关的栏目中,表明年轻的媒体受众对设计与创新具有更高层面的认知。

3.4 设计中心、设计协会、设计网络和设计集群

作为重要的辅助机构与载体,设计中心对多渠道推行设计政策、提高政策效力作用巨大。受宏观经济的影响,创新和创意产业已经成为欧洲国家和地区经济

复苏计划的中心内容。政府开始认识到设计对于创新的贡献,另外无论是从就业情况还是从产值来看,设计都已经成为创意产业事实上的主体。① 英国、丹麦、芬兰的设计中心与政府部门是紧密的合作伙伴关系,在设计进入政府的政策议程中发挥了积极的作用。例如,爱沙尼亚设计中心作为国际经济事务部的紧密合作伙伴,与国家级政府机构合作,在拟订并实施国家设计策略和行动计划中发挥了重要作用。设计中心在推进设计政策和实施行动计划执行过程中担当着重要角色。设计中心、协会、网络和设计集群的核心职能是促进各类机构、产业和政府之间实现对话,在应对提升专业设计水平和满足产业及政府需求之间进行协调。以英国为例,英国建立了世界上唯一的设计专业标准,是国家规范设计师资源、响应国家设计资源诉求并实施设计资源管理的工具。如果要将设计应用于策略创新(设计能力的第四层级),那么相应的设计师必须接受能力培训,达到这一层级的专业标准之后才能承担这一职能。这一职能为实现设计供求平衡发挥了作用。

中国没有职能清晰的设计中心,中国工业设计协会作为中国工业设计领域唯一的国家级行业组织,通过与各地方设计协会的合作,起到了协调设计系统各方的功能。从某种层面看,设计中心和设计协会的职能在我国合为一体。设计网络和设计集群的形成与发展也非常活跃,有些是在行业协会的引导下形成的,如中国家电联盟、家具设计同盟。有些则是在专业设计活动中自发形成的,如最近在国内蓬勃发展的创客社区等。设计集群的形态可分为物理空间集聚和互联网集聚两种,各具特点,事实上促进了设计资源的整合与平衡。

3.5 专业设计机构

专业设计机构的主体是设计咨询公司和企业内部的设计职能部门,另外还有两种实施设计服务的单元形态,即设计工作室和自由设计师。他们共同构成了国家和地方设计资源的核心。由于设计活动的专业性要求较高,欧亚国家的设计师通常都接受过高等教育,比如丹麦拥有大学学历的设计师占比为80%,在芬兰设计机构就业的设计师中有9%拥有研究生学位。设计师专业经历是一个非常重要的观测内容,反映着设计机构的设计创新能力。体现在设计师的个人履历信息中,如专业发展过程中是否有与其他设计师合作的经历、是否有向新的设计领域如服务设计拓展的经历、是否具备基本的创业技能和运作公司的能力、与产业合作的沟通效率和与公共服务机构合作的经历等,都是设计师能力状况的表现,是设计资源构成的重要内容。另外,一些访谈和调查数据显示,不同层面的设计活动所反映出来的设计能力构成是非常不同和有显著差异的,如产品创新设计和应用于公共机构的服务策略设计的能力构成非常不同。以我国为例,经济发展和国

① UNCTAD and the UNDP: "CREATIVE ECONOMY REPORT 2010". United Nations. 2010. p. 126.

家战略要求设计活动的内容从外观设计向高端综合设计服务转变，就需要设计活动的主体——专业设计机构在能力、规模等多个方面顺势而上；同时，设计中心和行业协会协同政府部门加强对专业设计机构的统计是帮助政策制定者在了解设计资源分布与质量的基础上制定政策非常重要的依据。而且，由于设计产业所具有的广泛渗透性，统计不仅包括本产业情况，还应包括设计对其他领域经济增长的贡献。

3.6 设计教育

各个地区的设计教育各不相同，英国的设计教育在中小学阶段已经普及，而其他国家并没有普及到这种程度。从世界范围看，设计知识最近这些年才开始作为艺术课程的一个部分，与一些技术课程一样出现在 1 年级到 9 年级的课程体系中。基础教育阶段的设计教育目前普遍存在两个问题，缺乏合格的教授设计课程的师资，以及缺乏相应的设计教材和辅助材料。另外一个新的趋势是跨学科的高等设计教育越来越普及。芬兰赫尔辛基的阿尔托大学是在赫尔辛基三所分属于经济、工程和艺术与设计的大学基础上建立的一所全新大学，是教育界响应当代整合设计创新理念的典型案例。政府与各级机构还推行了越来越多的计划与项目鼓励学生在学习期间参与设计公司和企业的设计实习、修读创业课程和参加国际交流、走出国门继续深造。另外，在设计教育界，对于通过鼓励设计学生与其他专业的学生展开合作提高团队合作和专业实践能力的举措具有很高的认同。

我国设计人才培养的主体是公立大学，培养体系主要包括两种导向：设计艺术为导向和设计工程为导向。由于多种原因，目前设计人才的培养跟不上国家和地方创意产业发展的需要，适应不了产业结构的调整和变化。问题表现为以下几方面：一是一些重点领域和行业的创意设计人才尤其是高端人才短缺，熟悉国际创意设计业的专门化国际化人才更是紧缺。二是设计学科专业的布局、设置存在与创意设计产业发展相脱节的现象，还未建立起与产业发展相匹配的设计学科专业的布局规划，如缺乏培养创意设计高级人才的高端学科，相关专业分割设置、分隔建设，专业设置偏重美术艺术知识及制作，轻视应用管理（企业管理、市场营销、物流仓储、人力资本、知识产权保护、投融资）等的教学，缺少与工艺材料、工程技术的融合教学，不能适应创意设计产业对复合型高端人才的需求。三是创意设计人才培养的模式大多数还沿用了脱离市场的传统的课堂教育方式，工学结合，校企合作还未建立起长效的新机制，致使大学生创新素质与技术能力结构上存在问题。四是随着国家经济发展方式转型，产业调整升级的形势要求，不少省市都越来越重视创意设计业的发展，对创意设计人才的需求呈现出规模增长，这对国内设计人才培养无论是在数量上还是在质量上都提出了更高的要求。

3.7 设计创新研究与知识转化

一些研究指出设计研究是设计产业系统的构成要素中最为薄弱的一环，其原因与设计的一些独特之处如跨学科性、艺术与科学的交叉等特点不无关系。设计研究跟不上一些已经较为成熟的领域如创新领域发展的步伐，以及设计知识的生产不足等因素都影响了设计实践的进一步发展。虽然人们已经逐步认识到设计在知识转化和问题求解方面的独特价值，但是很少有政府研究基金计划会兼顾到设计，如我国的国家自然科学基金和国家社科基金中都没有设计研究专项规划。在欧美国家，虽然政府工作议程中也还没有看到对国家和地方的设计研究能力进行评估的计划，但是与设计有关的学术和产业之间的知识转化和合作已经早有共识，而变得极为普遍。例如，爱沙尼亚创业（国家机构中的一个部门）实施了一项创新券计划，自 2009 年以来，已经有 690 家企业在创新券支持下展开了产学合作项目，创新券计划给予每家企业资助金额从 4000 欧元到 16000 欧元不等。在这 690 家企业中，有 50 家借助这一政策与设计机构展开合作。[①] 大学也提供资金推进这一方面的发展，阿尔托大学的“设计工厂”项目鼓励学生通过合作应对商业挑战，并从中积累在商业背景下通过设计解决问题的经验。[②] 类似的活动在丹麦和英国也非常多。这类活动使设计专业学生获得了非常重要的与产业合作的经验，同时也将以用户为中心的设计理念带入到企业，为企业设计能力的提升带来知识与方法。另外，设计研究还应该致力于通过知识转化为设计活动融入新的知识，为现实的设计实践活动提供知识内容和服务。

设计学是涉及教育学、文学、工学、管理学和艺术学五个门类的一级学科，虽然归属于艺术学门类，但具有非常鲜明的交叉学科特征。我国的设计研究正处于发展初期，但长期以来，由于创意设计活动涉及的内容极为庞杂，对其设计实践及设计理论的研究多集中在具体的二级学科和专业方向上，这些学术研究成果（包括理论、方法和工具等）已经不足以支持国家与地方产业转型战略与政策的实施。这就需要将对设计学的理解提升到一个更为宏观的层次加以理解和看待，艺术学升格为门类，设计学成为一级学科，既是学科发展的需要，更是国家发展战略的要求。

以创意设计理论与方法、技术、工具、系统、平台，以及流程、标准、规范、法规、管理等内容的研究为基础，进行创意设计专门人才的培养与管理，进行创意设计相关工具的开发与形成，促进创意设计产业资源运作与管理系统的建设及面向多

---

① SPIN project：“Tools for Entrepreneurs in their business”. http://spin-project.eu/index.php? cmd = download&subcmd = downloads/SPIN_Toolboxreduced.pdf

② Aalto University Design Factory：“Aalto Design Factory Stories ANNUAL REPORT 2011—2012”. https://www.dropbox.com/s/u5gh0zn2dv0bbr9/ADF_Annual_Report_2012_for_web_opt.pdf.

行业和跨行业的创意设计支持服务平台建设，为创意产业及相关产业的发展提供创意设计支撑，是我国当前进行创意设计研究的主要立足点。

建立在这一观念之上，进行创意设计理论与方法研究，包括设计的共性理论与方法研究，即交叉/互补的设计理论与方法研究；进行设计的技术基础研究，如法律、工程、电子等；进行设计的人文与社会基础研究，如美学、心理学、社会学、市场学等；进行创意设计对国家及地区文化创意产业规划和重点发展的产业门类包括媒体业、艺术业、工业设计业、时尚产业、建筑设计业、网络信息业、软件业、咨询服务业、广告会展业、休闲娱乐业等产业领域的介入与支撑研究，进行创意设计对新的产业布局中所规划的产业类型的介入与支撑研究，如研究在战略性产业领域中的节能环保、信息技术、生物医药、高端装备、新能源、新材料、新能源车及其他产业如海洋、创意、城市安全与智慧城市、老龄化等产业中创意设计业所能具备的价值、支撑路径与贡献度等；进行创意设计业的人才研究，包括人才类型、人才培养、人才管理等；进行创意设计的分布式资源管理研究，完善创意设计资源构成，促进资源的相互进入与融合发展；研究并建立创意设计业相关标准与规范；促进科研、教育、创意设计知识产权与成果的产业化融合，都是我国当前建构全面的设计创新能力亟待研究的课题。

3.8 基金

虽然存在各种各样的创新发展基金，但是许多企业并不知道这类基金也能用于设计服务的购买补贴。通常的原因是作为管理者的设计师缺少对创新基金申报和使用流程的了解。英国、丹麦、芬兰、韩国及中国等许多国家都有多种创新基金计划，但由于通常这类基金偏重于面向科技创新项目的支持，以及信息不对称方面的因素，致使许多有专业设计服务购买需求的企业并不知道可以通过这类基金（如创新券计划）来解决产品创新活动中采购设计服务所面对的财务问题。设计师通常对基金申请不太敏感，意识薄弱，他们在与企业合作展开新产品开发和服务创新活动中，由于不熟悉政策规则和相关协议，往往与许多非常有价值的基金失之交臂。因此面向这类企业展开基金机制的宣传非常重要。

3.9 政策、治理与监管

在丹麦、爱沙尼亚、芬兰和英国，设计已成为政府创新政策和企业方针的一部分。爱沙尼亚国家设计 2012—2013 行动计划在 2011 年年底启动。设计也成为创新政策“知识推进爱沙尼亚”的一个特色。这一行动计划以欧洲设计系统为基础，对设计产业前景进行了规划，并为公共事业部门和私营部门进行设计投资提供指导。在设计支持计划、设计促进、设计教育、推进专业设计机构的发展和建立与设计中心和协会的合作伙伴关系等要素方面，该规划都有明确涉及。[①] 丹麦自1997年开始就已经制定了长远的设计政策，并在此之后相继推出了两个前后相继的设计政策，即2007—2010年间的“设计丹麦”计划和2011年推出的“丹麦设计2020展望”，这一政策规划目前正在逐步细化为更为具体的政策行动。根据规划，到2020年“丹麦以其设计社会而闻名于世，在所有的层面通过对设计的运用实现提升人民的生活质量、为商业创造经济价值及使公共服务更有效率的目标”。[②] 芬兰制定的“需求和用户驱动的创新政策”也将设计作为其政策的重要内容。在此之前的2000—2005年间，芬兰实施的设计政策“设计2005！”为今天新的设计政策将芬兰的设计能力向更高层级推动奠定了坚实的基础。而且自2008年开始，设计已经纳入到芬兰国家创新政策之中。英国2011年制定的“面向增长的创新与研究策略”规划也明确提出“设计通过引领和支持产品及流程创新带来企业的变革，设计是创新流程、科学技术商业化和公共服务变革的力量”。[③]

三、世界设计之都发展的趋势

1. 设计系统成为国家和城市构建设计创新能力的基础保证

Love 和 Raulik-Murphy 及 Cawood 所提出的国家设计系统这一概念在于呈现设计产业创新发展的各类相关主体及其活动，通过对创新主体及其相互作用的系统性研究，为设计产业创新发展中由于系统失灵所引发的诸多问题的解决提供依据。在设计系统中，设计活动的相关主体包括：在设计活动中积累知识与能力的组织，如设计服务企业、市场中介服务组织、行业协会等；对设计产业发挥政策性引导作用、提供资金资助的相关主体，如政府或公共部门、非营利组织等。国家设计系统的相关主体既涵盖了政府公共部门、非营利组织，也涵盖了市场中介服务、设计企业等私人部门。Whicher 等人提出的由9个要素构成的欧洲设计系统模型，完整地描述了设计系统的主体与关系。这一模型已经成为欧洲制定设计政策的工作框架，也被其他国家和地区所借鉴。

许多国家包括欧盟国家、美国、韩国等都已经通过长期建设形成了较为完整的国家设计系统以及在此基础之上的城市设计子系统，用于支持地方的正常设计活动和设计能力可持续发展的规划。同时，设计系统也是各级政府机构制定政策、推进设计资源建设和能力提升的着力点，直接决定了国家与城市的设计实力

---

① Estonian Ministry of Education and Research：“KNOWLEDGE-BASED ESTONIA：Estonian Research and Development and Innovation Strategy 2007—2013”. Tartu 2007.

② Danish Government：“Vision of the Danish Design2020 Committee”. Copenhagen, Denmark. 2011.

③ BIS - Department for Business, Innovation and Skills：“Innovation and Research Strategy for Growth”. London, UK. 2011.

和发展潜力。中国目前也正着力完善国家设计系统，我国三大设计之都的城市设计系统也在完善中，如上海市文化创意产业推进领导小组办公室指导之下的上海设计体系为上海近几年来设计创新能力的提升发挥了重要作用。

2. 设计驱动的创新正在成为许多国家和都市创新体系的一部分

设计是一个问题求解的途径，能够通过发现与整合用户需求来驱动公共、私人机构及社会的产品、服务和流程创新。研究显示设计不仅能从微观层面提升公司价值，也能驱动宏观层面的创新。在过去几年中，越来越多的国家和地区开始将设计纳入到创新政策的覆盖范围，把设计作为获得竞争优势的资源。

设计与创新之间的联系一直都存在，设计是创新工具组合的一个部分。设计与创新都能为产品、服务和系统带来竞争优势。不同之处在于创新活动通常无法保证一定会带来创新结果，而设计过程所形成的结果（产品、服务或流程）通常能实现其满足用户需求的目标。

另外，与过去不同，创新不再仅仅局限于单纯的技术开发，而且越来越多地涉及服务、用户体验和社会创新，这需要设计在创新中担当重要的角色。设计是架设在技术、服务、用户为中心和社会创新之间的桥梁，因为设计的核心是以用户为中心的创新过程。

创新政策已经成为政府推动企业发展的基本手段。Hobday 等人认为创新政策是指引发和推动企业开发全新产品、服务和流程的政策。① 实际上设计早已成为创新经济时代的国家创新战略与政策的要素，从欧洲的丹麦、芬兰及瑞典到亚洲的日本、韩国、中国都已将设计作为国家战略和政策的重要组成部分，并在促进设计应用、设计研究、设计专业化方面进行了大量投资，其目的在于将设计纳入到国家及地方的创新体系中。

大量实践证明，设计已成为创新经济时代的创新政策要素。在国家层面，从丹麦、芬兰及瑞典到韩国、中国都开始将设计作为国家战略和政策的重要组成部分，并在促进设计应用、设计研究、设计专业化方面进行了大量投资，将设计纳入到国家创新体系中。在都市创新体系规划方面，赫尔辛基、柏林、斯德哥尔摩、米兰等已经开始在创新政策方面纳入设计要素。

3. 设计从工业产品创新向高端服务业拓展成为趋势

2003 年丹麦设计中心 DDC 提出了评价企业设计能力发展成熟度的设计阶梯框架 Design Ladder。② 在这一框架中，设计成熟度分为四个阶段（图 3）。

---

① Hobday, M., Boddington, A., and Grantham, A.:"Policies for design and policies for innovation: Contrasting perspectives and remaining challenges", 2012Technovation 32, pp. 272—281.

② SEE PLATFORM:"Design Ladder". http://www.seeplatform.eu/casestudies/Design%20Ladder.

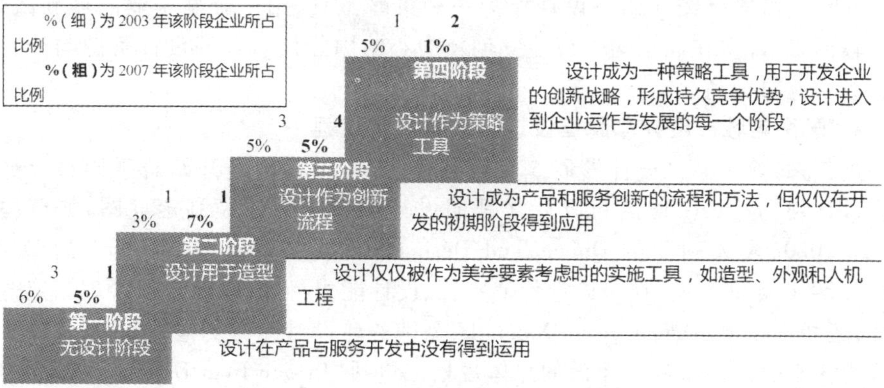

图3 Design Ladder 设计阶梯

2003年及2007年丹麦的设计在四个层次的分布与变化①

从2003年到2007年，把设计作为创新流程和企业创新策略的丹麦企业占比66%，而不使用设计的企业大幅降低，大多数企业已经进入到OBM/OSM阶段，ODM企业变化不大，OEM企业降幅明显。显示企业对设计价值的深入理解和高度重视，企业借助设计的转型升级效果明显。作为优质设计资源的聚集地，哥本哈根成为丹麦企业实现设计创新升级转型的主要承担者和实施平台。英国设计委员会在《重启不列颠2：设计与公共服务》报告中明确提出将设计应用于公共服务设计的规划与工作线路。②

丹麦设计中心的“设计推动”计划和“360设计”计划是两个帮助企业和公共事业机构提升设计能力的推动计划。其中“设计推动”计划专门面向缺乏设计意识、没有设计能力的企业，通过工作坊和案例学习的方式帮助企业了解设计及其对于企业可持续发展的价值；“360设计”计划则是帮助企业将设计能力从工业设计向服务系统设计升级而定制的培训，通过帮助企业接触各种类型的设计师、不同层次的设计案例，帮助企业为自身设计创新能力的建设提供资源、规划方面的支持。

我国“十二五”规划《纲要》明确提出的工业设计从外观设计向高端综合设计服务转变的要求，同样是在认识到工业设计必须顺应我国在建设创新型国家的过程中的多层次创新需求之后对设计创新能力分级发展所提出的要求。我国总体设计意识与资源结构尚处于从第一阶段向第二阶段的过渡。深圳、上海及北京的设计发展呈现出从第二阶段向第三阶段升级的趋势，个别设计创新型的企业如海

① SEE PLATFORM: “Evaluating Design. Understanding the Return on Investment in Companies, National Industry, Programmes& Policies, Economy & Society”. SEE Policy Booklet 03.

② Design Commission: “Restarting Britain 2: Design and Public Services”. UK Design Council 2013.

尔、联想、上汽等已经开始将设计作为一种策略工具,用于开发企业的创新战略。相比较而言,许多在北京与上海建立创新中心的国际性企业的设计资源与能力建设层级普遍要稍高。

4. 国家与城市设计品牌建设进入政策制定议程

近年来,除了制订设计发展 5 年计划外,许多国家已经开始着手制订设计发展长远计划,为国家、地区与设计之都的设计创新能力建设制定蓝图,如英国的 Design 2020、澳大利亚的 Queensland Design Strategy 2020 等。以丹麦的 Design Danish 2020 规划为例,在对设计价值定位、设计能力目标、设计知识管理制定蓝图之外,还特别提出"Design from Denmark"品牌的建设目标与实施线路图,及以哥本哈根为核心的设计型社会建设的总体规划。包括"Design from Denmark"概念的提出、整合现有城市设计名片资源、对设计品牌面向全球的推广、将设计融入社会创新、用设计应对社会挑战等。英国的 Design2020 计划围绕作为英国六大国际竞争优势之一的创意产业面向未来的机会与挑战,从设计能力建设的角度,以大伦敦区为中心,对设计商业、设计人力资源及设计政策进行规划展望,以发展在国际竞争环境下英国设计品牌的持久优势,为"UK Design"和"Design in London"品牌的建立规划线路图。[①] 除此之外,美国的"加州设计"在苹果公司产品与品牌的传播中,已经成为一个国际影响力的区域性设计品牌。根据 ICSID 国际工业设计委员会的调查,许多国际影响力的设计之都也开始明确提出建设城市设计品牌的计划,有些以国家的名义实施建设与推进,如瑞典、芬兰,也有以城市的名义进行命名,如米兰、上海等。上海以老品牌复兴为手段,集合政府、社会生态和中介组织三个维度的资源,引入设计资源推动老品牌产品的创新发展,是上海作为设计之都建立城市设计品牌的重要战略之一。[②]

5. UCD 理论与方法系统将成为设计实现多层次创新的重要途径

User-Centered Design(UCD)以用户为中心的设计是 21 世纪初开始获得广泛认同的一种新的设计创新途径,并由于 IDEO、frog 和 Cotinuum 等著名设计公司的成功而在产品创新领域得到普及与应用。这种方法认为产品开发应该从对于用户需要的深入分析着手,通过询问用户与产品有关的需要及对用户使用现有产品的情景和在消费过程中的行为进行观察,从中获得一些独到的见解来指导产品创新。目前,UCD 理论与方法已经呈现出向服务设计领域的扩散,如在银行、医疗系统创新中的运用,是设计活动向更高层面发展的重要表现。

① Rachel Cooper, Martyn Evans & Alex Williams:"Design 2020: design, Industry, Future". 2008. http:// www. ukdesign2020. org.

② 《上海吹响复兴老品牌号角:上海国资拟设专项基金推动》,东方早报网 2012 年 7 月 12 日。

欧洲委员会在认识到设计将成为至关重要的创新政策的构成要素[①]和 UCD 的重要意义之后,委托 SEE 平台作为欧洲设计创新倡议(EDII)活动的实施机构,展开为欧盟成员在政府政策和企业策略方面嵌入以用户为中心的创新设计思想的知识服务工作,向公众与管理层传播在产品、服务、社会和公共机构创新中融入设计的潜在价值。英国设计委员会在《重启不列颠 2:设计与公共服务》中提出面向公共服务的设计从用户体验开始的倡议,通过用户研究提升服务品质。在芝加哥,UCD 已经被用于进行市政管理创新、教育创新和慈善公益活动规划。在上海,中国工商银行开始利用 UCD 开发银行储蓄产品,UCD 也被上海地铁系统用于改善逃生支持子系统的设计。

四、对我国加强设计创新能力建设的建议

1. 加强设计之都设计系统建设,完善我国国家设计系统

建设设计之都的意义在于通过对城市设计系统建设的探索与完善带动区域设计创新能力的提升,实现我国建设创新性社会的转型战略。设计之都的建设承担着国家设计创新体系建设的责任,需要透过国家视角进行规划与实施。同时,设计创新体系的建设需要国家资源的支持。

郭雯、张宏云在对比芬兰、丹麦、韩国和中国的设计系统之后,提出我国设计系统的两个主要问题:我国的国家设计系统在推动设计产业发展的过程中仍存在国家层面的主体缺失,以及社会中介服务机构的能力缺陷;在促进设计产业发展的各项活动中,仍存在设计产业的教育体系不能满足设计产业对人才的需求,设计支持对设计服务企业的资助相对缺乏等政策缺陷。[②] 这些缺陷与不足在我国三大设计之都也各有具体表现,成为健全设计系统、完善设计之都创新能力必须解决的问题。

2. 加强设计创新研究与知识转化

原发性设计之都的设计创新能力建设与产业发展始终保持着与关联产业的密切互动,因此在当代设计从面向制造的设计到面向市场的设计,以及以人为中心的设计发展过程中完成了从理论到实践的自然过渡与转型,各阶段在设计创新理论、方法及工具上具有明显不同。我国的设计活动直至改革开放才开始接触市场,同时又由于技术发展滞后,导致设计创新无法实现其为产品增值的功能,无法推动创新向更高层次发展。

---

① SEE Platform:"Policy, Innovation and Design". 2013. http://www.seeplatform.eu/images/file/SEE%20Platform%20Policy%20Innovation%20Design%2005_07_13.pdf

② 郭雯、张宏云:《国家设计系统的对比研究及启示》,《科研管理》2012 年第 33 卷第 10 期,第 51—63 页。

具体的建议包括：鼓励立足国际视野，反映国家需求，推进设计领域的博士学位研究，加速设计知识的生产与整合；实施建立在先进设计理念基础上的产、学、研合作，加速以用户为中心的设计理念在设计产业中的渗透与深入；建设面向设计研究与教育的质量评价系统，促进设计研究机构提升品质；推进设计创新领域的跨学科协同研究，加强设计学学术高地的建设，加快认知科学、心理学等人文社会科学与设计研究的融合，推进设计与工程技术的深度融合。

3. 加强设计教育与整合性设计创新人才培养

2010年中国工程院"创新人才"项目组的研究报告中首次提出了未来十年对产品设计创新人才的迫切需要，这成为在基础教育阶段加强创意设计教育、将设计创新理念融入基础教育的理由。从培养创新型人才的目标出发，必须加大对中小学生进行科学、艺术、工程、设计理念与文化的熏陶，加强对中小学生创新理念、创新方法与创新文化的教育。[①] 高等教育层面的设计学科的建设应根据"促进工业设计从外观设计向高端综合设计服务转变"的要求，更好地培养交叉学科的创意设计人才。

具体的建议包括：在中小学开设设计相关课程，并通过设计课程，建立设计创新与科学、技术、工程及数学之间的知识关联；提高中小学教师承担设计课程教学的能力，切实加强学校对设计创新重要性的认识；在高中教育阶段延伸设计教育课程，并嵌入创业能力训练内容；支持经管和商学院学生修读设计管理课程；鼓励设计专业学生与其他专业学生之间的项目合作；为设计专业学生提供企业和设计咨询机构的实习机会并以课程的形式进行管理；鼓励设计专业学生进行游学和海外学习；培养学生终身学习、持久发展专业能力的意识。

4. 加强设计之都多样性、包容性文化建设和设计创新生态建设

4.1 进行设计之都的多样新和包容性创意文化建设

具体的建议包括：以社会文化活动、经济活动等多种形式加强与不同地区和国家的不同文化形态的交流与互动，通过跨文化合作，从文化差异中发现设计创新的机会与启发；通过丰富的人才政策吸纳多层次的创意设计人才、工程技术人才和创新管理人才；建设适合创意阶层生活方式的社会文化设施与环境，鼓励创意设计思想的交流与互动。

4.2 进行设计创新生态系统建设

在进行设计创新能力的建构的同时，进行设计消费市场的建设与培育，使得创意产出与消费、分解得以平衡并持续均衡发展，有助于一个可持续的设计创新

① 中国工程院"创新人才"项目组：《走向创新——创新型工程科技人才培养研究》，《高等工程教育研究》2010年第1期，第7—25页。

环境的形成。具体的建议包括:大力促进设计意识的普及,实施有针对性的促进活动,提高公众的设计认知和对创意设计价值的认同;培育创意产品消费市场;鼓励民众参与设计创意活动;展开设计品收藏推进工作;建设完善知识产权保护体系。

5. 加强设计创新文化资源要素建设

5.1　加强设计之都的设计中心、设计行业协会、设计网络和设计集群建设

支持设计师加入商业协会、设计网络和设计集群;展开设计机构和小型公司的需求分析,确保设计中心、行业协会、设计网络和集群的活动能够对应他们的需求;鼓励设计协会和网络采集会员的年度数据;为设计领域内的分支领域建立专业设计标准,鼓励设计师将专业实践向一些新的领域如服务设计转移;通过多种途径提高设计师的商业及创业能力;鼓励设计师不断提升专业能力,提高接触大型客户、承接大型项目的能力。

5.2　加强设计环境资源建设

展开有利于提升设计创新意识、设计创新知识推送与服务的资源建设,如现代设计博物馆、艺术与科学展示馆、新材料新技术展示馆等资源型展馆的建设;鼓励相关机构加强新型设计工具的开发;召开设计创新领域各种主题的论坛、研讨会和工作坊,促进设计知识交流,促进设计、商业、科技、人文与社会的互动与合作;展开设计创新网络社区建设,通过线上线下互动,鼓励设计资源的流动与分布式合作。

6. 加强设计创新与科学技术的紧密融合

以互联网、物联网和桌面制造为代表的数字技术的发展不仅推动设计创新活动的对象由物质向非物质发展,同时也带来了设计过程、运作方式和创新活动者构成的变化。如以伦敦、柏林、纽约为代表的北美和欧洲许多国家基于开源的开放式共同创造活动发展日趋蓬勃,一些国家和地区的设计创新领域甚至提出在此基础之上的新工业化理念,即利用开源软件、硬件、设计和桌面制造系统,将制造从生产型企业带入到社区甚至是用户桌面,激发和释放数以百万计的创想者们(创客、极客、魅客)所积聚而成的创意阶层的集体智慧与潜能,驱动区域的制造业复苏。而这一新的创造性活动将与现有的商业模型和社会文化模型形成强烈互动,带来未来都市生活形态的改变。加强设计创新活动在知识、方法、工具、形式方面与新兴技术的融合,是提升我国在当前国际竞争中获得优势的当务之急。

具体的建议包括:加快设计计算(信息技术与工业设计的融合)思想、方法与工具在设计创新中的应用推广,如参数化设计、生成式设计、人工智能设计等在设计创新活动中的应用;展开对引发社会生活方式巨大变化的技术变革与设计的整合,如基于大数据的设计创新、基于物联网和环境智能技术的设计创新等;加强战

略性新兴产业中设计创新与技术创新的协同与合作。

7. 加强设计产业引导和城市设计品牌建设

7.1 设计之都建设应服务于国家创意设计产业的总体布局

在相当长的时期内，我国的大部分地区还要从事“中低端”加工制造，只有这样才能将真正有条件的地区的创意潜力解放出来进行产业升级。发展创意产业，一是要考虑区位优势、资源优势、产业基础和环境优势，特别是人才的准备和积累；二是要根据地区或城市的实际发展需要，围绕建设创新型城市的要求来规划创意产业的发展蓝图，并使之与提升城市形象、增加吸引力和凝聚力以及建设和谐社会结合起来。

7.2 设计之都应确立创意设计产业的切入点和重点发展领域，集合资源加强城市和园区的设计品牌建设

创意产业要有独特的产业定位，需要具备差异化发展的思维理念。如有的地区适合发展以内容为中心的设计产业，有的地区适合发展以 ICT 为基础的设计产业，通过比较优势的原则选择创意设计产业的切入点。

项目负责人

张立群，上海交通大学都市文化与传播研究院特聘研究员，上海交通大学媒体与设计学院设计管理研究所所长，副教授，硕士生导师。

项目组成员

于炜，教育部哲学社会科学发展报告《中国都市化进程年度报告》课题组成员，上海交通大学都市文化与传播研究院特约研究员，华东理工大学艺术设计系负责人，副教授，硕士生导师。

汪萌萌，上海交通大学媒体与设计学院硕士研究生；

梁琦惟，上海交通大学媒体与设计学院硕士研究生；

杨顺，上海交通大学媒体与设计学院硕士研究生；

吴彩虹，上海交通大学媒体与设计学院硕士研究生；

朱海蛟，上海交通大学媒体与设计学院硕士研究生。

中国城市设计发展报告

中国城市化率在2011年超过50%后,中国城市发展进入了一个新的阶段,中国城市设计也随之呈现出新的特点与趋势。

一、2012年以来中国城市设计基本特点

1. 中国城市绿色设计的重要凸显与聚焦关注

2012年以来,随着我国城镇化的持续高速发展,"建设美丽中国"成为各级政府的战略重点和社会舆论的关注焦点,城市美丽规划与绿色设计的现实紧迫性和重要性也相应地愈加凸显。

一方面,在国家和政府层面,党的十八大报告不仅把城镇化列为"新四化"(即"促进工业化、信息化、城镇化、农业现代化同步发展")之一,还特别提出"把生态文明建设放在突出地位,融入经济建设、政治建设、文化建设、社会建设各方面和全过程,努力建设美丽中国,实现中华民族永续发展"[①]。这些都使美丽中国建设,尤其是中国城市设计的重要性在国家顶层战略层面得到了空前凸显;同时自十八大以来,国务院总理李克强多次在重要会议上提出"城镇化是扩大内需最大的潜力",将城镇化定位为各项经济发展事业的总抓手。城镇化不是简单的人口比例增加和城市面积扩张,更重要的是实现产业结构、就业方式、人居环境、社会保障等一系列重要转变。现在国内所追求的城镇化已经不是之前不顾客观现实的城市化,而是更多考虑人居生态环境等客观条件的综合统筹与系统设计。具有标志性的事件就是由国家发改委牵头,财政部、国土资源部、住建部等十多个部委正在参与编制的《全国促进城镇化健康发展规划(2011—2020年)》,这个规划可以说是今后中国城市规划、城市设计乃至建设美丽中国、生态社会所应遵循的根本蓝图。

另一方面,在社会与大众层面,对城市绿色设计的关注也进一步加强。相关科研单位发布的城市主题发展报告、蓝皮书中均列有"宜居、生态、和谐、知识、文化艺术"等分项;关于美丽城市发展与城市绿色设计的主题活动也络绎不绝:"2013世界绿色设计论坛扬州峰会暨首届扬州设计节"于5月28日开幕,20多个

---

① 韩风朝:《深入十八大:把生态文明建设放在突出地位》,中国共产党新闻网2013年3月20日。

国家500多名嘉宾出席会议。[①] 2013年5月18日，以“聚焦中国新型城镇化”为主题的“同济·城市高峰论坛暨第二届金经昌中国青年规划师创新论坛”在同济大学四平路校区开幕。与会人士从城镇化的宏观分析、建筑文化的传承与创新以及城镇化的国际比较等视角，深入分析了中国新型城镇化面临的问题和挑战。何镜堂在题为“快速城镇化下的建筑传承与创新”报告中首先指出，在高速城镇化进程中，城市建设快速发展，但也出现“千城一面”、建筑抄袭及追求奇特怪异风格等不良倾向。中国建筑该何去何从？他提出在快速城镇化背景下，中国建筑设计既要传承“天人合一”、“和谐共生”的“和谐观”、“整体观”，也要与新的科学技术、环保生态、可持续发展结合，凸显其地域特色、文化特色和时代特色。[②]

特别值得关注的是，2012年针对城市空间设计研究的热情持续高涨。以中国城市规划学会为代表的学术联盟提出了关于推进我国城市规划历史和理论研究的倡议书，倡议“在城市规划历史智慧中寻找基因，在时代发展的实践大潮中汲取素材，以时不我待、只争朝夕的紧迫感，立足实践而不拘泥于现实，在历史研究和理论探索方面有所作为，履行我们的学术使命，为中国特色城市规划体系建设做出应有贡献”。[③] 2012年10月17—19日中国城市规划学会年会在昆明召开，本次年会的主题是：多元与包容，大会主要围绕生态城（镇）建设，生态城市建设的形势与人物，城市符合生态与生态基础设施，建筑节能目标和途径，宽容与谅解——关注城市非正规现象，城市化——模式与选择，流动人口与城市化，用市场化的方法实现城市化，从世界遗产看中西文化差异与交融等专题进行了学术交流。[④] 2012年11月在武汉华中科技大学召开的“第五届城市与景观‘U+L新思维’国际学术研讨会”的议题为：生态、文化、技术、教育。会议主要讨论如何将支撑起人居环境学科的三大学科风景园林、城乡规划、建筑学进行交融，衍生到城市与景观的生态、文化、技术、教育等方方面面。[⑤] 这些将引导之后中国城市设计有方向地规避现今城市设计普遍存在重硬件轻软件，重表象轻内在、重碎片轻系统、重红色（利润）轻绿色（生态）的现状。

2. 中国优秀城市设计人才的视野扩大与国际认可

随着中国国际地位不断提高，中国优秀城市规划设计人才在国际视野下的突出表现，让越来越多的国际视线投向中国。2012年，中国建筑师张永和成为有建

---

① 《2013世界绿色设计论坛扬州开幕 共同追逐绿色梦想》，中国新闻网2013年5月28日。

② 《中国规划专家聚同济共议“中国新型城镇化”》，中国新闻网2013年5月20日。

③ 《关于推进我国城市规划历史与理论研究的倡议书》，中国城市规划学会网站2013年1月21日。

④ 《多元与包容——2012中国城市规划年会在昆明成功举办》，中国城市规划学会网站2012年11月14日。

⑤ 李梅、殷利华：《一级学科背景下的城市与景观——第五届“U+L新思维”国际学术研讨会召开》，《中国园林》2012年第12期。

筑诺贝尔之称的普利兹克奖首位中国评委，而中国建筑师王澍则一举拿下了普利兹克奖，王澍成为自1979年该奖项创办以来的首位中国获奖者。从此之后，他的名字将和理查德·迈耶、贝聿铭、丹下健三、扎哈·哈迪德、雷姆·库哈斯等并列，而其获奖也许也预示着某些改变——多年来，中国一直是世界知名建筑师的表演舞台，而未来，中国建筑师的声音或许会更加响亮。评委称："王澍在为我们打开全新视野的同时，又引起了场景与回忆之间的共鸣。他的建筑独具匠心，能够唤起往昔，却又不直接使用历史的元素。"王澍本人对中国城市、中国建筑有系统的理论体系，而他的实践也能支撑他的理论。目前在世界上能有自己建筑理论的建筑师非常少，中国当代的建筑师就更缺乏独创性的理论了。王澍获奖是世界建筑界对中国实验建筑的肯定。

普利兹克奖常务理事 Martha Thorne 在谈及普利兹克奖近两年垂青中国的原因时认为，一是中国对高质量的城市建筑的需求在增大，"我们就看看奥运会的那些建筑吧"，二是中国城市化进程正在以前所未有的速度推进，对城市设计的要求越来越高，三是中国目前在建的建筑数量也非常庞大，"三个因素决定了每一个对建筑界感兴趣的人都将关注中国"①。

3. 中国城市品牌形象设计的意识觉醒与竞相展现

如果将城市品牌的凝聚力、吸引力和辐射力集结起来，就会大大增强城市的竞争力，城市品牌无疑是一笔巨大的无形资产，拥有不可限量的价值。如今，我国的城市形象片在"艺术"与"技术"上的发展已经颇有成效，在主流媒体上的城市形象宣传设计已经从资源描述发展到品牌塑造及衍生开发。近年来，在中央电视台(主要集中在中央四套，中央一套、二套、七套也有所涉及)播出的大量城市形象片，以强烈的视觉冲击力和影像震撼力、说服力，树立起"美丽中国"大中小城市多姿多彩的形象，展现了相关省市不同的地域文化特色，具有极高的艺术和审美表现。"好客山东欢迎您"、"江西风景独好"、"多彩贵州"等多个系列、数十座城市的形象片，博得了观众的喝彩，也吸引了国内外无数游客。全国各地每年在央视投放城市形象片的花费总和达数亿元人民币，而2013年的投放比过去又有所增加。近年来各地形象片的投入不断增大，制作越来越精良，逐渐摆脱"景点+景点"、"典故+传说"的老一套，向着"更美、更炫、更文化、更艺术、更设计、更个性、更衍生"的方向发展。但是，目前城市形象设计总的来说还处在起步阶段，所展示的更多的是口号式宣传，创意与制作上仍存在着简单、粗糙等问题。有专家指出：目前城市旅游形象片虽然十分火爆，归根结底，是缺乏创意的结果。营销传播不是单纯的广告、公关，而是一个整体性的问题，这就需要创意传播管理。这样才能

---

① 葛熔金:《王澍获建筑"诺贝尔奖" 成首位获奖中国人》，凤凰网2012年2月29日。

避免形象片之间的同质化、简单化。也有专家认为，目前的旅游形象片更多的强调“山美、水美”，“人美”还没有得到丰富的展现，这也是未来旅游形象片应该着力的地方。①

我国正处于城市化快速发展的重要时期，合理有序的城市发展，是国家经济和社会可持续发展的重要保证。随着城市化进程的推进，城市之间的竞争逐步升级，城市形象的传播、城市魅力的彰显、城市品牌的塑造日趋重要。以网络和手机通讯为代表的新媒体快速发展，为城市形象设计塑造带来了机遇。2012 年 8 月 7 日，2011—2012 年度“中国城市网络形象排行榜”发布会暨城市网络形象研讨会如期召开。与传统媒体相比，新媒体传播具有即时性、信息海量性的特点，这让城市形象的传播形式更为丰富、传播效果得以快速扩散。同时，新媒体传播还具有互动性，可以促使市民主动地参与到城市形象建设及传播过程中来，进一步提升了城市的凝聚力及市民对城市的归属感。专家指出，要重视城市网络形象的建设：第一，加强城市网络形象的规划设计。城市网络形象是城市形象在数字网络空间的反映，要充分利用网络信息技术和信息网络平台，让市民更全面地了解城市，塑造新的城市网络形象。第二，要加强城市形象的网络宣传。网络宣传是塑造城市品牌、提升城市形象的重要战略路径，要充分地利用网络平台，加强对城市网络形象的宣传，特别是城市旅游形象的宣传。第三，强化网络舆情的危机处理能力。完善网络舆情危机的发放体系，网络负面舆情要及时、客观、公正、公开地处理，防止事态的扩大，树立良好的城市网络形象。②

二、2012 年以来中国城市设计的主要问题

1. 城市设计行为的盲目与无调性

城市设计理论实践自传入我国以来，对提升城市空间环境品质发挥了重要的作用。但在城市规划和设计行为实践操作中，由于缺少城市整体和长远角度的考虑，城市设计行为往往各自为政，缺乏统一的交响指挥或蒙太奇导演，导致各唱各调；城市规划与城市设计在解决城市空间环境问题时，缺乏有效的系统控制与导引手段，设计环境与设计品质日益下降。具体而言，2012 年我国城市设计行为的盲目性或各自为政的乱象主要表现为以下几点：

---

① 尹婕：《旅游形象片为啥这么火》，《人民日报海外版》2013 年 2 月 22 日。

② 魏后凯：《城市网络形象的建设已成为提升城市品质、改善城市管理的重要手段》，新华网 2012 年 8 月 7 日。

（1）城市规划设计前瞻性不足

凡事预则立，以城市交通出行设计来讲，城市规划设计行为的前瞻性、预见性不足，城市产业布局与城市形态布局的失衡紊乱，实际上在城市规划之初就已经埋下了交通拥堵的“隐患”，而当实际的拥堵问题出现后，再去对已有规划进行改良修补，结果只能是“事倍功半”。很多人把北京城市交通问题归咎于早期规划的根本失误——历史形成的大路网格局，摊大饼式的“同心圆”扩张模式，加之城市功能布局的严重无调性。学校、医院、图书馆、演出场所等集聚于北京城市中心。以医院为例，北京的许多医院已不只是北京人的医院，更是全国人民的医院，大量的人流从不同地域汇集于此，交通拥堵在所难免。公共服务机构的本质是服务于百姓，但过于集中的分布一则背离了公共服务的本意，二则更增加了不必要的交通需求。

数年前，多省市公布了本省汽车振兴规划，到2012年其在城市交通领域的影响逐渐显现出来。吉林省宣布，以做大做强一汽为核心，以结构调整为主线，以扩大总量为目的，积极培育自主品牌。2011年年产量达到150万辆，三年平均增长率达到18%以上。安徽省宣布，到2011年，汽车产业实现工业增加值250亿元，产量达到100万辆，到2020年，实现工业增加值1000亿元，产量达300万辆，确保自主品牌车全国第一的位次，力争进入世界前10位。从国家的层面，“十二五”对汽车产业，尤其是新能源汽车寄予厚望。为此交通部门势必承担汽车数量剧增带来的巨大压力，如果交通规划与城市规划、产业规划、土地规划之间的分离继续下去，将会带来交通拥堵的进一步加剧。

中国各大城市交通规划不应只限于交通领域，更应该站在更高更远层次和更系统全局规划之上。其中要考虑的一个重要因素是交通规划与土地规划的协同。现在许多公交换乘不便，一个重要原因是交通线路规划之初并没有与土地部门一起进行综合分析。土地利用规划大多缺乏综合交通分析，交通规划也往往因为缺乏土地利用资料，降低了分析的精确度和现实的指导性。① 因此，如何使交通规划和土地利用规划更好地结合，是破解目前交通拥堵问题的重要一环。此外，规划必须置于城市规划的大局之中，这就需要整合城市规划与设计、土地规划与交通规划，真正使得交通用地等能够落到实处。而反观北京，许多地铁口由于缺乏公共交通的衔接，常常变成黑车活动和小贩摆摊的首选之地，极大地破坏了北京国际大都市的形象。而一条轨道交通周边常常聚集着众多的人口，这就需要在规划之初加强交通站点周边开发综合研究，综合考虑交通与土地开发。此外，北京很

① 李金桀、李慧、颜维琦：《中国大城市纷纷陷“堵局”，各种“规划各自为政”》，《光明日报》2010年10月11日。

多大型社区、建筑楼宇设置之初没有考虑跟公共交通密切结合，这方面在未来也是大有文章可作的。①

（2）城市规划设计各自为政

2013 年以来，遵义市城区多条道路"破土"，以安装管网设施。这部分"破路"工程因路面压缩、人和车交织而拥堵。个别路段上的单行标志形同虚设，加之现场没人疏导，交通拥堵十分严重。"破土"的路段"白改黑"完工才一年多。类似事情在城市里并不少见，甲单位挖路施工后，路面刚恢复平整，乙单位、丙单位、丁单位又重新开挖，本是便民工程，结果给百姓生活造成诸多不便，还浪费了大量资源。究其根源，在于一些职能部门和单位在工作中盯着眼前，考虑不够长远，各单位间又各自为政，施工只图自己方便，沟通协调不够。对此，各个部门和单位应引起高度重视，关系到百姓生活的工程在开工前要慎重，做足细致准备，多些前瞻意识，充分考虑可能出现的各种问题。各单位间也要有"一盘棋意识"，进行充分的沟通和协调。让工程一步到位，节省资源，百姓也能少被折腾。②

（3）城市空间发展挤压严重

2012 年来，不少城市为了 GDP 的缘故，各地频频上演"拆旧仿古"现象，一些历史古迹被永久性破坏和消灭。其中，山东聊城为执行 3 年前启动的"古城重建计划"，甚至将旧城区"推倒重来"。城内的老房子悉数夷为平地，周边道路也被清拆，让位于仿古的城墙、角楼、府衙和考院。聊城的案例在 2011 年还遭到了有关领导的点名批评，被指斥为"拆真名城、建假古董"。2013 年 3 月，山东省聊城市、河北省邯郸市、湖北省随州市、安徽省寿县、河南省浚县、湖南省岳阳市、广西壮族自治区柳州市、云南省大理市等 8 个历史文化名城，都不约而同地收到了住房和城乡建设部与国家文物局联合发出的"警告信"，批评有关城市保护工作不力，致其历史文化遗产遭到了严重破坏，并责令各地整改后于 2013 年 8 月 31 日前将情况上报。有关部门再根据各地的整改情况，考虑是否将其列入濒危名单。这次通知，被媒体认为是对同类历史文化名城第一次发出"黄牌警告"，为历史文化名城的文物保护事业再一次敲响了警钟。在众多城市的"仿古"风潮中，尤以所谓重现"千年历史"、"唐宋气象"之类噱头为甚。2012 年，山东肥城总投资 60 亿元的"春秋古城"项目开工奠基，而河南开封不久前也爆出打造"千亿古城"的传闻，力争 4 年内重现北宋的汴京风华……就连滇池湖畔的昆明市晋宁县，也投资了 220 亿元，要重铸一个"古滇王国"。据不完全统计显示，2013 年以来国内又有不少于 30

---

① 李金桀、李慧、颜维琦：《中国大城市纷纷陷"堵局"，各种"规划各自为政"》，《光明日报》2010 年 10 月 11 日。

② 《遵义多条道路"开拉链堵一路车"》，凤凰网 2013 年 5 月 13 日。

座城市正在或策划投身“古城重建”热潮，重建项目从数亿元到上百亿元不等。

2013年，广州热心市民曾为越秀山重修明城墙一事，掀起过一场“救楼行动”。越秀山古城墙是“广州明初三大古迹”，虽被评为省级文物单位，但只剩一段高度不等的墙垣。为重建明城墙，市文广新局曾要求将“骑”在城墙上的一座民国建筑拆除。然而，据网友考证，该建筑很可能曾是民国第一届广州展览会馆址。除了同样遇到“拆旧仿古”的风波外，广州也曾发生过“频建频拆”的怪事。为配合亚运整饰工程，位于广州越秀区的书坊街，曾将两侧建筑拆除重建，并于2011年底建成仿古建筑。然而，2013年1月14日又传出书坊街部分建筑竟然又遭拆除。无独有偶，佛山古镇改造也曾爆出，落成仅8年的松风路仿古建筑被重新纳入旧城改造的拆迁范围，而且遭到突然拆除。①

南京莫愁湖等一批历史文化名湖在高楼大厦的侵蚀下变成了“城市洗脚盆”，凸显城建规划之乱和保护意识的淡漠。有关专家呼吁，要给历史名胜一点“生存空间”，不要让“城建败笔”层出不穷。“莫愁湖边走，春光满枝头。花儿含羞笑，碧水也温柔……”这是上世纪80年代唱遍大江南北的《莫愁之歌》，是对莫愁湖生态环境的真实写照。可是，今天在莫愁湖边走，看到的更多的是周边高楼大厦铁桶般“围剿”湖边风光的另一幅图景。②

总结以上诸案例，从城市空间发展态势看，中国城市空间形态在2012年以来表现出3个转化挤压现象：其一是虚拟空间对现实空间的挤压进一步加大，使现实空间向虚拟空间转化，正如某网站CEO所言：网上商店的扩张已经导致大批实体店面空间的萎缩甚至消失；其二是城市新区空间对旧城空间的挤压进一步加大，使老城区向新城新区进行空间转化，全国新城新区盲目扩张对传统城区形成破坏性挤压甚至毁灭性开发；其三是城市私人空间对公共空间的挤压进一步加大，使城市公共空间逐步向城市私人空间渐变转化，小到城市私家车空车出行时的“横行霸道”，大到城市郊区私人别墅或城区滨河楼盘对滨河景区的圈地独霸。市政建设中大开大挖对合理公共空间的挤压侵占也屡屡发生。

2. 城市设计形态的凌乱与碎片化

城市设计形态上的比例尺度、基本初始形态或原始造型元素的确立，城市色彩主调标准色与辅助色彩的选取，城市肌理的地域性归纳与体现，城市形、色、质的有机系统结合，都是城市设计形态呈现表达的内容。但是“凌乱与碎片化”却是目前城市设计形态的写照。南京城市住宅空间分异格局表明，与西方城市内城区与郊区不同阶层人群对立的典型特征不同，南京城市中心与郊区居住空间均表现

① 《古城保护不该“拆旧仿古”》，《南方日报》2013年3月5日。
② 《当前城市建设规划失误案例分析》，新华网2010年9月1日。

出不同阶层间社区层面的混合状态。城市中心区以便捷的生活、交通条件和丰富的就业岗位同时吸引着城市年轻精英和城市贫困群体,现代花园式社区与传统低矮破败的居住区在空间上共存;而城市郊区因其良好的环境景观和低廉的居住成本成为富裕阶层和外来流动人口的迁居地,高度封闭的别墅住宅区和大量低端社区,甚至非法建筑呈拼贴状布局。南京"五普"时期"圈层+扇形"的居住分异格局正在变得更加异质化和离散化,新时期城市居住格局表现为邻里关系的陌生与排斥,以及居住空间结构的破碎与隔离,即呈现出社会空间的"双重碎片化"特征。由此造成的城市社会邻里关系也随之破碎化,表现在两个方面:

(1) 阶层分化与居住分异凸显。体制转型所产生的一个重要后果是城市社会阶层分化的加剧。2008 年南京城市中 10% 最高收入家庭与 10% 最低收入家庭的人均可支配收入差距已经拉大到 8:1。显然,阶层分化导致居民需求的多元化,催化新的居住分层出现,城市隐性居住分异诉求随着阶层分化与住房市场化改革而迅速显化,拥有不同经济能力的居民在住房市场中加速向不同类型居住区集聚和分异。地产企业以极具诱惑性的宣传口号将商品社区标签化,社区名称取代以往的地理位置,开始作为居住者身份与地位的象征。由于我国单一的种族构成,城市中最重要的社会和心理隔阂存在于富裕阶层和贫困阶层、城市居民和外来人口之间,这导致拥有不同社会经济资本和不同地缘关系居民间的居住隔离。

(2) 城市空间形态布局设计转变导致社区模式改变瓦解传统邻里关系。单位制"蜂巢"型居住空间格局瓦解以后,随着国家等级控制的削弱和居民流动性的增强,中国政府正在经历着由居委会的行政管治优势向居民联合体自我管理主导的模式转型。城市以往街道办事处和居民委员会管理组织模式正在失去作用,以往义务性社区管理、治安、维护等工作被付费职业性物业管理公司所取代,城市邻里互助与守望关系不复存在。[①]

3. 城市设计政策的缺失与虚脱化

(1) 我国综合性的城市规划体系和统一的实施机制尚未真正建立。自上世纪 60 年代以来,西方城市规划大体经历了从"关注物质空间"向"关注社会经济"再向"作为公共政策"的转化过程。我国的城市规划与设计也经历了从"纯粹的物质工程设计的技术工具"向"独立的行政职能"进而向"综合空间政策"的演进过程,同样呈现从单纯的技术规范转向公共政策的趋势。随着城市规划与设计转向公共政策,构建和完善与公共政策相适应的城市规划体制成为未来我国城市规划领域创新的重要方向。但实际上,城市规划设计与城市经济社会发展规划、城市土地利用规划分属不同职能部门,尽管规划之间各自渗透,但在体制上仍各负其

① 宋伟轩、吴启焰、朱熹钢:《新时期南京居住空间分异研究》,《地理学报》2010 年第 6 期。

责、各自为主,相互衔接不够,综合性的城市规划体系和统一的实施机制尚未真正建立起来。这就需要在行政体制改革不断深化的背景下,按照探索建立职能有机统一的大部门体制的基本思路,以综合配套改革方式,在城市顶层设计层面内整合规划资源,探索和建立综合性的城市规划设计体系和实施机制。①

(2) 相关法律的缺失阻碍城市设计的优化。业内人士指出,政策法规对景观设计行业的影响特别大。有好的政策支撑,一个行业就很容易发展起来,比如在美国,对开发建设用地上的雨水,就做了明文规定:在一定的场地内,由于可渗透地面的减少,就得修建蓄水池,同时,雨水只能流到自己的范围内,不能流到别人的场地里去,否则就违法,别人可以告你。其实,这样的蓄水会给整个城市带来很大的生态效益。如政策落实得当,整个城市就会变得像海绵一样,雨季就可以把雨水蓄起来,旱季就可以把蓄积的雨水释放出去,那样,河流里面就能保持常年的水分。而在中国就缺乏这方面的法律。现在,在做景观设计时,建议一些客户做一些雨水收集系统,但是,基于经济方面的考虑,大都不愿意这样做。然而如果是政府有标准、有要求你必须这样做,大家就站在同一平台上竞争,通过国家立法,才能带动这个领域的快速发展。② 专家表示,我国许多城市暴雨后出现内涝,这和城市排水规划设计不科学、管理落后、缺乏相应法律等原因有关。专家建议,多措并举防治城市内涝,确保城市安全。应尽快制定《防治城市内涝法》,对城市内涝防治规划、城市排水工程的设计与建设、城市雨水综合利用、城市排水系统的管理和监督等进行全面规定。把城市内涝防治规划作为城市规划的重点,加快排水设施、预报预警及抢险体系的建设。所有城市供排水系统的规划、设计、建设、管理、应急处理等由一个部门统一牵头或进行行业管理,真正实现水务一体化管理,保证城市防汛设施规划的科学性。③

(3) 城市规划建设法制约束力的弱化。地方各级人大常委会审批的城市总体规划是城市建设中具有法律效力的指导性文件,被称为"城市规划建设宪法",具有法定的权威性和约束性,理应在城市规划建设中得到严格的执行和遵守,任何部门和个人都不得随意变更。但是,由于城市规划建设法制约束力的弱化,造成监督的缺失,违反城市规划建设,破坏城市规划总体布局的事例时有发生。这种现象若不加以制止,势必影响到立法机关的权威性,在社会上造成极坏的负面影响。

4. 城市之间设计模式的抄袭和同质化

在城市内形态与空间设计的无调性碎片化的同时,2012 年以来,我国城市之

---

① 《城市规划根本变革:从单纯技术转向公共政策》,凤凰网 2009 年 2 月 19 日。

② 唐艳明:《景观行业法规缺失影响世界级作品诞生》,《城市住宅》2009 年第 11 期。

③ 《城市内涝防治规划应作为城市规划的重点》,水艺网 2013 年 3 月 12 日。

间的设计模式却继续表现出抄袭和同质化现象。随着城市化进程的加快，大大小小的城市在我们眼前变得“摩登”起来：一样的玻璃幕墙、一样的立交桥、一样的大广场……漫步其中，“身在异乡为异客”的感觉，早已成为一种久违的体验。① 走在许多城市的繁华街道上，会让人产生一种同样的错觉：不知此时身在何处。“南方北方一个样，大城小城一个样，城里城外一个样”。而“千城一面”所造成的缺憾，随着时间的流逝而愈加显现。2012 年初，一座类似上海世博会中国馆造型的建筑物出现在北京望京街头，引起市民议论。该建筑物由朝阳区望京街道建造，政府部门称其为地标性建筑，目的是方便居民和路人认路。但有市民认为，这并不能代表望京的特色。“千城一面”无疑是 2012 年以来中国的城建城改、说到底是中国城市设计之持续之悲。

地方热衷建地标讨政绩，摩天大楼竞赛愈演愈烈。数据显示，5 年之后，中国的摩天大楼总数将超过 800 座，达到现在美国的摩天大楼总数的 4 倍。而在未来 3 年，几乎平均每 5 天就会有一座摩天大楼在中国封顶。其中 GDP 总量刚破 1000 亿元的贵阳，竟规划了 17 座摩天大楼。国内二三线城市建设摩天大楼的热情依然在持续“发酵”。长沙的“天空城市”高度为 838 米，目前位居各在建及待建摩天大楼的首位。在此之后是武汉绿地中心，高度为 606 米。号称“贵阳迪拜”的贵阳中天未来方舟高度为 540 米，而位于江苏省江阴市的华西村华西龙大楼及重庆国际金融中心，高度则分别为 538 米和 500 米。在速度方面，武汉的绿地中心似乎先行一步，这座号称是“华中第一高楼”的大楼于 2010 年就已经开始开工建设。建成之后，不但会远远超过武汉现有的最高建筑中国民生银行 325 米的高度，而且还将高于目前国内最高的上海环球金融中心 492 米的高度。② 城市间的同质化现象导致城市特色文化与气质的丧失。我国城市特色的丧失可集中概括为“高、大、全”三字：

（1）高——盲目追求高层建筑和西式建筑。很多地方高层建筑成风，连中小城市也要建几十层的高楼。据测算，一座 80 多层的高楼，一天的维护费用达 100 多万元。盲目争建超高建筑与建 CBD 相关。CBD 是随着经济全球化发展形成的以商务为中心的一种城市中心地区。上海的外滩——陆家嘴、香港的中环以及纽约曼哈顿的一些街区等，都是逐步形成的商务活动集聚区。CBD 商务活动和信息高度集中，是商务神经中枢，应是跨国或全国性经济活动中心，而不是一般商业和购物中心。但目前，从北京、上海、深圳、广州到南京、郑州、武汉、宁波等，一大批城市不管条件是否符合，都已提出或正在规划 CBD。在一些城市领导的思想里，

① 倪光辉：《“千城一面”是城市之悲》，人民网 2011 年 10 月 11 日。
② 倪光辉：《“千城一面”是城市之悲》，人民网 2011 年 10 月 11 日。

CBD就是一片高层、超高层的楼群或欧陆风情的园区。有的城市欧式建筑成风，使得原有城市特色和整体协调被大大破坏。

（2）大——追求大广场、大草坪、大马路。山东某市中心广场24公顷，相当于天安门广场的一半。[①] 国外像巴黎的协和广场4.28公顷，莫斯科红场4.95公顷，意大利威尼斯圣马可广场被拿破仑誉为“欧洲的客厅”，仅1.28公顷，罗马市政广场才0.39公顷，等等。这些广场由于设计精心，周围有精美的建筑围合，艺术性非常高，而且是经过长年累月逐步建成，才成为文化经典和旅游胜地。一些城市的广场大铺草坪，把绿化简化为种草，空旷无边的大广场，缺乏精致的景观和人本的建筑围合。

（3）全——争建规模宏大功能齐全的国际化大都市。眼下国内几十个特大城市和大城市都急于建设国际化大都市。然而，国际化大都市起码要具备几个要素：一是在国际经济、社会生活中具有相当的地位；二是有相当多的国际机构，如跨国公司总部或分部；三是国际性强，比如奥地利的萨尔茨堡，是莫扎特的故乡，城市规模并不大，但它是国际音乐城市，每年都要举办国际性音乐会；四是交通特别发达，国际航线四通八达。国际化大都市是通过长期努力自然形成的结果，而不是人为地在短期内可以建成的。

5. 城市设计病例的持续与浅表化

合理的城市设计，可以让城市发展更科学，让城市生活更美好。可是，多年来我国城市规划设计应用过程中问题不断出现，一个个诸如“雷人楼”、“地中海”、“吃人井”的城市病例直接或间接困扰着所有城市人——包括城市生活者和服务管理者。

城市设计审美意象紊乱。苏州“东方之门”位于苏州金鸡湖畔，有“世界第一门，亚洲第一大酒店”之称，69层、高301.8米，是一座双塔连体门式建筑。其设计灵感来自于苏州古城门的创意。即将竣工的“东方之门”门洞高246米，跨度68米，为世界最大的门形建筑，也是中国目前单体建筑面积最大的超高层建筑。因此也被称为“世界第一门”、“中国第一大高楼”。但在曝光的照片中，这座新建的大楼从外观上看却像极了一条裤子的形状。有网友表示，有了东方之门这条“牛仔裤”，北京央视的“大裤衩”就不再寂寞了，只不过央视的“大裤衩”是跪着的，苏州东方之门这条“牛仔裤”则是站着的。同样，近来与央视新大楼“大裤衩”遥遥相望的人民日报新大楼被国外媒体和众多网友送上“电熨斗”、“航母”、“夜壶”的封号，甚至还有人称之与央视“大裤衩”阴阳调和。[②] 2012年9月8日，有网友发布

① 《如何避免“千城一面”》，腾讯网2005年2月3日。

② 《人民日报新大楼遭网友调侃跟“大裤衩”是绝配？》，中国建筑装饰网2013年4月15日。

微博称，杭州奥体博览城的设计效果图有如女性内衣。而位于南京鼓楼——新街口间的广州路——就在百年高校南大对面，建筑忽高忽低，形态各异，有塔式楼，有板式楼；道路退让也是前后不一，有的紧挨人行道，有的豁出小广场，与广州路作为科技街和城市中心干道的地位很不匹配。南京市委领导到市规划局调研，在肯定了纬七路北望城市、火车站南眺鼓楼等城市景观的同时，也对珠江路、广州路等失败案例提出尖锐批评："怎么看都心烦！从根本上说，是规划时没把城市作为作品、作为景观来设计。"①

值得思考的是，这些城市地标性建筑在其形态构成设计过程中，对当地审美习惯的把握、对审美文化的联想、对审美意象的表达和对周边环境的统筹协调是否深入、全面和准确。随着中国城市化进程的急切步伐，城市在发展设计过程中对日常显性的物质层面上的地理尺度、人本层面上的生理尺度，以及对隐性的生态法则尺度和人本的审美尺度层面上的研究忽视，其代价正在普遍显现。典型表现之一，即城市建筑规划界专家、学者们预警过的城市内涝现象的逐年加剧，2012年7月18日，上海交通大学刘士林教授和华东理工大学于炜副教授在接受《光明日报》采访时特别强调要提防城市水患之严重危害，三天后"7·21"北京特大水灾竟不期而至，这场教训异常深刻的水灾，暴露出这座国际化都市让人震惊的脆弱的排水系统与低下的应急能力。"一场暴雨冲走北京的光鲜亮丽"之类的舆论很快充斥国内外媒体。因为一场大雨，北京成为世界焦点。雄心勃勃的世界城市的目标，因一场大雨而夺走70多人的生命的悲剧，两个看似没有联系的事件，其实正构成了一个隐喻：一座醉心宏大目标的城市，如果在发展中沉迷于数字的亮丽与外表的光鲜，完全可能被脚底下寻常的事务所绊倒。在灾害面前，北京市的规划建设、基础设施、应急管理、城市综合设计都暴露出许多问题。"这一个个设计失败案例或病例之所以层出不穷，关键是缺乏城市设计艺术的正确观念引导，缺失城市设计艺术基本理论支撑，缺少有力的体制机制与法制保障。"②教育部《中国都市化进程报告2012》在对我国相关城市规划设计2011年案例的解析中，针对城市规划设计病例与病因所归纳的诸种现象，在2012年持续扩散，并表现得更加浅表化。

三、对策与建议，构建中国城市系统设计体系

城市体系宛如多层金字塔结构，其最底部基础层面应是一个城市空间硬件集合系统，第二层应是城市机器产品运行系统，第三层是城市生命有机体系运行系

① 《南京市委领导批珠江路广州路规划失败：怎么看都心烦》，龙虎网2013年4月11日。

② 龚亮：《城市设计弊病如何克服？》，《光明日报》2012年7月18日。

统,第四层及以上应是城市精神文化乃至灵魂气魄的集中表现,这些层面应通过以下至少10个方面的城市设计来具体体现和保证,即城市设计10大系统构成:

1. 城市精神理念文化设计

专家指出,一个城市不论大小,只要有个性鲜明的城市主题文化,都可以成为世界名牌城市。推动城市发展最大的贡献不是高楼大厦和物质财富,而是体现时代精神、引领时代进步的先进理念。面对国家文化战略升级的黄金契机,每一个城市必须以高度的文化自觉和文化自信,把握时代脉搏,积极探索城市文化建设、城市文化设计的内在规律,不再简单沿袭旧传统理念的衣钵,不再拼凑西方外来的理念,而是不断以中国元素和中国特色创新出无愧于这个时代的新理论、新思想,提升中国城市文化建设思想的整体高度和阔度,从而成为引导中国城市文化建设前行最重要的文化力量。而这一文化力量的使命,非城市主题文化莫属。这是城市文化大发展大繁荣时代的既定,更是驱动城市未来文化梦想的呼唤。城市主题文化创新理念、城市文化建设理论和城市设计理念的创新起点越高,创新的程度也就越深刻。城市主题文化的创新理论,是站在世界名牌城市的科学高度与跨文明阐发的世界理论高度,在文化创新中完成城市文化建设的大理论和大创造。①

以西安城市主题文化建设为例:西安早在2003年中国城市主题文化大讨论的时候,就率先抓住了城市主题文化发展理念,并根据城市主题文化发展理念制定了西安城市主题文化发展战略。同时,把西安城市主题文化定位在"盛唐"城市主题文化上。在很多城市还不知道城市主题文化为何物的时候,西安已经率先走上了城市主题文化发展之路,明确了城市主题文化不仅是社会资本、经济资本还是文化资本。依靠城市主题文化资本发展西安是西安建设现代化城市的根本所在,是西安再一次进入世界中心城市和世界名牌城市的根本所在。城市主题文化让西安强力崛起,已成为西安城市的共识和盛世愿景。西安靠着城市主题文化发展理念,让老城区焕发出无限生机。九宫格局、千城一律、盛唐主题文化规划理念使西安老城独具一格,从而避免了千城一面的弊病。城市主题文化让西安城市建设风生水起,大雁塔、大唐不夜城、大唐芙蓉园、唐大慈恩寺遗址公园等项目,再现了城市主题文化崛起的力量。②

2. 城市设计体制法制机制设计

自上世纪90年代以来城市化快速推进,在"经营城市"理念和"土地财政"的政策引导下,城市被一个个大型项目割据,主张推行的是消费主义文化和空间资

---

① 《城市领导、专家学者城市主题文化建设思想语录》,中国规划网2012年6月7日。

② 王大恒:《城市主题文化理念让古城西安强力崛起》,中国规划网2012年1月12日。

本化,使得城市固有的地方特色和生活气息正在被摧毁。[1] 城市设计与城市规划不同点在于城市设计缺乏法定上的强制性,控规两个最重要的指标是土地性质和容积率,但城市设计不具法律效力,因此对于城市建设行为仅能作为参考而非硬性规定,这就造成了城市在发展中脱离原始设想的可能。

总体城市设计导则被视为能够塑造具有整体性和特色性的城市空间环境、对城市建设活动进行系统控制引导所编织的技术性控制框架和艺术性统调原则。不少地方城市设计无调性展开现象日益凸显,挂历性现象渐成普遍,仿古怀旧与先锋试验交错并行,编制总体城市设计导则显得尤为重要和紧迫。但是至今我国仍然缺少对总体城市设计导则编制方法的研究。这也导致许多城市设计无法顾全大局,对城市规划和市民生活造成影响。因此,必须迅速制定支持城市设计健康发展的"三制"保障体系建设:即城市设计的体制、法制与机制建设,以适应城市化的高速健康发展。

3. 城市功能空间系统设计

城市功能空间、尤其是公共空间作为城市居民进行公共交往活动的开放性场所,是城市中心景观和城市空间的重要组成部分,不仅为人们提供资源共享的场所,也是展现城市形态和城市风貌的重要元素。20 世纪高速发展的城市现代化和交通现代化都加快了城市空间发展格局和功能结构的改变。本报告前面诸多案例表明中国城市空间形态在 2012 年中自觉与不自觉间表现出 3 个转化挤压现象的背后,反映出时代发展的趋势和中国城市空间设计的问题,即,城市虚拟空间对现实空间的挤压进一步加大是信息时代的基本特征决定,基本属于城市空间发展与设计的正能量转换;而城市新区空间对旧城空间的挤压进一步加大、城市私人空间对公共空间的挤压进一步加大则必须引起城市管理和城市设计者的高度重视,这是两种城市空间发展与设计的负能量转换或消极挤压。从城市空间发展态势看,现时代,尤其中国城市规划和城市设计者们在积极为城市居民创造城市共享空间的同时也打破了城市原有的传统空间布局和功能,迫使城市中出现大量的繁复无序且功能价值低的反传统的失落空间及其过剩或过时功能,这些失效空间及其功能都促使城市公共空间脱离了人们的日常生活环境,失去了原有的空间活力和功能价值。高度密集的城市布局也容易使城市产生热岛效应,而且也不符合生态美学的要求。因此,要重视城市空间均衡。尽可能拉开布局,通过绿带、绿网、绿色空间的营造和建设,合理地间隔各城市组团,使城市看起来疏密有序。

特别是街道空间作为城市公共空间中分布最广、延续最长的线性公共空间,

---

① 张杰等:《向传统城市学习——以创造城市生活为主旨的城市设计方法研究》,《城市规划》2013 年第 3 期。

更是突显城市公共空间特色并与居民紧密联系的子空间，街道空间建设的整体质量直接影响到城市居民的日常生活质量和城市的综合形象，正如北京的胡同和上海的里弄。基于罗杰·特兰西克城市失落空间设计的理论及其他国际先进的城市空间设计研究方法，如何从现有街道公共空间组织布局上出发，从空间形态、构成要素、尺度关系、功能复合、场所意义等方面进行街道空间的再认识与空间功能的再解析、再定义、再整理与再设计，从而重塑出特色城市街道空间环境，恢复街道空间活力，还原和拓展街道空间的基本功能和服务功能应是目前和今后中国城市空间设计的重点之一。

4. 城市行为规范文化设计

城市是城市人的城市，城市人的活动行为使城市呈现活力与特色。城市公共空间的塑造与设计等可以引导人的行为活动，但是城市设计中空间形态的设计如何处理好形态与语义、语义与导引的关系，关键在于设计思想如何引导人的行为。目前由于城市行为规范文化设计意识和相关设计的缺失，没有起到引导市民行为之用，具体表现在：

（1）城市功能区的单一性造成单调、无特色的城市景观和空间环境。大城市多热衷建 CBD、商业中心，将工作、消费、居住区域分得很清楚，造成市民出行、上班等行为充满了旅途的劳累以及生活品质的单一。① 如北京的望京，虽然最初想建成独立的中心区，但最先矗立起来的却是住宅，而不是通过产业来聚集居民。其结果是与高密度的居民区相比，产业跟进严重不足，与江苏花桥一样成了白天无人，下班之后人潮汹涌的“睡城”。②

（2）人文理念的漠视。很多城市公共空间在“以人为本”的口号下增添了过多的喷泉雕塑，却缺乏足够的座椅凉亭，大尺度的广场丧失了公共交往空间的作用，更有甚者，在公共场所外围以栏杆，只将其作为城市形象的展示。③ 城市缺乏市民活动的公共空间，这对市民文化的培育和城市市民合理行为诉求十分不利。

（3）公众参与的成分极为缺乏。城市是公众的，应为公众创造并且由公众参与创造，但由于种种原因，公众很难介入城市设计与规划，造成政府与公众的脱节。如昆明 PX 项目，由于政府在决策时未与公众探讨，结果引发昆明市民极大的不满。

5. 城市视觉识别文化设计

在现代城市化进程的热潮中，城市间的竞争也愈演愈烈。城市竞争不仅是经

---

① 姜洪桥：《单一功能区的终结》，经济观察网 2006 年 5 月 31 日。
② 李亮、粟德祥：《当前城市设计实践与研究中的若干问题》，《建筑学报》2007 年第 3 期。
③ 张惠新：《城市设计中的公众参与元素》，《文艺研究》2013 年第 3 期。

济、技术的竞争,也是城市整体形象与综合实力的较量。城市视觉形象作为城市视觉识别文化,直接体现着城市的外观形象,是城市理念和行为的外在表现。它包括城市的地理位置、地形地貌、城市布局、建筑风格及色彩调性、绿地空间、景观小品、标志指示系统设计、环境卫生乃至居民的穿着举止等可以用眼睛看到的东西。城市进行视觉形象识别设计的目的就是使所有初到该城市的来客,首先在视觉上对该城市产生良好的第一印象,也是使这座城市区别于其他城市的重要途径。我国许多城市的规划部门由于对城市形象视觉识别文化设计体系缺乏整体、明确的认识,对城市的地域文化缺乏深刻地探究和发掘,从而使城市的整体视觉形象缺乏统一规划与设计,没有凸显城市的个性和特色,导致许多城市的面貌都极为相似。这种现状极大地影响了公众对城市形象、城市文化的视觉识别,淡化了公众对城市的印象和记忆,不利于城市形象的树立和宣传,从而影响到城市的竞争力。城市视觉识别文化不仅仅具有文化或精神功能,还具有重要的指示标识功能,如城市交通枢纽站区、城市中央商务区、城市大型活动场所等的标识指示系统设计好坏甚至直接关系到人们的出行效率乃至人身安全,我国不少城市此方面的设计恰恰缺失或落后。国外的城市色彩规划起步比我们早了近一个世纪,相比中国的同类建设更为完善。不仅注意到了建筑的色彩对城市色彩的影响,也注意到了公共基础设施等其他城市构筑物对城市色彩的影响,同时也会考虑利用城市色彩结合城市的历史文脉等方面营造城市品牌,确立市花、市树、市徽、城市吉祥物等城市标志物,以更好地辅佐城市品牌的建立。近些年来,国内的一些城市也在积极着手城市形象设计,如成都、邢台、南京、呼和浩特、海宁、运城、楚雄、衡水、舟山等城市标志的公开征集或重新设计都在积极的开展中。2011 年 12 月 30 日,成都市政府新闻办对外公布:太阳神鸟已被定为成都城市形象标识。其核心图案由金沙“太阳神鸟”金饰图案组成,与“成都”中英文标准字组合而成。成都新 LOGO 整体形象由成都红和成都金构成,子品牌形象之绿色代表宜居,蓝色代表投资,橙色代表旅游。成都市城市形象标识具备历史感与现代感的和谐统一,在发布后将统一应用于名片、信封、信笺、封套、区县标识等多种视觉识别系统。[①] 而山东旅游形象标识,结合了传统元素与现代设计的新动向,通过文字符号图形化设计融汇古今元素,突出“山东 Shandong”与“山东人”最核心的形象表达:“好客 Friendly”“好客山东 Friendly Shandong”,是对山东旅游最生动、最直接的信息传递。“有朋自远方来,不亦乐乎?”两千多年传承下来的齐鲁待客之道,从未改变。而“文化圣地,度假天堂”这一具象描述,则是对山东以文化体验与休闲度假为特色的旅游形象的重要“提示”。同时,绚丽的英文符号色彩组合与汉字字体“山东”

① 《成都城市形象标识揭晓:太阳神鸟“代言”成都》,中国经济新闻网 2011 年 12 月 30 日。

以及一枚清晰的“好客”朱文印章，共同组成了这个文化气息浓厚、充满愉悦感的现代标志。此形象标识，将中外古今的语言、文字、设计元素融合到一起，以丰富的色彩变化，对应山东深厚的历史文化底蕴和独特的休闲度假魅力，丰富、动感、亲切，构成强烈的视觉冲击。以五岳之首、大海之滨、孔孟之乡、礼仪之邦的整体形象，结合“山东、山东人”的“好客之道”，以“诚实、尚义、豪放”的鲜明个性，传递特色化、国际化的现代形象与文化意识。一个饱含“山东人”热情的充满感召力的新形象，构成强烈的视觉记忆。中英文的组合设计方式也是国际化趋势的要求所在。这一形象标识通过多角度、多层面的立体化推广和应用，可以形成丰富的信息传递，增强山东旅游形象的社会认知度，也将呼唤起更多更强烈的对山东和中国文化的向往、求知与探索欲望。①

6. 城市公共产品设计

城市公共产品，具体而言就是在城市内具有公共产品特征的、被全体市民享用(但非独享)的产品，往往是增进社会福利所必需的，需要政府供给。城市公共产品类型可分成以下六大类：

(1) 信息传达类。信息类公共产品是城市公共场所中信息传递的重要媒介，在人们紧张繁忙的生活出行中，提供了便利性的指示。包括各种商业性广告牌、广告塔、招牌、条幅以及非商业性的标识牌、路牌、导游图栏、电子闻讯装置等。

(2) 交通管理类。交通管理类公共产品的设置是为了保障人们出行时人与车辆的秩序性与安全性，改善城市交通环境的质量，使城市交通更加井然有序。包括城市轻轨站、地铁入口、地下通道、人行天桥、公共车候车亭、护栏、护柱、自行车停放架等。

(3) 休息娱乐类。休息娱乐类公共产品是为满足人们出行游玩、进行休闲活动时的需要而设置的公共产品，它不仅能够为人们提供锻炼休息的场所而且可以增进城市居民之间的情感交流，体现了社会对人的关爱，有利于社会和谐。包括可动式座椅、固定式桌椅、饮水产品、儿童游戏产品、健身产品等。

(4) 服务供给类。服务供给类公共产品包括路灯、电话亭、公交候车站亭、公交车系(包括地铁、公用自行车等)、邮筒、消防栓、配电器、排气塔、烟灰皿、垃圾筒、独立式公厕等，为人们的生活提供便利的同时也保护了城市环境，对城市文明建设起到了积极作用。

(5) 美观装饰类。美观装饰类公共产品包括装饰雕塑、装饰照明、花坛、花坛、喷泉、水池、花架、街道树、地面铺装、窨井盖等，它们点缀了城市空间环境，使其具有艺术装饰性，增强了公共场所的文化气氛和时代旋律。既美化城市空间环

① 《山东旅游形象标识》，山东旅游政务网。

境又反映出城市的文化内涵。

(6) 通用及无障碍公共产品。主要指正常人和残疾人、老年人、能力丧失者都能方便使用的公共产品,以便于他们在城市中更加便利和舒适地生活。这类公共产品体现了城市文明程度,使社会弱势群体也能够平等地享受城市生活。主要包括坡道、路面专用铺装、残疾人专用标识、残疾人专用卫生间、残疾人专用电话亭等。[①] 我国目前此方面的设计参差不齐,总体处于落后状态,应把这类公共产品作为民生工程、民心工程来设计建设。

7. 城市环境生态文化设计

城市环境生态文化设计要更好地尊重自然、保护自然。在尊重自然的前提下,合理适度地进行城市开发和建设,尤其是城市规模的扩张,道路、交通等城市基础设施以及重大城市工程项目的建设,一定要考虑自然的承受能力。专家认为,城市规划要给予自然应有的地位。以往城市规划多在技术性、方法性上下工夫,而对自然、对生活在城市里的人,对人与自然沟通、联系的渠道重视不够,导致人与自然之间严重疏离。因此,要在城市规划和设计中引入人与自然和谐理念,既关注规划的技术性和方法性,又体现规划的人文性和自然性,并且给予自然在城市规划与设计中应有的地位。人与自然的和谐只有首先体现在规划和设计上,而后才能更好地实践在城市建设上。[②]

建筑要体现城市的绿色设计。建筑是自然环境的有机组成部分,绿色设计需要把建筑和自然环境有机结合起来,把建筑看做是融入周围自然环境的一部分,而非是孤立或独立的。建筑一定要依据所在地的地形地貌特征,依据山体形状、河流流向进行设计,让人感觉到这些建筑就是这片土地与生俱来的,与那里的山水有着相同的概念,而不是很突兀地矗立在那里,使人产生别扭甚至格格不入的感觉。

要展现公共空间的原始自然魅力。理想的公共空间应该到处有原始自然的影子,在远郊是大片极尽张力的荒野地;在城市边缘地带,有更多的绿色和蓝色廊道,有水道、海岸线、山丘;在城市中心区甚至是最繁华的社区,有属于小环境的纯自然状态,从而构筑层次分明的生态空间。考虑保留或重建一些动物的栖息地。要尽可能保留一些荒野地,留出生物通道,形成开敞空间的合理结构,让人能够亲近动物,营造人和动物和谐相处的自然环境,对人居环境质量的改善起着积极的作用。

建设符合生态美学的城市生态景观,树立和谐之美的理念。从生态美学的角

① 陈照国:《城市主题文化导向下的公共设施设计研究》,山东轻工业学院 2012 级硕士论文。

② 陈照国:《城市主题文化导向下的公共设施设计研究》,山东轻工业学院 2012 级硕士论文。

度看，和谐是一种美，和谐可以产生美，和谐之美是一种最朴实、最具有持久力的美。因而，营造理想的生态空间，一定要树立和谐之美的理念，大到城市的空间布局，小到具体的公园、绿地都要尽可能体现和展现和谐之美。景观生态学中的斑块、廊道在城市生态景观建设中被大量广泛地应用，廊道不仅能很好地完成生物保护、防洪、文化遗产保护和体憩等生态功能，而且廊道的线性空间特征，也可以很好地被用来作为各个景观和生态区域的联系，从而加强城市整个生态景观区域的连续性和整体性。[①]

8. 城市节事庆典活动设计

节事包括各类旅游节日、庆典、盛事、国际体育比赛活动等。通过节事活动可以扩大举办国的影响，提高举办城市的知名度，促进举办城市的市政建设，吸引成千上万的旅游者，给举办城市的旅游业、餐饮业、商业服务业带来无限商机。节事活动彰显的特色文化和艺术魅力，是举办地精神文明的重要体现。

我国是节庆大国，每年举办的节事活动有近万个。节庆活动涉及的行业更多更广泛；经济发达地区的节庆活动增长较快。与此同时，各种节庆活动相互交融，传统的、民族的、宗教的节庆活动与时俱进，不断创新，现代节庆活动也吸取了许多传统的、民族的、宗教的、法定的节庆活动的独特内容和表现形式来充实自己。节庆活动逐步也在走向产业化，如“中国·盱眙国际龙虾节”借龙虾大唱经济戏，每年带来的产值超过10亿元，“盱眙龙虾”品牌价值超过10亿元，初步形成了10万人的龙虾产业大军，龙虾节真正成了老百姓的致富节。[②] 2012年12月20日，武汉召开城市形象宣传工作领导小组第一次会议，通报了落实《市委宣传部关于武汉市城市形象宣传工作实施方案》的责任分工，就如何做好城市形象宣传工作听取了有关单位的意见，依据《实施方案》，武汉市将着力构建武汉城市形象识别系统和武汉节事庆典活动设计，集中打造一批具有国内外影响的文化活动品牌，充分展现特色鲜明的汉派文化，提高城市知名度和美誉度，提升城市影响力，具体活动包括：举办金鸡百花电影节、征集“武汉之歌”、开展“炫武汉”现代文化系列活动、举办国际大学生龙舟赛、组织“世界名人武汉行”活动等。吉林省延吉市为更好地扶持和打造一批民族节庆知名品牌，经国家民委领导批准、国际节庆协会授权，并商请文化部、国家旅游局有关职能部门同意，于2012年9月主办了第三届中国民族节庆峰会，并自2012年6月起开展“2012中国优秀民族节庆”推荐评选活动。2012年9月6日，“2012中国优秀民族节庆”评选活动获奖名单在第三届中国民族节庆峰会上公布，湘西土家族舍巴节、大姚彝族插花节、北京传统音乐节、

① 郭艳华：《营造人与自然和谐的城市生态空间》，天津北方网2013年2月4日。

② 《王重农：截至2010年底我国各类节庆活动已达万个》，中国网2010年12月28日。

中国重庆文化艺术节等 41 个节庆被评为“2012 中国优秀民族节庆”。我国不少城市在城市节事庆典活动设计和实践方面有声有色，但应注意节庆的内涵和品位设计，防止粗俗化、媚俗化，加强后续衍生、深化开发效应。

9. 城市品牌传播文化设计

城市品牌建设是提高城市竞争力的关键因素之一。而品牌传播问题则是推进城市品牌建设的重要手段，城市品牌化的过程就是城市品牌传播的过程。进入 21 世纪，在经济全球化和区域一体化的背景下，为了获得更大的经济效益和增长潜力，我国许多城市开始探寻城市品牌的发展道路，各级城市纷纷建构品牌以传播良好的城市形象。于是，城市经营、城市营销、城市品牌战略逐步成为各级城市振兴与发展的新思路。虽然出现不少成功的案例，但也存在品牌建构趋同，同质化竞争严重，认识理念和做法单纯模仿的混乱景象。城市品牌是城市形象最集中的体现，怎样塑造和传播一个城市品牌，不仅是城市品牌化实践中急切需要解决的难题，也是目前城市营销理论中尚待深入研究的理论“盲点”。贵州省东南部从江县 2012 年积极引进智力实施城市品牌形象计划，打造城市品牌形象，着力提升城市品牌市场竞争力。近年来该县提出了“神秘旅游”、“本色旅游”、“精品旅游”的发展思路，为城市发展注入了文化内涵和活力。从江县邀请多家国内知名文化传播公司为该县策划城市品牌形象，该策划案从城市形象定位、理念识别、行为识别、视觉识别等方面展开。设计方案于 2012 年上半年出炉，现在已正式启用。目前，从江县正采取一系列举措实施此方案，正通过对外宣传营销、城市景观建设、文化品牌打造、重大节会申办、市民素质提升等载体增强城市竞争力和影响力。①

随着技术的发展，网络成为城市品牌形象设计另外一个展示平台，越来越受到关注。2013 年 5 月 23 日，新华网网络舆情监测分析中心、中国社会科学院城市发展与环境研究所、武汉大学互联网科学研究中心联合发布了“2012 年度城市网络形象排行榜”。2011—2012 年度中国网络形象十佳城市依次为：深圳、厦门、杭州、成都、广州、济南、银川、西安、福州、宁波。除了十佳城市，此次研讨会还颁布了舆情处置给力奖、网络形象推广贡献奖、政务微博示范奖、城市节庆传播口碑奖、新锐形象奖、优秀城市奖。其中，获舆情处置给力奖的 5 个城市分别是杭州、深圳、广州、成都、芜湖。②

10. 城市衍生产品开发设计

城市衍生品作为城市设计过程中产生的满足城市发展需求的产品，它的开发设计是值得关注和重视的。由于近些年中国经济的飞速发展，中国城市化速度也

---

① 张佳慧：《城市品牌传播的理论与实践——以杭州生活品质之城为例》，浙江大学 2008 级硕士论文。

② 《舆情应对如何影响城市形象，促进地方政策调整》，《中国青年报》2013 年 5 月 26 日。

逐渐加快。在城市化过程中的衍生产品开发设计有相当一部分存在保质期不长，或是被破坏严重，或是没有被充分利用的问题。但是也有些城市在对衍生产品的开发设计方面做出了很好的榜样，值得借鉴。

以上海为例，2010年上海世博会闭幕之后，许多展馆被拆除，但是中国馆被保留了下来，成为上海世博会后留下来的物质空间遗产。为了填补上海艺术博物馆体系的空白，进一步丰富上海的文化形象，时隔两年之后，中国馆以中华艺术宫的身份重新对外开放，于2012年10月1日隆重开馆试展，取得了较好的效果。不仅如此，上海世博会场地后续利用规划也成为了上海城市总体规划的组成部分，其辐射效应成为上海南部地区发展和功能提升的催化剂，完善和提升了城市空间结构。世博会后续利用的方式对城市发展的总体功能和空间结构产生了重大的影响，并促进了该地区的城市更新和周围环境的改善。而中国馆的重新开发设计，既是对世博会衍生品再利用的很好设计，也有利于上海市的文化建设。从会后的实际利用情况看，整个“后世博版块”已经日益成为未来上海发展的重点地块，为上海核心区发展的“南拓”提供空间布点和支持，同时为更好的城市设计提供发展空间。[①] 此外，城市特色旅游纪念产品的开发设计也是体现城市文化、宣传城市形象、助推城市经济社会文化发展的城市设计重要内容。

以上10个方面在城市设计实践过程中是一个有机复合与协同展开的系统工程，因此可根据各个城市自己的特色与实情，有所侧重但又统筹开展，这样才能达到城市设计各种效益的最大化。

2012年以来，中国城市设计体现出以下几大趋势：1. 城市绿色设计理念的重要凸显与聚焦关注、2. 中国优秀城市设计人才的视野扩大与国际认可、3. 中国城市品牌形象设计的意识觉醒与竞相展现；出现了或持续出现以下问题：1. 城市设计行为的盲目与无调性（规划缺乏前瞻、实施各自为政）、2. 城市设计形态的凌乱与碎片化（城市形态散乱、布局碎片跑调）、3. 城市设计政策的缺失与虚脱化（法规观念模糊、设计制约苍白）、4. 城市之间设计模式的抄袭和同质化、5. 城市设计病例的持续与浅表化。对此，我们认为应从城市精神理念文化设计、城市设计体制法制机制设计、城市功能空间系统设计、城市行为规范文化设计、城市视觉识别文化设计、城市公共产品设计、城市环境生态文化设计、城市节事庆典活动设计、城市品牌传播文化设计、城市衍生产品开发设计等10个方面构建中国城市系统设计体系，作为今后中国城市设计发展的策略或重点。期待未来中国城市和城市设计健康可持续发展，真正实现“让生活更美好”的中国城市梦想。

① 史国瑞、郭子成：《城市事件视角下的城市设计探索》，《规划师》2012年第S1期。

课题组负责人

于炜,教育部哲学社会科学发展报告《中国都市化进程年度报告》课题组成员,上海交通大学城市科学研究院研究员,华东理工大学艺术设计系负责人,副教授,硕士生导师。

课题组成员

方田红,华东理工大学旅游管理系副教授,硕士生导师。

城市科学发展趋势与全球科研实力排名报告

21世纪以来，中国城市化进程不断加速，据国家统计局网站消息，2011年年末，中国城镇人口达到69079万人，占全国总人口比达到51.27%。中国作为一个传统的农业大国，城市人口首次超过农村人口。目前，中国城市化正处于井喷式的发展阶段，以每天消失100个村子的速度，快步进入城镇化。中国政府对城镇化日益重视，在十八大报告中，全篇提及城镇化多达七次，指出城镇化与工业化、信息化、农业现代化一样，成为全面建设小康社会经济目标的载体。中国城市化与城镇化的重要性凸显，成为国家、各级地方政府必须面对的现实，同时也为科研人员提出了重要的研究课题。

对比中国城市近十年的飞速发展，全球城市发展状况和建设经验值得关注，国内外城市科学研究的杰出文献成果更值得学习和借鉴，因此，课题组以2003—2012年(十年)国际核心期刊发表的城市研究论文为对象，进行计量分析，探索全球城市科学研究现状、学术热点及发展趋势，并从论文产出分布、研究热点城市、核心文献分布和科研人员分布等方面对国内外科研情况进行对比分析，针对中国城市科学未来发展提出相应的对策与建议。

一、数据采集范围与分析工具

国内城市研究的相关学科中，既包括城市地理学、城市社会学、城市规划学、城市人口学、公共管理、传播学等社会科学，也包括近年来新兴的文化研究、文化产业学、文化遗产学、都市文化学、城市设计、城市哲学等交叉研究，此外，还吸引了中国文学、历史学、艺术学、政治学、法学、哲学等人文学科的参与[①]。当下国内城市研究的交叉学科范畴主要在人文社科领域。为了研究全球城市科学的特征与趋势，使之与国内研究形成比照，本文选用美国汤森路透公司 Web of Science (WOS)数据库平台的SSCI(Social Sciences Citation Index，即社会科学引文索引)和A&HCI(Arts & Humanities Citation Index，即人文艺术引文索引)两个子数据库作为数据来源，文献采集的时间范围从2003年1月1日至2012年12月18日，采用检索策略如下，对标题中含有“city、urban、world city、megacity、metropolis”以及某些

① 刘士林：《城市科学建构与中华民族的城市启蒙》，《学术研究》2012年第10期。

重要城市名称的文献进行搜索,从中选出学科类别为“Urban Studies”的期刊论文和会议论文,最终获得 3806 篇样本文献(以下简称“样本文献”)。

所选用的文献分析工具中,除了 WOS 平台自带的分析功能外,本文还采用了汤森路透公司的 TDA(Thomson Data Analyzer)数据分析工具和微软公司的 EXCEL 软件,对数据进行可视化分析处理。

二、城市科学发展趋势

城市与人类文明相伴而生,城市是人类文明的表征。然而直到 18 世纪中叶,学者们对于城市的研究尚未形成任何一门具有科学意义的学科。18 世纪下半叶以后,在第一次产业革命的推动下,资本主义国家先后走上城市化的历史进程,由此而产生了以研究城市某一方面问题为对象的学科。城市建筑学、城市规划学首先在 19 世纪取得独立的学科地位。20 世纪中期以来,城市研究出现了由单科研究向综合研究过渡的重大转折,一系列以城市为研究对象的学科逐步聚合成为一个新的科学门类——城市科学。城市科学的产生,反映了现代科学既高度分化又高度综合的发展趋势①。

城市科学历经半个多世纪的发展,在进入 21 世纪以后,呈现出全新的发展特征。按年代对样本文献进行分析可以看出,近十年城市研究论文产出呈上升趋势(见图 1),2003 至 2005 年年度发文总量变化不大,维持在 300 篇多一点,2006 年发文量有较大幅度的增长,较 2005 年增加 49 篇,增长率为 16.17%,2007 年、2008 年发文量与 2006 年相当,均为 350 余篇,从 2009 年开始,年度发文总量突破 400 篇,发文量进入持续上升通道,2009 年、2010 年、2011 年的发文增长率分别是 15.17%、9.27%、9.60%。由于 WOS 平台的索引数据库收录期刊论文的时间通常滞后于论文发表时间,造成 2012 年数据不全,截止取样时间,2012 年论文数量与 2011 年基本持平,可以预测 2012 年发文量较 2011 年也是有所增加的。

对比年度发文量可知,2006 年为城市研究文献增量突发期,2009 年至今为城市研究活跃期,可见,城市科学作为独立的学科,仍属于一门渐趋热门的“朝阳”学科。

从整体论文被引情况来看,截止 2012 年年底,所有论文总被引次数为 26489 次,篇均被引次数约为 7 次,并且各年度总被引次数呈逐年上升趋势(见图 2),尤其是从 2006 年开始,增幅较之前加大。论文被引分析再一次佐证了上文的分析结论,近 10 年来,全球城市研究热逐年升温,目前仍处在一个快速上升的阶段,且有较大的发展空间。

---

① 王续琨:《城市科学的学科体系及其发展途径》,《大连理工大学学报》1993 年第 1 期。

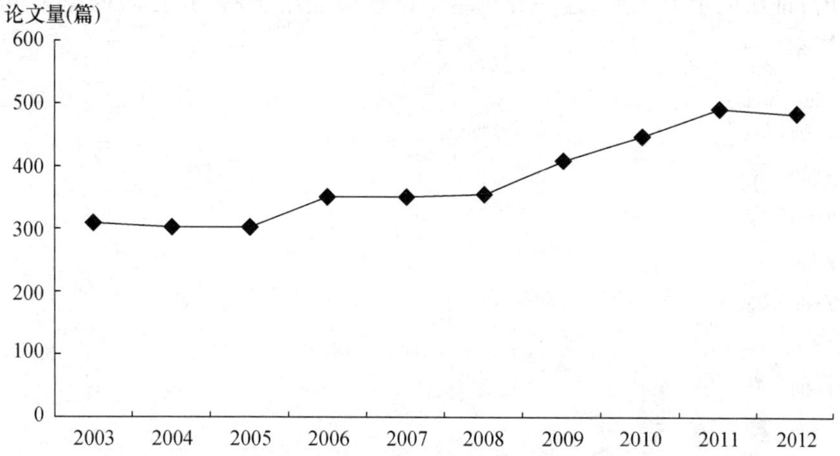

图 1　2003—2012 年城市科学研究论文产出趋势

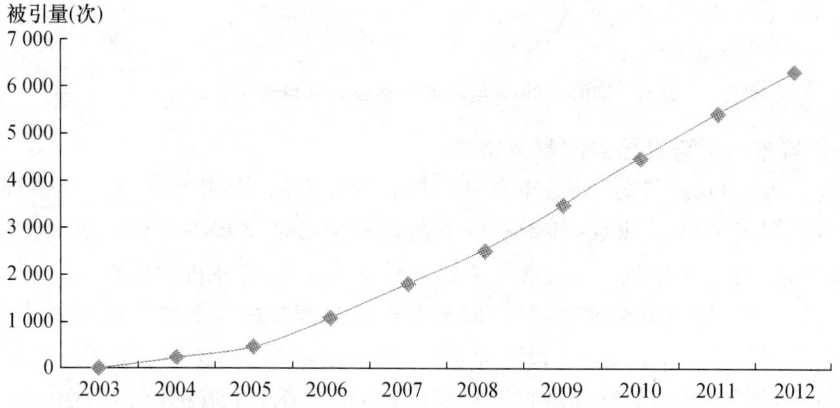

图 2　2003—2012 年论文总体被引趋势

三、城市科学研究热点

1. 交叉学科热点

通过对文献内容所属的学科进行分析发现，样本文献多为“城市研究”与其他学科交叉的研究成果（见图 3），这也再次证明了“城市科学”是一门交叉性学科。其中，与“城市研究”交叉最多的学科依次是“环境科学与生态”“地理学”“公共管理”“自然地理学”“商业与经济”“教育与教育研究”“历史”“工程学”“林学”“植物学”“社会学”“建筑学”“政治与法律”“植物多样性与保护”等。其中，“社会学”“建筑学”“政治与法律”三门学科与城市科学交叉的科研成果数量并不突出，排在前十名之后，这一分析结果出乎课题组预料，其背后的原因值得进一步探索。

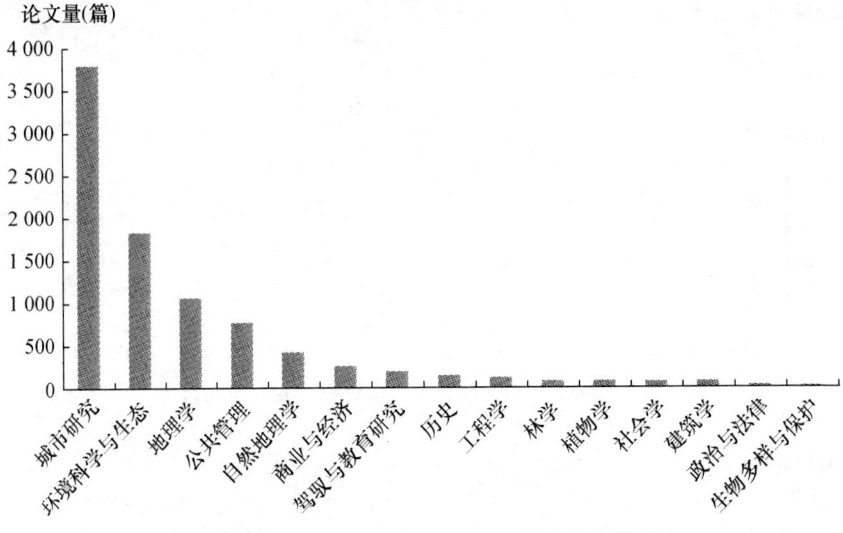

图 3　2003—2012 年城市科学交叉学科论文量对比

2. 城市科学研究热点国家与城市

为了进一步探寻国内外城市科学的热点研究方向，笔者对文献的关键词进行了分析。利用 TDA 从 WOS 检索平台中抽取到 63% 的文献关键词①，共计 6336 个（以下简称“样本关键词”），以这些关键词作为科研热点分析的数据源，首先对关键词进行分类，将国家名称关键词、城市名称关键词从样本关键词中抽取出来，剩下的关键词与学科主题相关（以下简称“主题关键词”），单独进行分析。

通过对国家名称关键词进行词频统计分析，排名前十五的高词频国家分别是中国、印度、巴西、南非、加拿大、德国、加纳、土耳其、西班牙、坦桑尼亚、阿根廷、日本、智利、埃及、伊朗（见图 4），其中以“中国”为关键词的论文有 84 篇，以“印度”为关键词的论文有 19 篇，以“巴西”为关键词的论文有 17 篇，可见研究中国城市的论文量远多于研究其他国家城市的论文量，这说明近十年中国城市化建设情况或问题广受国际学术界关注；排名前十五的高词频国家中，金砖国家的中国、印度、巴西、南非分别位居前四，说明发展中国家（尤其是发展中大国）的城市建设受到国际学术界的重视，同时也印证了“中国式”城市化进程具有鲜明的特征，受到学者们突出的关注。

① WOS 检索系统的关键词有两种，一种是 Key Words by author（论文作者提供的关键词），一种是 Key Words plus（系统从论文的引文标题中抽取的关键词），本文选择前一种关键词进行分析。

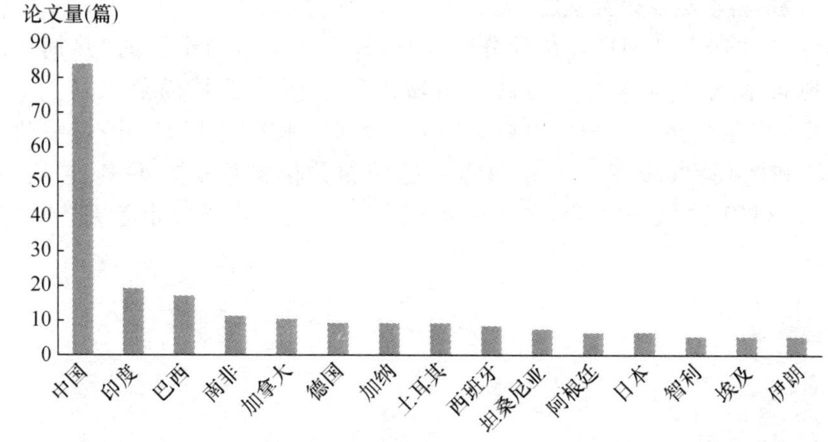

图 4　2003—2012 年城市科学研究论文热点关注国家对比

通过对城市名称关键词进行词频统计分析，排名前十五的高词频城市分别是上海、纽约、北京、伦敦、芝加哥、广州、墨西哥市、香港、圣地亚哥、巴塞罗那、柏林、悉尼、阿姆斯特丹、悉尼、耶路撒冷、德里（见图 5）。对比研究发现，中国内地三大城市“上海”“北京”“广州”排名靠前，科研文献的聚焦再次证明了中国城市在国际学术界的受关注程度很高。上海在词频统计中位列第一，上海作为中国第一大城市，具有深厚的近代城市文化底蕴，江南的吴越传统文化熔铸中西，逐渐形成了特有的海派文化，同时上海拥有中国最大的外贸港口和工业基地，货物吞吐量和集装箱吞吐量居世界第一，受到国际关注也在情理之中。

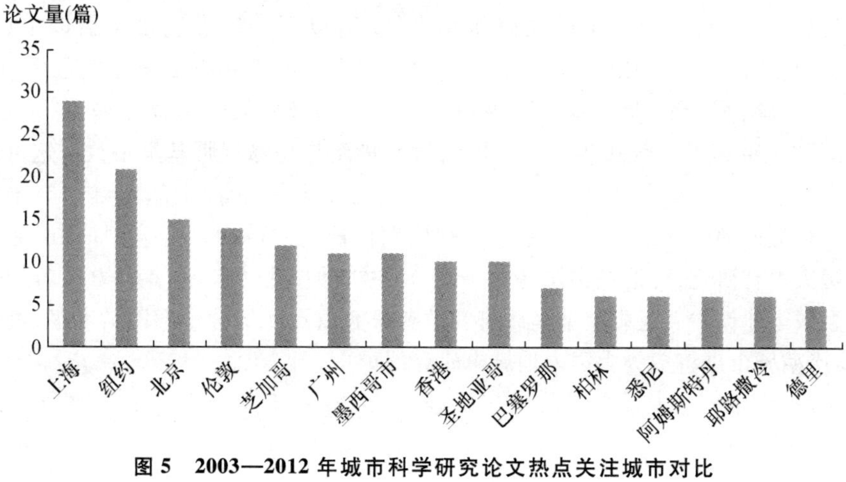

图 5　2003—2012 年城市科学研究论文热点关注城市对比

3. 城市科学热点研究主题

通过对主题关键词进行统计分析,同样选出了排名前十五的"热词"(见图6),出现频率比较高的关键词揭示出城市科学研究领域的热点所在。研究发现,城市科学最热门的研究方向是"城市规划",其次是"都市化/城镇化""城市发展"和"可持续发展",其余热点主题的相关论文数量差不多,包括"国际化""土地利用""城市教育""城市扩张""城市生态""城市治理""城市美化"等。

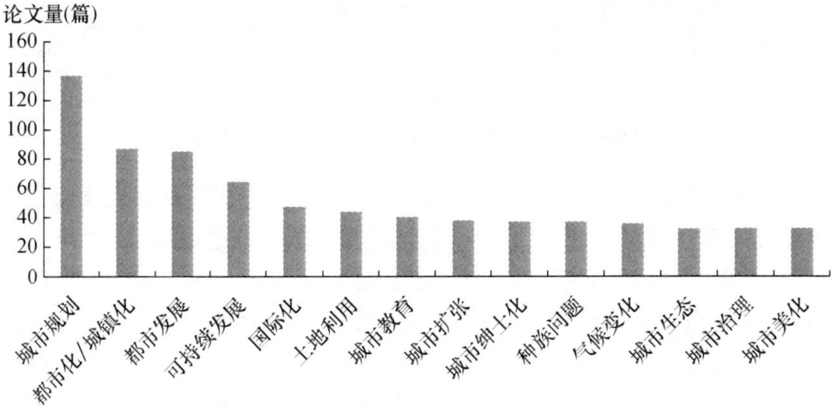

图 6 2003—2012 年全球城市科学热点研究主题对比

课题组进一步对中国作者发表的论文主题进行分析,发现国内城市科学研究主题比较分散,同一主题下的文献量均在 13 篇以下。从中选出 4 篇以上(含 4 篇)同主题文献进行对比(见图 7),研究发现,国内城市研究关注最多的是"都市化/城镇化"问题,其次是"城市规划""城市扩张""可持续发展""紧凑型城市""城市绿色空间""土地利用""城市生态"等,国内研究热点与国际视野基本一致。这可以解释为中国学者在城市科学领域起步比较晚,还处于模仿和学习阶段,在研究主题的选择上难免追随国际上的科研热点。另外,国内研究主题中,"紧凑型城市"专题在其他国家少有研究,可谓是中国特色。结合下文"研究机构与作者实力排名"来看,紧凑型城市建设主要是香港地区政府和学者研究重点。结合中国国情考虑,可以预见,紧凑型城市也将成为中国内地城市研究的重点。

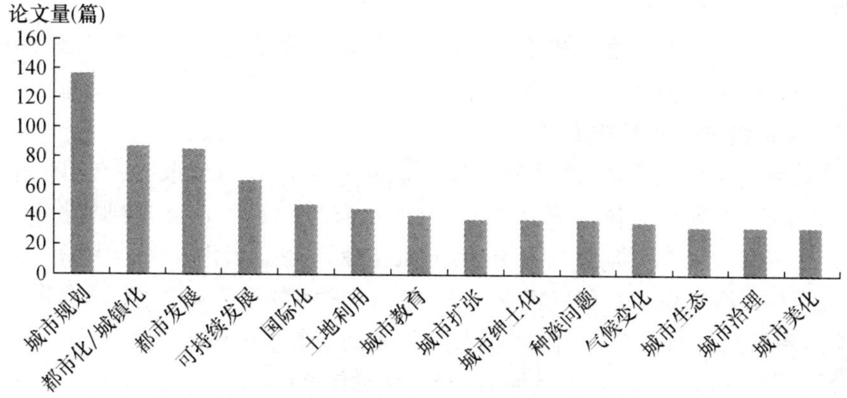

图 7　2003—2012 年国内城市科学热点研究主题对比

四、全球城市科学研究机构与作者实力排名

1. 各国论文产出量对比

全球各国论文产出数量的差距比较大，按发文量从高到低排序，前 Top10 国家的论文产出量占到总量的 72%，而余下 28% 的论文却分别来自 97 个国家。前 Top10 国家分别是美国、英国、中国、加拿大、荷兰、澳大利亚、德国、西班牙、土耳其、法国（见图 8）。

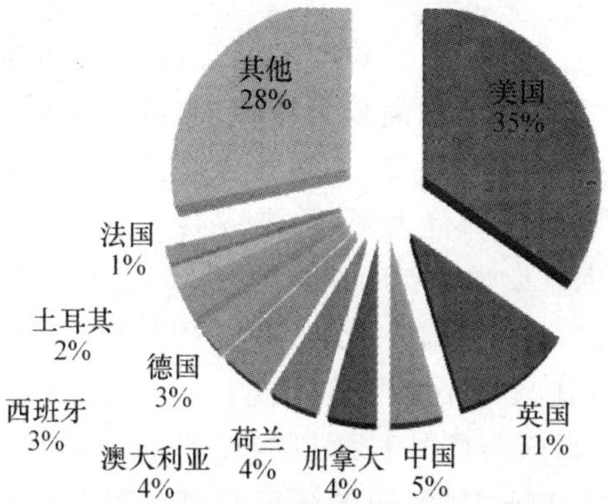

图 8　2003—2012 年各国论文产出量对比

Top10 国家发文量对比来看，美国论文产出最多，占论文总量的 35%，其次是英国，占比为 11%，中国排名第三，论文产出总量为 176 篇，占比 5%，加拿大、荷兰、澳大利亚论文产出量差距不大，占比均为 4%，德国、西班牙的论文产出也相差不多，占比均约为 3%，排名第九的是土耳其，论文产出占比 2%，法国排名第十，占

比 1%。

中国发文量尽管位居世界第三，但是与美国、英国存在比较大的差距，中国城市科学整体研究实力还有巨大的上升空间。

2. 城市科学研究机构排名

从文献的来源机构看，全球从事城市研究的机构较为分散，共有 101 个国家的 1195 所机构，研究主体主要是高等院校，也有少数是城市规划研究机构、环境保护机构或其他。发文量位列前 10 名的机构依次是美国伊利诺斯大学(48 篇)、香港大学(46 篇)、新加坡国立大学(37 篇)、加拿大多伦多大学、英国伦敦大学学院、美国阿姆斯特丹大学、美国加州大学伯克利分校、美国亚利桑那州立大学、美国加州大学洛杉矶分校、英国曼彻斯特大学(见图 9)。

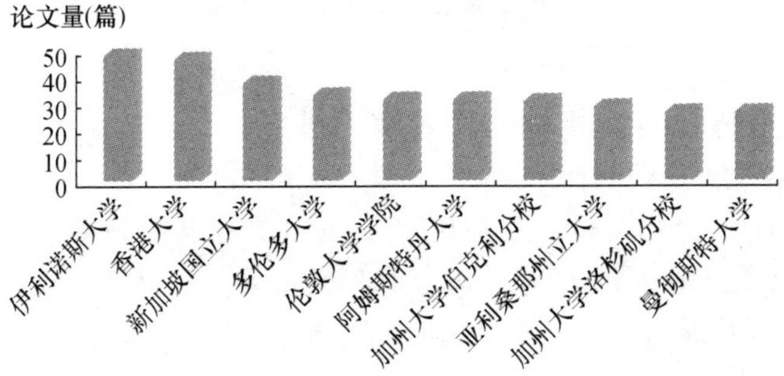

图 9 2003—2012 年全球发文量排名居前的科研机构对比

中国 40 所高校总共发表了 176 篇相关论文，发文总数位列第三。其中发文数量较多的机构主要以香港地区的高校为主，且香港大学以 46 篇的发文量占据了绝对的龙头位置，中国科学院位列第二，其余发文 3 篇以上的机构依次是：香港理工大学、香港城市大学、北京师范大学、香港浸会大学、北京大学、华南理工大学、中山大学、复旦大学、南京大学、浙江大学(见图 10)。中国内地研究机构或高校发文相对较少，而且各机构的研究成果比较平均，探其根源，发现中国内地论文作者比较孤立，各大机构往往只是个别学者独立开展了相关研究，尚未形成具有强大科研实力的研究团队，因而与国外科研机构相比，国内科研成果的数量有限。中国内地科研成果分散也佐证了“我国的城市研究在很大程度上表现为‘自发的研究’，同时，由于学科分散、理论谱系杂多、研究方法差异很大，在很多关键与重大现实问题上很难形成共识和开展协同攻关”①。

① 刘士林:《城市科学建构与中华民族的城市启蒙》,《学术研究》2012 年第 10 期。

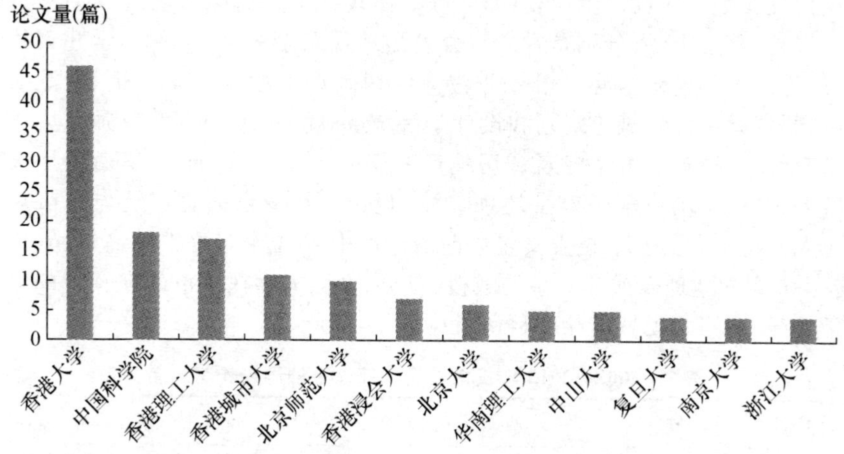

图 10　2003—2012 年国内发文量排名的科研机构对比

3. 城市科学发文作者排名

从作者的发文数量来看,全球发文量超过 6 篇(含 6 篇)的作者一共有 10 位(见图 10),其中香港大学詹志勇(Jim,C. Y.)以 10 篇的发文数量名列世界第一,其余 9 人分别是 Taylor,Peter J.(英国)、吴缚龙(英国)、Boyd,Robert L.(美国)、Butler,Tim(英国)、Glaeser,Edward L.(美国)、何深静(英国/中国)、Kraetke,Stefan(德国)、Raco,Mike(英国)、Song,Yan(美国/瑞典)。Top10 作者中,美国和英国的学者占了大多数,突显出英美高校在科研合作方面的集体优势(见表 1)。

表 1　2003—2012 年全球发文量 6 篇以上的作者排名

姓名	论文数	国别	所属机构
詹志勇	10	中国香港	UnivHong Kong
Taylor,Peter J	8	英国	UnivLoughborough
吴缚龙	7	英国	CardiffUniv/UnivSouthampton
Boyd,Robert L	6	美国	MississippiStateUniv
Butler,Tim	6	英国	Kings Coll London/UnivE London
Glaeser,Edward L	6	美国	UnivCalif Berkeley /Univ Toronto/Harvard Univ
何深静①	6	英国/中国	CardiffUniv/Univ Southampton/Sun YatSenUniv
Kraetke,Stefan	6	德国	European UnivViadrina
Raco,Mike	6	英国	Kings Coll London /UCL
Song,Yan	6	美国/瑞典	Univ N Carolina/Stockholm Univ/Hunan Univ

① 何深静,女,现任职于中山大学地理科学与规划学院城市与区域规划系,博士,副教授。WOS 中检索到其发表的文献中,有 4 篇署名机构是英国南安普敦大学或卡迪夫大学,2 篇为中山大学。

国内发文数量3篇以上(含3篇)的作者共有11位,除排名世界第一的詹志勇先生以外,其余10人分别是香港浸会大学地理系李思明、清华大学建设管理系郑思齐、香港大学建筑学院王珺[①]、香港大学房地产及建筑系李宁衍、香港大学地理系林初昇、香港大学城市规划和设计学院 Monkkonen,Paavo、北京师范大学资源学院田育红、香港理工大学建筑和房地产系 Hui,Eddie Chi-man、华南理工大学建筑学院刘玉亭、中国科学院南京地理与湖泊研究所/南京大学建筑与城市规划学院罗小龙。可见,国内11位发文量居前的作者中,7位来自香港的高校,其中又有5位是香港大学地理系或建筑系的教授,可见,香港大学在城市研究领域的集团优势非常明显,是当之无愧的核心科研机构(见表2)。

表2 2003—2012年发文数量3篇以上的国内作者排名

姓名	论文数	所属机构	研究方向
詹志勇	10	香港大学地理系	城市生态、城市森林、城市土地科学、城市对乡村的冲击、环境治理和运动
李思明	5	香港浸会大学地理系	中国城市与区域研究
郑思齐	4	清华大学建设管理系	城市经济学与住房市场、房地产经济学
王珺	3	香港大学建筑学院(注:现在香港城市大学就职)	中国城市交通、城市中产阶级、城市发展、城市文化、城市复兴等
李宁衍	3	香港大学房地产及建筑系	土地使用政策、城市发展规划、建筑环境
林初昇	3	香港大学地理系	中国城市和区域发展、中国土地产权、公共政策、经济地理及社会地理
Monkkonen,Paavo	3	香港大学城市规划和设计学院	住房政策和发展、城市土地市场、土地治理
田育红	3	北京师范大学资源学院	城市化、生态系统碳循环、城市森林格局与生态效益研究、景观格局分析与评价等
Hui,Eddie Chi-man	3	香港理工大学建筑和房地产系	房地产市场、城市发展、住房规划等
刘玉亭	3	华南理工大学建筑学院	城市与区域规划、住区与可持续发展、住房与城市更新、城市贫困与社会空间分异
罗小龙	3	中国科学院南京地理与湖泊研究所/南京大学建筑与城市规划学院	城市与区域规划、城市化、城市和区域管治和发展政策

① 王珺现在香港城市大学就职。

从单篇文献的被引情况来看,被引次超过100次的论文有4篇,分别是:荷兰学者 Chiesura,A.(被引137次,排名第一)和 Mommaas,H.(被引100次,排名第四)、美国学者 Scott,A.J.(被引121次,排名第二)和 Krizek,K.J.(被引101次,排名第三)。对被引次数最多的20篇文献(下文简称"Top20核心文献")进行分析发现,Top20核心文献的作者没有重复,换言之,没有学者发表2篇以上(含2篇)Top20核心文献。除了前面提及的Top4高被引论文的作者外,其余高被引论文的作者分别来自日本、英国、意大利、加拿大及法国(见表3)。核心文献分析表明,到目前为止,城市科学研究在全球还没有绝对权威的专家,中国学者在全球城市科学领域影响力还不够,很多具有潜质的学者可以朝这个方向努力。

表3　2003—2012年高被引论文作者排名

排名	作者	被引次数	机构	国别
1	Chiesura,A	137	UnivWageningen& Res Ctr	荷兰
2	Scott,AJ	121	UnivCalifLos Angeles	美国
3	Krizek,KJ	101	UnivMinnesota,Minneapolis	美国
4	Mommaas,H	100	TilburgUniv	荷兰
5	Xiao,JY;Shen,YJ;Ge,JF;Tateishi,R;Tang,CY;Liang,YQ;Huang,ZY	90	Univ Tokyo	日本
6	Evans,G	85	Cent St Martins Coll Art & Design	英国
7	Barredo,JI;Kasanko,M;McCormick,N;Lavalle,C	82	Commiss European Communities,Joint Res Ctr	意大利
8	Jeynes,WH	81	CalifStateUnivLong Beach	美国
9	Schlossberg,Marc;Greene,Jessica;Phillips,Page Paulsen;Johnson,Bethany;Parker,Bob	79	UnivOregon	美国
10	Ward,K	77	Univ Manchester	英国
11	Duranton,G;Puga,D	77	Univ Toronto	加拿大
12	Song,Y;Knaap,GJ	74	Univ N Carolina	美国
13	Kasanko,M;Barredo,JI;Lavalle,C;McCormick,N;Demicheli,L;Sagris,V;Brezger,A	73	Commiss European Communities,DG Joint Res Ctr	意大利
14	Jeynes,William H.	72	CalifStateUnivLong Beach	美国
15	Markusen,Ann;Schrock,Greg	71	UnivMinnesota	美国

（续表）

排名	作者	被引次数	机构	国别
16	Bengston, DN; Fletcher, JO; Nelson, KC	68	USForestServ, N Cent Res Stn	美国
17	Lees, L	68	Kings Coll London	英国
18	Pauleit, S; Ennos, R; Golding, Y	67	Univ Manchester	英国
19	Newman, K; Wyly, EK	66	RutgersStateUniv	美国
20	Storper, Michael; Manville, Michael	65	InstEtudPolit Paris	法国

五、全球科研基金与学术期刊排名

1. 科研基金排名

为了解城市科学研究的学术环境和条件，笔者对论文的基金资助情况和发表论文的来源期刊按关联论文量进行排名。经过统计，全球共有 300 多种基金资助了城市研究，所有样本文献中，共有 426 篇论文受到基金资助，占比 11.19%。其中排名前三依次是：中国国家自然科学基金（22 篇）、美国国家科学基金会（17 篇）和澳大利亚研究委员会（8 篇），中国“973”、芬兰研究院和欧洲委员会一样多，都有 5 篇（见图 11）。

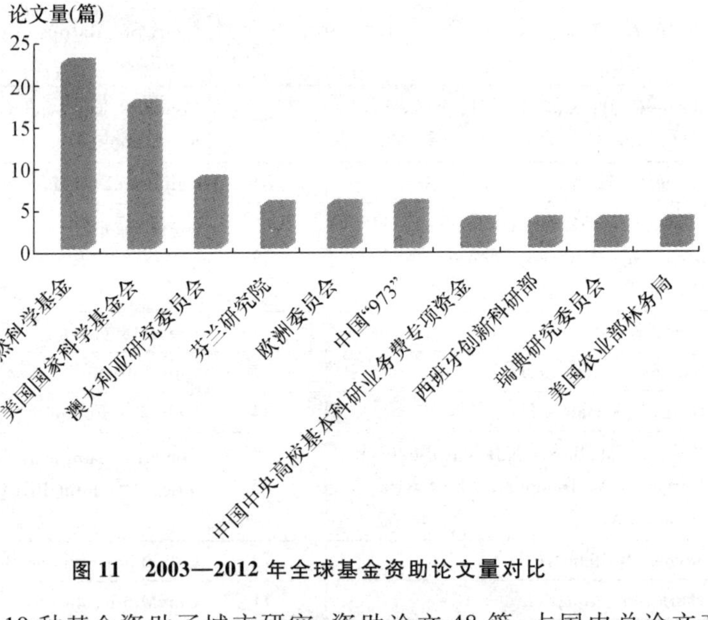

图 11　2003—2012 年全球基金资助论文量对比

国内共有 19 种基金资助了城市研究，资助论文 48 篇，占国内总论文产出的

24.37%，可见，相对国际整体情况而言，基金资助对于国内的城市研究比较重要，同时也说明国外科研并不主要倚赖基金。国内科研基金中，以国家自然科学基金对城市研究的贡献最多，几乎有一半基金成果来自于它的资助，其次“973”有5篇，其他基金成果较少，中央高校基本科研业务费专项资金有3篇、中国科学院和上海市教委各2篇，其余基金成果均为1篇（见图12）。

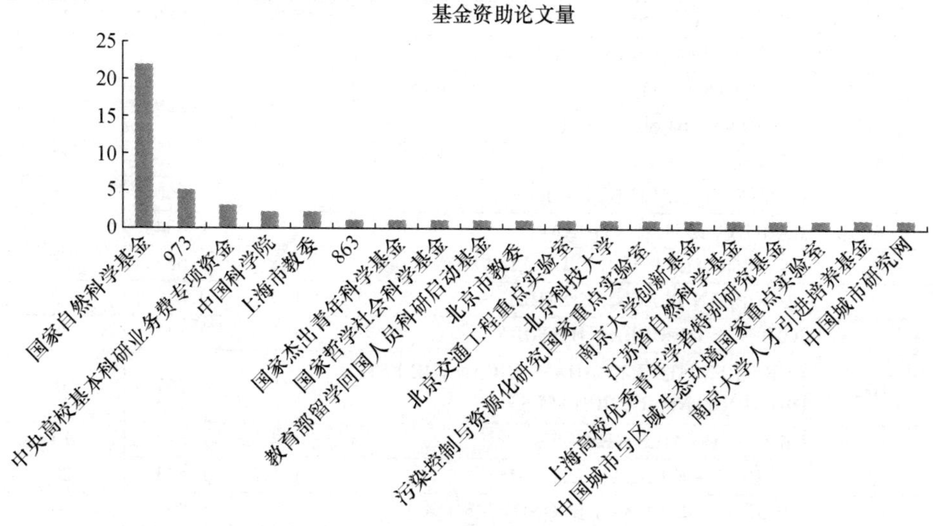

图12　2003—2012年国内基金资助论文量对比

从国内投放基金的类型来看，自然科学类基金贡献最突出，其次是综合类型基金，人文社科类基金成果最少。近些年来城市研究越来越受到国家哲学社会科学基金、教育部人文社会科学基金青睐，但是成果并不多，其背后的原因值得深思。国内城市科学研究者们如果想在国际学术界占有话语权，必须借助国际学术期刊、国际学术会议等媒介，将最新的研究成果或具有中国特色的案例向全球学术界展示。

2. 学术期刊排名

对样本文献发表的学术期刊进行统计分析发现，所有样本文献分别发表于38种国际核心期刊（SSCI或A&HCI期刊），其中发文量超过100篇的期刊有13种（见表4），均为“城市研究类”期刊①。这13种期刊发表文献共计2706篇，占总样本文献的71.10%，可以被确定为城市科学研究的核心期刊。其中7种期刊（表中以“ * ”标记）的影响因子在同类期刊中排名居前，可确定为城市科学领域的重量

① JCR（Journal Citation Reports，期刊引用报告）按照学科对期刊进行分类，其中有一类是Urban studies，翻译成中文即是“城市研究”。

级核心期刊,尤其应该受到研究人员的重视。这 7 种核心期刊的刊名翻译成中文依次是:《城市研究》《景观与城市规划》《城市与区域研究国际期刊》《城市》《城市地理学》《国际城乡居住》《环境与城市化》。

表 4 2003—2012 年发文量超百篇的期刊排名

发文排名	期刊名	发文量	影响因子	期刊排名①
1	URBAN STUDIES(*)	548	1.280	10
2	LANDSCAPE URBAN PLAN (*)	399	2.173	1
3	INTERNATIONAL JOURNAL OFURBAN AND REGIONAL RESEARCH (*)	264	1.339	9
4	CITIES	245	1.143	13
5	URBAN GEOGRAPHY(*)	216	1.360	8
6	HABITAT INTERNATIONAL(*)	175	1.434	7
7	ENVIRONMENT AND URBANIZATION (*)	148	1.667	5
8	EUROPEAN PLANNING STUDIES	137	0.679	23
9	JOURNAL OF URBAN HISTORY	135	0.131	36
10	EURE-REVISTA LATINOAMERICANADE ESTUDIOS URBANO REGIONALES	115	0.297	35
11	URBAN AFFAIRS REVIEW	114	1.098	14
12	JOURNAL OF URBAN AFFAIRS	105	1.423	20
13	JOURNAL OF URBAN ECONOMICS (*)	105	1.892	3

值得一提的是, Top20 核心文献的来源期刊比较集中,其中有 6 篇来自 *LANDSCAPE AND URBAN PLANNING*(可译为:《景观与城市规划》),有 5 篇来自 *URBAN STUDIES*(可译为:《城市研究》),结合期刊发文量和论文的被引次数分析可知,《城市研究》和《景观与城市规划》应属城市研究领域最具影响力的两种核心期刊(见表 5)。

表 5 2003—2012 年城市科学 Top20 核心文献来源期刊

Top20 核心文献来源期刊	核心文献刊载量
LANDSCAPE AND URBAN PLANNING	6
URBAN STUDIES	5
JOURNAL OF THE AMERICAN PLANNING ASSOCIATION	3
URBAN EDUCATION	2
INTERNATIONAL JOURNAL OF URBAN AND REGIONAL RESEARCH	2
JOURNAL OF URBAN AFFAIRS	1
JOURNAL OF URBAN ECONOMICS	1

① "期刊排名"是指"城市研究"类 37 种期刊的影响因子排名。

六、研究结论及对策

以上从不同的角度对样本文献进行了计量分析，并提出了相关结论，归纳起来主要有如下几点需要强调：

首先，从城市科学发展整体趋势来说，主要有两点启示：第一，近十年全球城市研究逐年升温，且从 2009 年开始进入快速发展通道，具有较大的发展空间，假以时日，城市科学将成长为一门“显学”；第二，城市科学研究与其他学科交叉性较强，研究领域宽泛，但研究热点十分突出。

其次，从研究内容来说，学术界对发展中国家的城市关注程度比较高，中国发达城市上海、北京、广州受到尤为突出的关注。

再次，通过国内外对比研究发现，国内城市研究水平还有很大的上升空间。中国的论文产出量虽位列世界第三，但与美、英两国尚有较大差距，作者和论文的影响力明显较弱。

将不同视角的文献分析结论糅合在一起，放置于国内城市科学研究整体环境和现实状况中进行综合考量，对于中国城市科学整体科研水平的提升，笔者提出的对策如下：

其一，各类科研基金资助对城市科学研究发挥了举足轻重的作用，国家应该通过不同的渠道继续增加科研经费投入，对于社科类基金投入和产出不成正比的现象予以重视，找出问题的缘由并加以解决。

其二，鉴于城市科学的交叉性比较强，国内科研人员应该改变“独立式”科研习惯，采用“团队合作”的科研方式，加强不同机构之间的合作，促进城市科学与相关学科的互联。

其三，加强国内高校城市科学学科建设，尽管城市建设问题随着国内经济的快速发展日益突出，但是“城市科学”一直都不是独立的一级学科或者二级学科，其学科归属也一直模糊不清，这一问题亟待明确，在世界城市化和我国城市快速发展的背景下，城市科学在全球社会科学研究中具有顶层设计、全局视野、战略核心的重要地位。

其四，中国学者在城市科学领域起步比较晚，还处于模仿和学习阶段，在研究主题的选择上难免追随国际上的科研热点，然而中国城市化进程中遭遇的问题往往具有“中国特色”，中国学者理应对“中国式城市化”问题倾注更多的关注，改变目前国内在城市建设方面理论总结比较欠缺的现状，使城市科学研究最终能够服务于建设实践。

课题组负责人

汤莉华，教育部哲学社会科学发展报告《中国都市化进程年度报告》课题组子课题负责人，上海交通大学城市科学研究院研究员，上海交通大学图书馆学科馆员。

课题组成员

兰小媛，上海交通大学图书馆学科咨询馆员，主要从事情报分析、学科资源建设、信息素养教育等领域研究。

张书成，教育部哲学社会科学发展报告《中国都市化进程年度报告》课题组成员，上海交通大学媒体与设计学院博士研究生。

全球都市文化发展报告

城市以及城市群的发展，是国家发展的问题之一，同时也是解决国家经济、环境和能源问题的方案。2012年世界城市的发展面临四大挑战，一是全球粮价持续上涨，虽然粮价总体上较2011年的高点有所回落，但是谷物价格涨幅较大[①]，发展中国家和地区不断增加的粮食进口成本引发一系列城市社会问题，而发达地区也同样存在供应紧张的情况；二是各种自然灾害和人为冲突威胁着城市居民的安全，同时对于城市老化基础设施的抵御能力也是很大的挑战；三是城市发展普遍存在能源过度使用和短缺的现象，因此开发新能源以及通过技术手段提高能源转换效率成为城市发展中的重大课题；四是在城市生活的持续高压下，城市居民的精神健康堪忧，青年人由于精神空虚和就业问题长期处在各种情绪压力的负面影响下，引发诸多社会问题，也直接影响到城市未来发展的健康和持续性。在这样的背景下，2012年全球城市有如下的发展。

一、都市规划和发展政策

1. 飓风"桑迪"袭击美国东北海岸城市，老城面临基建更新压力

飓风"桑迪"于2012年10月29日晚登陆美国东海岸，纽约州、康尼狄格州、宾夕法尼亚州、西弗吉尼亚州、马里兰州甚至北卡罗来纳州都有人员伤亡的报告，纽约市等大都市也受到重创。[②] "桑迪"是2012年国际社会热议的年度事件，在媒体报道中频繁出现，并且引发社会各界对于城市灾难事件应急处理的讨论。近年来北美风灾频发，最为严重的一次是2005年从佛罗里达州登陆的飓风"卡特里娜"，横扫墨西哥湾，造成美国南部1800多人死亡，100多万人流离失所。而此次"桑迪"威胁的区域是美国人口最稠密，城市化程度最高的东北部海岸，"桑迪"在新泽西州南部登陆，致使纽约市遭受巨大损失，交通设施和通讯网络一度中断，电力系统全面瘫痪，地铁破坏严重，曼哈顿下城大片街道被洪水淹没，炮台公园至今可以看到当时飓风横扫的痕迹，众多游客不得不改变参观纽约市的计划。由于有效的预报和救灾组织活动，"桑迪"的来袭并没有造成类似"卡特里娜"的大量人员

---

① 联合国粮食及农业组织：《粮食及农业状况年度报告》，联合国粮农组织官网2013年4月3日。

② 《"桑迪"强袭美国东海岸，至少16人遇难》，新华网2012年10月30日。

伤亡。美国学者早在 2008 年一份有关城市自然灾害应对的调查中指出，如果下一次自然灾害侵袭美国，损失最严重的地区很可能将是纽约市和三藩市，因为高度密集的城市化地区同时也意味着更多的伤亡和基建损毁。从城市发展的角度看，这不单纯是基础设施防御能力的问题，规划者也要思考空间设计是否合理，从而提升城市应对自然灾害的能力。

2. "国家在谈判，而城市在行动"

纽约市市长布伦伯格在世界城市气候领导小组会议上说："国家在谈判，而城市在行动"①，引起媒体和学界热议，甚至有研究者提出"如果市长来管治世界"的假设。该气候领导小组由 40 个成员城市以及 18 个附属城市组成，旨在提供可行性方案应对全球大规模的气候变化和环境问题。世界城市面临诸多的战略性发展问题，如环境、能源和交通等，城市领导者和研究者渐渐发现国家以及州（省）由于政治资源分隔和体制等因素很难采取实质性的措施，似乎只停留于无休止的谈判和讨论，而城市作为具有独立经济资源和普遍文化认同的个体却可以行动起来，真正地解决一些问题。美国城市学家雅各布斯在 20 世纪 60 年代就已经阐述过城市在世界经济活动中的中心地位和主导作用，随着跨区域乃至跨国城市之间的联合行动不断增多，国家和州（省）的作用确实在某些程度上削弱。在世界一线大城市，如伦敦、纽约、巴黎、阿姆斯特丹、东京、芝加哥、柏林、洛杉矶、多伦多、上海等，市长们的活动和举措不仅仅关系到本地的发展，更能折射出这个国家乃至世界城市的发展趋势和方向。

3. 2020 年东京可再生资源供应比例计划增至 20%

所有的城市都会面临能源过度使用和短缺的问题。可再生能源，比如风力、太阳能以及安全核能，都可以减少对于化石能源的依赖以及相关的废气排放量。日本东京鼓励能源公司多使用可再生能源，希望在 2020 年前提供 20% 的可再生能源，要求各能源公司定期发布各自的二氧化碳的排放量以鼓励他们减少排放，更多使用可再生能源。② 自该项目 2005 年启动以来，第一年就有三分之二（6 个）的电力公司减少了 68 万吨二氧化碳排放，具体方法就是依托日本的电力市场 2005 年实现自由化，电力用户可以自行选择供应公司的现实，要求能源公司向用户出示其绿色凭证，包括报告二氧化碳排放因素（每千瓦时电力的温室气体排放量），计划降低排放的数量，提供可再生能源的介绍和计划日程，以便用户根据这些计划和报告来选择一家环境友好型公司。如果东京都会政府（TMG）会正式要求这些公司公布这些信息，但是某个公司没有提交，政府会向公众公布这一公司

① 《国家在谈判而城市在行动》，纽约市政府官方网站 2012 年 12 月 3 日。

② 《东京新能源项目》，城市联盟组织官方网站 2013 年 2 月 3 日。

的名称。

4. 世界能源发展展望中提高能源利用效率是重点

世界能源机构发布的2012世界能源展望报告称，到2035年通过一些经济性措施提高能源利用效率可节约相当于2010年全球能源消耗18%的用量，全球GDP提高0.4%，汽油消耗带来的财政支出将减少17万亿美元，值得注意的是，美国通过采纳最新能源转换技术和自由市场等方案，在能源消费净值上已经可以自给自足。[①] 能源利用效率同能源储量同样重要，提高能源效率可以大幅减少原油消费量，为解决全球气候问题赢得宝贵的时间。

5. 汉堡港口新城将成新地标

汉堡的港口新城是欧洲最大的城市建设项目，绵延3.3千米，总占地面积约为157公顷，据当地人介绍，"汉堡港口新城的面积是德国柏林波茨坦广场的15倍大"，只有10%的港口城市的建设项目正在实施，剩余的部分到2025年时再开工，已有居民1500人，190家企业，还有诊所、运动场地、店铺、学校和其他一些必需服务设施。[②] 这一位于城市中心地带的新城项目不仅可供人们居住和工作，也将成为汉堡的城市新地标和景观，河滨长廊已经成为汉堡居民的散步场所，在不断建成和完善后也将吸引大量的游客。

6. CNN发布最新世界宜居城市排行榜，中国香港位居榜首

《经济学人》杂志发布了全球最宜居城市排行榜的调查结果，让很多人跌破眼镜的是中国香港在此次排行榜中夺魁，而呼声甚高的温哥华和墨尔本则排在十名之后。本次评比采取了新的排名标准和数据，主持评比的建筑师罗威托纳入了一些城市规划方面的数据，比如城市中的绿化面积，扩张是否合理，自然和文化资源，与其他城市的连接性和隔离性等。罗威托认为香港荣登榜首是由于其空间布局紧凑，同时自然环境和文化得到了很好的传承，与世界其他地方的联系也很紧密。[③] 除此之外，荷兰的阿姆斯特丹位居第二，日本的大阪排在第三位，以下依次是巴黎、悉尼、斯德哥尔摩、柏林、多伦多、慕尼黑和东京。

7. 世界上即将消亡的城市

城市在距离现代人很久远的时代就已经存在了，但是我们却有可能目睹一些城市的消失。媒体为我们展示了一些有可能因为种种原因而消亡的城市。西非冈比亚首都班珠尔因为海平面的上升面临被海水侵蚀的危险，墨西哥城也由于陆地下沉和食品资源短缺的原因受到威胁，同样的下沉情况也存在于威尼斯，底特

① 《2012世界能源展望》，经济合作组织网站2013年3月5日。

② 《汉堡的港口新城：工地的风景》，Spiegel网站2012年12月3日。

③ 《最新宜居城市排名揭晓，抱歉，温哥华你没有入选》，CNN官方网站2013年1月3日。

律自第二次世界大战后起人口不断缩减，由于人口的流失，经济发展和城市服务都面临重大问题，给城市管理者以很大的挑战，意大利的那不勒斯因坐落在维苏威火山处而面临火山爆发的危险，同时地震也威胁着居住在三藩市的居民。[①]

8. 日本海啸后重建能源型城市

在 9 级地震和海啸过后，日本称 2012 年计划建造 6 个能源节约型的“未来城市”。在 2011 年的海啸席卷的一些海滨社区和市镇中，日本计划将其重建为能源型城市，被海啸损毁的 3 个市镇将联合被开发为世界上首个超级太阳能项目所在地。[②] 特别是在全国几乎所有的核电设施停用之后，日本主要依靠石化燃料支撑，政府迫切想要找到可替代性的资源。在福岛举行的一个研讨会上受灾地区代表和城市规划者们交流并且评估了很多的重建计划，一些专家指出这些“未来城市”的居民不仅要控制自己的用电量，而且还要在自己家中发电和储存电力，但是也有人对该项目的可持续性提出担忧。

9. 伦敦年度调查报告

2012 年伦敦发布了每年一度的城市调查报告，调查显示，伦敦市民认为教育培训特别是年轻人就业是前一年度最重要的问题，其他普遍受到关注的问题还有城市犯罪和公共安全，但同时市民普遍表达了对伦敦社区治安的信心。约四分之三市民对首都的居住环境感到满意，80% 的市民对所居住的社区环境感到满意，约有一半的市民认为伦敦的交通服务是最好的，盗窃行为在不安全事件中占有较大比例，对保留绿色空间改善环境问题的关注度从上一次调查的 8% 大幅上升到 23%，此外 30% 的伦敦市民开始意识到，奥运期间对伦敦东部的开发对城市长期发展十分有利。[③]

10. 伦敦的超级城市数字连通计划

2012 年伦敦实施了超级城市数字连通计划，希望通过提供数字化基础设施来实现城市的全面连通，同时刺激伦敦的经济增长和就业数量。本计划的具体措施包括：在技术城镇里为所有的中小企业和居民提供高速光纤宽带服务、将无线网延伸到伦敦东部供商业、观光和休闲人士使用、为生活在密集社会房屋中无法使用数字服务的居民提供高速光纤宽带和线上服务。由于该计划的资金投入对伦敦这样一个世界级城市的体量来讲相对偏小，本次投资首先考虑在经济影响最大和需求最强的地方开始，首先解决中小企业对高速宽带服务的迫切需求，但是也不排除那些与中小企业所在地临近的居民，因为在这里生活和工作的界限比较

① 《世界八大即将消亡的城市》，新华网 2012 年 9 月 8 日。
② 《日本建设能源型未来城市》，世界城市市长联盟网站 2012 年 5 月 17 日。
③ 《伦敦年度调查报告》，大伦敦局网站 2013 年 4 月 2 日。

模糊。[①]

二、城市社会发展与人口问题

1. 学界关注世界城市的人口流动和移民问题

城市也许是看似和平的，但是一定不会没有冲突存在。城市中各种群体和文化的共存其实是世界范围内的一个缩影。2012 年多伦多的"城市时代"会议以城市环境中的和平和冲突为主题，探讨并且比较了各世界城市所面临的挑战，比如巴黎和蒙特利尔的新移民如何融入当地社会，最新的绿色发展计划和能源方案，中东城市如何应对冲突暴力和疾病，以及上海和孟买的产业和新经济发展等。

2. 2030 年世界城市人口预计增至 50 亿

2008 年世界城市人口增至 33 亿，首次超过世界总人口的一半。2030 年世界城市人口预计将达到 50 亿，这些新的城市地带和人口大多是处于贫困和劣势地位的。[②] 新的城市地区将吸纳未来 40 年所有的新增人口，同时也吸纳农村人口。新城市和新城市居民的增长将主要集中在欠发达区域，比如亚洲城市人口将增加 14 亿，非洲城市人口增加 9 亿，拉丁美洲和加勒比地区的城市人口增加 2 亿。[③] 世界的城市化在未来很长一段时间内主要是亚洲特别是中国人口的城市化，预计中国城市人口 2030 年将增长到 60%。其他一些城市化率会有显著提高的地区还有：摩洛哥从 57% 增长到 73%，印度尼西亚从 54% 增长到 69%，尼日利亚从 50% 增长到 66%，波斯尼亚从 49% 增长到 62%。[④]

3. 预计日本大东京地区未来仍为世界最大城市

城市人口的大幅持续增长是超级城市和巨型城市诞生的主要因素之一。原有核心城市联合周边的市镇、卧城或者居住区在空间上构成了这些巨型城市地区，这些超级城市地区还在不断膨胀。比如 2006 年日本大东京地区人口约为 3500 万，预计到 2020 年该地区人口将超过 3700 万，而原本排在第二位的墨西哥城会降至第五位，孟买预计会从原来的第三位升到第二位，其他人口出现大幅增长的地区还有，印度的德里会从第六位升到第三位，孟加拉国首都达卡预计从第十位升至第四位，尼日利亚的拉各斯将从第十四位升至第七位。[⑤]

4. 巴尔的摩通过引入新移民防止城市缩水

巴尔的摩的人口在第二次世界大战后持续流失，该城市人口仅为 20 世纪 50

---

① 《伦敦的超级城市连通计划》，大伦敦局网站 2012 年 12 月 3 日。
② 《1950 到 2030 年间的世界城市人口增长》，世界城市市长联盟网站 2013 年 5 月 16 日。
③ 《1950 到 2030 年间的世界城市人口增长》，世界城市市长联盟网站 2013 年 5 月 16 日。
④ 《1950 到 2030 年间的世界城市人口增长》，世界城市市长联盟网站 2013 年 5 月 16 日。
⑤ 《日本大东京地区未来仍为最大城市》，世界城市市长联盟网站 2013 年 5 月 17 日。

年代高峰时期的三分之二。政府出于保留税基和提供包括基础设施在内的各项城市服务的考虑，计划采取措施防止城市的进一步缩水，市长拟通过吸引更多的移民定居在巴尔的摩来达到这个目的。[①] 新移民不仅会增加巴尔的摩的人口数量，而且还会以较多的企业活动来刺激城市的经济发展。对此人们的观点各不相同，有评论称巴尔的摩还没有能力吸纳新移民的涌入，这一措施将城市繁荣引发的人口增多结果当作其诱因，简直就是本末倒置。

5. 芝加哥等城市仿纽约高线公园营造城市公共空间

芝加哥、费城和圣路易斯计划仿照纽约的高线公园建设城市绿地，开发新的城市公共空间。[②] 美国纽约市的高线公园是世界城市公共空间营造的一个经典范例，公园选址在一条抬高的铁轨上，按照节能环保、材料循环和可持续发展的原则建造而成。高线铁路原本是30年代一条货运量很大的“空中”铁路，而随着铁路货运被州际公路货运逐渐所取代，高线铁路渐渐被废弃。20世纪初期，高线铁路被改建为一个公园，行人可以在公园散步，观赏各种植物，并且从这一特有的角度来观赏纽约市的风貌。高线公园的成功也激发了其他城市规划者利用废弃场地和基建设施来营造城市空间的灵感，而此次芝加哥等地的公园建设举动却不被看好，甚至有观点认为高线公园的成功有自身的特殊性，再也不会出现第二个“高线公园”。

6. 技术变革引发城市就业危机

全球电子产业进入裁员高峰，全球最大笔记本电脑厂商惠普宣布裁员2.7万人，全球最大半导体厂商瑞萨计划裁员1万人，黑莓预计再裁2000人，索尼计划年内裁员约1万人，日本松下电器公司在2012年内对总公司7000人中裁员50%，新一轮的裁员不仅涉及生产和销售部门，还深入到公司核心的技术支撑和研发部门。[③] 这一现象折射出社会技术发展中的结构性变革，处于劣势的企业缺乏新技术投入并且缺乏适合的商业模式，由此引发的就业危机值得关注。

三、都市精神生态与文学艺术

1. 美国研究者试图探究城市生活压力与精神疾病的关系

现代城市生活充满各种压力，城市中有更多的噪音，更多的犯罪，贫民窟，还有来自工作和生活中的各种问题。早在1965年，就有伦敦的研究人员开始追踪该地区精神疾病患者的数量和状况，1997年数据追踪结果显示该地区的精神疾病

---

① 《巴尔的摩的新生》，国家城市联盟网站2013年5月20日。
② 《芝加哥仿纽约建造公园》，未来城市网2013年5月1日。
③ 《全球电子巨头转型阵痛掀裁员潮：进入整体危机》，南方都市报网站2012年5月30日。

患病率几乎翻倍，而在全国人口中却没有出现这样的发展趋势，美国一些科学家正在研究城市生活压力和精神疾病之间的关系，通过脑部影像和数字追踪技术来发现环境变化时脑部活动会有何种差异，以此为基础提出更有利于居民健康的城市规划方案，改善城市环境。①

2. 世界青少年死亡率美国居榜首

墨尔本大学发布一项青少年健康的调查结果显示，发达国家之间的青年人死亡率相差悬殊。其中美国是发达国家中青少年死亡率最高的国家，美国青少年吸大麻的比率世界第一，同时酗酒比例也在上升，高强度体育锻炼的比例也超出其他国家，而青少年暴力死亡人数是其他27个富裕国家总和的20倍，其中酗酒导致的交通事故和暴力事件是美国青少年死亡的最主要原因。美国暴力事件死亡的人数是英国的18倍，而相比之下，美国在青少年自杀死亡人数方面排名并不高，这方面情况最为严重的是芬兰和爱尔兰。②

3. 意大利各界要求法国归还名画《蒙娜丽莎》遭拒绝

意大利的社会活动家在国内收集约15万人的签名，要求法国卢浮宫将世界名画《蒙娜丽莎》归还佛罗伦萨。《蒙娜丽莎》由意大利文艺复兴巨匠达芬奇创作，艺术史专家认为达芬奇1516年应邀访问法国时将这幅画从佛罗伦萨带到了法国，法国大革命后，这幅画辗转被卢浮宫博物馆收藏，《蒙娜丽莎》画中人神秘的微笑引发人们的无数猜想和创作灵感。③ 但是意大利要求法国将画作归还其诞生地佛罗伦萨的请求已经遭到法国的明确拒绝。

4. 自行车文化挑战汽车文化

西方社会的汽车文化伴随着战后大规模的城市扩张运动已根深蒂固，但是由于公共交通的种种压力以及人们对于健康和环保日益关注，越来越多的人开始选择自行车作为出行方式。几乎所有大城市都出台了相应计划鼓励居民使用自行车，芝加哥宣布将在今年开辟30多条防护性自行车道，希望成为美国最大的自行车城市，而来自杂志《自行车》的消息称芝加哥在自行车城市体量上名列第五，前四位分别是华盛顿、博尔德、明尼阿波利斯、波特兰，芝加哥正在推行全美最大规模的自行车共享计划，另外周末对于机动车辆的禁行也是人们更多选择自行车出现的重要原因之一。④ 在许多城市中自行车租赁服务已经加入到城市公共交通系统中，可以有效减少尾气排放和道路拥堵的问题。据荷兰每日新闻消息，哥本哈根的一个团队在研究中认为阿姆斯特丹是全球最适宜自行车骑行的城市，他们评

---

① 《压力和城市：城市衰落》，《自然杂志》网站2013年3月5日。
② 《发达国家之殇：青年人死亡率居高不下》，《海外文摘》2012年11期，第11页。
③ 《法国卢浮宫拒绝意大利“归还蒙娜丽莎”要求》，新华网2012年11月3日。
④ 《美国的自行车复兴》，《经济学人》网站2012年9月13日。

价的标准不仅包括基础设施,还有骑行环境是否令人放松、愉悦,自行车出行是否属于主流的出行方式等。[①] 此外,阿姆斯特丹也是欧洲交通堵塞问题最少的城市之一。[②]

5. 伦敦文化创意从业人员集中在软件和电子出版

大伦敦局发布的文化创意从业人员统计的最新数据显示,2010 年伦敦从事文化创意工作的就业人员共有约 65 万人,创意工作者数量最多的行业为软件开发和电子出版,分别约为 20 万和 10 万人,从事广告行业的约为 8 万人,广播和电视产业的从业人员与上一年相比进一步减少约 6 万人,音乐和表演艺术行业与上一年相比也进一步缩减为约 7 万人。同时建筑行业有较大幅度的增长,艺术品市场的从业人员增长了近一倍,设计行业也有轻微的增长。[③]

课题负责人

盛　蓉,上海交通大学媒体与设计学院博士研究生,城市科学研究院特约研究员

---

① 《全球最适宜自行车骑行城市》,荷兰每日新闻网站 2012 年 12 月 3 日。

② 《阿姆斯特丹是欧洲堵塞问题最少的城市之一》,阿姆斯特丹网站 2012 年 3 月 8 日。

③ 《伦敦的创意产业》,大伦敦局网站 2013 年 5 月 3 日。

资源报告：都市化进程的中国经验与中国话语

第一章　全球语境与现实焦点报告

2012年,世界持续转型,中国成为焦点。在世界范围内,发达资本主义经济体并未完全走出经济泥淖,为走出经济困境的集体努力促成了资本主义经济体自第二次世界大战以来的最深刻转型,政治、社会、外交与文化观念都在相应调整的范畴之中,其中显著的方面在于,伴随着对新自由主义经济制度的批判,作为西方现代性最重要文明遗产的自由与个体主义传统在各个层次遭遇反思,强调集体利益与传统价值观的右派保守主义日益凸显,引人注目。

2012年,中国吸引了全世界的目光。经济方面,持续高速发展的中国经济已成为世界经济秩序稳定的核心内容,"建设新型城镇化"明确了中国将继续改革的决心及未来十年的改革方向;政治方面,政治体制改革日益走向深化,中国特色的民主模式在各方博弈中日渐成熟,成为广大第三世界国家的有益借鉴模式;外交方面,中国崛起所引起的区域争端日益激烈,中国以大博小的"大国策略"在解决两边或多边冲突中日益显示良好效应;在社会与文化方面,中国走向世界,社会与文化方面的冲突显示了中国价值观与文化传统的独特性,也呈现了差距。2012年,中国的选择影响着世界,在某种意义上,本年度的"世界问题"真正变成了"中国问题。"

一、全球政治脉动及其影响

1. 中国崛起的"大国策略"

中国崛起所引发的世界范围的冲突趋向多样化、深层化与尖锐化。正面冲突只能造成世界范围内更大的敌意,如何能做到既能实现国家实力的宣示又为合作提供契机?2012年,中国崛起中的"大国策略"轮廓逐渐清晰。

1.1 "美中危机必现,但须防恶化"

2012年,美国与中国的竞争关系依然存在,但与前此夸大冲突与差异的论调相比,本年度美中竞争关系呈现出对"存异"现状的正视与宽容。美国芝加哥大学政治学教授约翰·米尔斯海默是全球知名的国际关系理论家。他的代表作《大国政治的悲剧》以及他所开创的"进攻现实主义学说"从理论逻辑上充分论证了大国争霸的必然性,从不讳言美国必须要警惕中国崛起带来的威胁,因而被看成是"中国威胁论"的理论代言人。5月23日,米尔斯海默在北京接受《环球时报》独家采访时表示:尽管美中两国的心态都是避免战争,但中国在崛起过程中势必遭遇一系列危机,中国政府要做的和正在做的就是“保持安静,维持经济增长”,“确保自己在国际上低调,确保不让美国及邻国感到恐惧”,“我很确定,美中之间会一直存在许多麻烦,两国也在试图管理。但问题在于,两国实际上都在准备着相互之间的一场战争,只是现在中国的行为显得很不一样。中国扮演着一个军力很弱小的角色。美国的军力比中国强大得多,中国此时不可能‘摸老虎屁股’,也不能挑起事端。但随着经济持续崛起,我的观点是,当中国实力达到了比现在强得多的水平,美国和中国周边的邻国就会更害怕中国,就会被迫后退。可能那种危机看上去仍会处于控制中,但正如我刚才说的,危机肯定会到来。在冷战期间,美苏之间的博弈持续了近半个世纪,中美之间的博弈可能更长。我现在感觉,中国在变得更强大的路途中,将会越来越危险。”①

2012 年,中、日因“钓鱼岛”问题关系紧张,时任日本首相野田佳彦尝试通过外交途径谋求美国的声援时,美国的表态尤其能体现“存异”思维。5 月 30 日,美国总统奥巴马在与到访的日本首相野田佳彦会晤后举行的共同记者会上重申,美国欢迎中国的和平崛起,不会试图以任何方式遏制中国。奥巴马当天在回答媒体提问时重申,美国欢迎一个和平崛起的中国,并且美国已经与中国建立了一个非常重要的战略和经济对话。他认为,中国成功使数百万人脱贫不仅有利于自身,也有利于本地区和整个世界。奥巴马强调,美国所有的行动都不是试图以任何方式来遏制中国。他也指出,随着中国经济的持续增长和中国影响力的不断扩大,中国应该遵守国际规则和规范。②

1.2 “三沙设市”:中国解决菲律宾挑衅的“大国”策略

2012 年 4 月 10 日,12 艘中国渔船在中国黄岩岛潟湖内正常作业时,被一艘菲律宾军舰干扰,菲军舰一度企图抓扣被其堵在潟湖内的中国渔民,被赶来的中国两艘海监船所阻止。随后,中国渔政 310 船赶往事发地黄岩岛海域维权,菲方也派多艘舰船增援。“黄岩岛”事件引发国际社会广泛关注,并导致了中、菲两国关系走向冲突尖锐化。

“黄岩岛”事件发生后,中菲两国都是强势回应,但中国的处理策略比菲律宾明显更具远瞻性,鲜明体现出中国外交的“大国策略”。与菲律宾亟亟于寻找“靠山”的方式不同,中国的应对策略是一方正面应对,另一面则打出经济牌。2012 年,5 月 9 日,中国质检总局公布《加强对进口菲律宾水果检验检疫》通知。受此通知影响,1500 箱菲律宾香蕉无法入境。曾被称为能赚“10 亿比索一个月”的香蕉

① 王文:《美中危机必现,但须防恶化》,《环球时报》2012 年 5 月 25 日。

② 《奥巴马会晤日本首相重申不会遏制中国和平崛起》,中国新闻网 2012 年 5 月 1 日。

生意一落千丈，一周之内损失了约10亿比索。该通知的出台被菲方媒体解读为“中国对菲律宾的经济制裁”。有菲律宾媒体根据两国2011年的经贸数据测算，如果中国进一步停止进口所有菲律宾商品，那么菲律宾将蒙受高达61亿美元的损失。① 随着中国经济施压的影响持续发酵，菲律宾政府内部要求抵制中国货进行反制的呼声和要求以和平方式解决争端的呼声争得不亦乐乎。以菲律宾众议院少数党领导人丹尼罗·苏亚雷斯和阿尔拜省省长Joey Salceda为首的部分菲律宾官员于5月11日向菲国会提出，通过对中国进行经济制裁、对从中国进口的产品和服务进行严格审查、向中国制造的产品施加惩罚性关税等种种方式，“将中国产品挤出菲律宾市场”。然而，在菲律宾经商的华人并不以为意，菲律宾中国华东联谊总会秘书长王勇认为：“菲律宾低收入人口比较多，抵制中国货会导致这部分人群的利益受损。”在他看来，“抵制中国货”根本不具有可行性。事实上，寻求通过外交途径解决政治议题带来的经济纷争在菲律宾政府中占了主流。②

6月，在黄岩岛问题上，菲律宾继续打国际牌，呼吁国际社会的介入，针对菲律宾将第三方拉入争端，使中国南海问题复杂化的企图，中国稳扎稳打，“三沙设市”体现了中国应对挑衅的“大国风度”。6月21日，经国务院批准，民政部对外宣布撤销海南省西南中沙群岛办事处，设立地级三沙市。③ 民政部有关负责人表示，此次设立地级三沙市，是中国对海南省西沙群岛、中沙群岛、南沙群岛及其海域行政管理体制的调整和完善。外交部发言人表示，设立三沙市完全是中国主权范围内的事情。中国一贯致力于同有关当事国在尊重历史事实和国际法的基础上，通过直接谈判和友好协商，和平解决在南海存在的岛礁主权和海洋划界争议。④

中国“三沙设市”包含更加深刻的用意，即在中国面临越来越多主权挑衅的情况下，超越单纯的中国与菲律宾、日本等周边国家的利益纠缠，通过三沙设市的方式进行正面“主权宣示”，以此使这些挑衅回到正常轨道，即双边谈判上来。2012年7月24日，美国国务院发言人在新闻发布会上说，美国对中国成立三沙市表示“非常担扰”。⑤ 美国的“担忧”恰是中国应对策略击中要害的体现。

对美国而言，“亚洲适度紧张”最符合美国的战略利益。但是有一个问题被美国严重忽视：维持适度紧张的前提是，玩这种战略的人要有超强的能力，能够收放自如；想让它紧张就紧张，不想让它紧张就及时刹车。美国有这个能力吗？这要看中国的态度和战略。毋庸讳言，中国在南海和钓鱼岛问题上处于不利的外部环

---

① 《中方对菲经济牌效果渐显　菲或将损失61亿美元》，南方报业网2012年5月18日。

② 《中方对菲经济牌效果渐显　菲或将损失61亿美元》，南方报业网2012年5月18日。

③ 《图文：三沙市在西沙永兴岛揭牌》，《湖北日报》2012年7月25日。

④ “三沙市”，百度百科2013年5月21日。

⑤ 《美反对中国成立三沙市　专家：关第三方屁事？》，环球网2012年7月26日。

境，要处处受到"一强（美国）+众小（日本、越南、菲律宾等）"的牵制。但这并不意味着中国一定要受制于人。关键在于，中国下定了"不惜一切代价维护领土主权"的决心。中国需要做的是要通过一个个具体事例明白无误地告诉相关方：为了维护领土主权，中国政府和人民将不惜一切代价。[①]

1.3 不理性的"大国心态"与"爱国主义"

2012 年，中国与菲律宾、日本的博弈策略充分体现了自信、稳健与富有弹性的"大国策略"。在民间层面，政府的"大国策略"获得了民众的理解与支持，但在部分民众中，在妄自尊大的"大国心态"怂恿下，也出现了不理性的"爱国主义"。

9 月，西安、青岛、长沙等多个城市发生了多起民众的保钓行动。同时，一些非理性的抗议活动也屡有发生，抵制日货的民间情绪高涨，央视网截至 9 月 14 日的调查发现，有接近九成的网友表示今后不会再购买日本产品。在有些地方，甚至有人当众焚烧或打砸日系车，还发生了袭击日本人的过激行为。据凤凰卫视报道，国内 9 月 15 日全面爆发大规模反日示威，至少有 52 个城市大批市民响应网上号召上街，其中重庆、长沙等地人数达到数千人，北京更猛增至 2 万人以上。部分地方传出民众闯入、破坏日资商店的事件，如长沙日资商场平和堂遭打砸，部分商品遭哄抢。青岛部分示威者割破玻璃闯入吉之岛商店，破坏设备和抢掠；成都有几家便利店、东莞有几家日本料理店也遭破坏。不少专家呼吁人们理性爱国。[②]

《北京青年报》9 月 16 日发表社评称"打砸抢烧不是爱国是害民"。社评指出，中国政府维护我海洋权益的力度在加大。但令人遗憾的是，国内一些过激分子借钓鱼岛寻衅滋事的力度也在加大。这些人以爱国的名义，干下了害国的勾当：此类行为对日本政府和右翼势力毫发无伤，却给无辜的同胞造成财产损失，给国家和民族招来白眼和耻笑。对于少数一意抡起棍棒打砸的人，等待他们的将是法律的严惩。而对那些只是一时头脑冲动而祸害日系产品的人，则必须奉劝他们一句：保持冷静和克制，分清违法和爱国的界限，尽快回到理性的轨道上来。[③]

2. 新媒体时代的政治形象

2.1 良好的政治形象是实现有效施政的前提

"在这个互联网时代，如果一个政府或政客没有一个社交媒体账户，那么它（他）就会被看成没有与时俱进的老顽固。"对于各国政府和政客们越来越多利用微博等社交媒体来沟通民意的趋势，德国《焦点》周刊这样评论道。

微博、twitter、Facebook 等网上社交媒体的使用在许多国家呈现全民化趋势。

---

① 兰恒敏：《美担忧中国三沙市实因心事太重》，《经济导报》2012 年 7 月 27 日。

② 《西安青岛长沙等地反日示威游行出现打砸抢烧》，《北京晨报》2012 年 9 月 16 日。

③ 《北青报：打砸抢烧不是爱国是害民》，《北京青年报》2012 年 9 月 16 日。

有调查称,20 岁至 40 岁的青年中有 60% 拥有 twitter、Facebook 等网上社交媒体的账户,有 1/3 的人至少每天登录一次。这也影响到政治领域,由于这一年龄层往往是左右选举的最大变数,因此各国政府或政客无不利用网上社交媒体吸引选民。德国《法兰克福汇报》称,当今世界的政治已经走向"互联网表达式政治的时代"。

"互联网对政治家来说就像是一个深潭,看起来诱人,却深不可测。一不小心,政客们就会被陷得很深"。德国《明镜》周刊介绍政府和政客们"微博政务"浪潮时称,德国最近不断爆发"网络狗屎风暴"。原因是很多网友不满政客在网络社交媒体上的留言,"狗屎"声不断投向政客。报道称,不久前德国联邦家庭部长克里斯汀娜在网上称,要求给有孩子的家庭增加补贴。当时她刚好怀孕,一些网友就在其 Facebook 账户上骂她提出的是"垃圾建议"、"一心为私"。

英国政府曾向政府高级官员要求,必须每天发布 2—10 条微博信息,但每两条消息发布至少应该间隔半小时。英国首相卡梅伦直言不讳地说,自己每发一条微博都慎之又慎,唯恐自己指间一不小心就犯什么错,让整个内阁受连累。在德国,被冠以"铁娘子"称号的总理默克尔,在微博中不乏诸如"今天我买了烤箱的燃料"之类琐碎私事,希望用这种方式打造"亲民"形象,却被一些网民称为"唠叨的家庭主妇"。在一次与网民沟通中,默克尔从 1790 多个问题挑出的尽是诸如"议员是否可以自行决定增加餐饮补助费"一类的问题,被网民讽刺为"这些问题不乏思想的碰撞"。德国国际传媒研究所主任克里普对《环球时报》记者表示,许多政客在 twitter 等社交媒体上也费尽心思"导演"一些"政治秀",但如果总是这样,很快会被网友冷淡。为配合日本政治改革,增强民众与政府的交流,日本政客们也纷纷赶时髦,开设自己的微博账户。日本前首相菅直人上台后曾热衷用社交媒体"亲近大众",甚至开通了英文 twitter 账户。每天一大早他会在微博中报告自己的工作、想法等,没想到却引起一片讥讽。日本媒体和反对党批评菅直人"每天竟然有时间在微博上自言自语,而别的官员都忙得不可开交"。民众对此也非常不满,因为这些微博大多只是简单的工作汇报或者是不切实际的"理想"。有网民竟然冒充菅直人在微博上发表对国政、外交的看法,有一次竟然是在北方四岛(俄称南千岛群岛)问题上辱骂俄罗斯,差点造成外交危机。野田佳彦上台后,吸取菅直人的教训,没有开设 twitter。①

2.2 中国新媒体时代政治形象塑造问题日益显著

2012 年 3 月,《光明日报》刊发《新媒体时代:舆论引导的机遇和挑战》,指出新媒体对社会舆论的影响体现在三个方面:(1) 互联网成为社会舆论的集散地。

① 纪双城、青木、李珍、王刚、陶短房:《微博政务,各国官员新挑战》,《环球时报》2012 年 5 月 30 日。

(2)手机媒体成为独特的舆论放大器。(3)微博成为公民参政议政的重要工具。[①] 在十七届中央纪委七次全会上,“新媒体”再次成为热点。会议通过的全会公报明确指出,健全网上舆论引导机制,发挥互联网等新兴媒体在促进反腐倡廉建设中的积极作用。“网上舆论引导”和“新媒体”写入中纪委的会议公报,成为近年来党和政府高度重视新媒体舆论引导的又一个缩影。随着人们对新媒体使用的日渐频繁与广泛,新媒体在满足用户基本信息获取需求的同时,已日渐成长为一个集信息、观点、民意于一身的舆论平台。近年来发生的一系列社会热点事件不断表明,新媒体对于舆论的影响力迅速增强,广泛而深刻地影响着我国政治、经济、社会文化的发展。如何把握好新媒体时代背景下的舆论引导,已成为需要面对的重要课题。[②] 11月3日,由网络交际而来的“屌丝”一词登上《人民日报》十八大特刊,一时间引来热议,很多网民对此感到震惊。[③] “网络热词”作为普通大众的语言表达,或者新媒体传播的一种形式,得到党报的认可,无疑有重大意义,它在很大程度上修补了公众语言与官僚姿态的话语断裂。《人民日报》率先改变这种文风,亲近百姓,难能可贵。[④]

3. 外媒聚焦十八大

2012年11月8日到14日,中国共产党十八次全国代表大会召开。作为中国未来十年确定发展道路和格局的转折性会议,中共十八大引起了西方媒体的高度关注和密集评论。

韩国《中央日报》总结十八大政治报告和中共领导人讲话后认为,中国“未来要走的道路”是在坚持共产党领导的社会主义体制的同时,通过在经济上转变增长模式,找到新的增长动力。该报认为,中共党代会的政治报告中提到保持党的“纯洁性”、维护社会主义法治,是由于中国希望继续维护政治和社会稳定,同时也将对腐败持“强硬立场”。十八大报告中,胡锦涛“坚定不移高举中国特色社会主义伟大旗帜,既不走封闭僵化的老路、也不走改旗易帜的邪路”的表态被外媒普遍引用。评论认为,这就是今后中国的政治路线。这表明中国既不会搞“文化大革命”式的旧政治,也不会实行西方资本主义政治制度。美国《华盛顿邮报》注意到,胡锦涛在政治报告中86次提到“改革”,其中2次提到“全面改革”,5次提到“深化改革”。韩国成均馆大学教授李熙玉就此对中国未来政策走向做出展望,认为未来中国可能会强调“改革”以实现均衡。新加坡《联合早报》刊发评论文章,认为

① 《北京大学新闻与传播学院课题组:新媒体时代:舆论引导的机遇和挑战》,《光明日报》2012年3月27日。

② 甄澄:《新媒体舆论引导成时代课题》,《光明日报》2012年3月27日。

③ 《党报改变折射时代进步 “屌丝”登上人民日报(图)》,中国网2012年11月5日。

④ 《党报改变折射时代进步 “屌丝”登上人民日报》,中国网2012年11月5日。

中共新一届领导人将以实事求是的精神、低调务实的态度来治党治国,中国未来"一定有一番新气象"。

中共新一届领导集体形成,美国总统奥巴马连任成功,东西方两个大国的关系未来将如何发展和定位也引起外媒猜测。韩国《中央日报》指出,同美国的关系设定可能是中国新任领导集体的挑战之一。报道认为,随着中国的崛起,世界中心转到了亚洲,美国由此宣布将"回归亚洲"以加强对中国的牵制。连任总统成功的奥巴马"既把中国当作敌人,又当作伙伴"。美国哈佛大学戴维斯俄罗斯和欧亚研究中心高级研究员布鲁诺·塞尔吉教授在接受英国《金融时报》采访时则表示,如果政治领袖在外交政策上欠缺考虑,会给世界稳定构成重大困境。布鲁诺认为,美国总统候选人在大选时抨击中国和俄罗斯的言论曾让人联想起冷战时的语境,但以冲突为主题的冷战意识不会造福世界。现在国际共同关心的问题是维持和平发展环境,促进经济增长。奥巴马应该利用连任的机会,开启新的外交前景。中国预计将在十年以后成为全球最大经济体,美国必须重新检视自己对中国的态度和策略,毫无意义的言语攻击"不会取得成效"。奥巴马应和中国建立有效沟通,促进合作双赢战略关系。

此次中共十八大报告中,胡锦涛指出到2020年要"实现城乡居民人均收入比2010年翻一番"的目标,这一经济目标也成为各国媒体关注的焦点。美国智库战略与国际问题研究中心中国问题专家克里斯托弗·约翰逊表示,十八大报告中明确提出实现城乡居民人均收入比2010年翻一番是"很具雄心的目标,表现出中共致力于在继续实现经济增长的同时,注重公平和调节收入差距"。美国著名投资人吉姆·罗杰斯则对美国有线电视新闻网表示,中共新一届领导集体将带来一个"更加开放的市场",支持越来越多的国际贸易合作,鼓励更多外国投资进入中国。国外多家媒体也引用中国近期经济数据表示,中国经济增长具备广泛基础,未来经济仍将保持发展势头。英国《金融时报》认为,未来十年,中国新一代领导层将为中国经济的发展注入新的活力与动力。①

4. 走向世界,中国想要的是尊重与自主

4.1 "中国想要尊重而非统治"

在中国和平崛起的过程中,"中国威胁论"成为部分西方与东南亚国家抱定的偏见,但这并非代表舆论的全部,西方媒体对中国走向世界的和平意愿不乏洞察。

2012年,捷克世界报业辛迪加网站刊登《为什么中国不会统治世界?》。文章指出,现实问题并非中国能否替代美国,而是中国是否开始具备世界大国的某些属性。但该问题尚无明确答案。首先是中国的经济,表面上生机勃勃,实际上却

① 《外媒总结十八大报告　预测中国未来道路》,中国新闻网2012年11月14日。

步履蹒跚。中国现在亟须转变经济模式。第二个问题是政治价值观。西方宣称其价值观具有普世意义,美国和欧洲不会停止逼迫中国接受这些观念,而中国也已开始对外输出本国价值观,后者不仅将引发与美国的冲突,还将引发与其他亚洲大国的冲突。中国的最佳未来或许在于接受西方规范的同时,尽力为其增添“中国特色”。但这两种选项都不会导致中国“取代”美国。中国的目标是赢得尊重而非占据统治地位。①

西方国家所谓“中国威胁论”其实是建立在猜测基础上的。美国国防部发布中国军力年度报告,但对中国战略的诸多关键方面,如中国的长期国防开支计划是什么?中国的核战略是什么?中国海军的目标是什么?中国在打造什么太空能力?五角大楼只是在猜测。②

2012 年 5 月 6 日,美国《福布斯》杂志发表题为“有关当代中国的十个误解”的文章,其中写到外界对中国存在 10 种常见误解。一是“民众愤怒意味着党的权力在减弱”。事实是中国民众渴望秩序、稳定,除非经济增长停滞,否则民众将继续支持政府。未来中国可能采取一种新加坡模式,但绝不会是美国或欧洲制造。二是“美国式个人主义在华生根发芽”。事实是中国大众文化蓬勃发展,其中包括大量反主流的明星和风尚,但不等于中国社会接受美国的个人主义。与美国社会不同,中国社会从不欣赏个人潜能的解放。三是“当代中国人没信仰”。事实是中国社会并未处于生存危机之中,“文革”未能消解掉重视家庭和国家的传统价值观,社会和谐仍是崇高目标,反个人主义仍普遍。四是“互联网给中国带去‘革命’”。互联网在改变中国,但说“革命”就言过其实。中国的数字时代仍是中国特色的。中国允许自我表达,但仍有把控公共话题的权力。网民或许抱怨,但不会咆哮。五是“中国市场很像欧洲”。事实是尽管存在地理位置和政治制度差异,但中国像美国一样是统一国家。统一分销网络、销售渠道和采购标准的挑战“仍巨大”。但令中国成为巴尔干式经济的原因,不是文化或政治差异,而是操作上的障碍。六是“中国消费者不可捉摸”。事实是女人想要事业与女性美统一,因而喜欢购买华丽而不扎眼的钻石。男人想展示而非炫耀自己功成名就,所以喜欢奥迪或宝马而非玛莎拉蒂。一旦外国人了解了中国人的特性,就很容易把握其喜好。七是“中国的增长模式岌岌可危”。事实是短期而言,中国经济不会出现“硬着陆”。长期而言,当前模式仍后劲十足。事实是世界不应低估中国技术官僚的才智。改革将是渐进、潜移默化的,外界几乎觉察不到。八是“中资企业将扼杀美国就业”。事实是中国公司要在美国地盘上打败美国公司还得再过数十年,甚至根本不会发

① 罗伯特·斯基:《中国想要尊重而非统治》,《环球时报》2012 年 5 月 23 日。

② 特雷弗·莫斯:《中国是纸老虎还是喷火龙》,《环球时报》2012 年 5 月 25 日。

生。中国是个封闭社会,企业也是。中国缺少激发新点子所需的活力,也缺少将新点子市场化所需的协作。九是"中国将是孤单的超级大国"。十是"中国军事上好战"。①

4.2　中国不必"跟风"

挑战与应对挑战是中国走向世界的必经之途,在应对挑战中实现自主发展是中国走向世界的必然道路。

西方观察家撰文指出,过去20年来,中国一直是成功全球化的典范。但融入世界经济和全球趋势,也挑战着中国驾驭不断增多的社会、经济和政治挑战的能力。全球趋势影响所有国家,中国尤其易受其无法控制的外部冲击。中国深知面临挑战的多样性和复杂性,且看来已决心一一化解。如何应对挑战及应对效果如何,对中国和整个世界关系重大。② 面对挑战,选择与世界同步是顺势而为,但全球化未必有福同享,有难却要同当。因此,经济全球化和高节奏的大潮中,要审时度势,不必事事跟风赶潮。③

二、世界经济进程及其影响

1. 中国崛起背景下的经济影响与冲突

1.1　中国经济发展的世界影响力

2012年,西方对中国经济发展的指责不断,但随着中国发展对世界经济整体发展的战略意义日益凸显,西方在指责的同时也必须正视并寻求与中国合作。

2012年5月29日,中国欧盟商会发布年度《商业信心调查》报告,称中国对于欧盟企业的战略意义"已达到前所未有的高度"。虽然报告一如既往地指责中国监管环境不够成熟,但多数欧盟企业在接受调查时表示准备扩大在华投资,近3/4的企业将扩大雇员。法新社报道称,557家欧盟企业参加调查,调查有四部分:中国对欧企重要性增加、中国市场日趋成熟、中国监管改革停滞不前、欧企担心错失商机。调查显示:78%的欧洲企业对中国未来两年经济增长持乐观看法,"欧洲企业几乎无一例外看好自己行业在中国的前景";近75%的企业在为中国市场供应产品,比例高于2011年的56%与2010年的63%;74%的企业认为,中国对其全球策略"已更具重要性";一半企业表示,他们在中国的收入占到其全球收入的10%以上,自2009年以来增加了50%;3/4的企业将中国视作进行投资的全球前3个目的地之一。报告认为,中国的经济连续6年为全球经济增长做出巨大贡献。欧

① 肯尼斯·拉波扎:《对当代中国的十个误解》,《环球时报》2012年5月18日。
② 托马斯·芬加:《全球化制约中国驾驭挑战》,《环球时报》2012年1月18日。
③ 《胡培兆:全球化中,不必事事跟风》,《环球时报》2012年2月18日。

盟企业从中受益匪浅,中国区的平均利润率也高于全球业绩报告。许多企业不仅计划进一步投资、增加长期工作岗位数量,而且针对中国市场制定了各种市场营销和销售活动。①

2012年,当西欧国家忙于应对欧元区危机之际,中国连续几个月开始通过贷款和并购,增强自己在中东欧作为投资者的角色。中国投资恰逢其时。欧元区核心国家正面临困局,拥有大量财力和投资胃口的中国将证明自己是更稳定的伙伴。当中国在欧洲投资数十亿美元之际,欧洲投资者在华却没拥有相同自由,中国的政府采购通常不对外来者开放。欧盟委员会最新宣布针对中国此举的报复性措施草案。但若中欧国家认为不值得为此而切断获得中国信贷的通路,该政策注定失败。普莱斯勒称,中国提供的经济机会将削弱欧洲在贸易谈判中的主动权。中国正在欧洲内部创造自己的模式。②

1.2 中国"软实力"的发力与乏力

中国对世界的影响中,比经济影响更加深刻的是国家软实力的增强和输出。2012年5月29日,美国《赫芬顿邮报》发表题为"中国:第一个软实力超级大国"的文章。文章指出。虽然具有通过经济武器对别国施压的能力,但中国却是世界上最积极的公共外交倡导者。中国耗费巨资用于国际广播、在全世界兴办孔子学院,并投入大量资金进行其他各种项目,大的如教育交流,小的如在纽约时报广场打广告。此外,中国的一些名牌大学把公共外交列入课程,培育这个领域的中国下一代专家。中国投入金钱和精力得到了什么?来自全世界的民调显示,结果喜忧参半。中国在非洲修建道路和体育馆,在这些地方中国的受欢迎度上升。在别处,中国也在扩大影响,但被认为不顾及当地的政治和经济生活。在与北京和上海的中国公共外交实践者和学者交流时,发现他们对中国的公共外交战略应是什么样的、中国想要从公共外交中得到什么等问题没有一致意见。中国人对公共外交的热情是有的,却没有全盘计划。这种缺乏一致的现象,部分源于中国尚未接受自己已是超级大国的现实。同时也能听到许多中国人抱怨国际媒体如何对中国不公。不公正的对待是超级大国必须学会忍受的事情,但中国同行似乎并不理解。中国的公共外交负责人需要更好地理解超级大国外交的予与取。首先,他们应认识到,互惠原则对多边关系很重要。中国若想输出孔子学院,那就必须允许美国和别国在中国设立(数量相当的)类似文化机构。这种目标似乎比较牵强。但最重要的是,中国决心参与全球事务。中国拥抱公共外交,而不是以另一场超级大国军备竞赛危及世界,这种做法本身值得称赞。如果美国和其他国家能坚持

① 管克江:《近八成欧企看好中国经济》,《环球时报》2012年5月30日。

② 卡尔勒·米尔纳:《中国在中欧"购买善意"》,《环球时报》2012年5月22日。

与中国进行公共外交接触，或可促使中国更加开放，并可能鼓励这个新超级大国继续仰仗软实力。①

1.3　中国经济发展所引发的冲突

中国经济影响力的增强，相应带来了摩擦与冲突。在一份《2012年"立顿"茶叶农药调查报告》中，绿茶、茉莉花茶和铁观音样本中均含有至少9种农药残留，其中绿茶和铁观音样本中农药残留多达13种。报告指出，不符合欧盟安全标准的"立顿"产品，在中国被卖给不知情的消费者，显示出"立顿"对其数量庞大的中国消费者健康和权益的漠视甚至不平等对待。② 然而，对此联合利华方面回应称："我们生产的立顿茶系列饮品完全符合中国国家标准中关于农药残留的规定，是安全和合格的产品。"③对此，舆论纷纷表示，"立顿"在农药残留方面搞双重标准。

2012年，美国公共国际广播电台王牌节目《美国生活》于年初播出揭露台资企业富士康"血汗工厂"内幕的单元，包括工人中毒、童工关节变形等。但《美国生活》又很快发表声明，称许多内容与事实不符并撤下该单元。该节目作者戴西在接受《美国生活》主持人兼执行制作格拉斯访问时承认，他并没有见过中毒工人，而所谓童工的年龄是"猜"的，有些内容是他根据其他工厂的情形并添枝加叶而制造的。格拉斯表示，戴西向他和工作人员说谎，因此他无法担保戴西所言的真实性，从而决定撤回该单元。戴西承认，虽然知道有些内容并非事实，但担心如果不用戏剧手法来增加吸引力，社会大众会漠视工厂虐工情况。因为一心想揭露内幕，所以有些"取巧"的做法，并坚持他的做法无可厚非。他说："我的作品是戏剧的呈现，而非新闻报道。我的错误是，同意把戏剧内容放在新闻节目中播出。"④

2. 西方经济发展模式的检讨与突围

2.1　国际金融危机与西方新自由主义

2012年5月，《人民日报》刊发文章检讨西方新自由主义，指出新自由主义是西方金融危机泛滥的根源。文章认为，美国次贷危机引爆的国际金融危机，使许多西方资本主义国家深陷经济、社会和政治的多重危机。在这场经济深度衰退、失业率居高不下、贫困人口激增、罢工运动和诸如"占领华尔街"等各种游行抗议活动此起彼伏的危机面前，西方资本主义制度饱受诟病，作为其主流意识形态的新自由主义也频遭谴责。

文章指出，西方新自由主义产生于20世纪30年代，由古典自由主义发展而来。20世纪70年代末，新自由主义开始受到英美等西方国家政府的青睐和追捧。

---

① 菲利普·塞布：《中国：第一个软实力超级大国》，《环球时报》2012年5月31日。
② 《中国消费者该吃"哑巴亏"?》，《今晚报》2012年4月30日。
③ 《洋品牌真的让人放心吗？消费者应对其不溺爱不捧杀》，新华网2012年5月2日。
④ 《美国媒体承认富士康血汗工厂报道系假新闻》，《广州日报》2012年3月26日。

随着1990年“华盛顿共识”的形成与推行，新自由主义嬗变为国际垄断资本主义的经济范式、政治纲领和政策体系，并泛滥于全球。新自由主义的核心政策主张是“私有化、市场化、自由化”，其实质是一种极端的市场原教旨主义，是一种代表西方垄断资产阶级利益的意识形态，是西方发达国家推行新殖民主义的理论工具。新自由主义的推行，曾使西方发达资本主义国家一度重新焕发活力，继续保持经济、科技、军事等领域相对较强的国际地位。因而，新自由主义被冠以“医治经济痼疾的万应灵丹”的美名。

但是历史的发展有其自身的逻辑。不管西方舆论对新自由主义医治资本主义“经济痼疾”的功能如何赞美，资本主义的经济危机似乎总是不合时宜地袭来。国际货币基金组织的研究报告显示，在1980—1995年间，181个成员国中有131个国家遭受了至少一次包括银行业困境在内的经济危机。美国纽约大学教授威廉·塔布经过多年研究认为，在新自由主义盛行的这些年代，“经济和金融危机已成为流行病”。

当前这场被称为“百年一遇”的源于美国的国际金融危机在世界范围的蔓延，及其以欧洲主权债务危机为标志的深化，更是向世人再一次证明，新自由主义这颗“万应灵丹”不过是一个西方国家自己编造的神话而已。越来越多的人认为，新自由主义是这场国际金融危机的直接诱因，也是其扩展、深化的罪魁祸首。如日本《每日新闻》指出，“危机的元凶”是“上世纪80年代初里根与撒切尔推行的新自由主义的经济政策，即市场至上主义”，是“数十年的自由放任这一过度自由主义”。①

2.2 欧洲经济发展的突围

自欧洲危机发生以来，古老的欧洲大陆已成为世界经济发展的泥潭，导致了世界各大经济体的共同担忧。2012年5月18日至19日，八国集团峰会在美国戴维营召开。这次峰会议题清单相当长，从非洲粮食安全到伊朗核争议，从叙利亚问题到朝鲜核计划，都在讨论范围内。其中，最焦点的议题是欧元区危机。德国《焦点》周刊称，在G8峰会前，欧洲和美国之间相互指责。美国认为欧洲应为债务危机做得更多，欧洲则反击美国应“管好自己”，这在峰会召开前是罕见的。《华盛顿邮报》称，这次G8峰会是欧洲就欧债危机采取一系列重大举措后举行的首次发达国家领导人峰会，重点是如何应对欧洲金融危机、刺激经济，同时控制债务。G8中非欧元区国家对欧洲采取的救市举措是否足够有效一直存在质疑，英国和加拿大一直对欧元区持严厉批评态度。报道进一步分析说，德、法、意这3个欧元区大

① 中国社会科学院中国特色社会主义理论体系研究中心：《从国际金融危机看西方新自由主义》，《人民日报》2012年5月17日。

国在峰会上的日子不好过。自2009年年底希腊危机爆发以来,3国一直在G8中受到拷问和质疑。法国总统奥朗德和意大利总理蒙蒂都是刚上任的新手。奥朗德强调经济发展,但其可能倾向于增加政府债务的设想会受到质疑。蒙蒂紧缩政策的手腕强硬,但在国内面临反对。①

欧洲经济一体化的道路为何会越走越窄?作为世界唯一自我定位为"规范性力量"的国际行为体,欧盟成为后现代孤独的探索者。然而,世界并非线性进化式发展,欧盟超越了多数地区的发展阶段,其"榜样帝国"无法赢得追随者,反而面临前有狼——美国,后有虎——新兴国家的局面。及至国际金融危机爆发,欧元区以其财政政策未统一的情形下率先统一货币政策的先发优势,深尝危机之苦,迄今不能自拔。欧元危机表明,欧盟金融一体化操之过急,脱离了欧洲现实。欧盟自始至终遭遇合法性困境:一是认同困境;二是诚信困境;三是程序困境。欧盟是一支上升的力量,却不幸位于衰落的欧洲大陆上,这就是欧盟的欧洲困境。失去方向感和发展目标的欧盟,在美国重返亚太的情势下,更担心"被边缘化,成为欧亚大陆越来越无足轻重的西部半岛"。落后拖累先进,先发优势变为先发困境的情形与经济规律中劣币驱逐良币如出一辙。欧洲困境可以用几句中国古话来概括:一是"福兮祸所倚"。欧盟工于技巧,不断完善制度设计,殊不知越完善就越难普及。一个典型的例子是文化多样性。与美国相比,欧洲一体化缺乏多元文化的"大熔炉",未能做到社会政治层面的"合众为一";二是"生于忧患,死于安乐"。欧盟的发展目标,在全球定位与地区定位、理想地位与现实目标、过去辉煌与未来约束间徘徊;三是"此一时,彼一时"。欧洲地区一体化本是对全球化的替代,现在却面临新兴国家崛起带来的开放式全球化所挤压,而欧盟机制作为妥协的产物,无法适应世界的变化。②

2010年,欧洲经济绝地反击,提出了"欧盟2020年战略计划",以寻求本区域经济的最后突围。"欧洲2020战略计划"全名为《欧洲2020战略:实现智能、可持续性和包容性增长》,在欧盟夏季首脑会议获得正式通过。这是欧盟委员会为欧洲未来十年(2010—2020)描绘的一幅宏伟蓝图,也是在2005年推出"里斯本新战略"后,对欧盟经济发展战略中未能实现或不切实际的目标所做的调整。③ 但其效果如何,还要拭目以待。

3. 中国改革将继续前行

3.1 中国改革进入深水区

中国的改革开放大业将走向何方?是原地踏步还是继续前行。2012年,中国

① 陈一鸣、青木甄翔、李源:《G8峰会争吵经济分歧》,《环球时报》2012年5月18日。

② 王义桅:《欧洲一体化之路为何越走越窄》,《文汇报》2012年6月19日。

③ 《评估欧盟》,《瞭望东方周刊》2011年第50期封面。

改革将继续前行的论调确定。

2012年3月30日至4月2日，在出席博鳌亚洲论坛年会期间，国务院副总理李克强来到海口、澄迈、琼海等地进行考察调研，强调要坚持稳中求进的总基调，以改革创新为动力，适应变革中的世界，因地制宜发挥特色，高水平推进经济发展方式转变和经济结构调整，扎实有效保障和改善民生，增强经济活力，拓展发展空间。[①] 7月，《求是》刊发《奋力把改革开放推向前进》，文章指出，改革开放开辟了马克思主义中国化新境界，推动了党和人民不断解放思想、实事求是、与时俱进，成为中国发展进步的动力之源；改革开放不断解放和发展社会生产力，推动了经济社会又好又快发展，成为解决我国社会主要矛盾的根本途径；改革开放不断深化体制机制变革，推动了社会主义制度的自我完善和发展，成为增强社会主义制度优越性的根本保证；改革开放使当代中国与世界的关系发生了历史性变化，推动了我国社会主义现代化建设不断适应世界发展趋势，成为党和人民抓住机遇迎接挑战的基本国策。改革开放每深化一步，中国特色社会主义就前进一步，社会主义现代化建设就加快一步。中国特色社会主义道路在改革开放中开辟，中国特色社会主义理论体系在改革开放中形成，中国特色社会主义制度在改革开放中完善。实践证明，改革开放是中国特色社会主义道路的重要内涵，是推动党和人民事业发展的强大动力，是发展中国特色社会主义、实现中华民族伟大复兴的必由之路。[②] 11月21日，李克强主持召开全国综合配套改革试点工作座谈会并作重要讲话。他强调，要深入学习和全面贯彻落实党的十八大精神，坚定不移、不失时机地深化改革开放，发挥好改革对推动科学发展的强大作用、对加快转变经济发展方式的关键作用，促进经济持续健康发展。[③]

3.2 城镇化作为改革的主要内容

推进城镇化建设是未来中国改革的主要内容，这是时任国务院副总理的李克强为中国改革大业所设计的蓝图。2012年5月，李克强出访欧洲，与欧盟委员会主席巴罗佐在布鲁塞尔签订《欧中城镇化伙伴关系共同宣言》，标志着中欧城镇化合作迈出了重要的一步。[④] 9月20日，《第十五次中欧领导人会晤联合新闻公报》发布，公报指出双方欢迎中国国家行政学院牵头举办的中欧城镇化领导力培训项目。[⑤] 为落实中欧领导人达成的共识，在欧盟驻华代表团的大力支持下，国家行政

---

① 陈二厚：《李克强：以改革创新为动力适应世界变革》，新华网2012年4月4日。
② 秋石：《求是：改革开放成绩不容否定 倒退无出路》，求是理论网2012年10月15日。
③ 陈二厚：《李克强：以改革创新为动力适应世界变革》，新华网2012年4月4日。
④ 《“欧盟城镇化发展的经验与启示”专家论坛召开》，北方网2013年4月17日。
⑤ 《第十五次中欧领导人会晤联合新闻公报（全文）》，中央政府门户网站2012年9月21日。

学院陆续开展了一系列活动，中欧城镇化领导力培训项目是其重要部分。① 9月25日，李克强副总理在全国资源型城市与独立工矿区可持续发展及棚户区改造工作座谈会上强调，要加快资源型城市可持续发展，推动独立工矿区转型，加大棚户区改造力度，“三位一体”推进，着力破解城市内部二元结构难题，带动内需扩大和就业增加，走可持续的新型城镇化道路。② 11月28日，李克强在中南海紫光阁会见世界银行行长金墉，就深化中国与世行合作等交换了意见。李克强指出，中国已进入中等收入国家行列，但发展还很不平衡，尤其是城乡差距量大面广，差距就是潜力，未来几十年最大的发展潜力在城镇化。同时强调中国推进城镇化，要走工业化、信息化、城镇化、农业现代化同步发展的路子。要保证粮食安全，中国的粮食要立足自身，不可能靠世界市场解决。要更加注重绿色发展，加强环保节能。还要深化改革，加强社会建设，推进完善基本公共服务等。③ 12月15—16日，中央召开经济工作会议。中央经济工作会议指出，城镇化是我国现代化建设的历史任务，也是扩大内需的最大潜力所在，要围绕提高城镇化质量，因势利导、趋利避害，积极引导城镇化健康发展。④ 12月19日，李克强在北京主持召开经济社会发展和改革调研工作座谈会并讲话，指出面对世界经济低迷的趋势，中国作为大国要立足内需，城镇化就是最大的内需，要把这个潜力发挥出来，还要靠改革。推动城镇化，把农民工逐步转为城市市民，需要推进户籍制度改革；城镇基础设施和保障房建设，还要完善融资和管理机制；城镇化必须确保粮食安全，这关系到严格保护耕地和发展现代农业等问题，也要靠改革的办法来推动。把城镇化最大潜力和改革最大红利结合起来，形成叠加效应，中国经济就有长久持续的动力。⑤

城镇化为中国改革提供了新的发展动力，但也提出了一系列新问题，其中最紧迫是如何推进城镇化建设与保障农村农民权益相协调。2012年12月，中央农村工作会议召开，指出要进一步加大力度，推动资源要素向农村配置，逐步缩小城乡发展差距。⑥ 加快推进城乡基本公共服务均等化，促进城乡要素平等交换，有序推进农业转移人口市民化，维护好农民合法权益。⑦ 会议强调，要在“收入倍增”中着力促进农民增收。今后一段时间，农民收入至少应与城镇居民收入同步增长，

---

① 《“欧盟城镇化发展的经验与启示”专家论坛召开》，北方网2013年4月17日。

② 《李克强出席全国资源型城市与独立工矿区可持续发展及棚户区改造工作座谈会》，中央人民政府网站2012年9月26日。

③ 《李克强会见世界银行行长金墉》，新华网2012年11月29日。

④ 《中央经济工作会议：城镇化是我国现代化建设的历史任务 也是扩大内需的最大潜力所在》，新华网2012年12月16日。

⑤ 《李克强：城镇化就是最大的内需》，《青岛财经日报》2012年12月21日。

⑥ 《中央农村工作会议：推动资源要素向农村配置》，《新华视点》2012年12月22日。

⑦ 《有序推进农业转移人口市民化》，《南方日报》2012年12月23日。

并力争超过。①

国外媒体对中央农村工作会议高度关注。巴基斯坦战略研究所中国问题中心主任菲扎尔·拉赫曼说,中国农村工作进步很大,成效显著。粮食产量逐年增长,农村经济快速发展;中国政府对农村扶持力度的加大,使中国农民获得更多受教育机会,学习先进技术,素质得以全面提升,为农民增收打下了坚实基础。"此次中央农村工作会议体现了中共新一届中央领导集体对于农村工作的重视,有利于中国城乡全面协调发展,也有利于构建和谐社会。"路透社评论指出,经过30多年的高速发展及对城市建设的大力投入,中国已帮助成千上万的农村人口成功脱贫。未来在中国的经济改革过程中,推进城乡户籍制度改革、加快城镇化进程仍是最艰巨的任务,解决好千万农民工在城市中的教育、健康等问题具有举足轻重的意义。美国彭博新闻社网站发表《中国誓言进行农村改革以增加人民收入和刺激消费》,文章称,"农民收入至少应与城镇居民收入同步增长,并力争超过"这一要求反映了中共新一届中央领导集体把注意力放在改革土地制度、缩小收入差距和鼓励农民工进入城镇以刺激国内需求上。澳大利亚资源公司首席执行官、金融专家斯托伊科维奇说,中国中央农村工作会议在总结过去10年农业发展成就的同时,提出了"谁来种地,怎么种地"等问题,不仅对中国实现农业现代化有重要意义,对很多国家的农业发展都有借鉴意义。②

建设新型城镇化顺应中国国情,是中国发展的新机遇,走出城镇化的"中国特色",是未来中国城市发展的必然归宿。2012年,经济学家厉以宁发表《中国式的城镇化道路:老城区+新城区+农村新社区》,文章指出,中国必须走适合中国国情的城镇化道路,即中国城镇化分三部分:老城区+新城区+农村新社区。老城区是指已有的城区,有的在工业化以前很久就存在了。在老城区改造和环境治理过程中,应当关注棚户区的拆迁问题。其中较为成功的经验是把新城区建设、招商引资、老城区改造三者结合起来,重新规划。根据某些城市的做法,大体上是先在新城区的一块空地上盖一批标准的、建筑质量合格的居民楼,让棚户区的住户迁过去,把周边的公共设施建设好,解决公共交通、孩子上学、环境卫生等问题,让迁入的居民生活安定。再通过招商引资,或在新城区建立工业企业,或在老城区内原棚户区的地址上建立商业、服务业企业,安置棚户区的失业人员。如果失业人员愿意自谋职业,也可以扶植他们自行创业,如从事个体工商户或创办小微企业,还可以在新城区的居民区内从事家政服务、保洁、保安等。新城区一般在城市郊区,可能是由工业园区、高新技术开发区、创业园区、物流园区等演变而来。这

① 《中央农村工作会议:在"收入倍增"中着力促进农民增收》,《证券日报》2012年12月24日。

② 《国际舆论关注我中央农村工作会议》,《人民日报》2012年12月24日。

里工厂林立，基础设施完善，有发展空间。对新城区来说，最重要的是工业企业进园区。这对工业企业有四个好处。一是基础设施完善，交通运输便利，可以减少成本。二是污染源集中，便于监管，便于治理。三是许多工业企业都设置在工业园区内，便于信息交流，也便于工业企业获得新的商机。四是政府的服务到位，通过工业园区管理委员会，工业企业可以及时得到政府的服务、帮助。新城区往往是新兴产业的立足地，新兴产业的增长是对城市经济增长率和财政收入的巨大支持。农村新社区建设一般有五个内容：一是农村新社区要实现园林化，成为绿树成荫、花草茂密的适合居民居住的居民区，不能只以盖好几幢高楼为目标；二是农村新社区要成为环境清洁的居民区，实现污染防治、垃圾回收和利用、符合低碳节能要求的居民区；三是农村新社区一定要实现公共服务到位，建设卫生院、托儿所、幼儿园、小学、养老院、公共交通、自来水、通信、文化室、安全保卫等相应设施，使农村新社区内的公共服务与城区的公共服务基本上相同；四是在社会保障方面，农村新社区应当及早实现城乡一体化，不存在农民与城区居民的身份限制；五是在社会管理方面，农村新社区应实行民主管理制度，社区管理机构的负责人由社区居民选举产生，社区居民可以罢免不称职的负责人。①

三、世界社会发展及其影响

1. 中国农村持续告急

确保中国农村的健康发展，是中国城镇化的核心目标。2012 年，中国农村发展持续告急，村落陨灭不断加剧。中国民间文艺家协会主席冯骥才指出："中华民族最久远绵长的根不在城市中，而是深深扎根在古村里。中国最大的物质文化与非物质文化遗产的复合和总合是古村落。"但由于"新农村"建设和城镇化蕴涵的巨大政绩和商机，古村落的消亡也随之进入高潮。中国民间文艺家协会的普查结果显示，在我国 230 万个村庄中，目前依旧保存与自然相融合的村落规划、代表性民居、经典建筑、民俗和非物质文化遗产的古村落，已由 2005 年的约 5000 个锐减至不到 3000 个。②

村落在消失，没有消失的村落也失去了往日的温情，农村社会解体日趋严重。2012 年，《中国新闻周刊》刊文指出："延续了几千年的乡土生机在现代中国日趋黯然。青年男女少了，散步的猪牛羊鸡少了，新树苗少了，学校里的欢笑声少了——很多乡村，已经没有多少新生的鲜活的事物，大可以用'荒凉衰败'来形容。与此同时，乡村的伦理秩序也在发生异化。传统的信任关系正被不公和不法所瓦

---

① 厉以宁：《中国式的城镇化道路：老城区 + 新城区 + 农村新社区》，《光明日报》2012 年 12 月 16 日。

② 单颖文：《7 年间少了 2000 个古村落》，《文汇报》2012 年 5 月 30 日。

解，勤俭持家的观念被短视的消费文化所刺激，人与人的关系正在变得紧张而缺乏温情。故乡的沦陷，加剧了中国人自我身份认同的焦虑，也加剧了中国基层社会的秩序混乱。滚滚向前的城市化步伐，不能继续以牺牲乡村的土地、德性、风俗、传说等以及家族观念为代价。”①

无人照顾的老人是中国农村衰落的象征。据2010年第六次全国人口普查显示，中国60岁及以上老年人口达1.78亿，占总人口的13.26%，其中60%是农村老年人。我国农村老龄化呈现以下特点：一是发展速度快。二是未富先老，即人口老龄化超前于社会经济发展。一方面，发达国家进入老龄化社会时，人均国民生产总值达到5000—10000美元，而我国1999年进入老龄化国家时，人均国民生产总值不足1000美元，另一方面，农村物质基础比较薄弱，农村居民的养老、医疗保障制度很不健全，留守老人、失能老人面临的问题在一些地区相当突出。农村老龄化对我国的农业经济发展将产生深刻影响。城市劳动力老化，还能得到农村青壮年劳动力的补充，而农村劳动力却很少能得到外来补充，于是“老人农业”成为我国农业发展的“特色”。由此直接引发了两个问题：一是传统的精耕细作逐渐被粗放经营取代，撂荒现象日益严重，生产率下降。二是农民总体年龄偏高、知识水平有限，农业生产新技术、新设备推广难。“老人农业”不仅影响到农业发展方式，也会影响到我国的粮食安全和经济基础稳固。②

与留守在村落的老人相比，进入城市的农民的状况有所改善。2012年，据中国人民大学心理学系和工众网联合发布的一项调查显示，80%的受访农民工感觉到了城市人对他们的友善；90%认为城市人并没有对他们进行特别的欺负；35%认为自己完全被城市接纳；40%认为基本上被所在城市接纳。如果再给他们一次选择的机会，46.2%的受访者依然会留在当前的城市，23.3%的人愿意到其他城市，其中，还有30%的农民工认为他们被拒绝和被排斥，“这说明他们在心理上并不认同当前的城市”。③

2. 道德健康传承仍是主流

新世纪以来，因多重原因导致的社会失德现象已成为舆论关注的焦点。作为道德传统最为深厚的泱泱大国，中国的道德传承到底还有几分底气？

2012年，《求是》发表《正确认识我国社会现阶段道德状况》，认为当前道德状况“失德现象仍属支流”。文章指出，在我国社会生产生活方式日益变革的大背景下，包括道德在内的社会意识形式，出现了前所未有的多元、多样、多变的复杂情

① 《报告称我国农村空心化严重　传统信任关系瓦解》，《中国新闻周刊》2012年3月15日。
② 祝晓莲：《农村老龄化的挑战更严重》，《环球日报》2012年8月2日。
③ 《农民工幸福感调查发布：不足半数愿留在当前城市》，《新京报》2012年4月25日。

况。当前人们关注的一个焦点,是怎样评价我国现阶段的社会道德状况,道德总体上是进步的,还是退步的?这个问题超出了单纯道德评价的范畴,涉及对中国特色社会主义总体成就的评价。文章从价值观立场、认识方法论和历史视野三个角度展开分析。关于价值观立场,文章指出,道德作为人类把握世界的一种特殊的实践精神方式,与人的实践活动密不可分,渗透在社会关系的各个方面。这就使得人们容易把道德本体化和独立化,忘记道德与经济基础的关系。事实上,道德作为一种社会意识形式,是一定经济基础的反映,受经济基础制约,其独立性只有相对意义。评价道德的价值是正还是负、性质是善还是恶,总是具有两方面的维度:一方面,看决定道德发生发展的经济基础的性质;一方面,看道德对相应的经济基础起作用的性质。从根本上说,建立在进步经济基础之上的道德,能够推动进步经济基础发展的道德,其价值为正、性质为善,反之,则价值为负、性质为恶。从这个基本价值观立场出发,评价当前我国道德状况的性质,就要放眼广阔的经济社会领域;根本标准,只能是生产力的标准,是经济基础的标准,是社会进步的标准,是人民群众根本利益的标准。关于认识方法论,文章认为,对当前我国社会道德状况进行评价,首先要把握全面的道德现象。列宁曾指出:在社会现象领域,“如果不是从整体上、不是从联系中去掌握事实,如果事实是零碎的和随意挑出来的,那么它们就只能是一种儿戏,或者连儿戏也不如”。在道德领域,所谓整体的普遍联系,就是道德在生产方式以及上层建筑历史变革总进程中的状况,就是道德反映和作用于经济基础以及同上层建筑其他方面相互作用的总联系方面。这才是反映本质的道德现象。关于历史视野,文章指出,经济进步与道德进步是同向还是二律背反,不能作静态的无谓争论,只能在人类历史进程的动态比较中来评判。生产力水平的不断提高、生产方式的矛盾运动推动人类社会的不断发展进步,这是不以人的意志为转移的自然历史过程。从人类历史发展的事实来看,即便是在历史最黑暗的时期,人类道德进步的总趋势并没有根本逆转。道德发展的这种客观规律同样不以人的意志为转移。今天,我们只有在历史的比较中,才能深刻认识到,建立在社会主义制度上的新中国,使中国人民在道德上和精神上获得了巨大跃进;而发展完善社会主义制度的改革开放,使中国人民在道德和精神上获得了新的巨大进步。①

3. 社会理性亟需培育

伴随中国都市化进程的发展,社会化成熟度日益加深,中国将逐渐走上“小政府,大社会”的发展模式,这就需要民众具有较高的社会自组织素养,需要提高民众调节私人与公众、自我与他人的能力,即需要较高的社会理性。

---

① 《〈求是〉刊文论我国道德状况:失德现象仍属支流》,《人民日报》2012 年 4 月 10 日。

2012年,中国民众的社会理性并不乐观,芝加哥大学社会学教授赵鼎新为研究中国的微博,特地穿了"马甲"加入微博大军,运用社会学的概念、框架,对微博与公共空间的关系进行解读。在他看来,中国目前不具备英国主流社会所具有的共识,决定当前中国时代性思维方式的最主要的问题是社会基本共识的缺乏。造成这一局面的原因大致有四方面:一是社会主流价值观不彰,又拿不出可替代的和能被广泛接受的价值观,因此,不得不把合法性建立在"绩效"上,建构主流价值观的能力比较欠缺。二是中国古代社会的主流价值观是儒学。但其赖以生存的制度性基础和社会组织,如科举制、宗法制、宗族组织都已消失。当今儒学渐已沦落为无足轻重的哲学体系,而其他宗教与伦理体系,即使是在中国日益兴盛的基督新教,目前也没有能力成为主流价值观。三是中国当代中学和大学人文教育的方向不明。西方国家建立核心课程的动因很简单,就是灌输西方现代社会的理性精神和人文主义精神。但在中国,人文教育到底要教什么、中学和西学之间的关系是什么都还没有得到彻底解决,使其中学和大学的人文教育难为建构主流价值观作出贡献。四是当前中国的主流媒体在若干重要领域的报道得不到国民的尊重,因此也不能在相关领域为主流价值观的建构作出贡献。① 在当前中国,只有在骂体制、反贪污、民粹、环境质量和食品安全等议题上,人们在微博中才能容易形成共识,至于其他议题,即使是最为简单的,如果带有一定价值观性质的争论,在微博中也很难取得共识。②

4. 城市精神与大学"回城"运动

矗立在城市中的古希腊神庙并非全为祀神,而是在人神共在的宗教仪式中见证人性。城市包容了不同的利益群体,城市同样需要神圣性场所见证超验人性以实现共在协同。

美国智库伍德罗·威尔逊国际学者中心网站刊发《城市化加速过程中,政策制定者面临的包容阻力》,该中心凯南研究所所长布莱尔·罗布(Blair A. Ruble)指出,培养城市精神和城市气质对保护城市多元文化、解决城市发展难题具有重要作用。城市精神需重新发现,在西方传统中,政治思想体现的是不同类型城市与不同城市价值观之间的比较,如在古希腊人眼中,每座城市都有明确的精神,城市精神不仅影响着城市居民的生活态度,还成为政治体系、社会制度建设的理论根据。贝淡宁表示,随着全球化的加速,城市精神已逐渐成为各国维系本国传统、保持文化多样性、避免被全球浪潮同质化的关键。③

---

① 《芝加哥大学教授赵鼎新:为什么中国微博上只能在"骂声"中说到一起去?》,《东方早报》2012年5月13日。

② 黄晓峰:《赵鼎新谈微博与公共空间》,《东方早报》2012年5月13日。

③ 张哲:《城市精神消除多元文化间的隔阂》,《中国社会科学报》2012年9月12日。

在古典时代，城市精神最典型的象征物是皇宫与教堂，在当代，大学承载着城市人的精神追求。大学与城市"天然"共生。现代意义上的大学产生于城市，发展于城市，大学在城市提供的空间中有效延续着，城市为大学提供完备的公共服务依托与丰富的物质支撑；同时，大学也源源不断地为城市提供大量知识、技术精英，并赋予城市独特的个性。大学错落有致地分布于城市中，成为城市中的文化风景，大学校园面向周边居民社区开放，形成大学与城市的互动关系。作为城市空间的一部分，大学经常作为表达特定文化价值的特定区域而存在。在城市建设和发展进程中，大学赋予城市以价值与灵性，而城市则在给大学提供有形物质支撑的同时，也通过城市社区为大学接近社会、进入社会提供现实通道。大学，作为城市体系中的重要组成部分，因知识精英云集、年轻学子汇聚、文化氛围浓厚，为城市社区增添了无尽活力，对城市文化资本的凝练及提升具有重要意义。

世界大学发展史上曾发生过由内城向郊外，再由郊外重返城市中心的过程。20世纪60年代后期，伴随城市的总体性扩张，大学办学条件恶化，遂产生大学迁往郊外的运动。大学郊区化缓解了紧张的城市空间，推动了城郊文化发展，但对城市中心地域文化生态却产生了不容忽视的负面影响。首先，导致大学生与城市社区生活相疏离。其次，削弱了城市中心区域的文化资本。再次，造成城郊社区景观、关系的均质化。最后，导致城郊空间"公共性"的缺失。近年来，鉴于大学告别城市后的诸多教训，法、日等国针对大学郊区化进程中出现的后继问题展开反思，并出现大学"回城"运动。迄今为止，在大学与社会关系问题上长期占据主导地位的两个观点是"大学社会一体说"与"大学社会分途论"。在发达国家大学经历了"在城市中""走向郊区""重返城市中心"三个阶段后，有必要从我国实际出发，在肯定大学郊区化积极意义的同时，把大学郊区化进程对城市文化建设的消极影响控制在一定的范围内。①

5. 世界范围内城市社会发展

5.1 "个人恐怖幽灵"

自由主义与个体独立曾作为西方主流价值而受到追捧，但在今天，不仅自由主义的泛滥对西方经济社会发展造成了极大冲击，"个人恐怖幽灵"也开始成为西方城市的梦魇。2012年7月发生在美国科罗拉多的"可怕的大屠杀"，让人们想起，几乎就在一年前和4个月前，类似的"杀人狂欢"曾在挪威和法国上演。德国《每日镜报》报道说，西方正在生成一个"新安全幽灵"，它的名字叫"个人恐怖主义"。从挪威的布雷维克，到在法兰克福暗杀美军士兵的塞尔维亚青年，再到法国图卢兹枪击案的梅拉赫以及美国的霍姆斯，给西方社会和民众造成了极大痛苦和

---

① 赵俊芳：《若即若离的大学与城市》，《中国社会科学报》2012年7月4日。

灾难。关于西方恐怖主义“个人化”,柏林社会学家马塞尔表示,恐怖主义有三个级别:第二次世界大战时的纳粹德国是“国家恐怖主义”;之后,西方成为“基地”恐怖组织的袭击目标,但真正威胁西方社会的,却是这种“个人恐怖主义”潮。挪威、法国、美国曾被看成是全球性的“理想社会”,但实际上“个人恐怖主义”的癌细胞已扩散到社会各个角落。在丹佛枪击案发生前几天,“美国自由新闻”网站曾援引美国国土安全部的一份报告,称许多“恐怖行动”的动机变得越来越“个人化”,采取“恐怖主义性质行为”的人未必是极端组织成员,而很可能只是一个“过分热爱自由”的人,一个憎恶政府法令或讨厌华盛顿官僚主义的普通人。中国现代国际关系研究院安全与战略研究所所长李伟表示,对西方近来连续发生的个人恐怖主义行为,不少分析侧重于个人精神心理层面分析其实施“杀人狂欢”的动机,比如布雷维克有精神病,霍姆斯是偏执狂等,但每个人都不是孤立的,都是社会人,个人的精神因素很大程度上受制于整个国家社会的环境。美国所面临的社会矛盾主要是,人际关系冷漠和暴力泛滥,甚至把暴力当成一种美。日本社会学学者下田润一则认为,欧美应当反思个人恐怖主义思想的蔓延,同时也要反思其一贯宣扬的所谓“自由”思想的负面作用。美国是对外国发动战争最多的国家,这个国家公民的意识中共同的部分是:问题可以用武力解决。加上其国内枪支不加管制,也让美国人自己付出沉重代价。看似多元文化并存的美国社会,其实也有各种各样的差别和歧视,比如对伊斯兰教的仇视、对亚裔移民的欺侮等。美国是超级强国,不会去认真倾听和了解其他国家的文化。在这种文化氛围中生活,心理和人格极易被扭曲,由此导致很多报复社会的恶性枪击事件也就是很自然的。①

5.2 “经营城市”与“城市破产”

在欧美国家,城市自治是长期的传统,城市有自己的立法与立法权,而经营城市,即城市施政者将城市作为经济单位进行市场经营,则是城市自治性的最高体现。然而,建立在完全自治前提下的城市经营是不是完美的,2012 年,在美国频繁发生的城市破产对此提出了质疑。

美国斯多克顿市位于旧金山与加州首府沙加缅度之间,2012 年 2 月 25 日,因不能按期偿付富国银行近 80 万美元利息,被银行告上法庭。3 月,斯多克顿以 20.1% 的失业率高居全美之首。城市地产税和其他税收严重减少,但各项政府开支、公务员的退休福利以及医疗保险等却依然压迫着这座力不从心的城市。市政府面临 9000 万财政赤字,下一财政年度 2600 万美元预算缺口无力填补。市政府与债权人的谈判也最终破裂,导致斯多克顿最终提出破产申请。这是美国所有破

① 陈一鸣、吴成良、孙微、李珍、纪双城、青木、李志伟、王渠:《“个人恐怖幽灵”在美欧蔓延》,《环球时报》2012 年 7 月 24 日。

产城市中最大的一座。在进入破产保护程序后,斯多克顿市政府将开始没有预算地按日运作,由法官决定它的财务和重大问题及债权人的偿付顺序。①

7月3日,加州猛犸湖市议会投票通过议案,决定申请破产保护。② 随后,加州多座城市破产消息相继传出,继斯多克顿(Stockton)、圣伯纳丁诺(San Bernardino)及马莫斯湖(Mammoth Lake)之后,还有八座城市已通知市政债券市场,宣布城市正面临重大的财政难关,其中包括4月份就宣布进入财政紧急状况的北湾费菲尔(Fairfield)。③

这些破产城市无不与房地产泡沫、大手笔政府投资建设、昂贵的社会保障、财政赤字和滥发政府债券等密切相关,其崩溃应是"情理之中"。听闻美国城市的接二连三的破产风潮,绝不该有"看热闹"或幸灾乐祸的心态。其实,我国一些城市的繁荣也大同小异,在某些方面则是"有过之而无不及"。对此必须严肃认真看待。④

在斯托克顿市的破产中,一个值得深思的问题是,各国应如何构建一个养老保障体系?目前全球大多国家和地区主要是以"现收现付制"或"强制储蓄制"两种体系(或把两者结合起来)为主。在年轻人口占多数、经济不断增长的时候,这两种制度均能支持养老之需,但在人口老龄化、经济下滑时,两种体系都会面临困难。在如何有效管理社保基金方面,同样有不少难题。从历史上看,美国地方政府破产的原因有很多种,除了斯托克顿是为退休金所累之外,失利于金融市场操作也是一种。如加利福尼亚州的奥兰治县,就是由于投资金融衍生品亏损了15亿美元,而不得不在1994年宣布破产,成为当时美国历史上最大的市政府破产案。在政府破产之后,需采取一系列措施使地方财政重回正轨,这通常包括加税、裁员、减薪等,但无一例外会影响到普通百姓的生活。⑤

5.3 世界城市化进程中的"中国问题"

2012年,由中国社会科学院财经战略研究院、城市与竞争力研究中心编撰的《全球城市竞争力报告(2011—2012)》发布。报告指出,受金融危机和欧债危机的影响,2011—2012年度全球城市竞争力总体上比2009—2010年度有所下降,其中欧美城市竞争力指数降幅远远大于其他地区。全球经济格局的转变导致世界城市格局发生变化,世界城市的重心由发达工业化国家城市向发展中国家新兴城市转移。该报告在观察结论中确认了中国城市的世界崛起,同时也提出了几个需要

① 《美国斯多克顿市申请破产成全美最大破产城市》,中国新闻网2012年6月29日。
② 《美国加州三座城市相继宣布申请破产保护》,中国新闻网2012年7月11日。
③ 《美国加州八座城市陷入财政困境濒临破产边缘》,中国新闻网2012年7月17日。
④ 钟茂初:《美城市破产之鉴,需防政府庞局崩溃》,搜狐网2012年7月13日。
⑤ 舒时:《美国城市破产潮降临?》,《第一财经日报》2012年7月14日。

重视的“中国问题”：

一是面对巨额“环境债”，中国能否走出经济增长必伴以环境污染的怪圈？

作为发展中国家的代表，中国正经历着世界上前所未有的快速城市化进程。过去30多年的时间内，中国城市化率从不到20%增长至如今的50%以上。但在美国、日本等发达国家，这一进程长达60年甚至更久。但与中国城市化相伴的，却是资源消耗与环境污染问题日益严重。在2011年世界卫生组织发布世界空气质量最差的前100个城市中，21个来自中国。且差距逐年拉大，对城市环境造成负面影响的主要原因在于：第一，企业生产过程中“粗放式”发展模式，对资源与环境的破坏和污染。第二，城市人口规模增长和居民收入提高，增加了生活能源消耗，加重环境污染。第三，城市空间扩张，对城市的资源和环境造成负面影响。由于城市空间结构从“职住合一”向“职住分离”演变，大量交通出行需求随之产生。第四，除内部因素外，中国还面临着国际资本流入所造成的潜在环境威胁。研究表明，中国内地已成为国际污染企业的“污染天堂”。①

问题之二：面对中国崛起引起的“社会冲突”，中国能否妥善解决？

中国崛起的主要动力在于经济快速发展并在全球化产业结构中地位的提升，而其深化的标志，则在于中国走向世界过程中社会冲突事件逐渐增多。来自公安部的数字显示，1980年外国人入境仅74万人次，2011年增至2711万人次。近10年来，外国人入境人数以年均10%左右的速度递增。“随着外国人的增多，‘三非’问题也日益显现，除了带来管理上的难题外，还埋下了诸多刑事犯罪隐患。”有调查表明，“三非”外国人中，非法居留的占80%左右，非法入境人员主要来自邻国，非法就业的领域主要集中在外语教育、涉外演出、涉外家政、劳动密集型产业等，大多以留学、访问为由入境后非法就业。而且，“三非”人员中有的甚至专门来华从事违法犯罪活动。据悉，1995年，全国公安机关出入境管理部门查处“三非”外国人首次突破1万人次；2011年，这一数字又翻了一倍。“三非”外籍人员不仅对边境管理、社会治安带来挑战，也对我国人口就业和资源分配带来负面影响。相关人士表示，如果对外国人来华就业不予管理，就会冲击国民就业岗位，扰乱人力资源市场，占用有限的资源。为从源头上进一步规范外国人出入境、留居和就业，我国相关立法步伐正在加快。②

另一方面，则是中国人迁往海外所产生的社会问题。据招商银行与贝恩顾问公司发布的《2011中国私人财富报告》显示，个人资产超过1亿元人民币的大陆企业主中，27%的人已移民，另有47%的人在考虑移民。与此同时，一些移入国的移

① 郑思齐、孙聪：《从国际比较看中国城市环境》，《中国社会科学报》2012年11月5日。

② 邹伟、史竞男：《开放的中国如何应对“三非”之困》，《文汇报》2012年5月26日。

民政策也在发生变化。比如，中国移民越来越难以通过技术移民手段移居加拿大。在投资移民的资金门槛几度抬高后，中国移民在加拿大几乎成为“富裕移民”的代名词。2012年5月，新加坡一起豪车和出租车相撞案发生后，一些新加坡人谴责飙车行为，指责外国富人推高当地生活成本和房价。新加坡个别社会团体还借机攻击政府的移民政策，称国家已“变得拥挤而危险”，“应将中国人赶出新加坡”。但也有一些较为客观的评论，如名为“说出真相”的新加坡网民写道：“我们并非仇富，而是反对不守规矩的人。”一些欧美移民国家的政府和民众对中国富裕移民的态度同样复杂。世代居住在伦敦的贝内特表示：“英国人之前迎来过富裕的日本人、印度人，还有中东人，中国人无论是从时间早晚，还是财富规模来说，还只是后生小辈。”他认为给英国带来财富的中国人不会挤占英国人的就业市场，相反还会创造就业机会。“伦敦优先”是一家负责招商引资的机构，该机构一名管理人员表示，英国政府非常鼓励中国富裕人群和优秀人才来英国，但确实有一些地方商业组织对此感到恐慌，他们警告，中国的富裕移民会把廉价的生产销售链带到英国市场，长此以往会阻碍英国经济增长。①

四、世界文化博弈及其影响

1. 中国崛起中的文化博弈

1.1 “文化冷战”的思维惯势

东西方“冷战”在“全球化”大潮中并未终结。与政治、经济层面上的“冷战”相比，“文化冷战”有着更长久的惯势。2012年，美国在对中国孔子学院问题上的“乌龙态度”即是这种“文化冷战”思维的体现。5月17日，美国国务院发布公告，要求目前在该国持有J-1签证的孔子学院中国教师将不得不于6月30日离境。②然而，三天之后，美国国务院重新发布公告，表示孔子学院合法，不需认证。在小学或中学任教的访问学者无须在6月30日前离境。美国国务院在当地时间25日重新修订公告，“用以替代2012年5月17日颁布的内容”。公告表示，“当孔子学院在大学中开展活动时，承办大学的认证资格足以符合联邦法规中的规定”。“由大学担保，在小学或中学任教的访问学者无须在本学年结束时离开美国，除非那时是其既定的离开日期”。公告在认证部分表示，“孔子学院开设的课程可以既在孔子学院，也可在合作的大学和学校授课”。③

2012年英国伦敦奥运会上，“文化冷战”又一次爆发。中国游泳选手因表现

---

① 黄默千、丁雨晴、李兵、纪双城、姚蒙、陶短房、李珍：《富裕移民成中国形象新标签》，《环球时报》2012年6月12日。

② 《美国审查孔子学院学术资质　要求部分教师离境》，《人民日报》2012年5月24日。

③ 《美国发公告称孔子学院合法　教师无须提前回国》，《人民网》2012年5月27日。

出色而遭裁判质疑，露骨的文化歧视甚至引起了西方媒体的不满。英国《每日电讯》发表“我们英国人为什么视中国运动员为作弊者、怪人和机器人？”斥责此种丑陋心态。文章说，为什么抨击中国对我们英国人来说是如此自然的事？本届奥运会开幕不到一周时间，我们已有了中伤 16 岁的泳坛超级明星叶诗文的评论。我们也做了有关中国“残忍训练工厂”的报道。我们亲眼见到，在中国顶尖羽毛球女运动员被取消参赛资格后，媒体涌现出来的幸灾乐祸。观察人士以一种混杂着嫉妒和无知的丑陋心态看待中国人，怀疑他们获得这么多枚奖牌的能力，并对他们心无旁骛地投入训练和追求卓越感到厌恶。这是我们把中国人视为异类的真正原因——因为他们仍忠实捍卫着我们这些愈发走向失败主义的英国人在很早之前就已背弃的价值观，即全心投入和决意取胜。①

1.2　问题丛生的“文化影响力”

伴随中国走向世界，中国文化影响力成为备受瞩目的问题。然而，中国文化对他者文化实现影响的契机是什么，中国文化如何能够避免“民族中心主义”，什么才是中国文化实现对外影响的评价标准？中国文化影响力如果不是简单的口号的话，就应严肃面对一系列问题。

中国文化实现世界性影响的契机，在于全球经济洗牌使得中国具有了更多权威。采访了全球 30 个国家 1000 多位创意产业界行业领袖的法国社会观察家、记者弗雷德里克・马特尔教授在论著中说，全球文化的主、配角正在经历一个重新洗牌的过程，中国已被视为继美国、欧洲、日本之后的重要内容出口国，但与韩国、印度等新兴文化势力相比还缺乏更鲜明的原创模式。洛杉矶一家著名制片公司副董事长的书桌上放着 3 个座钟，指针分别调在“日本时间”、“中国时间”和“印度时间”。这让弗雷德里克・马特尔感到惊讶。在他撰写的《主流——谁将打赢全球文化战争》中，将上述三个地方称为“好莱坞的新边疆”。好莱坞精确地知道“边疆”时间。例如，任何一位发行商都会告诉你：要在中国取得票房成功，电影最好在情人节、国庆节、劳动节或夏季上映；而在印度，理想的上映时间应该安排在秋季盛大的“排灯节”前后；在阿拉伯国家，夏季是放映主流电影的绝佳档期，唯一要注意的是“避开斋月”……然而，全球文化版图的地缘政治正在发生剧烈的变动，“边疆”正在向“中心”靠拢，一些“中心”则在退后。实地走访了 30 多个国家、采访了 1250 位有名有姓的行业领袖之后，马特尔得出这样的结论：“世界文化大战已经爆发，全球化以及互联网带来的贸易格局的重构导致各方力量发生变化，客观上，这是一个重新洗牌的过程。”无论从哪个方面讲，中国事实上已被视为继美国、欧洲、日本之后重要的内容出口商。在中国采访了不少传媒领袖和文化部

---

① 《英媒体反省对中国选手质疑称系“丑陋心态”》，《环球时报》2012 年 8 月 6 日。

门负责人后，马特尔说："有一点可以确定：从今往后，中国将要生产自己的内容产品并将之传播到世界各地，她具有这样的能力。"但他也指出中国的创意产业领域还有待现代化，软实力远不如其传统实力。"看看上百家中国的电视频道，相当数量的电视节目都有美国电视节目形式的痕迹，普通话版的美国娱乐模式比其他任何地方都明显。"①

中国文化"走出去"必然面临文化传播的现实鸿沟，关键是如何处理好"文化多元主义"与"民族中心主义"的矛盾。文化多元主义可能强调了文化群体的主体性而忽略了文化间隔性(interculturality)，也就是如何形成文化间的互惠性理解，提高每一个个体超越自身和与其他文化互动的能力。民族中心主义是指每个族群都认为自己是唯一合理的，自己做事的方式不仅仅是正确的，而且是唯一的。而现在美国对于这种观点也有很多争论，很明显，没有任何一种文化能在告诉自己文化成员自己处事方式是唯一正确的情况下生存下来，因为这样一来这种文化就简单地排斥了其他做事的方法、其他群体做事的方式。②

中国文化影响力的真正实现，应是中国文化从象征符号成为了"软实力"，成为西方精英渴望获取的资源。博鳌亚洲论坛国际咨询委员会委员龙永图认为，只有全球大多数国家的精英都愿意把自己的孩子送到中国留学，而不是送到美国和欧洲去留学，中国在世界上才具有真正影响力。他认为，当前一个迫切需要解决的问题是，我们的"软实力"跟不上"硬实力"。举例而言，当不少人正在讨论什么时候中国能够超过美国，成为全球第一大经济体的时候，他刚好在澳大利亚的报纸上，看到了一篇文章。文章提出了三个问题，让他觉得仿佛一盆冷水泼在自己头上："一、你们什么时候才能使全球大多数国家的精英都愿意把自己的孩子送到中国去留学，而不是送到美国和欧洲去留学；二、你们什么时候才能使全球大多数人特别是年轻人更多地看中国的电影、听中国音乐、阅读中国的书籍；三、什么时候全球的消费者选购产品的时候，更多的是选择中国的品牌，而不是美国、欧洲的品牌。"③

2. 文化外交与交流

2.1 文化"走出去工程"十年历程

自2001年12月11日，我国正式加入WTO(世贸组织)至今已十年有余。十多年来，文化"走出去工程"取得了一些成就，在政策体系方面作出了一些努力与尝试。

① 吴越：《经济洗牌下，谁将打赢全球文化战》，《文汇报》2012年5月23日。
② 单波：《超越跨文化传播的现实鸿沟》，《中国社会科学报》2012年5月23日。
③ 龙永图：《精英都愿到中国留学才叫影响力》，《扬子晚报》2012年5月17日。

2001年12月24日，国家广电总局发布《关于广播影视“走出去工程”的实施细则》，明确了培育我国影视节目国际竞争力是未来发展的重要目标。这也是我国加入世贸组织之后文化部门发布的第一个明确提出“走出去工程”的专项政策文件。第二个明确作为“走出去工程”行业专项规划出现在2011年4月20日，国家新闻出版总署颁布《新闻出版业“十二五”时期走出去发展规划》。几乎是同时，文化部于2011年4月颁布《关于促进文化产品和服务“走出去”2011—2015年总体规划》。2004年12月，文化部颁布《文化部关于促进商业演出展览文化产品出口的通知》，将商演展产品的出口作为对外文化工作的重点向前推进，并制定《国家商业演出展览文化产品出口指导目录》管理办法（试行）。2006年8月，中共中央办公厅、国务院办公厅下发《国家“十一五”时期文化发展规划纲要》，要求抓好文化“走出去”重大工程、项目的实施。2006年11月，国办《关于鼓励和支持文化产品和服务出口的若干政策》颁布，确定了我国文化“走出去”政策的基本思路和框架。2009年9月，国务院发布《文化产业振兴规划》要求扩大对外文化贸易，并在市场开拓、技术创新、海关通关等方面给予支持。2011年3月，中共中央办公厅、国务院办公厅下发《国民经济和社会发展第十二个五年规划纲要》要求增强中华文化国际竞争力和影响力，提升国家软实力。2011年4月20日，国家新闻出版总署颁布《新闻出版业“十二五”时期发展规划》，同时发布包括“走出去”在内的十一项专题规划。2011年10月，党的十七届六中全会通过《中共中央关于深化文化体制改革、推动社会主义文化大发展大繁荣若干重大问题的决定》，提出实施文化走出去战略，不断增强中华文化国际影响力。2012年1月9日，新闻出版总署再次颁布《关于加快我国新闻出版业走出去的若干意见》，落实上述新闻出版“走出去工程”的“十二五”规划。2012年2月，文化部发布《“十二五”时期文化产业倍增计划》，提出了“十二五”期间我国文化产业增加值年平均现价增长速度高于20%，2015年比2010年至少翻一番，实现倍增的奋斗目标。

在具体实践中，又有如下较大举措：2002年11月，党的十六大对加快发展文化产业做出重大部署，提出：全面建设小康社会，必须大力发展社会主义文化，建设社会主义精神文明。并对发展文化产业提出明确要求：“完善文化产业政策，支持文化产业发展，增强我国文化产业的整体实力和竞争力。”自2007年开始，由商务部、财政部发起，新闻出版总署、国家广电总局和文化部共同参与，设立了推动文化企业“走出去”的文化产业发展专项资金。2007年10月，党的十七大报告提出，加强对外文化交流，吸收各国优秀文明成果，增强中华文化国际影响力。2011年11月，我国首个“国家对外文化贸易基地”落户上海浦东。2012年3月，第二家

"国家对外文化贸易基地"在北京天竺综合保税区挂牌。[①]

2.2 对外文化贸易额缓慢"爬坡"

据统计,2012 年,我国出口文化产品 217.3 亿美元,较 2011 年增长 16.3%。其中,对拉丁美洲、东盟和非洲等新兴市场出口增长较快。统计显示,在 2012 年我国出口的文化产品中,视觉艺术品出口 142.1 亿美元,增长 52.5%,占同期我国文化产品出口总值的 65.4%。同期,出口印刷品 28.5 亿美元,增长 7.1%;出口视听媒介产品 28.4 亿美元,下降 44.2%。此外,出口乐器 14.9 亿美元,增长 6.6%。私营企业是文化产品出口主体。2012 年,我国私营企业出口文化产品 135.2 亿美元,增长 59.8%,占同期我国文化产品出口总值的 62.2%。[②] 同期,外商投资企业出口 68.3 亿美元,国有企业出口 10 亿美元。我国文化产品主要出口市场为欧盟和美国,对拉丁美洲、东盟和非洲等新兴市场的出口增长较快。[③] 这也说明,在政府的大力扶持下,我国对外文化贸易额持续增长。但据《中国对外文化贸易年度报告 2012》统计,2010 年中国货物进出口总额达到 29740 亿美元,位居世界第一,但是中国核心文化产品进出口总额仅为 143.9 亿美元,不足贸易总额的 1%,且输出引进比仍高达 1:3,存在巨大的逆差。中国对外文化贸易也存在诸多不足:一、文化贸易作为中国对外贸易的重要组成部分存在严重的贸易逆差;二、中国文化贸易发展速度落后于国家对外贸易的总体增幅;三、文化产品出口种类单一;四、文化产品出口地区过于集中,主要为中国台湾和中国香港、韩国、东南亚和美国等。[④]

2.3 国家对外文化贸易基地发布三年行动计划

2012 年 3 月 11 日,国家对外文化贸易基地揭牌暨北京国际文化贸易服务中心奠基仪式在北京天竺综合保税区隆重举行。

作为文化部和北京市共同建设的国家级对外文化贸易基地,北京国际文化贸易服务中心将集成国家支持中国文化产品和服务的政策资源体系、北京市发展文化创意产业的政策支持体系、天竺综合保税区的政策法规体系,形成政策叠加的综合优势,成为北京发挥全国文化中心示范作用,推动中国对外文化贸易发展的重要平台。其发展定位是国家对外文化贸易的创新示范区、国家级文化贸易口岸、中国文化走出去的能力培养区和亚洲最大的艺术品交易市场。基地将国际贸易中针对普通商品的保税政策及通行做法运用在文化贸易领域,并根据文化产品创意、设计、生产、存储、销售的特点进行政策资源的整合和制度创新,形成适应文

① 朱春阳:《中国"文化逆差"几个反思》,《人民论坛》2012 年第 21 期。
② 《海关总署统计显示:去年文化产品出口增长 16.3%》,《经济日报》2013 年 2 月 3 日。
③ 《文化产品出口有望成为外贸新亮点》,《天天商报》2013 年 3 月 31 日。
④ 《中国文化产品只占贸易额 1% 情况探讨》,中国行业研究网 2012 年 12 月 25 日。

化产品生产规律、促进文化对外贸易的专门保税形态。国家对外文化贸易基地将在天竺综合保税区内以园中园的形式进行建设，为国际、国内文化生产、传输、贸易机构提供专属保税服务。实现区内企业自由文化贸易；国内文化产品、原材料进口退税；国外文化产品进区中转及存储免证、保税、交易免税；外贸及合资文化贸易、中介、生产企业特许入区等。[①]

之后，国家对外文化贸易基地在参加京交会“上海日”活动时又发布了三年行动计划，力争到2014年直接服务的入驻企业数超过200家，贸易总额超过100亿元；提供服务的企业超过2000家，贸易总额超过1000亿元。[②]

3. 中国国民形象与国家公关

3.1 中国国民形象

2009年，为了洗去因国家品牌被过低评价而引发的“韩国折扣”等屈辱，韩国设立国家品牌委员会，“一个国家制造的有世界水准的产品，市场价格却低于发达国家产品的70%，这是因为这个国家还没有被世界认可为‘高级’的国家品牌”。[③]如今同样的情况也发生在中国，中国经济近年来的迅猛发展更多来自于规模的巨大，而国家品牌的建设却亟待提高。在这里国家品牌是一个综合复杂的问题，与中国是否受到他国的喜爱，能否得到国际社会的信赖有密切相关。

据统计，我国个人资产超过一亿元的企业主中，27%已经移民，47%在考虑移民。[④] 随着中国富裕移民的增多，富豪太多也成为一些国家的麻烦——当地生活成本和房价被推高，城市变得“拥挤而危险”，个别人的炫富又增添了当地民众的不平衡心理。这些都是中国富裕移民消费中国形象的有力证据。《环球时报》指出：新加坡民众对中国富人移民、明星移民大多带着两种情绪：一方面为自己的国家能吸引富人、名人感到骄傲，另一方面又觉得他们只不过是利用新加坡好的环境，如低税收、持有新加坡护照出行便利等，其实并没有对新加坡的忠诚感。一些欧美移民国家的政府和民众对中国富裕移民的态度同样复杂。英国政府非常鼓励中国富裕人群和优秀人才来英国，但确实有一些地方商业组织对此感到恐慌，认为中国的富裕移民会把廉价的生产销售链带到英国市场，长此以往会阻碍英国经济增长。加拿大则不断推出各种招商理念，试图吸引华裔富人“把钱留住”，但“中国热钱”的涌入也令房地产价格飙升，让当地居民负担水涨船高，苦不堪言。甚至在一些城市，有人投书电视台，希望政府对中国富裕移民实行“限购”。而在

---

① 《国家对外文化贸易基地落户天竺》，《北京日报》2012年3月12日。

② 白瀛：《国家对外文化贸易基地发布三年行动计划》，新华网2012年5月29日。

③ 王文：《中国也应建国家品牌委员会》，《环球时报》2012年6月21日。

④ 郭少峰、邓琦：《我国亿元富翁近3成已移民 47%正考虑移民》，人民网2012年12月18日。

加拿大、英国等国,有些年轻移民比较张扬,也让当地人非常反感。①

虽然中国一直致力于塑造良好的国际新形象。如20世纪60年代的李小龙、成龙和80年代的李连杰出演的中国形象深入人心;进入新世纪,姚明、陈一冰等体育明星以及诸多名人的表现,为国家形象做了很好的宣传;近年世博会、奥运会的成功举办,更是让中国提升了国际魅力;在时代广场反复播出的中国群体形象,则是一个崛起的大国对国民新形象的苦心营造。但"不缺钱,缺素质",仍是中国人走出国门后留给世界的最深印象。一些外国景区对中国人又爱又恨,爱的是中国人有钱、阔气,购买奢侈品最多的是中国人,恨的是素质不高,不好管理,随地吐痰、插队、吵架,在景区刻字留言,坐到雕像上拍照等不文明行为屡禁不止。针对这些行为,一些特有的中文提示牌开始出现,比如:"请勿随地吐痰"、"请勿随地扔垃圾"、"请勿大声喧哗"等。虽然中国的国家实力一直在增强,经济总量已跃居世界第二,但若国民形象无法跟上,或者与之并不匹配,结果很可能引发木桶短板效应,即最短的那块木板决定了这桶水的高度,不佳的国民形象也难以托起一个国家的整体发展。②

3.2 "舌尖上"的中国文化

一部关于中国饮食文化的纪录片《舌尖上的中国》于2012年5月在央视首播后,在网络引起了广泛的关注。该片于2012年7月在中国台湾公视播出,2012年9月在新加坡星和都会台播出,2012年10月起在中国香港翡翠台播出,又通过网络视频等平台,瞬间掀起了国内外的收视狂潮。通过中华美食的多个侧面,展现了食物给中国人生活带来的仪式、伦理等方面的文化,向世人展示了中国特色食材以及与食物相关、构成中国美食特有气质的一系列元素,不仅展现了各种中式美味佳肴,同时也深入探讨了诸多美食所体现出的处世哲学和社会变迁。

《舌尖上的中国》播出后,短时间内引发全社会热议和赞誉,首先引发了美食带来的"蝴蝶效应"。5月底,来自淘宝的数据称,零食特产的搜索量环比增加了13.54%。在让人流口水的同时,《舌尖上的中国》也以其独特的"生活哲学"让很多人落泪。"吃"是所有人最熟悉不过的话题,但《舌尖上的中国》却把这样看似最简单不过的事情,剥茧抽丝般进行了一番解剖,展现了中国饮食中"精神认同"的一面。曾有一种调侃的说法,说中国传统节日都可以找到相应的食物。十五的元宵、端午的粽子、中秋的月饼,十几样一年吃到头。但是如今生活富足,这些食物渐渐淡去了"文化品位"。纪录片则透过不起眼的小吃,以及小吃背后的故事,让

---

① 《富裕移民成中国形象新标签》,《环球时报》2012年06月12日。

② 万晓娟:《每个国民都是国家形象代言人》,《长沙晚报》2012年9月5日。

人看到了中国人的生存哲学。① 其次,《舌尖上的中国》也引发了大众乡愁情绪。美国《侨报》称,《舌尖上的中国》暗合了当今中国迅猛的城市化浪潮。传统的大家庭正在消解,乡土中国正逐渐远去。很多人既难以在城市扎根,又无法回到故乡。片中与片外、回忆与现实,是两个不同的中国。②

2012 年 4 月 2 日,法国春季戛纳电影节上,《舌尖上的中国》引领"中国晚宴"活动,得到各国媒体和机构的好评,该片也将实现央视纪录片海外销售市场的历史性突破。③ 有人指出,《舌尖上的中国》是一个非常好的跨文化传播的成功范例。由于中餐在海外享有盛誉,用美食讲述百味人生,用一种温和的方式讨论一个国家的变迁,恰恰是中国真正软实力所在。④ 我们对中国文化的传播,过去比较依赖于语言,实际上,绘画、歌舞、音乐、影像对艺术文化的传播有时候比语言更便利、更迅速、更经济。

4. 民族文化的自信与自立

4.1 莫言获诺贝尔奖的复杂况味

2012 年,莫言获本届诺贝尔文学奖,国人振奋,这被视为中国实现世界影响力的新高度,但"莫言获奖"在国内引起的复杂效应却暴露出"中国走向世界"的另一面。在新浪微博发起的微话题"#之前你知道莫言吗#"的调查中,"说实话不知道是谁"和"看过红高粱知道作者是莫言"的票数对比是 19999 对 4741。⑤ 对于诺贝尔文学评选委员会认可的莫言,同胞却相对陌生。尽管国人"不知道莫言是谁",但在知道其获得诺贝尔奖后为之欢呼。人们到底是出于对文学的尊重还是对国家的忠诚而欢呼? 莫言本人的表态,对此进行了抗辩。12 月 6 日,瑞典文学院大厅里挤满 100 多名中外记者,中国作家莫言在这里举行新闻发布会。谈到此次获奖的意义,莫言说,我的获奖是文学的胜利,而不是政治的胜利,因为这是诺贝尔文学奖,而不是政治奖。获奖是我个人的事情,诺贝尔文学奖从来就是颁给一个作家的,而不是颁给一个国家的。但我相信我的获奖会引起一些作家的创作热情,我也希望我的获奖对中国文学起到一个积极的推动作用。⑥

4.2 是遭遇歧视? 还是文明差距?

2012 年,英国伦敦奥运会上,中国在"国羽输球"事件中成为争议中心。在羽毛球女双小组赛 A 组最后一场比赛中,世界排名第一的中国组合于洋/王晓理以

---

① 王磊:《品出平凡生活中的"幸福滋味"》,《文汇周末》2012 年 6 月 2 日。
② 《〈侨报〉:"舌尖上的中国"因美食与乡愁走红》,环球网 2012 年 5 月 24 日。
③ 《〈舌尖上的中国〉年底拍第 2 季 央视欲创"舌尖"系列品牌》,《深圳特区报》2012 年 6 月 3 日。
④ 杨晓华:《2012 文化领域理论热点回眸》,《中国文化报》2013 年 1 月 11 日。
⑤ 新浪微博微话题"#之前你知道莫言吗#",http://huati.weibo.com/22787? from=501&order=time。
⑥ 莫言:《文学奖从来是颁给作家而不是国家》,《人民日报》(海外版)2012 年 12 月 7 日。

14:21 和 11:21 爆冷不敌韩国组合郑景银/金荷娜,由于双方在场上失误频频,击球不是出界就是下网,比赛时温布利体育馆内嘘声四起。

现场的一位英国观众很不理解,情绪激动地说:"双方在国际水平以下,简直是训练的水平,这对其他选手是不公平的。中国是体育大国,应该给其他队伍做个榜样,在赛场上应该代表中国的形象。"与往常比赛结束时不同,本场比赛之后观众没有送上掌声,而是震耳的嘘声。赛后于洋表示:"我们是第一次和他们打,加上明天就是淘汰赛,我们小组已经出线,所以我们希望有更多的体力和精力面对明天的淘汰赛,没必要再拼了。"

这样的"故意输球"应是中国出征奥运会的首次,它所带来的舆论评价呈两极化趋势:一方面是绝大多数人的谴责,认为不管如何,这有违奥运会的宗旨与体育公平原则,另一方面,有人认为体育是竞争,就应该讲究策略。央视评论员白岩松将之上升到了"规则歧视"的高度。白岩松认为,羽联甚至奥委会的一些老爷们定下的荒唐的规则,出现了巨大问题,可是责任却让运动员来承担,这一切都是不合适的。[①] 是否是"歧视"? 羽赛规则的"荒唐"应否与"故意输球"混为一谈? 在于洋、白岩松等人的逻辑中,混乱是显而易见的:比赛规则的荒唐是体制的问题,而个人是否全情投入则是个人对体育精神的信仰问题,因为对比赛规则的不满而放弃信仰,这本身就是同流合污,就更没有资格批评"荒唐"规则,现场观众的集体嘘声体现出了公意裁决。特别值得关注的是,国内对白岩松的议论附和者众多,这从一个侧面展示了"中国走向世界"过程中我们的文明差距。

2012 年,法国《解放报》发表文章,中国游客一年比一年多,尽管游览方式大不相同,但自从 2009 年以来,他们已经成为新的购物之王。据一家名为环球蓝色的统计机构数据显示,2011 年,大陆游客日购物金额(在同一家商店)达到 1470 欧元,而在 2005 年和 2010 年,这个数字还仅仅只有 650 欧元和 1300 欧元。尽管中国游客给欧洲旅游业带来了繁荣,但他们在欧洲人内心深处的形象并没有相应地转好。欧洲中心论让一向自大的欧洲人看不起中国人,接受不了中国人居然可以买奢侈品像买大白菜一样。而一些中国游客的不良习惯,确实也助推了欧洲人的歧视心理。在欧洲一些艺术水平很高的雕像旁,总有一些中国游客试图爬上去合影;在一些环境优雅的饭店,一大群中国人吵吵嚷嚷地相互敬酒,昂贵的葡萄酒一瓶一瓶地干,让那些在烛光下小口呷着葡萄酒的欧洲人摇头不止。不久前一项国际旅行网站的调查显示,爱花钱的中国游客在不受欢迎游客的排名中列第二位,仅次于美国游客。[②]

---

① 白岩松:《队员受罚感到愤怒　不合理规则必须改》,《新浪体育》2012 年 8 月 1 日。

② 《法国时尚品牌不接待中国游客　称需安静环境》,《现代快报》2012 年 10 月 5 日。

4.3 民族文化的自信自立

中国走向世界，民族文化的自信自立是国人底气所在。经济学家信息社（Economist Intelligence Unit）根据治安、基础建设、医疗水平、文化与环境及教育等指标，每年进行两次调查。本次对全球 140 个城市进行的调查显示，排名第 12 的日本大阪是亚洲最适合居住的城市，东京排名第 18，中国香港第 31，新加坡第 51，首尔第 58。中国大陆有 8 个城市上榜，排名最好的是北京的第 72 名；中国台北排名第 61 名，与前一次调查相同；中国香港排名第 31，在两岸三地城市中排名最前。负责这项调查的编辑寇斯塔克（Jon Copestake）表示，亚洲主要城市排名都很好，主要是基础建设佳，治安与教育良好，但在文化活动部分偏弱。①

2012 年，《人民日报》发文指出"文化自觉自信正成为中国软实力"。文章指出，今日中国，在经济实力不断增强、发展质量明显提升的同时，文化力量悄然开枝散叶，文化自觉、自信和自强正在成为更为雄厚扎实的"中国软实力"。文化自觉，从根本上说是对文化价值的觉悟觉醒。一个民族的觉醒，首先是文化上的觉醒；一个政党的力量，很大程度上取决于文化上的自觉。文化自信，从根本上说是对文化本质的信念信心。五千年中华文明薪火相传，是我们的基因根脉；包容借鉴世界文明成果，是我们兼收并蓄的胸襟气度。文化自强，从根本上说是对文化强国的向往追求。文化自觉、文化自信，最终要体现为文化自强的目标和行动。自十六大以来的的 10 年，是中国文化加速"走出去"、影响力日益增强的 10 年。文化"走出去"，凸显了一个文明古国走向文化复兴的坚定决心，是实现文化自强、提升国家"软实力"的必经之路。目前，我国与 100 多个国家签订了文化合作协议，以"文化年"、"国家年"、"交流年"为主题开展了各类大型国际文化活动；在海外已建成巴黎、柏林、东京等多个中国文化中心；不同规模的中国文化节、艺术节，"相约北京"、"上海国际艺术节"等国际性文化交流品牌已成为传播中华文化的重要载体。②

---

① 《最新全球最宜居城市排名　墨尔本夺冠北京第 72 名》，中国新闻网 2011 年 8 月 31 日。

② 《文化复兴：自觉发展的中国力量》，《人民日报》2012 年 10 月 31 日。

第二章　大都市与城市群报告

在我国城镇化战略中，大都市与城市群具有顶层设计、全局视野和战略核心的重要地位。改革开放以来，国家在城市发展方针的总体指导思想上，经历了从“控制大城市规模，积极发展小城市”到“坚持大中小城市协调发展，培育若干城市群”的转变，时至今日，大都市和城市群以其庞大的规模和体量成为我国城镇化过程中矛盾的集中爆发区和转型发展的关键节点，研究和解决大都市和城市群的问题与病症具有“牵牛要牵牛鼻子”的意义。

一、城市化与城市发展

1. 城市化的世界现状与问题

1.1　来自联合国两份报告的数据

从全世界范围来看，各个区域和国家的城市化水平和质量还存在较大差异。联合人居署 2012 年 4 月发布《世界城市化展望》，首先从总体上对世界城市化现状进行了统计：“目前全世界 70 亿人口中有一半生活在城市里，到 2050 年的未来四十年里，世界人口多达 23 亿的增长量将全部被城市吸收，这一快速的城市化进程在非洲和亚洲显得尤为突出，给城市居住、环境、基础设施等各方面带来了新挑战。”[①]报告同时指出，未来四十年全球城市化的增长幅度差异较大，“非洲和亚洲将占全球城市人口总增量的 86%。增长最多的国家依次是印度、中国、尼日利亚、美国和印尼。”[②]城市化的效果也是喜忧参半，一方面，“城市人口的迅猛增长为许多人带来了改善教育和获得公共服务的机会，因为人口的集中使得提供这些服务的成本相对较低”，另一方面，“城市的就业、居住、能源和基础设施也面临更大挑战，减轻城市贫困、控制贫民窟的扩大以及应对城市环境恶化的压力也更大”。该报告还特别关注了大城市和特大城市问题，“生活在拥有 100 万到 500 万人口的大城市的人口从 1970 年占全球总人口的 18% 增加到了 2011 年的 22%。尤其值得注意的是特大城市的增多。1990 年，全球有 3900 万人口生活在拥有千万以上

---

① 席来旺、吴云、丁小希：《〈世界城市展望〉：未来 40 年亚非地区城市化势头强劲》，人民网 2012 年 4 月 6 日。

② 席来旺、吴云、丁小希：《〈世界城市展望〉：未来 40 年亚非地区城市化势头强劲》，人民网 2012 年 4 月 6 日。

人口的特大城市，相当于当时全球人口的3%。但在2011年，有3.59亿人生活在特大城市，占全球人口的9.9%。到2025年，集中在特大城市的人口将达6.3亿，相当于全球人口的13.6%。”①

联合国环境署发布的《2013年联合国环境规划署年鉴》显示，“欧洲及南北美洲均已高度城市化，非洲及亚洲的城市化速度也相当惊人，而到2050年，全球城市人口比例将达2/3。2012年全球特大城市（人口1000万以上）数目达到37个，而密集的人类活动将给城市带来高浓度排放的空气污染物、垃圾及有害气体，而这些均将严重影响城市人口的生存质量。”②

1.2 城市消亡名单与新型市场城市

城市也像自然界的生物一样，具有出生、成长、成熟、衰败、死亡的过程。《福布斯》杂志2007年曾发表题为“2100鬼城”的文章，预言因为全球暖化、衰退和人口老化等多个因素，冈比亚的首都班珠尔、俄罗斯的伊万诺沃、意大利的那不勒斯和威尼斯、马里的延巴克图、美国的底特律和旧金山及墨西哥的墨西哥城将在2100年消失。③ 这篇文章将美国底特律列入“消亡城市名单”，一语成谶，2012年底特律的遭遇是一个很好的证明。底特律曾是美国和世界的“汽车之都”，“鼎盛时期，这里人口近200万，如今只剩下70万。主城破败衰落，部分区域空荡、荒芜，一套普通住房标售500美元，不及一个名牌手包。”④

但更多新兴城市的出现让人期待。波士顿咨询集团发布《决胜新兴市场城市：世界最大发展机遇指南》，对世界主要新兴经济体的中心城市（称为“新兴市场城市”）进行了分析，该报告认为，在未来数十年间，全球717个新兴市场城市将提供巨大商业机遇，是全球经济发展主要驱动力，不仅催生基础设施巨大需求，中产阶级的兴起也会带来前所未有的消费需求。报告指出，2030年，全球人口的三分之一，即26亿人将居住在新兴市场城市，增长数量将达13亿。而发达经济体的城市人口同期仅会增长1亿。全球人口超过50万的“新兴市场城市”数量达到717个，到2030年，还有371个城市将达到这一规模。但在发达国家中，同样规模的城市仅有240个。在发展速度上，2010年，新兴市场城市贡献了全球GDP增长量的60%，到2015年，这一贡献比例将增加到67%。

新兴市场城市分为四个类别。第一类是巨型城市（Megacities），拥有1000万以上人口，具有极其重要的市场价值。第二类是组团城市或卫星城市，以卫星城

① 席来旺、吴云、丁小希：《〈世界城市展望〉：未来40年亚非地区城市化势头强劲》，人民网2012年4月6日。

② 王可：《2050年地球2/3都是城里人》，《北京商报》2013年2月20日。

③ 郭媛丹：《〈福布斯〉预言2015年十大“超级城市”上海上榜》，新华网2007年6月13日。

④ 杨骏：《“洋鬼城”底特律的前车之鉴》，《新华每日电讯报》2013年4月10日。

市环绕的贸易枢纽，这样的城市一般拥有500—1000万人口，在新兴经济体中的数量为150个。第三类是专业化枢纽，这样的城市人口在100—500万之间，是依赖地方自然资源或工业化中心的中等城市，数量为100个。第四类是水平城镇，小型且分散化的“新兴市场城市”。巨型城市常常被媒体视为重大机遇。事实上，大量的城市化增长是发生在开放程度较低的城市中。500万人以下的城市在新兴市场国家人口中占到83%，发展速度也较巨型城市更快。力图进入新兴经济体的企业常常将巨型城市作为起点站，但这些城市很容易进入饱和状态。波士顿咨询集团发现，在新兴市场城市业绩最成功的企业，往往根据不同的城市类型同时采取了多样化的市场进入模式。在未来，大量崛起的中小城市将形成重要的潜在市场。①

2. 城镇化的中国数据与现实

2.1 持续走高的城市化率及域外观点

继2011年中国大陆城市人口首次超过农村人口之后，我国的城市化率仍处于快速上升中。世界银行发布了该行与中国国务院发展研究中心联合完成的中国展望报告——《2030年的中国：建设现代、和谐、有创造力的高收入社会》称，到2030年，城市居民占总人数比重将从1/2上升到2/3。这将会成为中国经济增长的推动力，但同时也取决于城市发展政策的设计和实施。② 而《国际城市发展报告2012》则预计，到2020年，中国城市化率将达55%，其间1.5亿中国人将完成从农民到市民的空间、身份转换。③

《2012城市竞争力蓝皮书》认为：在过去十年中，中国演绎了波澜壮阔的城市化史诗。城市人口规模和增速异常迅猛。第五次人口普查数据显示：2000年居住在城镇的人口4.5594亿人，占总人口的36.09%；第六次人口普查数据显示：2010年城镇人口6.6557亿人，占全国总人口的比重49.68%，比2000年提高了13.59个百分点，十年城市人口总量增加了2.10963亿，过去十年增长接近全部城市人口的0.5倍；城市用地规模和增速更为迅猛。2001年地级以上城市市区面积489421平方千米，建成区面积17605平方千米；2010年地级及以上城市行政区域土地面积628573平方千米，其中，建成区面积达31766平方千米。建成区面积增长接近一倍；城市体系和空间分布急剧变化。以大城市为中心的城市群（带）逐渐形成、壮大。在我国的东部沿海地区，开始形成以特大城市为中心、多层次、功能互补的城市群，是我国改革开放和制度创新的基地，是20多年来国民经济快速、稳定发

---

① 苏宁：《新兴城市是全球未来发展的引擎》，社会科学报网2013年4月18日

② 《1978—2030：中国发展之路》，《社会科学报》2012年4月26日。

③ 王永生：《中国2020年城市化率将达55% 城市病将集中爆发》，《法制晚报》2012年2月9日。

展的增长极。过去十年城市化的模式不可持续。城市化问题的主要表现:人口不完全城市化。按照常住人口统计,城市化率已达到 50%,但城市户籍人口仅为 33%。①

对中国城市化率超过 50%,国内媒体多持正面和积极的态度,国外很多媒体则表示了惊讶和担忧。美国《华尔街日报》称,这意味着中国在过去 30 年,基本走完历史学家所说的英国花 200 年、美国花 100 年和日本花 50 年走完的路。据麦肯锡咨询有限公司的预测,中国 2030 年将有 10 亿城镇居民,20 年内中国城镇人口的增量将超过美国 3 亿多的总人口。英国皇家农业学院的城乡经济学家维尔·曼里曾多次到中国贵州等地考察,他表示:"现在中国的城市人口已经多于农村人口,这让西方又一次领教了中国式的发展速度。"印度《金融时报》、《经济时报》等媒体也报道了"中国城镇人口首超农村人口"的消息,并评论说,这标志着中国的一个转折点,同时也会给中国社会带来压力。还有欧美媒体提到,中国城镇化带来的社会成本也越来越明显,居住在城镇的 2.53 亿农村移民无法享受或只能享受很少的公共服务。②

2.2 中国城市谁长得最快

中国城市正处于高速发展阶段,全国 663 个城市谁长得最快? 一项国家自然科学基金项目、国家高科技研究发展计划的研究结果显示,一个不起眼的中原小城市——河南永城,是近 20 年来中国扩张最为凶猛的城市,其建成区由 1990 年的 0.23 平方千米变为 18.21 平方千米,面积增长超过了 20 倍。而据一份《中国 1990—2010 年城市扩张卫星遥感制图》,排名第二的浙江慈溪,建成区面积由 2.92 平方千米变为 213.17 平方千米。

从 1990 年到 2000 年,中国城市的建成区面积从 1.22 万平方千米增长到 2.18 万平方千米,增长 78.3%;到 2010 年,这个数字为 4.05 万平方千米,又增长了 85.5%。从倍数来讲,2010 年是 1990 年的两倍以上。

迅猛的城市扩张背后,是 20 年间有 1.7 万平方千米耕地"被城市化"。而另一方面,从 2000 年开始,全国城市建成区的使用效率开始下降,这具体表现为,单位面积内 GDP 的数字增势有所减缓。

1990 年到 2000 年期间,约有 53.4% 的城市扩张面积来自耕地;2000 年至 2010 年期间,这个数字达到 68.7%。从绝对量上来看,第一个十年是 770 万亩;第二个十年是 1900 万亩,是第一个十年的 2.46 倍。

---

① 常红:《中国常住人口城市化率已达 50% 过去十年城市化模式不可持续》,人民网 2012 年 5 月 21 日。

② 邹志鹏、纪双城、郭西山、刘萌:《城镇人口超农村考验巨大中国》,《环球时报》2012 年 1 月 25 日。

1990 年时,中国省级行政单位城市建成区面积超过 1000 平方千米的只有北京。到 2010 年,有 7 个城市越过这道标杆。

1990 年至 2000 年扩张面积最大的省份分别是广东、山东、江苏、浙江和辽宁;同期占用耕地最多的依次是广东、山东、江苏、浙江和上海。在下一个十年中,这个排名分别是江苏、山东、浙江、广东和北京,以及江苏、山东、浙江、广东和北京。简而言之,20 年来,江苏、山东、广东和浙江的城市化增量最大。

在这种城市大跃进背景下,永城、慈溪、上虞、晋江等城市的面积增长最快,都达到 20 倍以上。另有 19 个城市扩张了 10 倍至 20 倍;66 个城市扩张了 5 倍到 10 倍。

由于中国在近十年建成区面积的增速大大快过前十年,结果显示,2000 年来中国单位面积建成区的使用效益普遍不如前十年。

在中国,城区单位 GDP 效率最高的分别是攀枝花、鄂尔多斯、佛山和大庆,资源型城市占据了前列位置。效率最低的分别是揭阳、大同、义乌。同是资源型城市的大同之所以单位 GDP 偏低,是因为其建成区达到 114.58 平方千米,平均 GDP 仅为 1.86 亿元。而攀枝花、鄂尔多斯分别为 10 平方千米、16 平方千米,平均 GDP 都超过 30 亿元。

从数据上看,建成区面积最多的东部沿海,单位面积创造的 GDP 低于中部地区。这与资源型城市建成区小、人口结构单一、密度高有很大关系。

从东部沿海内部来看,"最有效率"的城市有 7 个在广东。广东省也是中国城市建成区面积创造 GDP 最高的省份。而上海、南京、苏州、无锡、常州等排在这个表单的第 27、72、81、90 和 112 位。北京排在第 101 位。①

2.3 新型城镇化的多重解读

探索新型城镇化之路在当下成为共识。归纳一下,人们对新型城镇化有多重解读:

新型城镇化是城乡统筹的城镇化。旧型城镇化实行城市偏向政策,甚至不惜牺牲农村、农民利益发展城市,导致发达的城市与凋敝的乡村并存。新型城镇化则要求着力在城乡规划、基础设施、公共服务等方面推进城乡一体化,促进城乡要素平等交换和公共资源均衡配置,形成以工促农、以城带乡、工农互惠、城乡一体的新型工农、城乡关系。

新型城镇化是有利于可持续发展的城镇化。旧型城镇化以摊大饼、高消耗、城市要素供给不可持续为特征。我国中东部地区持续的雾霾天气给旧型城镇化敲响了警钟。为此,要转变城市发展方式,由"外延式扩张"转为"内聚式发展",走

① 葛江涛、吴浩、岳家琛:《中国城市谁长得最快》,《瞭望东方周刊》2012 年第 33 期。

集约、智能、绿色、低碳的新型城镇化道路。

新型城镇化是生态文明贯穿全过程的城镇化。推进新型城镇化，要从优化产业结构、能源结构、消费模式等方面，将生态文明理念植入城镇化发展的思维。要加大城镇生态环境建设的力度，提高城镇生态环境的承载力，以良好的城镇生态环境支撑新型城镇化发展，以资源节约型、环境友好型城镇建设支撑新型城镇化发展。

新型城镇化是促进“四化”同步发展的城镇化。城市文明是现代文明的摇篮，是现代文明的重要传导机制。按照“四化”同步的要求，城镇化应是工业化的加速器，是农业现代化的引擎，是信息化的载体，推进新型城镇化，要求推动信息化和工业化深度融合、工业化和城镇化良性互动、城镇化和农业现代化相互协调。

新型城镇化是更大限度撬动内需的城镇化。旧型城镇化重物轻人，广大农民被排除在城市体系之外，极大地限制了社会消费。我国仍处于重要战略机遇期，但全球经济的持续低迷正引发我国经济进入实质转型期和个位数增长阶段。这就决定了扩内需已成为保障我国经济平稳增长的根本大计。扩内需的最大潜力在城镇化。

新型城镇化是更多利用市场机制的城镇化。旧型城镇化的核心特征是低成本扩张、强势政府主导。新型城镇化则强调尊重市场，尊重农民的产权、自由迁徙权、自由择业权、自由交易权，强调在公平竞争下让人口和生产要素在城乡之间自由流动。政府只在城镇规划、公共服务、秩序维护等方面发挥作用，将城镇建设、产业发展等主要交给市场。要防止地方政府“公司化”对城镇化进程的过度干预，设定地方政府在城镇化中的行政范围。

新型城镇化是注重质量和内涵的城镇化。旧型城镇化重速度、轻质量，重外延、轻内涵。推进新型城镇化比的不是速度而是质量。中国城镇化率虽已超过50%，但城镇化质量不高，许多城镇千城一面，缺乏特色，有的文脉被割断，到处是没有生命的建筑堆积物。从 2012 年公布的各省份政府工作报告看，许多省份都将“推进城镇化”作为主要任务之一，有的还量化了城镇化增长目标，如何更加注重质量和内涵发展，是新型城镇化的重大课题。

新型城镇化是以人为本的城镇化。旧型城镇化的误区是见物不见人，兴城不兴业，城镇化似乎就是土地的硬化，就是新建筑的崛起，而人力资源则较少被制度关照。新型城镇化是以人为核心的城镇化。推进新型城镇化，要努力在改革攻坚中破解深层次矛盾，做到无论是经济增长还是社会发展，都要立足于让人完成城镇化。[①]

---

① 喻新安:《新型城镇化究竟“新”在哪里》,《中国青年报》2013 年 4 月 15 日。

3. 新型城镇化的中国经验与探索

3.1 智慧城市的喜与忧

近年来,智慧城市成为新型城镇化建设的重要方向之一。从技术层面看,智慧城市的核心是以一种更智慧的方法通过利用以物联网、云计算等为核心的新一代信息技术来改变政府、企业和人们相互交往的方式,对包括民生、环保、公共安全、城市服务、工商业活动在内的各种需求做出快速、智能的响应,提高城市运行效率,为居民创造更美好的城市生活。[①] 从2008年IBM提出此概念以来,我国很多城市开始谋划智慧城市建设,截至2012年年底,我国已有154个城市提出建设智慧城市,41个地级以上城市在"十二五"规划或政府工作报告中正式提出建设智慧城市,80%以上的二级城市明确提出建设智慧城市的发展目标。2013年年初,住建部公布了首批90个国家智慧城市试点名单,第二批试点城市名单也将公布,届时该名单上的"智慧城市"将逾200个。[②]

智慧城市的跟风潮存在诸多隐忧:其一,各地城市建设的基础参差不齐,如果不能因地制宜,一味"大干快上",缺乏顶层设计层面的科学规划和统筹布局,将造成大量低水平重复建设;其二,缺乏统一完整科学的标准评价体系,为不同城市的信息互通和数据共享埋下了隐患,最终可能只建出一大批不能互联互通的信息孤岛;其三,仅从技术和设备层面推进智慧城市建设,绕开部门利益壁垒,无法解决信息资源共享和开发利用的难题。[③]

3.2 低碳生态城市

2009年,"法国生态、能源、可持续发展和海洋部"(以下简称"生态部")在全法国范围内推广了130个生态社区,同年年底,又将生态建设的概念推广至城市,至今已在19个候选城市中推出13个"生态城市"。同时,生态部将生态城市建设的经验归纳为四点:"节约的城市"——能源节约使用,不存在过度消费;"吸引力城市"——经济发展良好,吸引投资者;"平等的城市"——不论富人、穷人都能享受到城市可持续发展的好处;最后,就是所谓的"宜居城市",即人们要乐于安居。[④]

近五年来,我国也兴起了低碳生态城市建设热潮,根据中国城市科学研究会学术交流部的一项统计,截至2012年7月,97.6%的地级(含)以上城市和80%的县级城市均提出以"生态城市"或"低碳城市"等生态型的发展模式为城市发展目标。中国正成为世界上探索低碳生态城市建设最为积极和主动的国家之一。[⑤] 但

---

① 巫细波、杨再高:《智慧城市理念与未来城市发展》,《城市发展研究》2010年第11期。

② 洪黎明:《智慧城市:热潮之下须冷静》,《人民邮电报》2013年4月15日。

③ 洪黎明:《智慧城市:热潮之下须冷静》,《人民邮电报》2013年4月15日。

④ 袁瑛:《法国如何建设"生态城市"》,《南方周末》2010年11月25日。

⑤ 王昊魁:《低碳生态城市建设"如火如荼"的背后》,《光明日报》2012年9月5日。

也不乏跟风上马的生态城项目，其中最著名的当属上海东滩与辽宁黄柏峪，原因在于二者使中国生态城建设沦为“烧钱”游戏，以至于《纽约时报》、法国《解放报》等国际媒体据此得出结论：中国生态城计划已经枯萎。

但中国城市仍未放弃生态城市建设实验，距离天津 100 公里的唐山曹妃甸，规划七十余平方千米的国际生态城正暗中发力，力图成为“中国甚至世界生态城市的示范和样本”。在北京，号称“世界上最大的生态城”的门头沟也在紧锣密鼓酝酿，宣称在 100 平方千米的地块上建成“第一座真正意义的数字低碳生态城”。①

与新加坡政府合作建设的天津生态城被誉为中国生态城的典范，这是迄今为止最新、规模最大、最成功的一个项目。中国政府希望生态城建设会成为沿长三角和珠三角一线经济增长的新引擎。即使如此，美国媒体仍在细节方面提出了许多不足，在天津生态城可以看到风力发电机，道路两旁是太阳能街灯，不过风力产生的电能并没有接入电网。据世界银行 2009 年的一份报告，这座城市的热力和电力供应主要来自城市以外，而本地的可再生能源相对匮乏。同时，这座城市的其他环保细节也引发了质疑。到 2020 年，城市中 90% 的出行方式为步行、骑车或乘坐公共交通工具。但每座住宅楼都建了地下停车场。设计的宽阔车道让一旁窄窄的自行车道和人行道相形见绌。虽然为了适应步行的需要，城市中许多高层建筑集中在一起，但这些街区足有曼哈顿街区的四倍，让步行和骑车出行变得麻烦。②

3.3 资源枯竭型城市的艰难转身

我国资源型城市有 118 个，占全国城市总数 662 个的 18%。2008 年、2009 年、2011 年，国家分三批确定了 69 个资源枯竭型城市（县、区）。继 2006 年《国务院关于促进资源型城市可持续发展的若干意见》出台之后，旨在从宏观层面引导我国资源枯竭型城市转型升级的《全国资源型城市可持续发展规划》（下称《规划》）也将出台。《规划》提出，国家对资源枯竭型城市的扶持，包括中央财政转移支付和诸如土地整治、生态保护、棚户区改造、替代产业培育等专项资金。③

辽宁阜新、吉林辽源、河南焦作、山东枣庄……这些在中国经济发展史上鼎鼎有名的资源城市，都因资源枯竭陷入困顿。2001 年，国务院确定辽宁省阜新市作为首个资源枯竭城市经济转型试点后，资源枯竭城市如何通过经济转型“焕发新生”正式提上议事日程。

十余年来，这些资源枯竭城市经济活力逐渐增强，转型前经济低速徘徊的情

---

① 彭利国：《中国生态城迷失：钱砸出来的试验场》，《南方周末》2010 年 11 月 26 日。

② 《美媒：中国生态城建设面临“细节”挑战》，新华网 2013 年 2 月 18 日。

③ 童海华：《五千亿资金将扶持 69 个资源枯竭型城市发展》，《中国经营报》2012 年 2 月 11 日。

况正在改善,不仅资源型产业"一业独大"的局面有所改变,经济发展对采掘业依赖降低,产业结构不断优化,同时,这些城市大力推进棚户区改造,截至去年,近200万户居民迁入新居;这些城市生态环境显著改善,城市功能不断提升。

"偿还旧账,不添新账",为防重蹈资源型城市"矿竭城衰"覆辙,中国现已将典型资源富集地区列为全国资源型地区可持续发展试点;研究建立资源型企业可持续发展准备金,用于恢复生态、发展接续替代产业等。同时,加快推进资源型城市可持续发展立法为促进资源枯竭城市转型,自2008年以来,中央财政累计下达资源枯竭城市财政转移支付资金463亿元人民币。针对资源枯竭城市的矿山地质环境治理重点工程,安排68.4亿元。相关部门表示,未来仍将进一步支持资源枯竭型城市的转型发展。[①]

4. 我国最年轻的地级市——三沙巡礼

4.1　南海明珠三沙市

2012年6月21日,经国务院批准,民政部对外宣布,撤销海南省西沙群岛、南沙群岛、中沙群岛办事处,设立地级三沙市,管辖西沙群岛、中沙群岛、南沙群岛的岛礁及其海域。三沙市人民政府驻西沙永兴岛。[②] 民政部有关负责人表示,此次设立地级三沙市,是中国对海南省西中南沙群岛及其海域行政管理体制的调整和完善。外交部发言人表示,设立三沙市完全是中国主权范围内的事情。中国一贯致力于同有关当事国在尊重历史事实和国际法的基础上,通过直接谈判和友好协商,和平解决在南海存在的岛礁主权和海洋划界争议。"三沙市的设立是应运而生。"中国社科院边疆史地研究中心副主任李国强说,随着南海形势的变化,办事处的行政效能与南海发展的需求日益不相适应,急需进行调整和完善。[③]

三沙市位于中国南海,是中国地理纬度位置最南端的城市。为海南省第三个地级市,下辖西沙群岛、中沙群岛、南沙群岛的岛礁及其海域。涉及岛屿面积13平方千米,海域面积200多万平方千米。是中国陆地面积最小、总面积最大、人口最少的城市。海南省三沙市人民政府驻地位于永兴岛,是西沙群岛同时也是整个南海诸岛中最大的岛屿。2012年7月24日,三沙市人民政府正式挂牌成立。[④]

4.2　一度搁浅的设市计划

1959年3月1日,经国务院批准,中共广东省西、南、中沙群岛工作委员会(简称西南中沙工委或三沙工委)和西南中沙群岛办事处成立,两个机构基本是"两块牌子、一套人马"。西南中沙工委成立后,人迹罕至的永兴岛开始有了定期驻岛人

① 庞无忌:《资源枯竭城市十年逆境突围 经济低速徘徊正改善》,中国新闻网2012年9月27日。
② 《国务院批准设立地级三沙市 政府驻西沙永兴岛》,人民网2012年6月21日。
③ 《图文:三沙市在西沙永兴岛揭牌》,人民网2012年7月25日。
④ "三沙市",百度百科。

员。驻岛干部实行轮换,三四个月或半年,永兴岛上的干部职工回到陆上,另一批人则轮值上岛,管理着神圣的海岛。

西南中沙工委的存在,宣示着中国在南海的主权,但其实际运转却有很大的局限。三沙工委虽然名义上是县级单位,但定位相当模糊。在面对海上复杂的实际问题时,三沙工委的管理权相当有限。由于此前西沙没有地方法院,那些非法捕捞的外国渔民就无法进入中国司法审判程序,只能罚款了事。三沙工委甚至无法把违法船带回海南文昌市,因为从西沙到文昌,一趟单程就需要两天,如果天气不好,时间会更长,往往最后连罚款都无法落实。

2006 年,根据海南省的要求,国家曾准备启动成立县一级的三沙市,并进行了相关论证。在最初的论证方案中,有构想是"三沙隶属于海南文昌市"。但有专家认为,不要成立县级市,直接成立地级市,单独设市。市政府放在永兴岛,考虑到永兴岛远离大陆,办事机构可以设在海口。既然要设三沙市,规格不能太低。因为从发展的眼光看,三沙市的部门一定要齐全,而且能在各方面行使实际权利。海上问题非常复杂,如果三沙隶属于文昌市,作为一个县级市,三沙就要把情况逐级上报,太过烦琐。而如作为特别市,可以直报省委、省政府。此次论证的结果是将三沙市作为文昌市下属的一个县级市来设立。

2007 年 11 月,香港《明报》报道称国务院已批准海南省人民政府的提议,将三沙办升级,设立正式的县级市"三沙市",由距离西沙群岛最近的文昌市承担三沙市的补给工作。尽管在 2007 年,尚没有成立县级三沙市的官方消息。但"三沙市"的名字第一次进入公众视线,百度上还出现了网友讨论成立三沙市的贴吧。①

2012 年,三沙设市正式开启,分列大事纪如下:

6 月 21 日:民政部网站公布,国务院批准设立地级三沙市。

7 月 24 日:海南省三沙市成立大会暨揭牌仪式举行。

7 月 24 日:中共海南省委决定,撤销中共海南省西南中沙群岛工委,成立中共三沙市委,肖杰任中共三沙市委委员、常委、书记。

7 月 23 日:三沙市第一届人民代表大会第一次会议闭幕。符戆当选首届人大常委会主任,肖杰当选第一任市长。

7 月 22 日:三沙市第一届人民代表大会代表名单公布。

7 月 19 日:中央军委批复广州军区,同意组建"中国人民解放军海南省三沙警备区"。②

4.3 世界关注"三沙设市"

从 6 月 21 日国务院作出设立地级三沙市的决定,到 7 月 24 日三沙市正式挂

---

① 李静:《三沙市成立始末:曾一度搁置的设市计划》,《瞭望东方周刊》2012 年 8 月 6 日。

② 专题:《中国设立三沙市》,新华网。

牌,不过1个多月的时间,"罕见的高效"立即引发了全球的关注。首先是菲律宾和越南的无理抗议。在2012年7月24日的《菲律宾星报》网站上,"中国正式设立三沙市"被放在头条位置。菲律宾ABC-CBN电视台报道称,菲总统府已就三沙市设立向中国提出外交抗议。"一座非法建立的城市",越南《青年报》对中国三沙市的报道更加刺耳。"越南之声"声称,"中国三沙市选举在东亚遭批"。实际上,批评中国三沙市建立的所谓"东亚"就是几名越南地方官员。越南外交部发言人称,中国设立三沙市及采取的一些行动违反了国际法,是无效的,要求中国立即停止和取消这些错误行动。日本TBS电视台评论说,中国有条不紊地推进对南海的管理,表明中国的态度是:在主张南海主权上不会退让,且已做好最坏打算。7月24日,美国国务院发言人在新闻发布会上说,美国对中国成立三沙市表示"非常担忧"。①

二、大都市发展的状况与问题

1. 大都市的硬件之殇

1.1 北京"7.21"暴雨

2012年7月21日,一场61年未遇的大暴雨让北京城遭遇严重内涝,77人遇难身亡,损失超百亿。这并不是偶然现象,据统计,2008年到2010年间,全国62%的城市发生过城市内涝,内涝灾害超过3次以上的城市有137个。②

北京"7.21"暴雨造成严重内涝的原因是多方面的。第一,"重地表,轻地下",城市建设积弊。城市下水道大致可分为两种:一是俄罗斯道,地处高寒,降雨量少,城市下水道口径小埋藏浅;二是西欧道,如伦敦、巴黎年均降雨量在600—1000毫米之间,下水道宽阔到可以行车。新中国地下管线的建设积弊,可以追溯到建国初期。在1953年至1957年之间,作为国民经济计划的具体化和延续,中国将"苏联模式"引入城市规划,国内各城市开始采用一整套以苏联为标准的定额指标,使这一套高寒少雨地区的城市设计标准,直接套用在疆域辽阔雨水充沛的中国城市上,为以后的内涝埋下了伏笔。第二,城市无节制扩张,破坏区域自然肌理。城市内涝问题,不仅源于排水管道,许多原因还出在城市本身。近年来中国城市高速扩张,忽略了城市与自然的和谐。城市建设不断填埋挤占湖泊河道,改变了水系的自然格局。实际上,区域自然肌理比排水管网本身对城市内涝的作用要更大。第三,地面过度硬化导致地表径流剧增。对城市排涝起决定性作用的,除了地下排水管网之外,还有就是地表径流。近年来,随着城市的迅速扩张,城市

① 兰恒敏:《美担忧中国三沙市实因心事太重》,新浪网2012年7月26日。

② 王炜、陈仁泽、刘毅、魏薇:《大城市为何频频内涝》,《人民日报》2012年7月24日。

绿化植被减少,取而代之的是大面积的硬质铺装,使雨水渗透能力大大降低。第四,先修排水后修桥。北京许多立交桥容易积水,原因就在于管线位置太低,甚至低过了排水口和河道水平面的高度。第五,“重污水,轻雨水”,雨污合流排洪效率降低。许多城市有相当一部分排水系统采用雨污合流的形式,而污水是造成排水管道堵塞的重要原因。第六,城市水面调蓄能力严重不足。城市水面面积是调蓄城市内涝的主要手段之一。如故宫数百年来几乎未发生内涝现象,原因之一就在于故宫周围有环故宫可起调蓄作用的护城河;同样团城千年以来也未发生水淹现象,原因之一就在于其位于具有调蓄功能的北海附近,可以把多余的水排入北海。近年来,随着城市建设的快速发展,不少市区河湖由于被侵占而缩窄或淤积,导致蓄泄洪能力降低,同时,在城市发展过程中部分河湖被填埋(如新中国成立初期北京市有湖泊 200 余个,2012 年仅存 50 余个),市区水面所占比例由 5% 降低到 2% 左右(如北京南湖渠地区,原来是一片洼地,作为北京市排水主干河道坝河支流之一的北小河,现已变成超过 20 万人的望京社区),城市水面减少相应地降低了城市内涝的调蓄能力,增加了暴雨内涝的发生频率。第七,地下管网建设缺乏常规管理和质量监督。随着城市规模不断扩大,路网不断延伸,地下空间日益复杂,相应的管网档案却七零八落,缺乏统筹。解放初期的市政地下管线只有少量的自来水、污水管线,发展到现有上水、下水、中水、电话、电力、路灯、光缆、通讯、信号、煤气、天然气、热力网等,这些管线分别由几十个单位建设和管理,包括自来水公司、污水管理处、燃气公司、热电厂、电信公司、电力公司、部队和各工矿企业等,缺少一个统一的协调管理部门。第八,面对“暴雨”城市应急管理脆弱。①

1.2 “堵城”与城市“便秘症”

交通问题是我国大都市面临的一大挑战。2011 年“IBM 交通痛苦指数调查”显示,世界排名前十位的“堵城”分别是墨西哥城、深圳、北京、肯尼亚内罗毕、约翰内斯堡、班加罗尔、新德里、莫斯科、米兰和新加坡,中国的深圳和北京分别列第二和第三。②

从 2011 年 4 月开始,北京实时发布交通指数。所谓交通指数,是北京市独创的交通拥堵指数的简称,是综合反映道路网畅通或拥堵的概念性指数值,即把拥堵情况数字化。交通指数取值范围为 0 至 10,每 2 个数为一等级,分别对应“畅通”、“基本畅通”、“轻度拥堵”、“中度拥堵”、“严重拥堵”五个级别,数值越高,表明交通拥堵状况越严重。交通指数为 0 至 2,表示基本没有道路拥堵,可以按道路限速标准行驶;指数为 2 至 4,表示有少量道路拥堵,比畅通时多耗时 0.2 倍至 0.5

① 唐黎明:《“下水道”成中国城市病的缩影 城市为何屡屡被淹?》,《人民日报》2012 年 10 月 9 日。

② 熙怡:《巴西堵车车龙长 300 公里 世界“堵城”北京上榜》,《广州日报》2012 年 10 月 1 日。

倍;指数为4至6,表示部分环路、主干路拥堵,比畅通时多耗时0.5倍至0.8倍;指数为6至8,表示大量环路、主干路拥堵,比畅通时多耗时0.8倍至1.1倍;指数为8至10,表示全市大部分道路拥堵,比畅通时多耗时1.1倍以上。① 《2011北京市交通发展年度报告》统计显示,2010年工作日道路网平均日交通指数为6.14,比2009年(5.41)增加了13.6%,处于中度拥堵等级。② 2012年的9、10月,北京交通指数屡屡攀升到8以上,最高峰值达9.8。同时,大城市的拥堵问题已向中小城市蔓延。③

我国城市罹患“便秘症”的原因很多,包括城市规划、交通路网等方面,以及私家车剧增等新问题。但是,不合理的激励政策往往也会导致暂时性的大面积拥堵。2012年国庆假日期间高速公路免费是典型案例,“根据交通运输部提供的信息,免费通行首日,截至当日15时,全国共有北京、广东、湖北等16个省(市)共24条高速路局部路段发生交通事故,加之车流量普遍增大,造成局部路段车辆通行缓慢。”④

1.3 城市地陷与沉降

地面突然崩裂和塌陷是神话传说常见的情节,如今却成为城市路面的常态。2012年,先是湖南益阳出现了600多处塌陷,之后北京、上海等地地面塌陷的新闻频频爆出。7月下旬,大雨之后,北京集中出现多起地面塌陷。从7月底至8月初,出现地面塌陷的地方包括长安街木樨地、扣钟胡同、双井百安居、花家地北里、望京、崇文门新世界、西单大悦城、三元桥、亚运村金鼎轩等多处。⑤

地面塌陷的原因是多方面的,但有些是可以预防和避免的。有些城市地面塌陷是因为岩溶地质灾害,但北京等城市塌陷的主要原因是过度开采地下水。自1972年以来,北京市遭遇了旱情极为严重的干旱期。地表水严重缺乏,北京市开始大规模开采地下水。自1999年以来,北京进入明显的少雨时期,加重了对于地下水的依赖程度。数据显示,北京地下水位已由1999年的平均12米左右,下降到2010年的平均24米左右,在北京地面上已形成了2650平方千米的沉降区。⑥ “拉链马路”则是城市规划不当造成的。城市地下管网是城市基础设施的主要组成部分,是城市赖以生存和发展的物质基础,关系到城市经济的持续、稳定、健康发展,被称为城市的“血管”和“神经”。由于种种原因,各专业管线的敷设存在着多头建

---

① 刘冕:《北京交通拥堵指数将实时发布 市民可推算出行时间》,《北京日报》2011年4月18日。
② 《2011北京市交通发展年度报告》,北京交通发展研究中心2012年7月。
③ 耿慧丽:《每天损失10亿 我国城市交通拥堵损失巨大》,《经济观察报》2010年10月11日。
④ 傅蔚冈:《高速拥堵与免费政策关系不大》,《东方早报》2012年10月8日。
⑤ 胡芳洁:《北京地面塌陷忧患》,经济观察网2012年8月7日。
⑥ 王峥:《地面塌陷:一个危险的信号》,《科技日报》2012年3月29日。

设,造成道路反复开挖,“拉链式马路”现象严重,妨碍市民出行。在工程施工过程中经常损坏地下管线,造成停水、停电、中断通信的事故也时有发生,并因此而造成严重的经济损失和不良的社会影响。[①]

地面塌陷是肉眼可见的、局部的问题,地面沉降才是不可见的、整体性的大问题。《2011 年—2020 年全国地面沉降防治规划》显示,全国发生地面沉降灾害的城市超过 50 个,地面沉降最严重的区域主要有三大片区,一是长江三角洲地区,包括浙江、江苏和上海,二是华北地区,三是陕西和西安的汾渭地区。其中,华北平原区地面沉降量超过 200 毫米的范围,达到 6.4 万平方千米,占整个华北地区的 46% 左右。地面沉降的范围还在继续扩大,部分城市被预言将在未来消失。调查显示,按照现在地面沉降的速度,到 2050 年长三角就可能桑田变沧海。据中国地质调查局等部门评估,光华北平原地面沉降造成的直接经济损失达 404.42 亿元,间接经济损失为 2923.86 亿元,累计损失高达 3328.28 亿元——相当于上海市 2011 年全年 GDP 的 1/6。同时,防治地面沉降的费用也十分昂贵。上海“十一五”期间的管网改造投入了 200 亿元,监测方面一年花费也接近 2000 万元,在回灌地下水这项整治措施上,一年要花一个亿左右。投入如此巨大,收效却不明显。公开资料显示,自开始治理以来,上海全市地面沉降量仅从 2005 年的 8.4 毫米减少至 2007 年的 7 毫米以下。[②]

1.4 玻璃幕墙老化与建筑癌症

我国是玻璃幕墙大国,1981 年,自广交会展馆第一次将一整面墙覆盖上玻璃以后,中国每年生产 7000 万平方米的玻璃幕墙,占世界产量的 75%;现有玻璃幕墙两亿平方米,占全世界的 85%。据现行国家标准《建筑结构可靠度设计统一标准》(GB50068-2001)的有关规定,建筑物玻璃幕墙的设计年限一般为 25 年,其中全隐框玻璃幕墙质保期只有 10 年。由此可见,10 年是玻璃幕墙使用的一个槛儿,之后就可能发生结构胶的老化、受力构件的变形错位、松动、雨水渗漏、玻璃开裂损坏等问题。[③]

近年来,随着我国大量玻璃幕墙步入“十年之痒”,各地相继发生多起玻璃幕墙坠落事件,这被称为“建筑癌症”。例如,在 2011 年 7 月 19—27 日的 9 天中,上海连续发生了 5 起玻璃幕墙爆裂事件,其中仅 7 月 26 日一天就发生了两起。这并不是偶然现象,上海是玻璃幕墙使用大市,据调查统计,上海市第一幢玻璃幕墙高层建筑上海联谊大厦建于 1985 年,目前,上海市共有玻璃幕墙建筑 4210 栋,其中

① 冯新:《让共同沟成为城市地下生命线的抓手》,荆楚网 2011 年 4 月 20 日。

② 史燕君、李慧:《国务院审批同意〈2011 年—2020 年全国地面沉降防治规划〉》,《国际金融报》2012 年 2 月 23 日。

③ 朱祝何:《玻璃幕墙“十年之痛”待破解》,《中国质量报》2012 年 7 月 3 日。

有玻璃幕墙建筑3655栋、在建玻璃幕墙建筑555栋,主要分布于中心城区。其中,部分既有玻璃幕墙建筑已进入老化阶段,有的出现了五金构件锈蚀变形、密封条老化龟裂、受力构件松动,甚至幕墙玻璃自爆坠落等问题。在一次摸底调查中发现,共有35幢楼的玻璃幕墙存在严重隐患,有445幢楼存在不同程度的隐患。2012年2月1日,《上海市建筑玻璃幕墙管理办法》(以下简称《管理办法》)开始施行。《管理办法》规定,T形路口正对直线路段的建筑物将禁止采用玻璃幕墙;住宅、医院门诊急诊楼和病房楼、中小学校教学楼、托儿所、幼儿园、养老院的二层以上建筑物禁止采用玻璃幕墙。同时,《管理办法》明确,业主应履行对玻璃幕墙的日常维护保养、定期检查、安全性鉴定等排查安全隐患的法定义务。发现安全隐患,业主应当维修。针对近期出现的幕墙玻璃坠落后难以即刻筹集修补资金的问题,要建立玻璃幕墙专项维修资金。①

2. 居之不易的大都市

2.1 房价

国家统计局的数据显示,2012年12月,全国70个大中城市新建商品住宅价格平均环比上涨0.34%,自去年6月以来,已连续7个月保持上涨。其中,广州以1.2%的涨幅位居榜首,福州、深圳、北京的涨幅均达到或超过1%,位居2—4名。一线城市成为此轮房价上涨势头中的领涨者。②

北京居住类CPI涨幅也较大。据北京市统计局、国家统计局北京调查总队联合发布的2012年经济数据显示,北京CPI 1月至12月呈现先降后升的"U"字形态势,全年CPI同比上涨3.3%,较上年回落2.3个百分点。在2012年12月份居民消费价格中,服务项目价格上涨4.2%,远超过消费品价格上涨2.7%。在八大类商品和服务中,食品类、居住类是带动价格上涨的主要力量。其中,居住类价格上涨8.7%,房租价格上涨9%,与食品类共同拉动总指数上涨。③

房价高涨,其后果不仅仅是老百姓没房住那么简单:

首先,把住房变成结婚的条件,毁灭了年轻人的爱情。当年轻人结婚的时候,每个人都会考虑对方父母向自己提供首付款的能力,这样的计算让结婚决策变得扭曲。

其次,中国的高房价正在毁灭年轻人的想象力。本来,大学刚毕业,没有结婚或者刚结婚的那一段,是人生的一个特殊阶段,他们可以吟诵诗歌,可以结伴旅

---

① 顾一琼、唐玮婕:《〈上海市建筑玻璃幕墙管理办法〉于2月1日起施行》,《文汇报》2012年2月1日。

② 吴梅:《楼市调控:北上广深释放严厉信号》,凤凰网2013年2月1日。

③ 蒲长廷、陈斯:《2012年北京CPI呈"U"字形 居住类价格上涨8.7%》,《法制晚报》2013年1月20日。

行,可以开读书会。但现在的年轻人必须从一毕业就为购买住房做准备。因此可以说,年轻人从大学一毕业,就成了中年人,要像中年人那样为了柴米油盐而精打细算。他们的生活,从一开始就是物质的,世故的,而不能体验一段浪漫的人生,一个可以面向心灵的生活方式。

最后,高房价将毁灭家庭,摧毁文明的细胞。父母支付首付款,年轻人需要支付月供。这是一笔沉重的负担。这样的负担会让年轻人以过于沉重的心情看待生活,包括看待生儿育女。过去十年,有越来越多的新婚夫妇作出了不生育的决策,其中重要原因之一就是房价。房价快速上涨的城市,人口已在负增长。城镇未来将有很多不完整的家庭,中国的小孩将会越来越少,最终,我们的文明就会随着老龄化而日益丧失活力。①

2.2 生活成本最高城市排行榜

美国美世咨询公司公布的 2012 年全球生活成本最高城市排行榜显示,日本首都东京再次高居榜首。受商品价格上涨、人民币升值、房租上涨因素推高,大陆二线城市排名大幅飙升。在排名榜上,中国的香港、上海、北京、深圳和广州均进入前 50 名。其中香港排在第 9 位;上海和北京比去年攀升 5 位和 3 位,分别位列第 16 位和第 17 位;深圳排在第 30 位;广州和以色列的特拉维夫并列第 31 位。美世生活成本调查涵盖的其他中国城市还包括青岛(排名第 66)、天津(排名第 72)、沈阳(排名第 85)、南京(排名第 94)和成都(排名第 94),这些城市今年的排名均出现了大幅飙升——而前一年它们的排名都在前 100 名之外。②

生活成本最高的城市排行榜也有不同版本。英国财经杂志《经济学人》和"经济学人智库"联合发布全球城市生活成本排行榜。苏黎世为全球生活成本最高的城市,北京排在第 59 位,上海列第 42 位,纽约列第 47 位。亚洲国家中排名前 10 的还有日本的阪神和新加坡。前 50 名中有 14 个亚洲城市。上海与洛杉矶、莫斯科并列第 42 位,均高于纽约。③

美世和《经济学人》的生活成本最高城市排行榜本身并不是无可挑剔的,美世公布的"生活成本",并非指各个城市里普通居民的生活成本,而特指政府机构和跨国公司派驻海外人员在各个城市的生活成本。美世做这项调查,目的是为政府机构和跨国公司给派驻人员确定薪酬、津贴提供参考,其调查涵盖全球 214 个城市,内容包括交通、食品、服装、家居用品、娱乐等 200 多个项目的相对成本,而住房成本是第一重点,因为这是派驻人员最大的一笔支出。需要指出的是,派驻海

① 《外媒:中国房价毁灭了青年爱情 或将摧毁文明》,《中国经营报》2011 年 6 月 13 日。

② 《全球生活成本东京最高 中国各大城市排名飙升》,《滨海时报》2012 年 6 月 13 日。

③ 林晨音、晓琳:《31 个城市生活成本调查:上海第 42 北京排 59》,《法制晚报》2012 年 2 月 14 日。

外人员对住房的地段、配置等要求一般显著高于当地居民,租金较高,因此一个城市(特别是中心城区)的房价对"全球生活成本"的排名位次有重要影响。另外,美世将各城市的生活成本按美元汇率折算,如果某城市所在国的货币相对美元升值了,那么它的排名就会前移。[①] 尽管这样的评价体系不够严谨,但我国城市生活成本排名的上升还是不容忽视的。

2.3 生活在别处

2011年,我国流动人口总量已接近2.3亿,占全国总人口的17%。这些人主要是从乡村向城市单向流动,也就是说,是计算在城镇人口中的。

这2亿多"半城镇人"的特点在于:他们既不是城市人,也不是农村人;他们住在城市,而根在农村;他们候鸟般迁徙,为生存其中的城市贡献价值,却无法享受城市提供给市民的福利。城镇化的过程,如同一个杠铃,一端是农村,另一端是城市,中间的横杠就是流动人口。当人口城镇化率达到50%时,在正常情况下,是一个左右匀称的杠铃,两头一样大。但随着城市人口越来越多,即城市一端越来越大,同时农村一端越来越小,就会变成了不对称的杠铃。但中国城镇化与此不同,在城镇化推进中,农村一端越来越小,城市一端也没有变大,变大的只是中间的横杆,最后,这个杠铃可能变成了一个橄榄球。有学者称这种城镇化为"伪城镇化"。主要原因是人为设置了很多进入城市的门槛,其中,有些门槛是历史造成的,如户籍等。也有一些是新设置的,如拆除打工子弟学校,用行政政策或者产业政策来挤压外来低收入者的生存空间等。[②]

这些城市外来者的生活不仅谈不上幸福,就连最基本的尊严和权利也难以保证。例如农民工中的临时夫妻现象,就真实地反映了他们的处境与尴尬。"临时夫妻",这个饱含心酸与无奈的代名词,已成了当下农民工在城市生存的真实写照。夫妻角色的空缺,远离故乡的思念之痛,饱受寂寞与压抑之苦,都可以解释这一乱象得以产生的现实原因。但另一方面,现实却并不能为这一违法的乱象"免责",因为我国《婚姻法》明确规定:禁止有配偶者与他人同居,就此而言,"临时夫妻"已涉嫌违法。"临时夫妻"也是对道德底线的一次公然践踏,直接挑战着数千年建立起来的家庭伦理观念。"临时夫妻"折射出来的是农民工进城之痛。在广大农村,由于老人、孩子的"困扰",夫妻二人不太可能同时进城,由此造成异地分居。而"临时夫妻"的产生,则植根于进城男女的生理需要,这再次揭示出我国城镇化进程中的某些深层次问题和矛盾。[③]

---

① 王志平:《城市生活成本整体攀升 单个城市不应简单比较》,《光明日报》2012年7月16日。

② 《城市是谁的城市》,经济观察网2012年8月18日。

③ 张剑:《"临时夫妻"折射农民工进城之痛》,《长沙晚报》2013年5月14日。

3. 大城市的梦想与未来

3.1 迈进世界城市门槛的北京

在《北京城市总体规划(2004 年—2020 年)》中,北京就提出了建设世界城市的发展目标和定位。综合所有指标测算,早在 2010 年,北京在世界城市指标上的总体实现程度为 64%。经过近两年的建设,北京在许多方面有了很大突破,实现度已远远超过了世界城市的"门槛值"或者说"及格分"。①

从奥运城市迈向世界城市,是北京为自身设立的方向和蓝图,是引领北京继续发展的梦想。世界城市到底什么样?世界城市是国际城市的高端形态,是在国际政治、经济和文化生活中具有全球影响力和控制力的中心城市。从奥运城市向世界城市的转型,对北京可谓顺理成章。

中国特色世界城市建设目标的提出,是北京顺应历史潮流、把握发展机遇、谋求更高发展水平的重大战略抉择。近年来,人文北京、科技北京、绿色北京理念的成功实践,为北京建设世界城市奠定了基础。北京市提出,今后五年,将力争转变经济发展方式取得突破性进展,区域协调发展水平不断提高,着力打造"北京服务""北京创造"品牌,人均地区生产总值达到 2 万美元左右,在 2020 年率先形成科技创新、文化创新"双轮驱动"的发展格局,初步建成有世界影响力的科技文化创新之城。在科技创新方面,北京市与中央九部门发布《关于中关村国家自主创新示范区建设国家科技金融创新中心的意见》,提出到 2020 年将中关村建设成为国家科技金融创新中心的发展目标。②

3.2 上海"四个中心"建设的新进展

2009 年 4 月,国务院正式印发《关于推进上海加快发展现代服务业和先进制造业建设国际金融中心和国际航运中心的意见》(即国发 19 号文),体现了国家对上海发展的高度重视和大力支持。该文发布三年来,上海"四个中心"建设取得重大进展:

经济方面:按常驻人口计算,2011 年,上海的人均生产总值达到 1.28 万美元,达到国际中上等富裕国家地区水平,第三产业增加值占生产总值比重提高至 58%,战略性新兴产业总产出突破 1 万亿元。

金融方面:2011 年,上海金融市场交易额(未计外汇市场)和直接融资总额分别达 418 万亿元和 28814 亿元,分别较 2008 年增长 1.4 倍和 1.3 倍。在全国率先开展跨境贸易及相关人民币结算业务,2011 年跨境人民币结算量达 3312 亿元,为 2010 年的 4.9 倍。上海迄今已形成包括信贷、同业拆借和债券、外汇、票据、黄金、

① 张然:《北京现已迈进世界城市门槛》,《京华时报》2012 年 6 月 30 日。

② 陈新洲、赵仁伟、郭宇靖:《建设世界城市:北京驶向新航程》,《新华每日电讯》2012 年 9 月 1 日。

证券、期货市场等在内的较为完备的多层次金融市场体系。

航运方面:2011 年,上海航交所共完成船舶交易 285 艘次,交易总值 20 亿元。此外,上海地区船舶险和货运险总量达到 34.45 亿元,占全国的 22%。上海各类航运服务企业总数已超过 1000 家,其中外资航运机构已达到 250 家。

贸易方面:一批国家级的功能性项目相继落实,上海社会消费品零售总额 6814.8 亿元,比 2008 年增长 48.9%。跨国并购增强,已占上海对外投资总额的四成,跨国公司地区总部和投资性公司数量均居全国第一。[①]

3.3 广州的精准定位:国际性商贸大都市

在国家中心城市的序列里,广州充当着什么样的分工和角色?

首先,广州不可能是政治和文化方面的国际大都市。从历史上看,长江、黄河两岸都有城市入选国家首都,即政治性大都市,例如南京、北京、西安等。就此而言,在国家中心城市的序列里,北京的定位无疑是国家的政治中心和文化中心,也是世界性的政治和文化性大都市,因为它具有天时地利人和的优势,其他城市无可替代。

其次,就全国的城市分布和现状看,广州也不可能是国家的金融中心、航运中心、制造中心,这也是争不来抢不来的,无论先天或后天的因素都不可能使然。上海、天津更具有成为国家的金融中心及航远中心的条件。

那么,广州究竟是中国一个什么样的国际性大都市?实际上,从古至今,广州一直是国家的商业中心,今天广州也应定位于建设国家级的国际性商贸大都市。从国家经济布局和城市功能划分看,尤其是从亚洲、东南亚的经济版图看,广州的城市定位就是国家的商贸中心,即连接国内外两个市场,以批发、零售、餐饮、物流、会展和其他相关服务业为主的都市级商贸聚集区。此外,这个商业聚集区应该是最能代表国家商业潮流的,同时也是最高端、最密集和最具成长性的。

广州最大的优势产业是商贸流通业。广州不仅有"千年商都"、"食在广州"、"要发财,到广州"等称谓,相关的统计数据也充分证明了这一点。广州的商贸流通业(包括零售业、批发业、物流业、电子商务、会展业、餐饮业、拍卖业、典当业、租赁业、商业管理服务业、商业地产以及外贸业)的总产值、就业人数、企业数等占 GDP 总量的 20% 以上。任何一个其他产业,包括汽车业都不可能超越它。所以,作为国家中心城市的广州,实质上是国家的商业中心,同时,广州也有责任和义务把自己建设成中国最大的商贸流通中心,并进一步发展为亚洲乃至世界性的大商都。因此,广州应借助当前经济大转型的机遇再造国际性大商都,而不宜偏离这

---

① 叶薇:《上海发布"四个中心"白皮书》,新民网 2012 年 11 月 15 日。

个城市的核心定位。[①]

3.4 国家级新区的新成员：兰州新区与南沙新区

2012年，国家级新区再添两个新成员：兰州新区与南沙新区。至此，国家级新区已拥有六个成员，其他四个分别是上海浦东新区、天津滨海新区、重庆两江新区和浙江舟山群岛新区。

新区类型较多，出台的背景也不一样。比如上海浦东新区是继深圳特区、珠海特区之后，我国打造第二个增长极的突破口，它的建设有效提升了上海及长三角地区对外开放水平和国际竞争力；天津滨海新区是中央立足于打造中国第三增长极，在环渤海、京津冀地区塑造的新的增长极；建设重庆两江新区则是基于我国城乡差距较大，城乡统筹发展面临政策试验的需求；浙江舟山群岛新区的设立是为了落实国家海洋发展战略的决策。[②]

第五家国家级新区的产生经历了激烈的角逐。在国家发改委发布的《西部大开发"十二五"规划》中，两江新区、西咸新区、天府新区、兰州新区、贵安新区均列入西部地区重点城市新区建设行列，其中兰州新区和西咸新区分别向国家递交了申请书，同时大连也提出了申请，但最后，兰州新区脱颖而出，成功晋级"国家队"，这是我国西北地区第一个国家级新区。

兰州新区位于兰州北部秦王川盆地，地处兰州、西宁、银川三个省会城市共生带的中间位置，是国家规划建设的综合交通枢纽，也是甘肃与国内、国际交流的重要窗口和门户，距兰州市区38.5公里，距西宁198公里，距银川420公里。规划面积806平方千米，辖永登、皋兰两县五镇一乡，现有总人口10万人。年均气温6.9度，年降水量220毫米，年均蒸发量达到2000多毫米。无霜期约在150天左右。核心区平均海拔约2000米。新区区位优势明显，座中四联，承东启西，连接南北，是西陇海兰新经济带的重要节点；土地和水利资源丰富，地势开阔，适宜大规模集中连片开发建设，引大入秦水利工程横穿新区，水资源完全能满足新区未来发展需求；交通便利，连霍高速、京藏高速以及中川机场构成了立体综合的交通网络体系；国家石油战略储备库、吉利汽车等一批产业项目入驻，初步形成了产业集聚的良好态势。[③]

《总体规划》确定了兰州新区的发展目标，即产业强城、生态绿城、多湖水城、现代新城。总体目标是建成国家战略实施的重要平台、西部区域复兴的重要增长极、兰州城市拓展的重要空间。规划期限为2011—2030年，规划范围为兰州新区

① 王先庆：《广州国家中心城市的个性定位》，《南方日报》2010年2月4日。

② 刘林鹏：《多地"暗战"第五个国家级新区》，凤凰网2012年8月17日。

③ "兰州新区概况"，兰州新区网站。

全域,兰州新区行政区划范围面积806平方千米。规划重点为规划研究、产业布局和城乡统筹。2011—2015年(近期),该阶段的发展目标是新区框架、产业体系及相关配套服务体系初步形成,交通及城区基础设施相对完善,兰白核心经济区的辐射带动作用明显增强;GDP达到500亿元左右。2016—2020年(中期),基本建成特色鲜明、功能齐全、产业集聚,服务配套、人居环境良好的现代化新区,GDP达到1000亿元左右。2021—2030年(远期),经济和社会持续、健康、稳定、快速发展,现代化城市格局基本形成。兰白核心经济区的一体化发展基本形成,GDP达到2700亿元左右。

南沙新区位于广州南端,《广州南沙新区发展规划》的规划范围为广州市沙湾水道以南区域,包括南沙街、珠江街、龙穴街、黄阁镇、横沥镇、万顷沙镇、东涌镇、榄核镇和大岗镇,2011年总人口73.6万人,规划面积约803平方千米,规划期为2012年至2025年。"十二五"时期,南沙新区空间结构、高端产业、基础设施、水乡生态体系初步形成,经济社会发展成效明显,60平方千米起步区建设初具规模,在探索粤港澳全面合作、新型城市化模式上取得显著进展。到2015年,服务业增加值占GDP的比重比2010年提高10个百分点以上,单位GDP能耗比2010年下降20%,单位GDP建设用地面积比2010年下降30%,资源产出率比2010年提高15%以上;综合服务功能显著增强,研究与试验发展经费支出占GDP比重比2010年提高1倍以上;生态环境质量进一步优化,建成区绿化覆盖率达到43%;与港澳合作更加紧密、往来更加便捷,人民生活品质持续提升,形成粤港澳全面合作示范区基本框架。

到2025年,南沙新区经济社会发展实现重大跨越,基础设施体系更趋完善,建成以先进生产性服务业为主导的产业高地和具有世界领先水平的科技创新中心,营商环境与国际和港澳全面接轨,民生福利水平和宜居环境质量进一步提高,国际竞争力和影响力显著提升,服务业增加值占GDP比重达到65%左右,研究与试验发展经费支出占GDP比重达到8%,研发人员、高级管理人才和高技能人才占总人口比重不断提升,建设深化粤港澳全面合作的国家级新区,在促进港澳地区长期繁荣稳定中发挥更大作用,为全国改革发展提供经验和示范。①

三、城市群与区域发展

1. 我国城市群的总体状况与蓝图

1.1 "15+8"的空间结构格局

《2010中国城市群发展报告》称,中国正在形成23个城市群,其中,长江三角

① 《南沙新区》,中国网2012年10月11日。

洲城市群已跻身于国际公认的6大世界级城市群之中。根据“城市群内都市圈或大城市数量不少于3个,至少有1个特大或超大城市为核心”、“人口规模不低于2000万人”、“城市化水平大于50%,非农产业产值比率超过70%”、“人均GDP超过3000美元,经济密度大于500万元人民币/平方千米”等标准,中国正在形成的23个城市群呈现为“15+8”的空间结构格局。其中长江三角洲、珠江三角洲、京津冀、山东半岛、辽东半岛、海峡西岸、长株潭、武汉、成渝、环鄱阳湖、中原、哈大长、江淮、关中、天山北坡等15个城市群达标,而南北钦防、晋中、银川平原、呼包鄂、酒嘉玉、兰白西、黔中和滇中等8个城市群则尚未达标。

报告还提出,经过10年到20年建设,中国要将“长三角”、“珠三角”、京津冀分别建成国家综合竞争力最强、亚太地区最具竞争活力、国家创新能力最强的世界级城市群,同时,将海峡西岸建成服务祖国统一大业的海岸型城市群,将环鄱阳湖建成国家大湖流域综合开发示范的生态型城市群,将成渝城市群建成国家城乡统筹综合配套改革试验区,将辽东半岛建成国家振兴东北老工业基地的核心城市群,将南北钦防建成中国—东盟自由贸易区的海湾型城市群,将天山北坡建成中国面向中亚五国合作的陆桥型城市群等。①

1.2 “10+6”的空间结构格局

目前,中国已形成了10大城市群,即长三角城市群、珠三角城市群、京津冀城市群、辽中南城市群、山东半岛城市群、海峡西岸城市群、长江中游城市群、中原城市群、川渝城市群和关中城市群。根据2009年的统计数据,10大城市群的面积占全国国土面积的11%,承载人口是39.24%,GDP占全国的比重将近2/3。从这些数据中可以得出两个结论:一是城市群是中国经济的重要支柱,10大城市群就是中国经济的10大支柱。二是区域之间的差距还很明显。城市群内占全国1/3的人口享有2/3的GDP,而另外2/3的人口却只有1/3的GDP,区域差距十分明显。要缩小区域差距,主要有两个途径:一是城市群内的产业向城市群外转移,转移出来1/3;二是将城市群之外的人口转移到城市群中1/3。但实际情况很可能是产业向城市群之外转移,而人口向城市群之内转移,不可能仅是单向流动。从难易程度看,人口向城市群内转移成本比较低,现在很多城市群内的城市和城镇产业发展仍有很大空间。

就长三角而言,城市群内各城市的人口集聚能力还很强,比如南通等沿海城市现在人口还很少,预计可再增加1倍。珠三角城市群城市最密集,人口也非常密集,加上流动人口,有将近8000万,户籍人口3000万,农民工四五千万,空间不大。京津冀城市群除了北京和天津人口很多,其他城市的人口并不是很多,未来

① 孙自法:《中国正在形成23个城市群 长三角跻身世界6强》,中国新闻网2012年3月27日。

有很大的增长潜力。长江中游城市群,只有武汉一市独大,其他城市人口均不到100万人,加上这里物产丰富、水资源丰富,交通也很发达,潜力很大。海峡西岸城市群,福州城市规模较大,其他城市规模都不大,漳州、泉州、莆田发展条件也很好,潜力也很大。

未来还会形成6大城市群,即:湘东城市群、江淮城市群、北部湾城市群、吉林中部城市群、黑龙江西南部城市群、新疆天山北坡城市群。在长株潭城市群中,由于长沙、株洲、湘潭3个城市距离很近,天然形成3个组团,其发展对周边城市带动和影响很大,在此背景下,湖南益阳、衡阳、岳阳、娄底、常德和江西萍乡,有可能形成以长株潭为核心的湘东城市群。以合肥为中心的江淮城市群,包括芜湖、马鞍山、池州、铜陵、安庆、滁州、蚌埠、淮南、六安等10个城市。以长春、吉林为中心的吉中城市群,以哈尔滨为中心的黑龙江西南部城市群、以南宁为中心的北部湾城市群、以乌鲁木齐为中心的天山北坡城市群,均已有城市群的雏形,主要问题是中心城市规模和实力不够大,和周边城市的联系也不是很强。但长沙、合肥、长春、哈尔滨、南宁、乌鲁木齐近年来发展很快,随着辐射半径的扩大,和周边城市的联系不断加强,一些新的城市群已呼之欲出。①

1.3　中国经济地理走向新“弓箭图”

沿海经济带和三大经济圈并不能充分描述中国的经济空间结构。以我国就业密度的空间格局为例,我国最大的就业密度高值连片区是北京、郑州和温州形成的三角形区域,这可以称之为“京豫浙”三角区,其次是以武汉、长沙和南昌为代表的长江中游地区,再次是辽中南城市群、成渝经济区,最后是珠三角经济区和海西经济区。

对照中国的地形图,就会发现我国就业密度较高的连片区基本上位于海拔较低的平原或盆地地区,如“京豫浙”三角区、四川盆地和长江中游地区,而辽中南城市群、珠三角、海西经济区这三个较小的就业密度高值连片区,则基本是港口腹地发展模式的产物。

我国经过30余年的改革开放,区域差距持续扩大的趋势得到了遏制,区域经济协调发展的新局面已经开启并将持续向好。不过,区域融合的过程是复杂的,不是严格按照所谓的“梯度转移”或“点轴发展”进行的,也不是严格按照人为的片区规划展开的,它是市场力量、政府意志、全域和局域经济环境共同作用的结果。

未来,“京豫浙”三角区将继续扮演我国大型连片的高就业集聚区和人口集聚区,最有可能与“京豫浙”三角区融合起来的是长江中游地区(其中武汉城市群将优先融入,届时北京、郑州、武汉和温州的连线将形成一个半圆弧形状),它们将成

① 肖金成:《中国将形成若干世界级城市群》,凤凰网2013年1月6日。

为未来我国核心—边缘结构的核心区部分，而东北地区、成渝经济区、珠三角和海西经济区将处于未来我国核心—边缘结构的“边缘区”部分。由此可知，我国经济地理融合的趋势，整体的核心区应在北京、郑州、武汉和温州连接而成的半圆形，加上由青岛到郑州连成的线，这就使我国全域视角下的核心区呈现为一个新“弓箭型”。

与传统弓箭型结构相比，这一新“弓箭型”不仅地理范围存在重大差异，更重要的是箭头指向内陆而不是海外，其根源在于，未来中国经济地理结构将主要依靠国内市场和自主创新来驱动，而不是像过去三十年主要靠海外市场和技术引进为主导。同时，东北部分的核心区主要在辽中南城市群，西部的核心区主要在成渝和北部湾形成的两个孤立的小城市群，珠三角和海西经济区则是沿海地带的两个重要局域中心。①

1.4 “城市群不是规划出来的”

由国务院颁布的《全国主体功能区规划》，在对全国不同地区资源环境承载力进行全面分析的基础上，参照现有分布格局和未来走势，提出了“三纵两横”的城市化空间格局，并不是城市群的概念。但这些城市化地区将是未来中国城市群分布的主要地区。城市群可以较少的国土空间聚集大量的产出和人口，有着极高的空间产出强度和人口聚集密度，这主要是市场主导的结果，政府基础设施网络的规划和布局，也起一定的引导和支撑作用。

中国城市群特征比较明显的是长三角、珠三角和京津冀地区城市群，这三大城市群以2.8%的国土面积，承载了全国18%的城镇人口，生产了全国36.1%的GDP。但与东京大阪城市群、首尔城市圈、美国东北部城市群、伦敦城市群等相比，在单位国土面积产出强度和人口聚集密度方面，还存在一定差距。而国内其他地区城市群总体上还处在初级阶段。

考虑到中国土地资源短缺、人口规模大等国情，我国未来城市化的格局必须走集约利用土地的道路，城市群的发展更可能成为中国未来城镇化的主体形态。一个地区能否成为城市群，除了资源环境承载力作为基础条件外，更重要的是由产业布局和人口分布的密集度，以及城市之间的分工协作关系决定的。考虑到城市群的最终形成主要是市场力量主导的，受城市之间经济联系的紧密程度左右，在国家的城镇化规划研究中，对中国未来城市群只是进行了展望，而没有作为规划正文进行描述，因为城市群的形成主要还是市场主导经济和产业布局的结果，而不是政府规划的结果。同时，由于未来发展条件或技术发生变化，可能导致产业布局或人口流向发生变化，这有可能使政府规划的城市群难以形成。

---

① 沈体雁、张晓欢、赵作权:《中国经济地理或走向新“弓箭图”》,《支点》2013年第1期。

城市群不是规划出来的，更不是人为划定的，而是市场力量和技术力量等综合推动形成的。作为规划者，我们有时很难看清十年特别是二十年以后的事情，一些新技术的出现与应用如何改变未来产业、人口和城市的空间布局，也有一些难以判断的结果。在这个过程中，政府可以做一些顺势而为的事，但必须小心翼翼。政府可以通过合理的预期和基础设施网络布局，促成城市群内部城市和城镇通过现代交通网络和信息网络的连接，形成分工协作、功能互补、相互促进的发展格局，并适当疏散大城市和特大城市的部分功能，缓解单个城市过大带来的城市病压力。①

2. 城市群规划与区域发展

2.1 《中原经济区规划》获批复

2011 年 10 月，国务院发布《关于支持河南省加快建设中原经济区的指导意见》，指出中原地处我国中心地带，是中华民族和华夏文明的重要发源地。中原经济区是以全国主体功能区规划明确的重点开发区域为基础、中原城市群为支撑、涵盖河南全省、延及周边地区的经济区域，地理位置重要，粮食优势突出，市场潜力巨大，文化底蕴深厚，在全国改革发展大局中具有重要战略地位。

2012 年 12 月，国家发改委正式发布《中原经济区规划》，这是继国家出台指导意见后，推进中原经济区建设的又一重大举措。在这一规划中，河南省委省政府提出的“两不三新”发展路子，上升为中原经济区规划指导思想的重要内容，即探索不以牺牲农业和粮食、生态和环境为代价的新型城镇化、工业化和农业现代化协调发展的路子。

规划明确了中原经济区的具体范围，包括河南省全境，河北省邢台市、邯郸市，山西省长治市、晋城市、运城市，安徽省宿州市、淮北市、阜阳市、亳州市、蚌埠市和淮南市凤台县、潘集区，山东省聊城市、菏泽市和泰安市东平县，区域面积 28.9 万平方千米，2011 年年末总人口 1.79 亿，地区生产总值 4.2 万亿元，分别占全国面积、人口、GDP 的 3%、13.3% 和 9%。

规划提出，中原经济区必须大胆探索，创新体制机制，加快转变经济发展方式，强化新型城镇化引领作用、新型工业化主导作用、新型农业现代化基础作用，努力开创“三化”协调科学发展新局面。同时，进一步明确了中原经济区的五大战略定位：国家重要的粮食生产和现代农业基地、全国“三化”协调发展示范区、全国重要的经济增长板块、全国区域协调发展的战略支点和重要的现代综合交通枢纽、华夏历史文明传承创新区。

规划还以经济发展、结构调整、资源环境、民生改善等为主体，提出了中原经

① 徐林：《城市群不是规划出来的》，凤凰网 2013 年 5 月 13 日。

济区的发展目标。如人均地区生产总值2011年为26317元，到2015年增加到38000元，2020年要增加到60000元；单位地区生产总值能耗2015年要比2010年下降16%，2020年要比2010年下降30%左右。在民生方面，提出了收入倍增计划目标。城镇居民人均可支配收入要从2011年的17813元，达到2020年的38000元；农民人均纯收入从2011年的6629元达到2020年的16000元。

在中原经济区的空间布局上，规划提出要加快形成“一核四轴两带”放射状、网络化发展格局，即促进郑州、开封、洛阳、平顶山、新乡、焦作、许昌、漯河、济源9市经济社会融合发展，形成中原经济区发展的核心区域；构筑沿陇海发展轴、沿京广发展轴、沿济（南）郑（州）渝（重庆）发展轴、沿太（原）郑（州）合（肥）发展轴等四条重点开发地带，形成以郑州为中心的“米”字型发展轴；培育壮大沿邯（郸）长（治）—邯（郸）济（南）经济带和沿淮经济带。

规划内容还包括推进“三化”协调、区域联动发展、加强环境保护、改善民生、政策支持等方面。规划的批复实施，使中原经济区建设的目标任务更加明确，发展布局更加清晰，政策支持更加有力，标志着中原经济区建设进入了整体推进、全面实施的新阶段。①

2.2 长株潭城市群的“十二五”蓝图

“十二五”期间，环长株潭城市群将形成以长沙为中心的长株潭都市区，外围分别发展常德、岳阳、衡阳、娄底4个次级城市圈（带）。其中，长株潭都市区的区域范围除长沙、株洲、湘潭主城区外，望城区、长沙县、浏阳市、宁乡县及益阳市中心城区均被纳入其中。

（1）发展目标：城市群2015年GDP达2.1万亿

《规划》提出，到2015年，环长株潭城市群要率先成为全国“两型社会”建设示范区，成为内陆地区重要的先进制造业基地、高技术产业基地和现代服务业中心，成为具有湖湘文化特色的现代化生态型城市群。

其中，在经济发展方面，城市群地区生产总值增速年均不低于12%，2015年GDP达到2.1万亿元，长株潭三市GDP占全省比重达到45%，城市群人均地区生产总值实现4.8万元。

在社会发展方面，到2015年，城市群社会事业主要指标达到全面小康水平，城乡收入比控制在2.8以内。

资源节约和环境友好方面，到2015年，城市群节能、节水、节地指标明显优于全国平均水平，长株潭三市万元GDP能耗在2010年基础上降低20%。森林覆盖率达到50.5%，人均城市公共绿地面积达到8.5平方米，空气质量优良率（二级以

① 梁鹏：《中原经济区规划发布 探索“两不三新”发展路子》，中央政府门户网站2012年12月2日。

上)达到96%。

(2) 空间布局:长沙9区县全部纳入都市区

《规划》提出构建"一个都市区、四个次级城市圈(带)、四条城镇轴"的城市群空间布局框架。形成以长沙为中心的长株潭都市区,外围分别以常德、岳阳、衡阳、娄底为核心,发展4个次级城市圈(带)。都市区以外,着力加强长株潭—益阳—常德、长株潭—岳阳、长株潭—衡阳、长株潭—娄底4条城镇轴线建设,将长株潭都市区与4个次级城市圈(带)紧密连接。

长株潭都市区范围包括长沙主城区、望城区、长沙县、浏阳市、宁乡县、湘潭市区、株洲市区、益阳市中心城区。在长株潭三市中,所有区县全部纳入都市区范围的,仅有长沙市。

其中,长沙各区域在长株潭都市区的功能定位分别为:主城区主要是区域金融、信息、服务中心,区域文化创意产业、文化休闲产业中心,区域旅游集散地;星沙主要是区域先进制造业基地,区域航空枢纽中心,物流中心;望城、浏阳、宁乡则是地方特色鲜明的都市区产业基地。

(3) 产业发展:两型产业增加值占比GDP达70%

《规划》确定,将以"两型"产业作为构建现代产业体系的核心和导向。努力把长株潭三市打造成为全国重要的先进装备制造业基地、电子信息等高技术产业基地、文化创意产业基地、建筑节能与绿色建筑示范基地、中部重要的现代服务业中心。其中,长沙的产业分工重点是:工程机械、汽车及零部件、电子信息、新材料、航空航天、生物医药、新能源以及文化、金融、现代物流、商贸商务、会展为主的高端服务业等。

此外,把岳阳打造成为中南地区重要的石化工业基地和区域物流中心;把常德打造成为全省重要的农产品生产、加工和先进制造业配套基地;把衡阳打造成为全省综合制造产业基地和区域性物流中心;把益阳打造成为全省新能源基地和长株潭的产业拓展承接基地;把娄底打造成为全省重要的能源原材料供应及先进制造业配套基地。

《规划》预计,到2015年,环长株潭城市群"两型"产业增加值占城市群GDP的比重达70%左右。

(4) 基础设施:加快3条城际轨道建设

《规划》提出,到2015年,基本建成功能完善、互通互联、科学合理、运营高效的环长株潭城市群基础设施体系。

在综合交通方面,将完善"五纵七横"高速路网,实现城市群内中心城市的高速连通;加速推进城际铁路建设,打造城市群高速客运与普速铁路交通网,加快形成"一纵一横"客运专线("一纵"为京广客运专线;"一横"为沪昆客运专线)、"一纵二横"城际轨道("一纵"为岳阳—长沙—株洲—衡阳城际铁路,"二横"为长沙—益阳—常德城际铁路和长沙—湘潭—娄底城际铁路)。航空方面,将形成"一主(长沙黄花机场)三辅(常德桃花源机场、岳阳机场、衡阳机场)"的航空布局,重点启动黄花机场第 4 代航站楼等工程。

信息基础设施方面,将积极建设宽带无线城市,在环长株潭城市群中率先建成高速信息城域网。

此外,《规划》提出构建"湘江湖湘文明长廊"。重点开发利用好炎帝陵中华始祖文化,以马王堆汉墓等为代表的秦汉文化,以南岳、岳麓山等为代表的宗教文化,以长沙岳麓书院、衡阳石鼓书院为代表的书院文化等,培育一批著名人文旅游景点,逐步建设成人文气息浓厚、人文旅游活跃、人文产品丰富的"湘江湖湘文明长廊"。①

2.3 青海东部城市群规划获批

涉及民和、互助、乐都、循化、平安、化隆六县的青海东部城市群总体规划获青海省政府批复,各县定位如下:

(1) 民和

定位:青海省的东部门户,兰西经济区区位中心,以工贸、物流为主导的生态宜居城市。

总体规划:按照"一带三轴、一核七片"的规划布局结构,处理好城市和周边区域的关系,开展好旧城改造、新区建设等工作。严格按照总体规划的 192.26 平方千米规划区范围进行建设,严格控制县城人口和建设用地规模,集约、节约安排各项用地,保护好耕地。

(2) 化隆

定位:群科新区拟定位为化隆县新城区,以商贸旅游为主的滨河生态宜居城市。

总体规划:按照"一带、四心、五轴、六组团"的规划布局结构,处理好新区和老城区、尖扎县的关系,开展好旧城改造、新区建设等工作;严格按照规划确定的 50 平方千米规划区范围进行建设。

(3) 乐都

定位:青海省东部次中心城市,以新型工业、特色农业和现代服务业为主导,生态宜居的海东地区中心城市,河湟文化古都。

总体规划:按照"黄金十字、一主三副;多样中心、有机聚合"的规划布局结构,体现其海东地区河湟文化古都、生态宜居的中心城市特点,开展好旧城改造、新区

① 颜开云、李广军:《"十二五"环长株潭城市群发展规划出台》,《长沙晚报》2012 年 4 月 10 日。

建设等工作;严格按照确定的486.6平方千米规划区范围进行建设。

(4)互助

定位:具有地域民族特色、高原田园风光的国家级旅游休闲度假名城。

总体规划:按照"六心、双轴、一环、三组团"的规划布局结构,处理好城市发展的关系,开展好旧城改造、新区建设等工作;严格按照规划确定的952.59平方千米规划范围建设。

(5)平安

定位:青海省东部交通枢纽,新型产业示范基地,古驿文化特色凸显的现代空港城市。

总体规划:按照"两城一区、一带一园"的规划布局结构,完善交通枢纽、新型产业示范、西宁空港门户的职能,处理好城市和机场、工业园区的关系,开展好旧城改造、新区建设等工作;严格按照规划确定的152.6平方千米规划区范围进行建设。

(6)循化

定位:青海黄河上游生态环境优美,地域民族特色浓郁的国家级旅游休闲胜地和生态园林城市。

总体规划:按照"三轴、双城、一区;两心、多点、六组团"的规划布局结构,处理好城市和旅游发展的关系,开展好旧城改造、新区建设等工作;严格按照规划确定的141.36平方千米规划区范围进行建设。①

青海东部城市群是我国首个以县域城市化地区为主体的城市群,值得关注。

3. 城市群动态与趋势

3.1 珠三角:生态城市群的先行者

引领改革开放风气之先的广东,曾以牺牲资源、环境为代价的"褐色文明"引领过经济飞速增长,但粗放的增长模式也导致了发展的不可持续。2008年,广东省委、省政府出台《关于争当实践科学发展观排头兵的决定》,把节能减排和环境保护作为争当实践科学发展观排头兵的五大重点领域之一。同一年底,《珠三角地区改革发展规划纲要(2008—2020年)》颁布,强调切实加强环境保护和生态建设,增强区域可持续发展能力,率先建立资源节约型和环境友好型社会。

2011年,国务院批复《广东海洋经济综合试验区发展规划》,2012年5月,《广东海洋经济地图》编制完成。根据规划,广东海洋经济布局将"坚持保护与开发并重,加强海洋生态环境保护,建设我国海洋经济国际竞争力的核心区和加强海洋生态文明建设的示范区"。最新印发的《广东省主体功能区规划》,以四类区域、五

① 《青海省东部六县城市群总体规划已经获省政府批复》,《西宁晚报》2012年3月5日。

大战略格局布局广东科学发展新版图，将全省 17.98 万平方千米的陆地面积，划分为“优化开发、重点开发、生态发展（即限制开发）和禁止开发”四类区域。其中对佛山等人口密集、开发强度偏高、资源环境负荷偏重的珠三角核心区提出要优化开发，对湛江等资源环境承载能力较强，集聚人口和经济条件较好的珠三角外围地区、东西两翼大部分地区和粤北部分地区提出进行重点开发。

一组数据展示了广东历经阵痛后的新生：从“十一五”至 2012 年上半年，全省共关停污染企业 1.8 万多家，火电、水泥等领域的落后产能淘汰总量占全国的 1/6。与此同时，单位 GDP 能耗、单位工业增加值能耗则处于全国最先进水平，在经济总量实现从 3 万亿到 5 万亿、增长超 2/3 的同时，主要污染物排放量持续削减。其中一些措施起到重要作用。如《广东省生态保护补偿办法》按照“谁保护、谁得益”、“谁改善、谁得益”的原则，采用“奖补结合”的方式对重点生态功能区的县（市）予以补偿和激励。从 2012 年起，省财政每年安排生态保护补偿转移支付资金，以帮助生态功能区缓解生态保护与经济发展之间的矛盾。

这些措施的效果是珠三角 9 市建成了全国首个环保模范城市群，这也是全国经济总量最大、覆盖面积最大、受惠人数最多的国家环境保护模范城市群。其中，深圳市盐田区、福田区和中山市通过国家生态市（区）的考核验收，深圳市、珠海市和韶关市成为第一批全国生态文明建设试点城市。①

3.2 长三角：幸福生活城市圈的问卷调查

2011 年 4 月，构建长三角幸福生活城市圈被列为长三角 11 个合作专题之一，专题首次提出了长三角城市发展、区域合作的目的是为了让生活其中的居民生活更方便、更幸福。在此基础上，该课题以问卷和座谈调查两种方式，在长三角 22 城市（江苏省的南京、苏州、无锡、常州、镇江、南通、扬州、泰州、盐城、淮安；浙江的杭州、宁波、绍兴、嘉兴、湖州、舟山、台州、金华、衢州；安徽的合肥和马鞍山）开展调研，了解长三角居民对其所在城市及长三角区域民生、社会管理、文化共享等各方面的幸福指数评价，历时一年，结果如下：

（1）“满意”和“不满意”并存

长三角居民个人生活幸福指数最高，平均值为“满意”，然后依次是文化建设、社会管理和资源可得性，其中后两项平均值为“不满意”。

此次调查中，日常生活成本和房价是长三角居民满意度比较差的两个指标。长三角居民对其所生活城市物价的不满意及很不满意的比例高达 65.09%，满意度最差。长三角城市的平均房价收入比已突破 10，居民特别是新市民的购房压力很大，降低了城市的宜居性。

---

① 谢庆裕等：《2020 年珠三角率先建成生态城市群》，《南方日报》2012 年 11 月 16 日。

(2) 构建幸福生活城市圈有优势

长三角作为我国率先提出构建幸福生活城市圈的区域,有较好的基础。在经济方面,近年来长三角各城市城乡居民收入连续多年高速增长,尤其在提高农民收入上一直走在全国前列。据上海统计网公布的最新数据,2011 年上半年,苏浙沪 16 个长三角城市中,有 10 个城市的农民人均纯收入增幅超过其城镇居民收入增幅,表明城乡"财富鸿沟"的缩小在长三角呈普遍性。

长三角是全国社会保障最早达到基本全覆盖的地区之一,为居民幸福生活提供了保障。截至 2010 年年底,江苏新型农村养老保险参保率达到 98%,城乡医疗保障覆盖率超过 95%,浙江、上海的覆盖率更高。

日益便捷的交通为幸福生活加分不少。2009 年长三角区域的铁路和高速公路密度分别是同期全国平均水平的 1.95 倍和 5.48 倍;2010 年沪宁、沪杭城际高铁开通运营,同城化效应更加明显,以上海、南京、杭州为中心的长三角一小时交通圈成型,居民旅行、出游、走亲访友更加方便。

保护环境才能保障居民幸福生活,已成为长三角不少城市政府的共识。各城市也做了不少工作,如杭州都市圈,2010 年工业二氧化硫排放量较上年减少 16.2%,工业废水排放达标率提高到 97.4%。

(3) 区域融合障碍依然存在

一个大型城市群构建幸福生活城市圈,对其区域融合的要求很高。长三角区域融合面临三大挑战。第一,长三角 22 城市各自经济发展阶段不同,对居民幸福生活的认识也不同。长三角区域经济发展存在核心城市与中等城市、中等城市与小城市的差别,苏南与苏北、浙北与浙南的差别,沿江、沿海与内地、山区的差别,沿铁路、沿水路与非沿线路的差别。第二,构建长三角幸福生活城市圈,政府热情大于民间,工作缺乏群众基础。不少城市的居民对政府建设诸如统筹城乡先行区、生态文明示范区、幸福民生和谐区等等的提法比较陌生,关注度也很低。民众关注度不高,给政府的公共管理提出了更高的要求,需要政府在幸福生活城市建设中加大宣传,提高知晓率。第三,长三角 22 城市分属三省一市,碍于行政区划分隔等原因,一些涉及居民日常生活便利的"互通"难以取得突破,如交通卡互通、医保卡互通、公交车和出租车跨区域运营等已探索多年,但只能在部分城市范围内互通,要做到真正区域融合,还有很长一段路要走。[①]

3.3 成渝城市群与长江中游城市群:谁是中国第四极

京津冀城市群、长江三角洲城市群和珠江三角洲城市群已成为我国区域发展

---

① 《构建幸福生活城市圈——长三角城市合作年终报道之三》,上海市政府官方网站 2012 年 1 月 4 日。

三驾马车,而谁能成为中国的第四极尚无定论。其中,呼声最高的是成渝城市群和长江中游城市群。

2013 年全国两会上,重庆代表团提交“关于将重庆成都城市群建设成为引领西部地区发展的国家级城市群的建议”。在这份建议中,重庆代表团期望我国在出台、实施《全国促进城镇化健康发展规划(2011—2020 年)》(下称《规划》)时,“进一步突出重庆成都城市群作为引领西部地区发展的国家级城市群的战略地位”。

在 2011 年公布的成渝经济区规划中,重庆渝东南和三峡库区部分地区并没有纳入。随着重庆全域的纳入,成渝城市群的经济总量明显提升。相关数据显示,2012 年,长三角 GDP 总量约为 90000 亿元,京津冀 GDP 约为 57000 亿元,珠三角约为 52000 亿元,重庆成都城市群的 GDP 总量目前约为 15000 亿元,在渝东南和三峡库区部分地区纳入后则还会增加 11500 亿元,就此而言,新的重庆成都城市群已具备了加速发展成为中国第四增长极的物质基础。同时,重庆成都城市群是西部密度最高的城镇密集区以及全国少有的双核城市群,以重庆和成都为中心,形成了沿交通通道、沿江河流域及向平原和盆地集中的放射状城镇结构体系,每万平方千米拥有城镇 94 座,高于西部的 25 座和全国的 45 座。①

在成渝两地联袂争夺中国第四增长极时,“中三角”成为其面临的最大竞争对手。2012 年 11 月,湖北省向国家发改委提交《关于加快推进长江中游城市群建设的请示》(下称《请示》),提出“三个恳请”:一是恳请将宜昌、荆州、荆门三市与武汉城市圈九市都纳入长江中游城市群范围;二是恳请修订《促进城镇化健康发展规划》(下称《规划》)中关于长江中游城市群的定位;三是恳请《规划》明确武汉国家中心城市的定位。② 此外,安徽也在争取进入“中三角”,从而形成更大概念的“中四角”,形成以武汉城市圈、长株潭城市群、环鄱阳湖城市群、皖江城市带为主体的长江中游城市群,原来的“中三角”很可能由 29 个城市拓展到 40 个城市。

对于“中三角”和成渝城市群之间的较量,观点不一。但看好成渝城市群的较多。如有人认为:尽管在区位和地形上相对有优势,但由于“中三角”要求多个省的合作,这与同属于老四川省的成渝城市群相比是很大的劣势。还有人认为,相对“中三角”而言,成渝城市群成长为国家战略之后,对于西部的整体推动将起到更明显的作用,因此从国家战略的高度来看,成渝城市群更容易得到国家的重视。③

① 周远征:《成渝城市群崛起》,《中国经营报》2013 年 3 月 18 日。

② 张家振:《湖北“恳请”扩容长江中游城市群》,《中国经营报》2012 年 11 月 20 日。

③ 周远征:《成渝城市群崛起》,《中国经营报》2013 年 3 月 18 日。

四、都市化进程中的城乡关系

1. 城镇化进程中农村该往何处去

1.1 理性的城市化将使农村变得更美好

官方数据显示,2011 年中国的人口城市化率首次突破 50%;研究表明,2009 年我国城镇人口数量从 2001 年的 4.8 亿增加到 6.7 亿,城镇人口增长 34%。在如此快速的城镇化背景下,传统农民何去何从成为舆论的焦点,甚至存在着截然相反的观点。

有的学者认为,乡村社会会在城市化进程中得到复兴。我国传统文化的根基在农村,传统村落保留着丰富多彩的文化遗产,是承载和体现中华民族传统文明的重要载体。由于保护体系不完善,一些传统村落消失或遭到破坏。如何使得中国从农耕文明向工业文明转变得更自然一些,更健康一些,在农村土地开发中更尊重民意和民俗,也是一个需要研究的重要命题。未来理想中的中国农村是什么样?孟德拉斯在 1984 年《农民的终结》一书的再版中阐述了乡村社会的惊人复兴,"乡村现代化了,人又多了起来","今天的乡下人享有城市生活的一切舒适",农业劳动者和乡村居民从 1970 年起就追上了城市人,在其他一些方面,他们保留着优势(住宅的面积),乡村的孩子去上学都有客车接送,在小学和中学里,他们和城里的孩子一起上课,乡村在生活方式上完全城市化了,"城市人一有可能就从城市溜走",城市也出现了乡村化。这样的农村不正是我们想要的吗?①

也有学者认为,传统农村必然随着现代化进程而消失。马克思在《资本论》中说超过劳动者个人需要的农业劳动生产率是一切社会的基础,尽管农业的地位在不断下降,但这只是说其贡献总量在 GDP 中的份额,农业部门在国民经济中的基础地位永远不会改变,所以从这个角度看,农村永远不会消失。但以机器生产为代表的大农业取代小农经济是历史的必然。农业也可以跟工业一样采用大规模的集体生产方式,后者可以提供农业改良需要的更大的投资和更多的物质生产条件,小农经济作为"过了时的生产方式的残余","在不可挽回地走向灭亡"。传统农村消失的根本动力在于传统农民的消失。正如舒尔茨所言:"总而言之,一个受传统农业束缚的人,无论土地多么肥沃,也不能生产出许多食物。节约和勤劳工作并不足以克服这种类型农业的落后性。"传统农民已经不适应农村经济发展的需要,这是不争的事实。相比之下,70 后、80 后、90 后的新生代农民,尽管受教育程度较高,大都有过城市经历,但他们却很难再回到乡村,即使回去也不再会重复父辈的人生,而新农民的出现和不断壮大,必将使传统农村彻底退出历史舞台,这

---

① 张学良:《理性的城市化将使农村变得更美好》,《文汇报》2012 年 12 月 10 日。

才是传统农村一定会走向消失的根本原因。①

1.2 征地补偿30倍上限取消

失地农民土地补偿款过低一直是备受关注的话题。2012年12月,十一届全国人大常委会第三十次会议审议了《土地管理法修正案草案》(以下简称《草案》),删除了现行法第47条中按照被征收土地的原用途给予补偿,以及土地补偿费和安置补助费的总和不得超过土地被征收前三年平均年产值的30倍的内容。

此次修改主要有四个要点:第一,删除按土地原有用途补偿。现行《土地管理法》第47条规定,征收土地按照被征地的原用途给予补偿,土地补偿费和安置补助费的总和不得超过土地被征收前三年平均年产值的30倍。《草案》删除了按照被征收土地的原用途给予补偿和30倍补偿上限的内容,规定征收农民集体所有的土地应当给予公平补偿,保证被征地农民原有生活有改善、长远生计有保障,维护被征地农民的合法权益。第二,增加社会保障补偿内容。《草案》在现行47条规定的土地补偿、安置补助、青苗和地上附着物补偿三项补偿的基础上,把住宅从地上附着物中单独列出,并增加了社会保障补偿。第三,补偿资金不落实不得批准和实施征地。为保证公平补偿原则的落实和补偿制度的实施,《草案》明确规定,征地必须按照合法、公正、公开的原则制定严格的程序。补偿资金不落实的,不得批准和实施征地。第四,授权国务院制定征地补偿安置办法。《草案》规定,征收农民集体所有土地补偿安置的具体办法,由国务院制定。依照国务院制定的具体办法,省、自治区、直辖市可以规定补偿安置的具体标准。②

2. 农业现代化与新农民

2.1 落后美国100年的中国农业与印度农民“自杀潮”

农业现代化是解决三农问题的必然要求,我国的农业现代化程度和水平较低,与发达国家的差距很大。研究显示,截至2008年,中国农业经济水平比美国落后约100年。农业现代化已成为中国现代化的一块短板。中国农业生产率与发达国家有多少差距?据分析,美国是中国的90多倍,日本和法国是中国的100多倍,巴西都比中国高。

如果以农业增加值比例、农业劳动力比例和农业劳动生产率三项指标计算,2008年中国农业水平与英国相差约150年,与美国相差108年,与韩国差36年。研究指出,2008年,中国农业经济水平比美国落后约100年,中国农业劳动生产率比中国工业劳动生产率低约10倍,中国农业现代化水平比国家现代化水平低约10%。面对农业现代化问题,研究提出了13条建议,包括建议明确划分5亿亩左右的优良农田作为“国家食品粮生产基地”和研制“中国人营养指南”。③

---

① 刘新静:《传统农村在城市化进程中必然消失》,《文汇报》2012年12月10日。

② 孙雪梅、孙乾:《征地补偿删除“30倍上限”》,《京华时报》2012年12月25日。

③ 仲玉维:《中科院报告称中国农业经济水平比美国落后百年》,《新京报》2012年5月14日。

遭遇三农问题的国家还有同为金砖成员的印度。2011 年，印度全国有 1.4 万名农民不堪穷困生活自杀。由于东北部连日暴雨引发严重洪灾，造成多人死亡，200 多万人无家可归。造成农民自杀的主要原因是收入减少和农产品价格相对较低。气候原因和自然灾害导致作物减产、农田被毁，也是使农民陷入窘境的重要原因。①

2.2 粮食进口红线的坚持与沦陷

长期以来，我国始终把粮食高自给率作为重要目标，95% 是粮食进口红线。据 2008 年 7 月国务院常务会议通过的《国家粮食安全中长期规划纲要》，我国粮食自给率要稳定在 95% 以上。在粮食进口上，中国一直采取较为保守的政策，在 2011 年以前，中国仅允许进口少量的优质大米和小麦，而玉米进口量几乎为零。为守住这条自给红线，2008 年 10 月，十七届三中全会还明确提出"坚决守住 18 亿亩耕地红线"。②

中国海关总署的最新统计数据显示，2012 年 1—11 月，中国粮食进口已达到 6589 万吨，而 2012 年中国粮食的总产量为 58957 万吨，按以前 11 月的粮食进口计算，我国粮食进口实际已占全年粮食总产的 11%，超过"红线"6 个点。中国成为世界第二大大米和大麦进口国，玉米和小麦进口也分别进入全球前 10 名和前 20 名。人们开始忧虑中国的粮食自给率受到威胁，国外则担心中国的粮食需求将导致全球粮食供应短缺。据相关分析，2012 年粮食进口大幅增长的原因有三：首先来自国内外市场价差增大，企业有意愿进口；其次，企业增长了饲料用粮的库存，特别是供求偏紧的玉米；最后，2011 年同期的进口基数非常低，进一步推高了粮食进口的增幅。③

2.3 村级市：让"村民"圆"市民"梦

城乡差别是一直困扰我国社会发展的矛盾，如何消除差别是今后较长时期内的艰巨任务，有些农民也希望将自己的家乡建设成"村级市"。

河南省濮阳市濮阳县庆祖镇西辛庄村支书李连成以建设新型农村社区为理由，筹备更村名为"西辛庄市"，原因在于，他认为，"再差的市都比村好"。"当市民，是我们整个西辛庄人的梦想。"但民政部门提出建"西辛庄市"不符合相关政策。61 岁的李连成说很无奈，他称自己建设的是新型农村社区，目的是让"村民"圆"市民"梦，"叫市只是改个名字"。④

---

① 刘皓然：《印度上万农民不堪贫穷自杀》，《环球时报》2012 年 7 月 3 日。

② 罗彦、李浩燃：《中国粮食进口大幅增加 官方否认粮食安全"红线"松动》，《人民日报》2012 年 12 月 26 日。

③ 《中国粮食进口"威胁论"太夸张 主粮能基本自给》，《人民日报海外版》2013 年 1 月 21 日。

④ 周亦楣：《"村级市"支书：十年建成小香港 圆村民市民梦》，《新京报》2012 年 5 月 15 日。

李连成还有一些思考也值得关注。他认为,如果全国的农村都实现建市的梦想,是减少政府和城市压力的一个好办法。例如,小城镇建设需要行政机关,村级市就没有这些麻烦。现在农民在大城市看病难,还有农民孩子在城市上学难。有的为上学还租房子,这个投资恐怕太大了。而建村级市就是解决农民在城市里遇到的困难,也是解决现在城市的困难。农村享受到城市的生活,才是全国人民过上城市生活。他希望,在有条件的情况下,各县各乡镇发展到一定程度的行政村,都应考虑建立"村级市"的问题,有的村庄比西辛庄村条件好,也有比西辛庄差,但都应该去争取实现成立"村级市"梦想。①

3. 城市里的农村人

3.1　农民转市民的压力与四道坎

2011 年 12 月发布的一份政府报告预计,到 2020 年将有超过 1 亿农民移民至城市。但他们在自己居住的城镇常被当成二等公民,且无法享受社会保险。许多农民工对自己的境遇愈发不满,尤其是年轻的二代农民工,并已导致暴力骚乱等事件。②

城市各项资源的分配与再分配无疑是向原住民倾斜,农民要变成市民至少要经历四道坎。第一是就业机会。2008 年经济形势不景气,当年就有 2000 多万农民工返回农村。据估计今后还将有上亿的农民进城,而民营经济吸纳了其中的 90%,所以应大力发展以民营经济为主的中小企业,为进城农民工"储备"就业岗位。第二是住房。一项针对农民工住房的调查显示,52%的人住在用人单位提供的集体宿舍(包括建筑工地的工棚或者板房),47%的人租住在打工地附近的城中村,拥有自己住房的仅为 0.7%。其中,缴纳住房公积金的仅有 3%。要想留住进城农民工,住房是绕不开的。第三是社会保障。据调查,进城农民工加入了城镇养老保险的为 16.4%,加入城镇医疗保险的为 18.6%,加入失业保险的为 9.4%,加入工伤保险的为 27%。80%的农民在城里工作,但没有社会保障。据测算,如果缴纳全部社保,用人单位每月要缴纳 516 元,农民工个人每月要缴纳 166 元,每年全国大概需要一万亿元。由于历史欠账太多,如何解决农民工社保问题,也是一个难题。第四是子女教育。现有 1260 万农村户籍孩子在城市接受义务教育,其中 80%进入了父母工作地所在的公立学校。大量农村孩子涌入,城市学校无法满足需求。据统计,义务教育阶段学生总量为 1.5 亿人,其中农村学生 1.25 亿人,如果其中有 10%的孩子跟随父母进城,就让城市的学校难以接纳。今后随着工业

---

① 刘静沙、王书栋、尚国傲:《河南西辛庄村回应村级市质疑 称无公务员无机构》,大众网 2012 年 4 月 15 日。

② 玛丽安妮·巴里奥斯:《农民进城带来巨大资源压力》,《环球时报》2012 年 1 月 18 日。

化、城镇化进程的加快，还有大量孩子进城，随迁孩子的上学问题，必须引起高度关注。[①]

3.2 上海农二代的抽样调查

为了解新生代农民工的城市融入状况，2011 年 9—10 月，共青团上海市委进行了一次覆盖全市范围的调查。根据上海各区外来务工人员数占全市总数的比重，调查组向各个区县发放问卷 1000 份，收回有效问卷 906 份。通过对问卷数据和入户访谈内容的分析，调研组发现：新生代农民工较之上一代农民工，更加注重生活品质，需求层次由生存取向转向发展取向，他们希望有更多融入上海的途径。

(1) 从“生存”转向“发展”

为“生存”而打工还是为“发展”而打工？在这个问题上，新生代农民工和老一代农民工想法很不一样。

调查发现，新生代农民工到上海务工的动机很多元：经济动机仍然处于主导地位，64.2%的受访者将“赚钱养家”作为到上海工作的首要动因，但选择“过城市生活”、“见见世面”、“寻找发展机会”和“为前途考虑”等非经济动因的受访者也多达 32.9%。其中“寻找发展机会”的占到 16%，仅次于“赚钱养家”。

新生代农民工的目光由“生存”更多投向“发展”，是他们和父辈不一样的地方，他们注重工资待遇，也注重自身技能的提高和权利的实现。有 62.9%的人到上海后打过 1 份到 2 份工，29.9%的人打过 3 份到 5 份工，打过 5 份工以上的只有 7.2%，这意味着大部分外地来沪人员的工作较为稳定。

(2)“他们不喜欢集体宿舍”

上一代农民工到大城市打拼，居所多为集体宿舍或生产经营场所；新一代农民工来到上海，只有 50.1%的人住进工人宿舍。41%的人选择与别人合租或独立租房。

新生代农民工不仅把住房作为遮风避雨的居住空间，也把它视为体现个性的私人空间。宿舍对他们来说不是理想的居所，有比较多的纪律约束，而且“人口密度”太大，无法拥有个人隐私；独立租房的成本又太高，于是群租成为多数人的优先选择，包括和同事、老乡、朋友合租一套或一间房子。此外，4.3%的受访者(39人)拥有自购房。

(3) 11.7%的受访者“乐意和上海人交朋友”

对所在城市缺乏认同感一直是外来务工人员的心病。调研显示，42.3%的受访者会在看电视听广播时优先选择上海本地的电视台和电台，80.7%的人能听懂一点上海话。但是，只有 11.7%的外来务工者“乐意和上海人交朋友”，这个数字

① 吴允波、贾瑞君：《农民变市民要过四道坎》，《大众日报》2013 年 3 月 6 日。

不仅远远低于与老乡优先发展友谊的比例(57.2%),也低于乐意“与其他外省市工友”交朋友的比例(18.8%)。

近年来,上海市在社区文化建设方面投入较大,各个社区也试图吸引外来务工者参与社区生活,但效果与期望不成正比。这说明社区文化娱乐活动在宣传途径和内容设计上存在一定问题。问卷显示,63.3%的受访者表示“根本不知道社区有活动”和“知道,但没被邀请”,经常参加社区活动的人仅有7.7%。

新生代农民工对于社交生活、精神文化生活的需求大于上一代农民工,但社会支持系统薄弱,获取社会资源的能力不强,甚至很难通过正规的组织渠道和制度途径获取资源。这是一部分人退守私人空间的原因。

第三章　城市空间与经济社会报告

一、城市政策与规划

2012年,我国首次提出了“新型城镇化”的战略目标,释放出中国城市发展转型的新信号;探索“智慧城市”发展模式,成为未来城市可持续发展的先进理念。

1. 政策、规划与发展

1.1　“新型城镇化”战略规划

我国早在十六大、十七大时期就提出过推进城镇化建设,2012年,十八大提出的“新型城镇化”是对此前的深化和创新。

“新型城镇化”的“新”体现在它是对传统城镇化的一种扬弃,即城乡统筹、城乡一体、产城互动、节约集约、生态宜居、和谐发展,是大中小城市、小城镇、新型农村社区协调发展、互促共进的城镇化。[①] 新型城镇化强调可持续的理念,注重长远和均衡发展,具体而言:(1) 目标新。原来城市化实际上是以经济发展为主要目标,比较单一。而新型城市化应强调服务业,最终目标是实现城乡一体化发展。(2) 内容新。过去的城市化是土地的城市化,新型城市化强调以人为本,最核心的问题是农民工的市民化。(3) 动力新。首先,新型工业化加上第三次工业革命,带动新型城市化。其次,信息化,从根本上促进城市化。再次,农业产业化,从需求拉动,农业产业化是动力驱动,加上信息化的深层的科技驱动,三方驱动新型城市化。(4) 方式新。过去城市化是粗放式或外延式的城市化,未来新型城镇化是内涵增长、集约增长,表现为密度的提升、功能的完善、结构的优化和创新的驱动。[②]

新型城镇化体现了我国发展阶段的转换,抓住了我国城市发展的本质问题,推进新型城镇化的目的之一是拉动经济。(1) 2012年中国的城镇化率为51.27%,但真实城镇化率约为34%~35%。如果以75%的城镇化率计算,意味着未来仍有20%~40%的提升空间。按提高城镇化率吸引农民进城计算,未来10年新增城镇人口将达到4亿左右,按较低口径,农民工市民化以人均10万元的固

---

① 张然:《城镇化是扩大内需最大潜力》,《京华时报》2012年12月17日。

② 张然:《城镇化是扩大内需最大潜力》,《京华时报》2012年12月17日。

定资产投资计算,将增加 40 万亿元的投资需求。专家预测,我国中等收入群体约占 23%,在城镇化等因素的带动下,每年将提高 2 个百分点,到 2020 年达到 40%左右,从而形成一个高达 6 亿人口的中等收入群体。① 所以,城镇化被国家列为未来中国经济新增长点及最大的内需所在。(2) 从国际情况看,中国城市化是世界经济发展的重要组成部分并日益深刻影响着世界经济格局,将使新型城镇化建设相关业务板块迎来前所未有的发展机遇。② (3) 从国内的情况看,既是发展所需,也是形势所迫。一方面,中国正处于经济与社会结构转型、发展方式转变的关键时期,面临着外需和传统工业化"双难依赖"的新形势,内需不旺正在困扰着我国经济发展,迫切需要培育新的经济增长点和挖掘内需潜力。城镇化带来城市人口、产业的聚集与发展,也会带来城市基础设施、公共服务设施建设和房地产开发等多方面的投资需求。另一方面,城市化的快速推进过多地依赖扩大投资规模和增加物质投入,使有限的自然供给能力和生态环境承载能力日渐削弱,造成了环境污染、生态破坏、水源短缺等一系列问题。这些都迫切要求加快城镇化发展方式转型,走新型城镇化道路。③

在进一步推进健康城镇化的问题上,专家建议:(1) 让农民工特别是新生代农民工市民化。要让农民工真正扎根城镇,不再频繁流动,以实现农村剩余劳动力持久、稳定的转移,从而稳定城镇的劳动力供给,从根本上解决"民工潮"和"民工荒"问题。(2) 制度创新必须先行。城镇化的制度障碍主要是不完善的户籍、社会保障、就业、土地、住房、教育等。加快社会保障制度,将有力促进户籍制度的改革,因此,推进城镇化最重要的制度创新不是户籍制度改革,而是社会保障制度的建立和健全。(3) 以工业化、信息化、服务化促进城镇化。城镇化必须依靠产业支撑,否则就是"唱空城计"。工业化是城镇化的发动机,城镇化是工业化的促进器,应进一步发挥工业化与城镇化的互相促进作用,通过推进工业化来促进城镇化的加速发展。(4) 多渠道筹措城市化资金。城镇化必然要建设更多更大的城镇,需要大量的资金投入。这需要通过多种渠道筹措资金,吸引更多包括公有、民营、外资和农民的资金用于城镇化。政府应在社会保障和城镇化上加大投入。④ 只有健康的城镇化,才是符合国家战略和人民利益的"新型城镇化"。

1.2 新型城镇化需要破解的难题

从表面上看,中国城镇化建设已达到世界平均水平,但背后潜藏的矛盾、问题也日益凸显,主要有:(1) 城镇化率被高估。中国城镇化率统计以常住人口计算

---

① 常红:《数字十八大:2020 年中国城镇化率将超过 60%》,人民网 2012 年 11 月 12 日。

② 《厉以宁点题新城镇化:老城区 + 新城区 + 新社区》,南方网 2012 年 12 月 11 日。

③ 张然:《城镇化是扩大内需最大潜力》,《京华时报》2012 年 12 月 17 日。

④ 简新华:《如何实现健康的城市化》,《光明日报》2012 年 6 月 7 日。

已突破了50%，但如果按照有城镇户籍的人数，按照政府提供的教育、医疗、社会保障等公共服务水平来说，城镇化率只有34%—35%。在城镇打工的2.6亿的农民工中，真正在城市购房的不足1%；大约有1.59亿在城市工作半年以上的农民工及其家属处于“半市民化”状态。[①] 尽管中国的城镇化率水平高于世界平均水平，也高于东盟诸国的水平，但其城镇化率却低于经济合作与发展组织及美国等发达国家。官方统计的“城镇”不仅包括城市，也包括由城镇提供公共服务的乡村，对“城镇”的定义较为宽泛，是中国城镇化率被高估的主要原因。据联合国对中国城镇化率的预测，我国官方统计数据实际上可能高估了15个百分点左右。[②] (2) 城乡间的“二元结构”。我国城乡差距问题已被普遍关注，而实际上，由于高低收入差距而导致的城市二元结构问题同样严重。繁华的城市中心区与简陋的棚户区、工矿区并存，形成了明显反差，资源枯竭城市困难群众更多。城镇化是中国发展的大战略，不是简单的城市人口比例增加和面积扩张，而是要在产业支撑、人居环境、社会保障、生活方式等方面实现由“乡”到“城”的转变。[③] (3) 户籍改革阻力重重。据国家城镇化专题调研组在全国各地调研发现，“户改几乎遭遇所有市长的反对”。从2001年户改文件下发，到2011年国务院文件《关于积极稳妥推进户籍管理制度改革的通知》出台，均提出地级市以下市区全部放开户籍制度，但却迟迟落实不下去。地方政府不愿意改革的主要原因是财政压力。(4) 资源支撑超载。当我国城镇化率达到发达国家水平时，将有10亿左右的人口生活在城市，给我国城市资源支撑带来巨大的负担，“大城市承载力不堪重负”的声音已持续多年，但普通市民并没有感觉到，现在是到了需要反思的时候了。(5) 生态环境污染严重。随着人口向城镇集聚，城市水环境和空气环境污染将会更加突出。李克强对此曾指出，如何在工业生产和城市建设中抓住重点领域和环节，推进节能减排，如何在城镇居民中推广绿色生活方式和消费模式，是一篇具有全局意义的大文章。[④] (6) 发展方式粗放型。中国的城镇化进程是典型的粗放型发展模式。城市土地外延扩张、利用粗放，与现行征地制度有直接关系。城镇发展依赖于低价征用土地，政府利用土地出让金收益作为城市基础设施建设资金，开发商则通过获取土地增值收益以实现暴利，但拥有土地所有权的农民却不能平等分享土地增值收益，加剧了社会矛盾。[⑤] (7) 解决社会问题面临考验。经济高速发展带来了一系列社会问题，各级政府十分被动，疲于奔命。例如，解决交通问题就

① 降蕴彰：《城镇化规划将涉及20余城市群1万个城镇》，《经济观察报》2013年1月5日。
② 《专家称中国城镇化率51 %这一数据被高估了15 %》，财经网2013年1月15日。
③ 《李克强：破解城市二元结构难题 走新型城镇化道路》，《人民日报》2012年9月26日。
④ 张然：《城镇化是扩大内需最大潜力》，《京华时报》2012年12月17日。
⑤ 《发改委酝酿新型城镇化 户改几乎遭所有市长反对》，东方网2012年8月20日。

是修路,但却越修越堵;解决住房问题就是盖楼,但楼越盖越多房价却越来越高;教育、医疗、食品安全等由供应量不足向供应质量不高转化,并引发了更多的社会问题;城市突发事件频繁,涉及面广、领域多、社会影响范围大,对经济发展、社会安全、公共秩序、公民生命和财产安全均造成不同程度的损害,成为影响我国社会稳定、制约社会发展的重要因素之一。[①] 能否顺利解决上述问题,直接考验我国新型城镇化的质量。

2. 十面"霾"伏与中国城市生态健康

2.1 中国城市遭遇十面"霾"伏

2012年,国内城市健康遭遇十面"霾"伏,城市生态文明建设再度成为焦点。据中国气象局《中国气候公报》显示,2012年,主要气象灾害造成直接经济损失3358亿元。与往年相比,2012年气象灾害"偏轻",但霾日平均达到16天,比常年多7.2天,为1961年以来第四多。雾霾天气主要出现在1—3月和10—12月。其中,京津、苏粤等地较常年明显偏多。中东部地区及东北西北部、西南东南部雾霾日数一般在20天以上,其中华北东北部和西南部、黄淮东南部、江淮东部、华南中部及云南南部为40—80天,局部地区在80天以上。与常年相比,华南中西部、江南东部、江淮东部、黄淮东南部及京津等地偏多10—40天,江苏、广东局部地区偏多40天以上。[②]

全国多个大城市屡屡发生厚雾遮天的情况,PM2.5污染会给公众身体健康带来巨大伤害,在京津冀雾霾中检测出大量烃类及含氮有机颗粒物,与上世纪洛杉矶光化学烟雾主要成分相同,而洛杉矶烟雾事件曾导致800余人丧生。雾霾对交通运输产生较大影响,容易引发交通事故,造成人员伤亡。该《公报》显示,2012年中国因气象灾害死亡或失踪1390人,受灾面积2496万公顷,均明显少于1990年至2011年均值,但主要气候灾害的直接经济损失却高于1990年至2011年平均值。[③] 2012年1月16—19日,山东境内高速公路和国道及城区道路部分路段因雾发生多起交通事故,造成10人死亡,14人受伤。14—15日,琼州海峡因雾被迫封航16小时;27日,海南海口美兰国际机场111个航班被取消;2013年1月,受雾霾天气影响,全国范围内,北京、天津、河北、山西、江苏等11个省市22条高速公路局部路段通行受阻。[④]

为何国内雾霾天气频繁发生?中国科学院"大气灰霾追因与控制"专项组研究认为,国内的强雾霾事件,是自然因素和人为因素共同作用的结果。机动车排

---

① 文辉:《稳步推进城镇化需要加快转变城市发展方式》,《每日经济新闻》2012年10月9日。
② 徐扬:《中国气象局:2012年京津苏粤等地雾霾天数明显增多》,新华网2013年1月15日。
③ 李永春:《2012年中国霾日比常年多7.2天》,财新网2013年1月16日。
④ 金煜:《全国67城市遭十面霾伏 北京霾橙色预警信号继续》,《新京报》2013年1月15日。

放和燃煤是污染主要原因，而人类污染物排放是造成雾霾天气的内因和“主谋”。① 例如，南京的灰霾天主要来自：一是工业污染，在全国副省级城市中，南京污染物的排放量和综合能耗均居前三名；二是扬尘污染，市区在建工地近2千个，扬尘治理多头管理，效率低下；三是机动车污染，机动车排放的颗粒物80%以上是PM2.5的细微颗粒，南京机动车尾气占空气污染物1/3以上，市民人均年吸入尾气90多公斤。② 如何有效减少灰霾天的出现，已成为当下中国城市亟待解决的难题。

2.2 世界城市的雾霾与治理经验

如何治理城市雾霾问题，英国伦敦的经验可资借鉴。（1）立法保护空气质量，调整企业战略结构，转变城市发展思路。1956年，英国国会通过《空气清洁法案》，严格限制工业烟雾，拆除发电厂。政府摒弃“重经济轻环境”的发展思路，引导使用清洁能源。（2）提高个人的环境意识。伦敦市中心设置显眼的标牌“低碳排放区”字样，提醒驾驶司机，高排放车辆不要进入市内。（3）征收环保税。对进入伦敦市中心的大排量轿车征收“环保税”，在高税收压力下，大多数英国人一般都搭乘巴士或地铁等公共交通上下班——公务人员也不例外。③ 结合我国实际情况，专家建议：（1）从可吸入颗粒物的重要源头小汽车开始治理，大力发展公共交通、推广清洁能源。（2）建立灰霾天气预测与动态控制排污相结合的决策系统。利用不同气象条件对污染进行动态调控，当发生中度以上灰霾时，就采取机动车单双号限行。高污染企业要限产限排，在灰霾减轻时才可恢复排放。（3）改变工作方式，实行四天上班制，远程办公；（4）大力发展出租车电召，使出租车驻站泊车，不在大街上空跑，加大自行车出行宣传。④ 不过，仅仅借鉴世界城市治理雾霾经验还是不够的，我们更应该反思中国城市健康规划问题，合理进行城市规划已成为改善世界城市健康状况的必要手段⑤。

2.3 城市建筑的浪费与再生

建筑浪费的隐忧已日趋严重。一项调查显示，91.3%的受访者直言自己所在城市建设浪费现象较多。主要表现为：（1）城市形象工程。81.0%的人认为，城市建设浪费主要表现为大搞形象工程；（2）重复建设。城市管理与建设部门缺乏统筹安排，“马路拉链”现象几乎每天发生。同一个地点，反复围挡施工，使整个城市成为大工地；（3）在公共设施建设上，片面追求奢华。调查显示，59.5%的人认为“超标兴建办公楼宇”造成城市浪费；剩下的依次为：地标性建筑沦为摆设（46.1%），

① 《京津冀雾霾检出大量危险有机化合物》，《京华时报》2013年2月17日。

② 石小磊：《南京人均年吸尾气90公斤 PM2.5监测将覆盖江苏》，《扬子晚报》2012年2月12日。

③ 乔治成：《治理毒雾污染可向伦敦学习》，齐鲁网2013年1月14日。

④ 石小磊：《南京人均年吸尾气90公斤 PM2.5监测将覆盖江苏》，《扬子晚报》2012年2月12日。

⑤ 郑讴编译：《合理规划城市 改善健康状况》，《中国社会科学报》2012年6月6日。

豪华设施远超实际需求(43.9%),巨资开发景区(36.7%)等。①

造成今天中国城市建设浪费的原因,至少有以下几个方面:(1)城市建设追求奢侈,表现为贪大求高比豪华,把摩天大楼看做是城市的"面子"。(2)城市规划短视。城市规划的科学性与前瞻性严重不足。一些公共建筑刚建成几年,就因功能欠缺等原因而不得不拆除。(3)一些官员患了权力病。不少城市每届领导都有自己的一套城市建设方案,完全放弃了前任的做法,领导的个人喜好凌驾于城市建设上,缺乏对客观规律及民意的尊重。随着领导更迭、班子换届,往往出现前任盖楼、后任炸楼的怪事。②(4)公共财政开支被权力左右。调查显示,52.6%的人认为一些城市公共财政预算不透明。(5)缺乏问责使重复建设等无法得到有效遏制。75.3%的人认为城市建设浪费现象缺乏事后问责机制。③ 城市化进程不仅需要硬件配套,还需要健全相应的公共服务体系,市民才能安居乐业。

城市空间发展不能一味停留在增加新建筑上,如何在保持原有建筑基本架构的基础上,通过改变局部结构和装修,大幅改变建筑的使用功能,已成为城市发展中的重要命题。"再生建筑"经验值得借鉴。"再生建筑"最早起源于19世纪40年代的欧洲,随着西欧各国逐步完成工业革命,城市中传统的以居住为主的封闭社区和街区,开始让位于交流、娱乐、购物等现代商业的空间需求,于是,以阿姆斯特丹、威尼斯、摩纳哥等港口为先端,欧洲各主要城市先后开始漫长的建筑再生运动。在欧美发达国家,工业建筑主要有以下几种"再生"途径:变身文化、商业建筑,如博物馆、展览馆、艺术中心、学校、画廊、艺术工作坊等。在法国巴黎、德国柏林、英国伦敦、美国纽约,每一个现代化的大都市都有艺术家的聚集地,而"Loft"则成为这些聚集地的典型风格。④ 其中,日本和罗马的做法非常成功。20世纪90年代"经济泡沫"破灭之后,整个社会深入反思过去,一些人士专门成立了非营利性的"历史建筑保存再生研究所",以保存珍贵的文化遗产,让后人能看到老建筑、旧街区的魅力。其中,在丸之内地区,对原名东京火车站站屋建筑群、日本工业俱乐部会馆的改建计划堪称经典。⑤ 罗马是当今世界上国家首都完美保护古城建筑结构的典范。罗马市民的文物保护意识特别强,渐渐形成一种意识和自觉行动并逐步具体化:保护罗马历史中心原貌必须做到不拆旧,不建新。⑥

---

① 孙震、王聪聪:《91.3%受访者直言当前城市建设浪费现象较多》,《中国青年报》2012年9月25日。

② 尹卫国:《建设浪费屡见不鲜根源何在?》,《中国环境报》2012年9月28日。

③ 孙震、王聪聪:《91.3%受访者直言当前城市建设浪费现象较多》,《中国青年报》2012年9月25日。

④ 吴铁英:《老建筑 新生命——城市改造中的再生建筑》,《经济观察》2012年6月17日。

⑤ 《守护老建筑、旧街区的魅力》,《经济观察》2012年6月17日。

⑥ 刘儒庭:《罗马的古都保护》,《光明日报》2012年9月8日。

二、城市人口与城市经济

人口增长过快易引发大量的城市问题，但这一传统的"城市病"在中国近年来却出现了另一种景观：从焦虑人口快速增长到担忧未来劳动力减少，从人口数量规模的控制到城乡人口贫富差距、养老保障、延迟退休等内部结构的调整，在推进新型城镇化的历史性转折点上，城市人口控制与经济增长之间的新问题已经出现，并将对我国城市化产生更加深远和巨大的影响。

1. 城镇人口增速与考验

1.1 我国人口结构重心的城乡转换及困境

据国家统计局公布数据，2011 年我国大陆城镇人口达 69079 万人，占总人口比重为 51.27%，首次超过农村人口，由此迅速引起国外舆论高度关注。英国《金融时报》报道说，中国城镇人口首次超过农村是"历史性的人口里程碑"，英国和美国的城市人口分别在 1851 年和 1920 年超过农村人口。社会学家预测，到 2050 年，中国城镇人口比例可能达到 80%，约相当于美国 2012 年的水平。美国《华尔街日报》议论说，这意味着中国在过去 30 年中，基本走完了英国花 200 年、美国花 100 年和日本花 50 年走过的路。据麦肯锡咨询有限公司的预测，2030 年中国将有 10 亿城镇居民，20 年内中国城镇人口的增量将超过美国 3 亿多的总人口。国外媒体认为，现在中国的城市人口已多于农村人口，让西方又一次领教了中国式的发展速度。这标志着中国的一个转折点，会给中国社会带来新的压力。同时，中国城镇化的社会成本问题越来越明显，居住在城镇的 2.53 亿农村移民，无法享受或只能享受很少的公共服务。①

中国人口结构重心的城乡转换比人们预想的要来得更早更快，这一"千年未有之变局"，使人口结构的城市化成为中国迈向富裕文明的现代城市化国家的崭新起点。② 但另一方面，这一改变首先带来的是巨大挑战，现有的环境、资源、社会管理等都将面临沉重压力。一些地方低估了城市化的复杂性、艰巨性，将推进城市化建设简单化为以城市户口为标志，似乎解决了城市户口，农民就成了"城市居民"。但实际上，由于缺乏制度配套，一些农民虽然"生活在城市"，但却很难享受城市居民应有的待遇。有些尽管有了城市户口，但实际生活水平并未得到有效改善，甚至还不如从前，成了乡下没土地、城市缺立足之地的"半拉子市民"。③ 以先行一步的欧美、拉美、日韩等为例，城镇化比例不是越高越好，交通拥挤、就业困

① 邹志鹏、纪双城、郭西山、刘萌：《城镇人口超农村考验巨大中国》，《环球时报》2012 年 1 月 20 日。

② 王新亚：《如何看待"城镇人口首超农村"》，新华网 2012 年 1 月 22 日。

③ 朱永华：《中国城镇人口首超农村人口 考验城市管理者智慧》，《新华每日电讯》2011 年 12 月 21 日。

难、环境恶化等一系列“城市病”在中国逐渐显现。但在中国和印度这样的传统农业大国,城镇化的脚步无法停止,是这些国家由弱变强过程中的必经阶段。其中夹杂着不少需要拧干的“水分”也是自然的。[①]

1.2 人才资源与贡献率

城市发展需要充足的人力资源,对我国城市人才资源的重视,随着城市化的提速也进入了新的阶段。据我国首次进行的全口径人才资源统计,截至2010年年底,全国人才资源总量已达到1.2亿人,比2008年增加780万人,人才资源总量占人力资源总量的比重达到11.1%。每万名劳动力中研发人员达到33.6人,高技能人才占技能劳动者比例为25.6%,人力资本投资占国内生产总值比例达到12.0%,人才对经济增长的贡献率达到26.6%。2011年,留学回国人员总数为18.62万人,比上年增长38.08%。广东省人才总量已超过1500万人,深圳市的这一数字截至2011年年底是373万。[②]

人才贡献率作为一个国家或地区人才发展的主要指标,综合了“人才优先”、“高端引领”、“整体开发”、“以用为本”、“服务发展”等多种关于人才科学发展的核心内涵和本质意义,是一个体现人才发展的科学性、检验人才发展的总体水平的核心指标。2008年,我国开始着手编制《国家中长期人才发展规划纲要(2010—2020)》。《人才规划纲要》特别关注人才资源在经济增长和社会发展中的支撑作用和贡献度,即人才对经济发展作出了多大贡献?在每年的GDP中,人才的贡献占了多大份额?这一规划是我国人才理论的重大突破和创新,对人才工作科学化水平提升具有重大的推动性和导向性。[③] 具体表现为:(1)推动人力资本的优先投入。人才资本投资是人才贡献率的源泉。投资人才资本比投资资源资本、产业资本能获得更大的收益。人才资本可以让一个“新品”在一夜之间战胜一个畅销几十年的“名品”,就显示了投资人才资本的巨大经济效益。我国人力资本投资的力度与西方发达国家存在不小的差距。2010年,我国“人力资本投资占国内生产总值比例”是12.0%,规划2020年达到15%。但在2006年,美国为23.14%,法国为19.02%,德国为17.80%,新西兰为16.32%,英国为15.60%,日本为15.14%,澳大利亚为15.11%,意大利为14.47%,韩国为13.76%。相比之下,我国人力资本投资亟待大力加强。(2)推动人才资本的比例提升。要提升我国人才资本对经济增长的贡献率,必须使总人力资本存量中人才资本的比例越来越大。2010年我国主要劳动年龄人口受过高等教育的比例(与总人力资本存量中人

① 邹志鹏、纪双城、郭西山、刘萌:《城镇人口超农村考验巨大中国》,《环球时报》2012年1月20日。

② 易运文:《我国人才资源总量达1.2亿人》,《光明日报》2012年6月20日。

③ 罗旭:《人才贡献率26.6%意味着什么》,《光明日报》2012年5月23日。

才资本的比例是基本对应的)为12.5%,但2005年,同一指标美国为55.8%,日本为54.9%,加拿大为54.0%,英国为38.2%,澳大利亚为37.5%,法国为35.7%,德国为33.9%,意大利为32.6%,韩国为27.6%。(3)引导人才资本与物质资本的比例协调发展。研究表明,物质资本投入与人力资本投入的最佳比为1.8左右,经济增长就可以获得最高的增长率。大于此值,则会抑制人才资本对经济增长的贡献率。我国1978年这一比例为2.5,1988年为3.3,1998年为4.8,2008年为4.5,大大超过了最佳比。这要求我国及各地区在社会经济建设的财政投入中必须进行理性投资,加大人才资本的优先投资和积累,抑制物质资本的过大过快投入,以促进我国社会经济发展方式的转变,形成由注重物质资本驱动向物质资本和人力人才资本双向驱动的社会经济发展格局。①

1.3 人口与"城市病"

人口变量是诱发"城市病"的关键因素,主要表现为:

一是城市人口膨胀与贫困问题。联合国人口基金会发布的《2011年世界人口状况》称,截至2011年10月底世界人口已达到70亿,预计2050年将达到93亿,到本世纪末将突破100亿,甚至有可能达到150亿的"天文数字"。这份世界人口状况报告警示:人口的膨胀加剧了城市的贫困化隐患。从世界城市化、城市人口和城市贫困化现象的发展趋势看,未来20年,世界新增的城市人口将主要来自发展中国家的城市,绝大多数新增城市人口将来自贫困群体乃至于贫民窟。据联合国人口基金会发布的最新统计,2008年全球城市人口达到33亿,首次超过世界人口的一半,预计到2030年全球城市人口将达50亿,全球80%城市居民将居住在发展中国家的城市。从2000—2030年间,亚洲地区城市人口将从14亿增长到26亿,非洲地区将从2.94亿增长到7.42亿,拉丁美洲和加勒比地区将从3.94亿增长到6.09亿。由于全球城市迅速发展和城市人口急剧膨胀,许多国家特别是贫困国家城市贫民的大量增加和贫民窟问题日益突出,已成为当代世界面临的最严峻挑战之一。2012年,全球有近10亿人居住在城市条件恶劣的贫民窟中,相当于世界总人口的1/6,全球城市人口的1/3,预计到2020年,居住在城市贫民窟的人数将增至14亿。发展中国家约占世界城市贫民窟人数的90%,即便是在发达国家,也约有数百万人居住在类似贫民窟的环境中(联合国人类住区规划署早先公布的数字是5400万人)。城市贫困化带来了社会危机的诸多隐患,容易导致暴力冲突和犯罪蔓延等,对社会稳定形成巨大的压力。在减轻贫困方面,城镇化无疑是最重要的手段之一。发达国家经验表明,将人口从效率比较低的农业部门和农村中吸引到城市,是减轻贫困最直接的做法。但城镇化也有可能导致某些区域、

① 罗旭:《人才贡献率26.6%意味着什么》,《光明日报》2012年5月23日。

某些人群重新归于贫困。许多国家在城镇化过程中,贫富差距可能会因城镇化而加大,甚至持续相当长的时间。据统计,我国城市低保对象约 2300 万,如果包括流动人口,贫困人口将超过 3000 万,预计每年新增城市贫困人口不少于 80 万。[①]其中特别应该关注的是:(1) 在被统计为城镇人口的人群中,有大约 2 亿多农民工。他们的收入比从事相同劳动的其他城市居民要少 10% 至 40%。每年进入城市的农民工按 1000 万人计算,估计其中有 70% 至 80% 属于贫困人口。(2) 在城镇化过程中,与城镇化直接相关或间接相关的有些因素,使农村出现了新的贫困现象。全国农村现有约 2000 万留守老人,2000 万留守儿童,5800 万留守妇女。(3) 许多家庭因家中有人生大病、孩子上学、超生、结婚彩礼等,负债较重,导致重新返贫。(4) 在过去的城镇化过程中,生态环境破坏比较严重,自然灾害频发,也容易使一些人重新陷入贫困。[②]

二是城市人口的贫富差距问题。城市人口贫富差距悬殊是世界城市人口扩张中的普遍难题。在非洲和拉美及若干亚洲发展中国家,贫富分化问题也不少。世界上基尼系数最高的国家主要分布在拉美、非洲地区:海地 0.59,南非 0.57,博茨瓦纳 0.6,塞拉利昂 0.62,莱索托 0.63,纳米比亚 0.74。相对而言,发达国家的贫富分化问题解决得比较好,尤其是西欧、北欧、加拿大。英国、德国、日本、加拿大、希腊等国家的基尼系数均在 0.3—0.35 之间,荷兰、瑞典、芬兰等国家则在 0.3 以下。美国是发达国家里贫富分化最严重的国家。从总体上看,发达国家的基尼系数较低,发展中国家基尼系数较高。从世界范围来看,贫富分化问题解决得好与坏,与该国整体的发达程度具有正向的比例关系,越是发达的国家,在总体上贫富分化程度越低,越是落后的国家,贫富分化程度会越高。[③] 2010 年,中国家庭收入的基尼系数为 0.61,城镇家庭内部的基尼系数为 0.56,农村家庭内部的基尼系数为 0.60。[④] 之后尽管逐年回落,但依然高于国际公认的警戒线。这说明我国加快收入分配改革、缩小收入差距的紧迫性。隐藏在财富分配两极分化背后的不公问题,一旦激化,必将危及社会稳定。[⑤]

三是失业率和民工荒问题。调查数据显示,2011 年 7 月中国城镇整体失业率为 8.0%。据国家统计局 2010 年第六次全国人口普查的数据显示,2010 年我国城镇劳动力人口为 34624 万人,由此推断我国 2011 年 7 月失业人数超过 2770 万人。报告称,由于"下岗浪潮"带来的历史遗留问题,导致老年人失业率更高,51—55

① 《中国城市人口膨胀与贫困化问题致社会风险加剧》,中国新闻网 2012 年 3 月 12 日。
② 冯奎:《城镇化能减轻贫困也能加剧贫富对立》,凤凰网 2012 年 11 月 5 日。
③ 程美东、靳建芳:《理性看待中国当前的贫富分化问题》,《当代世界与社会主义》2012 年第 4 期。
④ 高晨:《报告称中国家庭基尼系数 0.61 贫富悬殊世所少见》,《京华时报》2012 年 12 月 10 日。
⑤ 王亚光:《基尼系数十年首发彰显中国缩小贫富差距决心》,新华网 2013 年 1 月 18 日。

岁劳动者失业率高达16.4%。另一方面,大学毕业生就业形势严峻,21—25岁的城镇劳动者中,大学及以上受教育程度的劳动者失业率为16.4%,远高于其他受教育程度的劳动者。就受高度关注的"农民工"群体来说,其整体失业率只有3.4%,大大低于城镇户籍劳动者的失业率,后者高达11.2%。同时,由于农村后续劳动力的供给有限,"民工荒"现象将持续存在。2012年7月,中国城镇失业率为8.05%,较2011年7月高出0.05个百分点,青年劳动者的失业率上升。①

四是青年过劳死、猝死问题。过劳死、猝死等已成为现代城市生活中挥之不去的阴影。一方面,近年来过劳死发病率直线上升,其中以男性人群居多,IT行业过劳死年龄最低,平均只有37.9岁。② 另一方面,我国每年死于心脏性猝死的人数近55万,平均每天有上千人猝死。猝死的原因最多见的是心血管系统和脑血管系统疾病,如心肌梗死、脑出血等。从2012年1月1日至5月15日,广西壮族自治区死于缺血性心脏病的人数达1973人,死于脑血管病的为2849人。专家指出,压力、不良生活方式是猝死的"元凶"。一份针对全国3万余名职场人的调查显示,职场人平均日工作时间为8.66小时,平均每天睡眠7.33小时,每周休闲时间为20.5小时。大部分职场人每周锻炼身体的时间甚至不到一小时。另外,心血管病伴随着焦虑抑郁,成为猝死的一个重要因素。③

五是老龄化和空巢养老问题严重。《2011年度中国老龄事业发展统计公报》显示,截至2011年年末,中国60岁及以上老年人口已达1.8499亿,比重为13.7%,65岁及以上老年人口达1.1883亿,占全球老年人口21.4%,居世界首位。④ 预计2013年老年人口将超过2亿,预计2013年至2033年,平均每年增加1000万老年人口,2033年突破4亿,2050年达到峰值4.83亿,比重高达34.1%,届时分别占亚洲老年人口的2/5和全球老年人口的1/4,比发达国家老年人口的总和还要多出1亿。与此同时,80岁以上高龄老人将由2100万增加到2050年的1.08亿,比重由11.4%提高到22.3%。高龄老人生活不能自理率达30%以上,90岁以上老人的生活不能自理率高达50%以上。我国未来的养老问题不容乐观。⑤

2. 城市富人与新生代农民工

2.1 我国城市中产阶级与富豪

中产阶级的崛起和大规模移民海外曾引起社会普遍的关注,也是近年来我国城市化进程中一个亟待解决的难题。2012年,国内中产阶级继续了此前的迅速增

---

① 高晨:《报告称中国家庭基尼系数0.61 贫富悬殊世所少见》,《京华时报》2012年12月10日。

② 《中国中青年猝死比率不断攀升 过劳压力大系主因》,央视网2012年5月5日。

③ 《数据显示我国每天上千人猝死 呈现年轻化趋势》,新华网2012年5月23日。

④ 孙自法:《中国城市与农村老人空巢率分别达49.7%和38.3%》,中国新闻网2012年9月22日。

⑤ 《我国人口老龄化进入急速发展期 60岁以上1.85亿》,《齐鲁晚报》2012年4月30日。

长势头。据 2012 年发布的研究报告《全球发展趋势 2030　相互联系的多中心世界中的公民》称，全球中产阶级将强势崛起，到 2030 年，80%—85% 的中国人将成为中产阶级。自 1980 年以来，中国人年收入增长 10 倍，仅过去 10 年中就增长了 4 倍。据估计，中国中产阶级超过 3 亿，占总人口的 25% 左右，占城市人口的 50%，以此推算，“2030 年 80%—85% 中国人将成中产阶级”。中国并没有官方的中产阶级标准，年收入在 1 万至 6 万美元之间的家庭被视为中产。事实上，中国人的收入可能远高于这个数字。专家指出，2008 年，中国真实的平均家庭收入可能比政府报告高出 90%。[①] 中产阶级家庭数量的猛增，有助于我国构建和谐社会，推动我国社会阶层结构从“哑铃型”走向“橄榄型”。[②]

在国内中产阶级家庭数量崛起的同时，富豪和“高净值人群”数量的增加等也成为社会普遍关注的问题。其特点表现为：(1) 富豪家庭增长的数量多、速度快。据美国波士顿咨询公司发布《全球财富报告》称，中国百万美元富豪家庭数量超 140 万户，排名第 3。648 个超级富豪家庭财产平均逾 1 亿美元，排名全球第 5。报告预计，到 2016 年，超级富豪家庭的财富增长 6.8%，达到 10.3 万亿。从 2011 年年底到 2016 年，中国的财富增长速度预计达到 15%，远远超过全球每年 4%—5% 的增长速度。在这一段时间里，中国将占全球财富增长的 35%，并仍将是全球百万富豪家庭排行中的第三大国。中国百万富豪家庭的数量还会继续增加。在超级富豪家庭榜中，中国拥有 648 户，排在第五，比去年多了 110 户，增长了 20%。[③] (2) 高净值人群数量增长迅猛。据《2012 年中国私人银行发展报告》称，中国高净值人群数量近年来迅猛增长，总量由 2006 年的 36.1 万人增长到 2011 年的 118.5 万人，预计在 2015 年将达到 219.3 万人。[④] 在《2012 中国高净值人群消费需求白皮书》中，“高净值人群”被定义为个人资产在 600 万元以上的人群。胡润研究院的调查显示，中国满足这一条件的人群为 270 万人，平均年龄为 39 岁，其中，个人资产达到亿元以上的高净值人群数量约 6.35 万人，平均年龄为 41 岁。[⑤] (3) 长三角是富豪和高净值人群最集中的地区。[⑥] 长三角地区千万资产富裕人士达到 34.6 万人，其中，亿万资产富裕人士共 20800 人，千万和亿万富豪人数分别占全国总数的三分之一，个人资产在 600 万元以上的高净值人群达到 93.8 万人。按照长三角地区现有人口 1.56 亿计算，长三角地区每 166 个人中有 1 个人拥有 100

① 安娜林·赛恩斯基、伊文：《中产家庭快速涌现》，《环球时报》2012 年 6 月 28 日。

② 黄蕾：《江苏约有 2000 万中产阶级 2030 年 85% 中国人将成中产》，《江南时报》2012 年 5 月 28 日。

③ 《美报告称中国 648 个家庭资产过亿美元 超级富豪年增 20%》，《新快报》2012 年 6 月 2 日。

④ 《富人的钱 谁来打理》，《中国经济周刊》2012 年 7 月 24 日。

⑤ 古晓宇：《报告称中国 270 万富人资产超 600 万 每年送礼 15 万》，《京华时报》2012 年 3 月 28 日。

⑥ 《富人的钱 谁来打理》，《中国经济周刊》2012 年 7 月 24 日。

万美元以上资产,每451个人中有1个是千万富翁,每7500个人中有1个是亿万富豪。长三角地区拥有财富20亿元以上的富豪也最多,有1000人。而国内20亿以上富豪仅为2500人。除了上海(财富在20亿元以上的53人)之外,长三角地区超级富豪最多的地区依次是杭州(20亿元以上的53人)、苏州(20亿元以上的30人)、宁波(20亿元以上的23人)、绍兴(20亿元以上的22人)、温州(20亿元以上的21人)和无锡(20亿元以上的20人)。(4)从富人的职业构成上看,长三角的千万富人主要分为四种类型:企业主,占50%;"炒房者",占15%;"职业股民"占20%;"金领",占15%。[①]

中国高净值人群经历了利用奢侈品品牌凸显社会地位的创富阶段,现已步入以低调、适用型的生活方式为主的守富阶段,并逐步向以投身公益慈善事业为代表的享富阶段过渡。其中守富阶段的主要特征为:适度消费,开始注重生活的品质、自身的身心修养及子女的内涵气质教育。[②] 这是我国富豪生活方式的一次重要转型。

2.2 富人移民

中国已成为世界上最大的移民输出国,约有4500万华人散居世界各地,流失的精英居世界首位,个人资产超过1亿元的大陆企业主中有27%已经移民,还有47%正在考虑移民。[③] 14%的千万富豪已移民或在申请移民,还有近一半的人在考虑移民。[④] 国内富豪大量移民,财富外流引发越来越多的关注和焦虑。[⑤] 中国富豪为何热衷于移民海外?业内人士指出,优质的教育水平、较高的社会福利和生活质量、完善公平的法制环境等,是中国富人向西方发达国家移民的主要原因。但新一批中国移民与以往不同,他们移民国外并不是为了经济机遇,而是为了生活质量,包括空气质量、食品安全及卫生条件等。[⑥] 另外,在世界金融危机的影响下,一些欧美国家为改变国内经济低迷、市场疲软的现状,纷纷出台了投资移民新政策,以吸引其他国家民间资金,带动本国经济。这在客观上促进了中国企业家的海外迁移。

如何理性看待富豪移民问题?一种观点认为,近年来出现的中坚阶层向外移民加速的情况,是国际间人员和资本流动的必然产物,是一种国际现象,中国的投资移民是全球投资移民的一部分,也是我国国力上升的表现。尽管富人多数想移

① 薛蓓:《江苏600万以上富人近20万 每451人中有1个是千万富翁》,《扬子晚报》2012年5月30。
② 古晓宇:《报告称中国270万富人资产超600万 每年送礼15万》,《京华时报》2012年3月28日。
③ 《大企业主三成已移民五成正考虑 央视:不必批判》,央视网2012年11月21日。
④ 《专家称富人移民不移居 资产转移国外再回国赚钱》,《中国新闻周刊》2012年11月6日。
⑤ 李莎:《媒体称中国移民财富每年超8成流入美加澳》,《法制晚报》2012年2月13日。
⑥ 朱晓磊译:《美媒:大量中国富人想移民海外过幸福生活》,环球网2012年11月2日。

民,但至少从相关媒体的报道看,富人移民并不等同于资金外流,有三分之二的人是把钱通过其他的名义和新的渠道再投资到中国大陆。① 另一种观点则认为,很多富人采取的移民方式都是投资移民,必然会从中国带走一部分资产,且移民后他们在中国的所得也将继续转移到国外。靠着政策红利先富起来的中国人,不仅没有带动后富,还把在中国赚的钱大部分拿到国外消费,正在掏空中国的财富。更重要的是,富豪资金外流,只是中国经济出现问题的一个信号,意味着中国的实体经济滑坡,如果这个形势蔓延下去,带来的就不仅仅是资本外流,还可能造成经济发展问题、金融问题和社会问题。

大量的资本外流必然对中国实体经济造成不良影响,防范财富大规模流出刻不容缓。专家建议:(1) 在中央层面进行改革,改革的重点部分在于立法,通过立法切实保障民营企业主的财产权和人身权,为民营企业营造公平、公正的竞争环境,消除移民企业家的顾虑。(2) 通过对偷税、漏税、骗贷等违法犯罪行为严加惩罚,形成遵纪守法的氛围。(3) 打破垄断,建立制度保障的经济自由、产权自由和流动自由等,让更多的要素流动起来,扩大对内开放,通过制度安排让市场真正发挥其在配置社会资源的作用,提高经济效率,降低中国整体宏观税负,构建有益于民间投资的经济生态体系,创造财富并把财富留住。② 总之,没有必要用道德批判去看待企业家的移民,而是要通过改善环境,让企业家心甘情愿地留在中国。

2.3 新生代农民工的困境与城镇化路径

新生代农民工是一个特殊的社会群体,探索解决新生代农民工问题的对策措施,引导其健康发展,逐步融入城市社会,对推进我国工业化、城镇化具有特别意义。新生代农民工一般是指 20 世纪 80 年代后出生的农民工。从主要特征上看,新生代农民工户籍在农村,而就业、生活在城镇。从数量上看,2011 年全国外出进城农民工达 15863 万人,其中新生代农民工估计超过 1 亿人,新生代农民工正在成为农民工大军的主体力量。

从出生成长环境看,新生代农民工大体由四部分组成:一是传统农村家庭子女;二是农村留守家庭子女;三是务工流动人口子女;四是务工定居人口子女。基于生长背景环境的变化。与上一代农民工相比,新生代农民工具有四个显著特征:(1) 新生代农民工大多数从来没有种过地,对土地没有父辈那样的感情,对农村没有父辈那样的依恋,不想再回到农村。(2) 新生代农民工大多数受教育程度较高,获取外部信息的方式更现代化,对城市生活更加向往和认同。(3) 新生代农民工大多数是为了寻求更好发展机会而外出务工,职业期望值较高,而工作忍

① 李莎:《媒体称中国移民财富每年超 8 成流入美加澳》,《法制晚报》2012 年 2 月 13 日。

② 《专家称富人移民不移居 资产转移国外再回国赚钱》,《中国新闻周刊》2012 年 11 月 6 日。

耐力和吃苦精神远不及父辈。(4) 新生代农民工比之父辈心理平衡度较差,对现有生活状况和公平、平等状况不满足,维权意识更为强烈。

新生代农民工渴望融入城市生活,但在现实中他们面临着大量难题:(1) 稳定就业面临困难,“频繁跳槽、漂泊不定”现象比较普遍,不利于构建和谐劳动关系。据统计测算,2010 年新生代农民工中,只有 20% 在城市稳定就业,近 80% 处于不稳定状态。(2) 权益维护面临困难,“渠道不畅、群体性失语”现象比较明显,容易诱发法外维权。(3) 精神文化生活面临困难,“婚恋不顺、文化生活匮乏”现象比较严重,不利于形成积极乐观的文化心态。据农研中心调查,70% 多的新生代农民工没有结婚,这与 80% 已成家的传统农民工形成了鲜明的对比。(4) 发展上升面临困难,“前途迷茫、焦虑无奈”情绪比较突出,技能培训和职业发展指导明显不足。(5) 社会归属面临困难,“拔根农村”比较彻底、“扎根城市”力不从心,群体身份认同开始出现。新生代农民工回不到农村,融不进城市,城乡两不靠。

让新生代农民工市民化,是我国推进新型城镇化一项重要内容。专家指出,新生代农民工城镇化的路径主要有:(1) 大力扶持劳动密集型二、三产业和中小企业发展,广泛开辟新生代农民工就业、创业渠道。(2) 加强职业教育和培训,着力提高新生代农民工的就业创业技能和整体素质。(3) 推进城乡联动改革,切实保障新生代农民工的各项基本权益。(4) 丰富新生代农民工的文化生活,统筹加强对新生代农民工的人文关怀。(5) 创新社会管理体制机制,积极畅通新生代农民工成才、上升的通道。① (6) 建立健全覆盖农民工的社会保障体系,扎实提升农民工市民化的保障力。(7) 推进统筹城乡财政体制改革,切实强化农民工市民化的主导力。(8) 建立适应农民工市民化的农村集体经济管理模式,积极激活农民工市民化的助推力。(9) 以小城镇发展为导向合理控制市民化的规模和布局,有力保障农民工市民化的可持续发展力。大力发展小城镇,引导农民工转户到中小城镇,缓解大城市尤其是省会大城市的扩容压力。② 总之,既要通过深化户籍制度改革和城市管理体制改革解决农民工城镇化、市民化问题,还要注重消除长期以来形成的农民工与市民心理上的隔膜,让新生代农民真正融入城镇生活。

3. 世界人口与经济

3.1 世界人口遭遇低生育率

2011 年世界人口超过 70 亿,媒体争相报道“人口时钟走得太快”。然而,从人口学界的最新研究进展来看,这种舆论并不能反映全世界人口发展的现实,因为当前的世界人口增长速度比几十年前大为减缓,同时世界人口格局的地区差异日

---

① 韩长赋:《新生代农民工社会融合是个重大问题》,《光明日报》2012 年 3 月 16 日。
② 任丽娟:《积极探索农民工市民化的有效路径》,《光明日报》2012 年 5 月 16 日。

益加大，虽然部分地区的人口保持了较快增长速度，但另一些地区却面临着难以逆转的负增长。发达国家的生育率下降并没有在达到理想更替水平时结束，而是继续下降。2012 年发达国家的总和生育率只有 1.6。这种趋势已开始向很多发展中国家蔓延。低生育水平成为一个新的世界性问题，经典的人口转变理论并不适用于解释当今世界的低生育率现象。美国是社会经济高度发展的超级大国，但其生育率多年来一直保持在更替水平线上，只是最近两年才略低于更替水平。在这条低生育人口带上，东亚国家或地区排在世界低生育率的前列。与"儒家文化鼓励生育"、东亚国家生育率高的印象不同，这些国家出现了广泛的低生育率现象。[①]

3.2 印度与中国："只生两个"与"可否生两个"

在经历了从高生育率到低生育率的转变之后，我国人口的主要矛盾不再是增长过快，而是人口红利消失、临近超低生育率水平、人口老龄化、出生性别比失调等。《人口形势的变化和人口政策的调整》报告对此提出，我国应实施"生育自主、倡导节制、素质优先、全面发展"的新人口政策，在近期生育政策的调整方案应该是，在全国分步实施放开"二孩"。第一步，在城市地区和严格执行一孩政策的农村地区放开二胎；第二步，到 2015 年，在实行"一孩半"（即有的地区第一胎为女孩的夫妇可以生二胎）政策的地区放开二胎，实现全国全面放开二胎的目标。[②]

此前，已有专家指出，应尽快放开夫妻一方为独生子女可生二胎的政策。中国人民大学原校长纪宝成曾建议采取放开二胎、严禁三胎的生育政策，即提倡生一个，允许生两个，不许生三个。计划生育政策放开的主要理由是，过去几年中，中国的总和生育率是 1.4，低于通常所说的低生育水平——总和生育率达到 1.8。国际上普遍认为 2.1 的生育率是比较合适的，就此而言，中国现在放开来生也不会高于 1.8，更不会高于 2.1。也就是说，即使放宽了生育限制，未来中国也不会再有过高的出生率。[③] 但关键在于，中国国情和西方有很大不同，至于放开生二胎会不会导致国内人口暴增，还是一个需要慎重对待和深入研究的问题。

三、资源环境的挑战与城市应对

城市发展与资源环境密不可分，良性的城市化进程应尽量减少对环境的破坏，反之，建立在对资源环境恶性损耗基础上的城市化，注定是不可持续的。

---

① 郭志刚：《你不知道的世界人口变化》，《光明日报》2012 年 11 月 4 日。

② 刘世昕：《智库建议 2015 年全面放开二胎 人口政策亟待转向》，人民网 2012 年 11 月 1 日。

③ 刘璞、石小磊、仇惠栋：《人口专家建议夫妻一方为独生子女可生二胎》，《扬子晚报》2012 年 3 月 8 日。

1. 自然环境恶化与城市应对

1.1 极端气候困扰世界

无论是已迈入都市化进程的西方发达国家,还是快速城市化的亚非拉国家,都消耗了大量自然资源,甚至是以恶性损耗的方式换取城市发展。据世界气象组织发布的《世界气候状况年度临时声明》称:2012 年全球各地频现极端气候事件,北半球尤为明显,主要表现为:(1) 极寒。在欧亚大陆,极寒成了许多国家的噩梦。持续不断的低温雨雪天气引发了交通瘫痪、电力供应中断、供暖供电供气受影响,百年难遇的极端低温现象袭击了整个欧洲和亚洲的北部地区。截至 2012 年 3 月份,由于西伯利亚高压气团阻碍了暖空气西进,导致欧洲地区温度骤降,寒流已造成 600 余人死亡。(2) 热浪。2012 年上半年成为美国本土历年来最热的半年。热浪在威斯康星州和伊利诺伊州造成高速公路路面严重变形,马里兰州铁路轨道扭曲,飞机跑道甚至熔化。同时,整个 2012 年也成为自 1895 年美国有记录以来最热的一年。(3) 洪水。2012 年 7 月 21 日,北京城遭遇特大暴雨,暴雨级别最高上升到橙色,全市平均降雨量 164 毫米,为 61 年以来最大。北京经济损失近百亿元,造成 77 人遇难。此次百年不遇的特大暴雨的原因之一是城市化导致的热岛效应,即城市发展改变了城市的下垫面,地面热力比原先大,导致城区气温难以回落,水汽无法流失。(4) 干旱。旱情主要集中在美国、俄罗斯、巴西、澳洲和中国等地。2012 年第一季度,云南全省共有 112 个气象监测站点出现干旱,占全省总站数的 90%,重度以上干旱占到全省总站数的 55%。云南部分地区已连续 3 年发生严重干旱,专家认为,季节性干旱、大气环流异常和近三年降水持续偏少共同导致了旱情。纵观 2012 年的极端气候,除了自然原因,人为因素不容忽视。尽管科学家一再呼吁保护环境,但人们却没有尽早采取切实有效的行动。极端气候警醒人们,在城市化进程中,唯有节约能源、提高能效,减排温室气体,同时保护森林,多管齐下,一切才可能会改变。①

在探索如何更好地适应气候变化问题上,英国曼彻斯特大学研究人员提出"生态城市计划"。该计划对大曼彻斯特郡进行了跟踪研究,发现近年气候有较大变化,如气温持续升高、季节性降雨量受到影响等。专家表示,英国工业应及早寻找应对气候变化的出路,这不仅是出于社会、环境因素,也是出于商业原因。而独立自主地开发技术、研发产品解决本国气候难题至关重要。学者预计,在不久的将来,全球气温将整体上升 4 摄氏度。气候变化对城市健康发展构成了极大的威胁,提升了城市遭遇如风暴、洪灾等极端气候事件的可能性。为应对气候变化,缓解气候问题对城市健康发展造成的负面影响,应该做到:(1) 及早预防干旱、洪涝造成的巨大经济损失;(2) 保护弱势群体、完善社区建设。在应对气候变化时尤

① 徐冰:《盘点 2012 年极端天气气候事件》,中国科技网 2012 年 12 月 28 日。

其要关注老人、贫困人群等弱势群体，由于个人健康、居住环境等问题，这些人群极易成为主要的气候受灾群体；(3) 加强基础设施建设，从交通运输、公共设施、数据维护、大众服务、绿化等方面展开规划，有效应对持续恶化的气候问题。①

1.2 城市水资源贫乏

水资源是城市发展的生命之源。然而，当前城市水资源供应情况却陷入贫乏困境。全世界的淡水资源仅占其总水量的 2.5%，其中 70% 以上被冻结在南极和北极的冰盖中，加上难以利用的高山冰川和永冻积雪，有 87% 的淡水资源无法为人类所用。人类真正能够利用的淡水资源是江河湖泊和地下水中的一部分，约占地球总水量的 0.26%。2012 年 3 月，联合国发布的《不稳定及风险情况下的水资源管理》报告显示，需求日益增长、快速城市化和气候变化，给全球水资源供应造成了越来越大的压力，各国必须从根本上改变管理水资源的思路，以应对复杂形势。这主要表现在：(1) 到 2015 年，世界发展中地区 86% 的人口将获得相对安全的饮用水，但距离联合国制定 88% 的千年目标还有一定距离，届时将仍有近 10 亿人口无法获得安全饮用水。(2) 卫生基础设施发展落后于城市人口增速，全球约 80% 的废水仍未能得到收集和处理。(3) 农业用水已占淡水使用的 70%，但预计到本世纪中叶，全球食品需求将增加 70%，食品生产扩大使全球农业用水需求至少增加 19%。在过去 50 年中，地下水抽取量已增加两倍。由于部分储水层的地下水无法更新，在这些地方抽取地下水已到了危险的临界低水平。同时，受气候变化影响，降雨模式、土壤湿度、冰川融化与水流都将发生变化，地下水资源也将发生变化。到 2030 年，气候变化将强烈影响到亚洲和非洲南部粮食生产。到 2070 年，欧洲中欧和南部将面临水资源短缺压力，受影响人口将达 4400 万。报告强调，水资源压力将进一步扩大各国、一国各地区和各部门之间的不均衡，负担最终将落在贫困人口身上。水资源管理由于长期缺乏资金，已难以开展必需的调整。对此，一方面，各国政府应将水资源列为发展规划中心议题，将改善水资源管理、加大基础设施投资提上议事日程。另一方面，由于淡水使用并不符合可持续发展的要求，准确信息仍然缺失，管理依旧零散，未来水资源管理将出现不确定性，实现联合国千年发展目标需国际社会共同作出响应。②

近年来，我国城市水资源短缺状况十分严重，尤其是城市化水平高的沿海地区，研究显示，我国 11 个沿海省(自治区、直辖市)所辖的 52 个沿海城市中，极度缺水 18 个、重度缺水 10 个、中度缺水 9 个、轻度缺水 9 个，近 90% 的城市存在不

① 《城市发展要考虑气候因素》，《中国社会科学报》2012 年 5 月 18 日。

② 李明：《联合国称城市化和气候变化给地球水资源加压》，新华网 2012 年 3 月 13 日。

同程度缺水问题。水资源已成为制约沿海地区经济社会可持续发展的重要瓶颈。[①] 就全国城市而言,也存在严重的水源匮乏问题。具体表现在:(1) 我国人均水资源量只有2100立方米,为世界人均水平的28%,比人均耕地占比还要低12个百分点;(2) 水资源供需矛盾突出,全国年平均缺水量500多亿立方米,三分之二的城市缺水,农村有近3亿人口饮水不安全;(3) 水资源利用方式比较粗放,农田灌溉水有效利用系数仅为0.50,与世界先进水平0.7—0.8有较大差距;(4) 不少地方水资源过度开发,黄河流域开发利用程度达到76%,淮河流域达到53%,海河流域则超过了100%,已超过承载能力并引发一系列生态环境问题;(5) 水体污染严重,水功能区水质达标率为46%。中国大约3亿人得不到安全的饮用水,导致每年约6.6万人死亡。为解决城市水资源匮乏问题,2012年,国务院发布《关于实行最严格水资源管理制度的意见》,明确提出了"三条红线",实施"四项制度"。"三条红线":一是确立水资源开发利用控制红线,到2030年全国用水总量控制在7000亿立方米以内。二是确立用水效率控制红线,到2030年用水效率达到或接近世界先进水平,万元工业增加值用水量降低到40立方米以下,农田灌溉水有效利用系数提高到0.6以上。三是确立水功能区限制纳污红线,到2030年主要污染物入河湖总量控制在水功能区纳污能力范围之内,水功能区水质达标率提高到95%以上。"四项制度":一是用水总量控制制度;二是用水效率控制制度;三是水功能区限制纳污制度;四是水资源管理责任和考核制度。[②] 其实,改变用水习惯,才是解决问题最有效的办法。[③]

1.3 水污染挑战城市生存

作为发展中国家的代表,中国正经历着世界上前所未有的快速城市化进程,资源消耗与环境污染问题日益严重。"南方有水皆污,北方有河皆干"比较真实地反映了我国水污染的现状。[④] 城市的自来水取水主要有两种途径:一是从大江大河直接调水,二是依靠大型水库进行供给。监察部的统计显示,近几年我国水污染事故每年都在1700起以上。在全国城镇中,饮用水源地水质不安全涉及人口为1.4亿人。水质不合格水源地的类型主要集中在河道型和地下水源地,涉及人口近80%。不合格的地下水水源地主要集中在长江以北地区,不合格的河道型水源地主要集中在南方地区。我国南方重点饮用水水源地有毒有机化合物污染重于北方。有关部门对118个城市连续监测数据显示,约有64%的城市地下水遭受严重污染,33%的地下水受到轻度污染,基本清洁的城市地下水只占3%。中国地

① 马力、李禹潼:《近90%沿海城市缺水》,《新京报》2012年12月27日。

② 《中国人均水资源为世界人均水平28% 2/3城市缺水》,中国新闻网2012年2月16日。

③ 吉米、陈一:《水资源问题有待解决》,《环球时报》2012年11月26日。

④ 《环保部官员:南方有水皆污 北方有河皆干》,《第一财经日报》2012年5月10日。

下水污染已到了不得不正视、不能不从根本上加以治理的时候了。[①]

水污染带来的经济损失巨大。据世界银行估计,水污染给中国带来了 220 亿美元的损失[②],还直接威胁人的饮用水安全。在主要以长江水作为生命之源的江苏省,随着东部产业转移,上游沿岸新建化工园区,黄金水道危险品运输量加大,污水下排,饮用水源的安全形势日趋严重。[③] 具体表现为:(1) 经济发展冲动、企业生产过程中"粗放式"发展模式,导致了严重的资源与环境问题。由于工业化进程快,全省总体水质从上世纪七八十年代开始逐年变差。到"十五"末,达到三类河水的河流不到 20%。2007 年无锡太湖水危机是一个突出案例。(2) 饮用水源地分布特点与工业布局不合理,使突发性水污染事件引发的饮用水安全问题频率呈逐年上升之势。由于我国长期以来工业布局,特别是化工石化企业布局不合理,众多工业企业分布在江河湖库附近,造成水源水污染事故隐患难以根除。地方政府在上项目时很少会考虑到保护水源地,一般都会等到水源地无法取水时,才开始考虑相关问题。(3) 城市人口规模增长和居民收入提高,增加了生活能源消耗,加重环境污染。(4) 城市空间扩张,对城市的资源和环境造成负面影响。由于城市空间结构从"职住合一"向"职住分离"演变,大量交通出行需求随之产生。(5) 国际资本流入所造成的潜在环境威胁,中国内地已成为国际污染企业的"污染天堂"。[④]

中国城市化与城市经济增长能否走出环境污染的怪圈,实现人口、资源、环境协调的可持续发展?对此应努力做到:(1) 多种水源调度,落实管理及工程技术措施,提高饮用水安全系数,加强战略性的应急预案。(2) 在国家层面上,建立各相关部门协调一致的饮用水安全应急机制,尽早完善我国突发性水污染事件的应急体系。[⑤] (3) 要求城市公开污染数据,推进城市健康发展。调查显示,东部和中西部地区在污染透明度方面的差距相当明显且持续扩大。大多数公众无法从地方政府获得污染信息。[⑥] 当然,再严格的制度,只写在纸上就等于零,必须要落实到实际行动中,否则,水污染将演变成整个民族的灾难。

1.4 首都圈地震监测网

在世界范围内,地震始终是困扰城市的恶魔。为了尽可能减少地震引发的人员、财产损失,许多国家加强了首都圈地震监测网,这对我国加强首都圈地震监测

① 《传山东等多地企业用高压泵向地下排放致命性污水》,中国网 2013 年 2 月 17 日。
② 吉米、陈一:《水资源问题有待解决》,《环球时报》2012 年 11 月 26 日。
③ 赖臻、朱旭东:《中国城市水资源调查》,《中国日报》2012 年 2 月 14 日。
④ 郑思齐、孙聪:《从国际比较看中国城市环境》,《中国社会科学报》2012 年 11 月 5 日。
⑤ 赖臻、朱旭东:《中国城市水资源调查》,《中国日报》2012 年 2 月 14 日。
⑥ 《港媒:内地各城市躲避公布污染数据》,《环球时报》2012 年 1 月 21 日。

提供了范本。

日本和美国首都圈地震监测的经验警示我们，有必要加强首都圈地震监测。中国首都北京常住人口超过2000万，人口密集，交通拥堵，一旦发生超预期强震对人员疏散极为不利。北京发生破坏性地震的可能性较高，超过全国平均水平，20世纪发生过多次6级以下地震。自1976年唐山地震后，北京的房屋设施建设就按照8度设防。国内只有极少数城市的抗震水平超过北京。过去30多年来，国家对首都圈的地震设防给予高度重视。首都圈拥有全国最密集的地震监测台网。北京建有测震、前兆及流动观测等监测站点400多个，首都圈发生地震可在1~2分钟内给出初步结果，5~8分钟内给出准确速报信息。[①] 研究表明，在破坏性地震波到达前2秒获得警报，死亡人数能减少25%，提前5秒，死亡人数能减少80%。同时，在后期的救援、伤员治疗方面费用将大大减少。[②] 不过，北京的地震应急预案还需要进一步完善。具体是：(1) 把"首都圈"区域内的强震发生断层找出来，在今后规划建设居民区及重要工程时，尽量避开断层。(2) 开展首都圈临震预警系统的研发。在地震发生前，距离震中1公里至2公里范围内存在磁暴现象。如在机关、学校甚至家庭使用地磁预警，并联网进行监测，就可以在地震发生前几分钟至几小时提出预警。(3) 提高全民的防灾减灾意识。北京已建成地震应急避难场所33处，可容纳160万市民应急避险，但很多居民不知道附近有避难场所。此外，首都圈还应频繁地进行防灾演习。[③] 在当前世界科技无法做到精确预报地震的背景下，加强对人口稠密城市圈的预警防范，最大限度地减少自然灾害的损失，是我国预防地震行之有效的办法。

1.5 中国城市环境面临十大挑战

《中国城市发展报告(2012)》蓝皮书指出，面对以城市型社会为主体的城市时代的悄然到来，传统的以高消耗、高排放、高扩张、低效率为特征的粗放外延发展模式难以为继，现有城市在规划建设、管理体制、环境质量、公共服务、社会和谐和安全等方面并不适应城市时代，亟待加快发展转型和空间重构。中国城市环境正在遭遇的挑战主要表现为：(1) 高资源消耗模式难以持续。城市快速扩张造成土地资源消耗过快，土地城镇化快于人口城镇化，重量不重质的建设模式难以持续；城市水资源供需矛盾突出；城市能源消耗急剧上升，城镇人均生活能耗是农村人均水平的1.54倍；城镇单位建筑面积耗能是农村地区的4.52倍。据IEA预测，2015年中国城市能耗将占全国的79%，到2030年将提高到83%。(2) 环境生态

---

① 段聪聪：《中国首都圈密布地震监测网》，《环球时报》2012年6月2日。

② 周迪迪：《成都启建中国首个城市地震预警系统》，中国新闻网2012年7月11日。

③ 段聪聪：《中国首都圈密布地震监测网》，《环球时报》2012年6月2日。

压力日渐加大。中国有 2/3 的城市空气质量不达标;全国城市水质为较差级和极差级的监测点占 57.2%;2/3 的大中城市陷入垃圾包围之中;城市自然植被覆盖较低,城市绿地占城市建设用地比重仅为 10%;城市地下水过度开采,地面加速沉降等。(3) 城市经济持续动力不足。城市经济增长主要建立在资源、投资和劳动力高投入,以及工资、地价等要素低成本的基础上,产业发展处于全球价值链低端,城市间低水平同质竞争突出,经济增长过度依赖投资拉动,创新驱动力严重不足,发展成果共享机制不完善,非包容性突出。1991 年至 2010 年,中国 GDP 年均增长 10.5%,国家财政收入年均增长 18.2%;但城镇居民人均可支配收入只增长 8.2%,农民人均纯收入只增长 5.8%。(4) 城市规划建设特色缺失。城市规划的经济指向强烈,理念贫乏,人文关怀缺失,生活和生态空间狭小;城市用地规模盲目扩张,城市土地成为生财工具而非人居善地。规划建设不切实际,贪大求全,全国有 180 多个城市提出要建设"国际化大都市";城市文化特色缺失,"千城一面";大拆大建,自然遗产被破坏。(5) 城市管理矛盾丛生。"重建设、轻管理"现象严重,城市管理综合执法改革停滞不前;城市扩张和改造中拆迁问题突出,全国因征地而形成的失地农民高达 4000 多万人。城市管理与居民生活需求的矛盾日益尖锐,甚至引发了激烈的社会群体事件。(6) 城市公共服务相对滞后。城市公共服务供给严重不足,价格较高,覆盖面有限,分布不均。住房、教育、医疗已成为压在城市居民身上的新"三座大山"。(7) 交通拥堵问题愈演愈烈。中国城市上班族平均通勤时间全球领先,比世界平均水平高出 31.7%,比加拿大和美国高出近 1 倍。全国约 2/3 的城市在高峰时段出现拥堵,北京、上海、天津、沈阳、西安、成都等平均通勤(往返)时间超过 1 小时。(8) 城市居民亚健康问题突出。城市上班族处于亚健康状态的员工占比高达 48%,北京达到 75.3%;城市白领亚健康比例达 76%,处于过劳状态的接近 60%,真正意义上的"健康人"比例不到 3%。(9) 城市社会呈现分化迹象。城市贫困问题日益突出,2010 年全国城镇居民家庭年总收入低于 2 万元的贫困人口近 3500 万人,低于 2.5 万元的低收入人口达 6500 多万人。城市不同阶层消费差异持续扩大,城市居住分异现象逐渐加剧。(10) 城市安全问题不容忽视。城市内部分布了大量从事危险、有毒生产的行业,生产安全事故频发;城市灾害应急能力弱,防灾减灾体系不完善,市民自救意识不强;食品安全问题越演越烈,苏丹红、三聚氰胺、瘦肉精、地沟油等事件令人触目惊心。[①] 如此多的环境问题纠结缠绕,我国未来城市化建设道路面临严峻考验。

① 阚枫:《2012 年城市蓝皮书:中国城市发展面临十大挑战》,中新网 2012 年 8 月 15 日。

2. 城市空间的再生产

2.1 城市消极空间的再生产

消极空间是城市不同发展阶段遗留下来的，不仅造成了城市空间利用效率的低下，也使以城市空间为载体的社会空间消极化，并深刻地影响着城市环境的舒适性和宜人性，不同程度地损害着城市的空间品质和城市景观。认识城市消极空间的潜力与价值，并在创造性的城市设计指导下持续地加以开发利用，理应被纳入现代城市规划与设计之中。

英国建筑师特里·法雷尔提出“可持续的建筑必须始于可持续的城市设计”，说明了城市空间开发应充分挖掘城市的消极空间。底特律战神广场公园和华盛顿运河公园，是城市消极空间开发的成功范本。绿色开放空间是城市的一种稀缺资源，在城市中心衰退时，通过在中心地带内建造公园广场吸引人群、营造公共生活，成为一种促使城市中心区复兴的策略。2001 年，美国底特律市长宣布在中心区建造一个公园，希望成为“世界上最好的公共空间”，这就是底特律市中心的战神广场公园(Campus Martiuspark)。美国华盛顿运河公园的运作和设计，充分体现了融小空间设计于城市整体架构的理念。这两个城市空间设计的成功表明，城市消极空间的存在，既是城市空间变化发展中的遗留问题，也是城市空间发展更新的契机。消极空间的积极转化，不仅是城市空间形态的有益补充，而且可以成为城市景观创新的契机。[①]

2.2 “天空树”与城市空间

与我国许多城市拥有丰富的自然资源不同，日本一向被认为是自然资源相对匮乏的国家，但从 1958 年东京塔的建成到 2012 年“天空树”的落地，展示了日本在空间开发和利用上的成功经验。“天空树”最初是为了改善东京市内高楼林立而造成的电波传输障碍而建。“天空树”建在一个三角形的底座上，呈圆柱形，随着高度上升，塔身逐渐变细，顶端呈圆球形，充满浓郁的和式风格。其附属的大型综合商业设施“天空之城”东西长约 400 米，占地约 3.69 公顷，集饮食、娱乐、休闲和购物于一体，除了设有 312 家商铺、巨型水族馆、星空影城和天文馆，还将建成 4 个广场和 1 个公共活动区。日本媒体乐观预计，“天空树”的每年访问人数将多达 3200 万人，有望超过年接待 2500 万人的东京迪斯尼乐园，成为东京最有魅力的新景点。在寸土寸金的东京，这样的“全方位”与“大规模”，带给日本人前所未有的商业感受。“天空树”的运营公司还十分注重“溢出效应”。从公共交通来看，唯一连接成田机场与“天空树”所在车站的京成电铁，每年可增收 6 亿日元。“天空树”运营公司还主动出售品牌商标的使用权，以鼓励有关商品的不断问世。象征“天

① 刘晓惠、张越：《城市消极空间的开发与再造》，《城市问题》2011 年 6 期。

空树"高度的"634"已成为商家的吉祥数字,从餐馆的塔形点心、面馆的特制拉面,到美容院美容项目等,各种商品蜂拥而出。"天空树"引发的热潮说明了营销策略的成功,体现了日本人追求"第一"的民族情结。调查显示,近六成的受访者为日本的建筑技术感到自豪,认为这是日本主动追赶世界高度的一次挑战,值得自豪。日本经历了经济高速成长到泡沫崩溃、通缩滞胀的变化,地标建筑物无疑反映了时代社会心理的变迁。[①]

如何尽可能地在有限的城市空间创造新的空间,也是国内城市积极探讨的。其中。杭州的屋顶绿化经验值得推广。2012 年,在杭州召开的世界屋顶绿化大会探索解决拥挤、耗能、污染重等"城市病",被称为"屋顶绿化的奥运会"。屋顶绿化指脱离地面的绿化,包括在建筑、桥梁、露台、天台、阳台、大型人工假山山体上进行造园,种植树木花卉等。近年来杭州实施的空中花园、立交桥特殊空间绿化工作,取得了突出的成绩。万象城空中花园、时代广场屋顶绿化,证明了在寸土寸金的市中心,要想拥有更多的绿色,屋顶绿化是最好的解决之道。而且,屋顶绿化大大改变城市污染的现状,提高城市生态利用率。在已有建筑做屋顶草坪,能有效利用屋顶进行绿化,在公园形成立体绿化,可提高生态自净能力、让植物和水吸纳降解 PM2.5。专家指出,如果一个城市的屋顶绿化能达到 70%,这个城市的热岛效应和 PM2.5 问题就基本可以化解。[②] 在 PM2.5"爆表"引发社会普遍关注的背景下,杭州屋顶绿化值得其他城市学习。

2.3 中国城市的"湿地文明"

作为城市中有生命力的生态基础设施,城市湿地不仅是城市绿地系统的重要构建者,也是城市生态环境最重要的调节者之一。城市湿地指城市及周边地区被浅水或暂时性积水所覆盖的低地。占地面积约 10.08 平方千米的杭州西溪国家湿地公园,是国内唯一的集城市湿地、农耕湿地、文化湿地于一体的国家湿地公园,已成为杭州一张与西湖并列的华丽名片。早在 2004 年,国务院办公厅发布《关于加强湿地保护管理的通知》,抢救性地加强全国湿地的保护。我国先后批准设立 45 个国家城市湿地公园,规划面积 4 万余公顷,分布于 20 省区市的 43 个城市。建设湿地公园不仅有效保护了城市湿地生态系统的生态特性和基本功能,美化了城市环境,还为所在城市发展提供了新的经济和社会发展动力。[③] 湿地保护,正在改善许多城市的面貌和软实力,受到越来越多的重视。2012 年,国内多个城市建成湿地公园,如贵阳市小车河湿地公园、西安灞桥生态湿地公园。苏州新增

---

① 吴宇桢:《"天空树"让日本重新沸腾》,《文汇报》2012 年 6 月 7 日。

② 蒋萍、吴禄婵:《屋顶绿化:突破土地资源制约》,《文汇报》2012 年 10 月 26 日。

③ 董山峰、陈恒:《中国城市:你有"湿地文明"吗?》,《光明日报》2012 年 11 月 27 日。

恢复湿地面积9750亩,湿地保护面积累计达41.5万亩,自然湿地保护率提高到26.3%,全市累计建成市级以上的湿地公园18个,其中国家级4个、省级5个、市级9个,成为江苏拥有湿地公园数量最多的城市,实现年生态总价值401.6亿元。[①] 城市湿地公园像散落在各地的"生态枢纽",成为当地重要的生态基础设施和休闲场所。[②]

但我国城市距离"湿地文明"依然遥远,在湿地保护中存在一些不容忽视的问题:(1) 公众保护意识薄弱。全社会对"湿地"概念比较陌生,对湿地结构、功能和效益了解不全面,对湿地的价值、功能和重要性缺乏认识。(2)"建设性破坏"造成湿地减少。一方面,在干旱地区开挖人工湖泊,造成水资源的巨大浪费和生态环境的破坏。另一方面,在城市湿地的建设中,一些河道、湖泊被大面积硬质驳岸代替,出现"二面光"或"三面光"的水利工程建造模式。近40年来,城镇化程度较高的沿海地区累计丧失的湿地已相当于全部沿海湿地的50%。(3) 污染正成为湿地的另一个现实威胁,大量污水和废水未经处理排入河湖湿地,加之大量农药、化肥残留物等,造成湿地生态环境不断恶化。(4) 随着生态旅游的发展,湿地面临的旅游压力越来越大。主要河流、湖泊几乎都遭遇了不同程度的旅游开发。一些地方不断在湖泊、河流周边地区兴建宾馆、游乐场所。(5) 目前还没有一部像森林、海洋那样的湿地保护专项法律,即使零散见于其他法律中关于湿地的条文,也未能有效发挥作用。[③] 对此专家建议,湿地保护与恢复要保障湿地生态廊道的畅通,提高城市湿地的生态功能,尤其要把握好城市湿地保护与经济社会可持续发展、城市湿地保护与城市生态安全的关系。[④]

四、交通与城市文明

1 城市交通规划与管理

1.1 史上最严"新交规"

在治理城市交通问题上,主张猛药治痼疾的声音一直不断。2012年,被称为史上最严"新交规"的出台,体现了国家治理城市交通的决心。2012年12月,公安部称修订后的《机动车驾驶证申领和使用规定》(公安部令第123号)于2013年1月1日起正式施行。规定涉及机动车驾驶人考试、驾驶证日常管理、交通违法行为记分等多项内容变化。此次"新交规"的主要变化在于:(1) 小车驾考重实用,突出实际技能。新规定对小型汽车考试项目、考试内容进行了调整。增加了安全

---

① 吕晓华:《2012苏州一年恢复湿地近万亩》,《城市商报》2013年2月3日。

② 王庆、彭林:《保护湿地尽展城市风韵》,《中国建设报》2012年11月16日。

③ 董山峰、陈恒:《中国城市:你有"湿地文明"吗?》,《光明日报》2012年11月27日。

④ 王庆、彭林:《保护湿地尽展城市风韵》,《中国建设报》2012年11月16日。

文明驾驶常识、重点考核安全文明驾驶要求、恶劣气象和复杂道路条件下的安全驾驶知识，以及爆胎、交通事故后相关处置知识。(2) 大中型客货车驾驶审验更严，实行降级管理。新规定加强对大中型客货车驾驶人的日常教育管理，并建立审验教育和降级制度，有醉驾等不良记录的驾驶人终身不能申请大中型客货车驾驶证。据统计，全国现有大中型客货车驾驶人6208万人，占全部驾驶人的24.24%。2011年，大中型客货车驾驶人有违法记分的1408万人，占全部有违法记分驾驶人的42.5%；全年27起一次死亡10人以上的特大事故中，有24起是在山区等复杂路况和恶劣天气条件下发生的，占81.5%；14起是由于驾驶人在紧急情况下采取措施不当造成的，占51.9%；21起是由大中型客货车驾驶人肇事引起的，占77.8%。(3) 细化驾驶人实习期管理，提高"新手"的驾驶技能。我国驾驶人以平均每年2000多万人的速度快速增长，1年以下驾龄的实习期驾驶人肇事比率较高，大中型客货车驾驶人交通违法较为突出。(4) 提高交通违法行为记分分值。高速公路违法记分更为严格。故意遮挡、污损、不按规定安装机动车号牌、闯红灯、驾驶营运客车在高速公路车道内停车、未取得校车资格驾驶校车等主观故意明显、潜在后果严重的交通违法行为记分分值提高，面临更为严厉的处罚。(5) 缩短等候时间，进一步便民利民。将驾驶证补换领、审验和小型汽车驾驶证考试等业务向县级车辆管理所下放；将申领大型货车驾驶证的年龄条件由21岁放宽至20岁；将驾驶准考证明有效期由2年延长至3年；推行互联网、电话等远程自助预约驾驶人考试服务；(6) 零容忍，有吸毒史人员申领驾驶证限制多。新规定进一步细化了吸毒人员申领驾驶证的限制条件。①

"新交规"的出台，被社会寄望为托起马路文明，为"中国式出行"破题，展现"中国式"标签正能量。专家指出，交通出行存在"蝴蝶效应"，一个人不遵守交通规则就会引起更大范围的拥堵，在道路资源日趋紧张的今天应严厉整治。新交规对闯红灯等行为加重处罚，将在很大程度上起到警示和震慑作用。据统计，我国每年发生二三十起一次死亡10人以上的恶性交通事故，其中90%以上是由于机动车驾驶人的违法行为造成的。近五年来，中国每年平均新增机动车1600多万辆，新增驾驶人2000多万人，相当于1991年全国机动车和驾驶人保有量。我国正在跑步进入汽车社会，驾驶人的文明意识、安全意识没有跟上，在交通问题日益严重的今天，颁布更加严厉的交通法规有利于提升驾驶人的规则意识、安全意识，改善交通状况。②

1.2 节假日交通免收费新政

国庆节、春节等重要假日免收通行费的重要措施，一度成为2012年最引人关

① 《机动车驾驶证新规明年1月1日实施 6大变化突出安全》，人民网2012年12月27日。

② 韩元俊：《网友期待新交规为"中国式出行"破题》，新华网2012年12月27日。

注的交通举措。数据显示,全世界收费公路14万公里,其中有10万公里在中国。我国95%的高速公路、61%的一级公路均为收费公路。在全面取消公路收费难以实现的情况下,关于节假日收费公路免通行费的呼声日渐高涨。2012年8月,中国交通运输部发出通知,从本年国庆节假日开始,今后每年国务院办公厅文件确定的春节、清明节、劳动节、国庆节及其连休日期间,在收费公路上行驶的7座及以下小型客车将免费通行。[①] 值得注意的是,“双节”首日,各地不断传来高速公路拥堵的报道,主要原因在于:一是节假日客流量太大。不仅是高速公路,2012年罕见的8天长假带动了各个线路的客流增长,交通部预计全国道路客运量日均发送量较去年同期增长8.9%。二是随着经济的发展,家用轿车的增加,道路交通压力在所难免,特别是一些新手上路,违章驾驶普遍,成为高速拥堵的直接原因。交通部的监测显示,交通事故占全部公路阻断事件的80%,成为路网运行压力较大的重要原因。从全国看,堵车只是局部路段,大部分畅通无阻;从整个长假看,堵车的时间主要集中首尾各半天,大部分时间私家车主们可轻松出行。[②]

事实上,节假日免通行费体现了公共基础设施的公益性,是实实在在的惠民举措,仅此一项一年可让利于民上百亿元。同时,免通行费可有效缓解交通拥堵问题。当然,从长远看,取消所有公路收费才是广大群众的终极愿望。但“不积跬步,无以至千里”,免费通行的梦想只能在现实中不断磨合、前行。一方面,全国收费公路债务总余额为2.32万亿元,35%的国家高速公路网尚未建成,一些主要运输通道拥堵现象普遍,急需扩容改造,公路建设每年需投入资金超过1万亿元,仍要依靠“贷款修路,收费还贷”政策来筹措资金。另一方面,当前收费公路中相当一部分属于经营性公路,如何处理存量经营性公路也是一个问题。随着国家经济实力的日益增强,政府将有能力逐步减免收费,推动公路回归公益。重大节假日免收通行费迈出了第一步[③]。对于这道“民生大餐”,除了管理部门要用心落实好之外,舆论也应给予更多的包容。[④] 同时,享受免费服务的民众也应自觉遵守交规,文明出行。

2. 交通基础设施建设与低碳交通

2.1 上海建设国际交通枢纽

2012年,上海市出台《上海市加快国际航运中心建设“十二五”规划》,这是上海国际航运中心建设的首个专项五年规划。规划明确,到2015年,上海要基本实现货物、船舶、企业、资金、人才、信息、技术等航运要素与资源集聚,初步具备全球

---

① 齐中熙:《交通运输部:今年国庆节假日起小客车免收通行费》,新华网2012年8月8日。
② 袁军宝、邓卫华:《高速拥堵不能一股脑儿怪“免费”》,新华网2012年10月2日。
③ 张遇哲:《公路免收通行费需“积跬步以至公益”》,光明网2012年8月3日。
④ 袁军宝、邓卫华:《高速拥堵不能一股脑儿怪“免费”》,新华网2012年10月2日。

航运资源配置能力，形成国际航运中心核心功能。“十二五”期末要达到的七大具体目标是：(1) 国际航运业务方面，上海港货物年吞吐量要保持在6.5亿吨左右，集装箱吞吐量继续位居世界前列；在上海登记注册的国际航运船舶达到400艘，合计达1000万总吨。(2) 现代航运服务体系方面，在上海达成的二手船舶交易金额力争突破100亿元/年；航运经纪公司在沪注册数量达到50家以上，船舶管理公司达到160家以上；培育5—10家服务网络覆盖全国乃至全球的航运服务代理企业；船员劳务年输出量突破1万人。(3) 航运金融方面，国际航运结算的便利化水平有较大提高，航运融资、航运保险和航运衍生品交易规模在国际市场占比和影响力显著提高。(4) 综合试验区发展方面，争取出台一批符合产业发展需求的航运支持政策，使综合试验区成为具有国际竞争力的航运政策先行先试的示范基地。(5) 集疏运体系方面，集装箱水水中转比重达到45%，提高铁路集疏运比重；主要基地航空公司形成以上海为核心枢纽的中枢运营网络，在上海运送的中转旅客比例达到20%以上。(6) 邮轮产业方面，力争实现5艘至8艘邮轮以上海为母港基地，邮轮母港旅客年发送能力达到30万至50万人次，出入境邮轮及邮轮旅客分别实现500艘次与100万至120万人次的规模。(7) 航运人才和文化建设方面，基本确立能够覆盖整个航运产业链的人才队伍结构；打造上海特色的航海文化，与地方文化、产业经济、旅游资源等有机整合。[①]

2.2 低碳交通

交通排放是温室气体的主要来源，2009年，交通能耗已占我国总能耗的20%，交通运输成为能耗增长最快的部门之一。城市交通密集，排放量大，应成为发展低碳交通的重点。为减缓全球气候变暖的趋势，有必要加强交通领域的节能减排。在建设低碳交通运输体系上，我国已出台了一系列措施。例如，建立并严格实行营运车辆燃料消耗量准入制度；严格实行客运运力调控政策；加快推进电子不停车收费系统建设；严格执行交通固定资产投资项目节能评估审查制度。在交通运输节能减排制度体系建设上，修订了《中华人民共和国节约能源法》，将交通运输节能纳入调整范围；修订了《载货汽车运行燃料消耗量》、《载客汽车运行燃料消耗量》等20余项公路水路节能减排相关的国家标准和行业标准。但我国交通运输节能减排工作仍然严峻，原因在于：(1) 旧的土地利用结构不利于城市低碳交通发展。很多城市的土地利用结构都是功能集中式的结构，旧城区人口密度较大，不利于发展低碳交通。(2) 发展城市低碳交通的投入不足。2010年，我国城市公共交通业完成固定资产投资2360.7亿元，占全国交通运输业固定资产投资总额的8.5%，大中城市对公交企业新建公交设施的财政补贴率一般不足10%，财

① 顾一琼、唐玮婕：《2015年航空旅客吞吐量破亿》，《文汇报》2012年5月25日。

政投入不足，导致城市公交企业经营困难。作为典型低碳交通工具的地铁平均每公里造价高达7亿至8亿元，多数地方受财力限制，难以大规模建设地铁。(3) 城市低碳公交设施建设不够。我国城市公共交通密度不够，使用不便利，城市公交出行分担率不足10%，特大城市也仅有20%左右，此外，特大城市近年来公交出行比例平均下降了约6个百分点，而欧洲、日本、南美等地区大城市公交出行比例达到40%—60%。(4) 城市交通信息不发达。2012年，国内仅有北京等10余个城市建立公用交通信息平台，且功能单一，未与其余系统连成网络，与国外日本的VICS、欧盟的RDS/TMC、美国的511、伦敦的出行门户网站等成功的交通信息平台相比，还有较大差距。①

城市低碳交通发展的国际经验主要是：(1) 分散城市中心，采用交通友好型的土地利用模式。法国巴黎通过新的城市中心拉德芳斯区的建设，调整城市结构与功能，将旧城区部分人流、车流分解出去，取得了较好的效果。拉德芳斯区已成为欧洲最具影响力的城市副中心，工作、居住人口超过20万人，占旧城区人口的10%。便捷的交通系统使新区市民就近出行，减少了碳排放。(2) 利用税收、补贴等政策引导城市低碳消费。德国于2009年颁布了新机动车税制体系，鼓励淘汰老旧汽车，根据汽车的排量大小实行不同的税收；日本从2001年开始对购买私人汽车提供"绿色补贴"，实行"绿色税收"。(3) 提高城市公共交通系统的覆盖密度。(4) 增加信息交流，使各类交通方式在高效运行和无缝衔接中减少碳排放。(5) 设立城市交通——低碳排放区。② 按照交通运输部确定的"十二五"节能减排的主要指标，到2015年，营运车辆和营运船舶单位运输周转量能耗分别下降10%左右和15%左右，港口生产单位吞吐量综合能耗下降8%左右；营运车辆和营运船舶单位运输周转量二氧化碳排放分别下降11%左右和16%左右，港口生产单位吞吐量二氧化碳排放下降10%左右。③

2.3 低碳交通的焦作经验

近年来，许多城市在探索低碳交通方面积累了一定的经验，其中河南省焦作市值得关注。焦作市地处河南省西北部，是以高新科技、重化工、能源为主的工业城市和山水旅游城市，城市机动化不仅造成了该市交通拥堵及大气环境的严重污染，也造成了因机动车停放而使各种公共空间被挤压、景观环境质量急剧下降的现状，交通问题演变为城市生存环境退化的首要难题。为此，专家为焦作发展低碳交通设计了基本框架：(1) 制定发展低碳交通的政策措施。政府尽快出台《城

① 《借鉴国际经验发展我国城市低碳交通》，《中国经济时报》2012年12月31日。
② 《借鉴国际经验发展我国城市低碳交通》，《中国经济时报》2012年12月31日。
③ 李琳：《交通运输部部长：中国将加快建设低碳交通运输体系》，人民网2012年6月11日。

市综合交通规划》及《城市公共交通专项规划》,将城市公共交通系统规划纳入到城市总体规划,甚至市域总体规划,实现公交城乡一体化。同时,学习借鉴国内外先进经验,以法律法规形式约束高消耗、高排放、高污染等行为;制定推广使用绿色汽车、减少公务用车的政策措施;通过政府直接投入、财政补贴、贷款贴息、税收优惠、奖惩等措施,引导消费倾向,支持低碳交通的发展。(2) 实施以公交为导向的城市发展策略。首先,进一步确立公共交通在土地配置、投资安排等方面的优先地位,完善公交主干网络,提高公交线网密度及站点覆盖率,提高公交的可达性。其次,革新管理手段。利用高科技手段使公交调度准确及时,减少乘客候车时间;加大对占用公交专用道行为的处罚力度,实现公交相对于其他交通方式的快速化,吸引更多的居民选择公交出行方式。再次,加强对老线路的改造,提高既有线路的服务能力和水平。在民主路与建设路、人民路与塔南路等几个超负荷的交叉路口,可规划修建立交桥、地下通道或过街天桥。(3) 控制私家车过快增长。政府可通过强制性的法律法规及行政命令,增加私家车在市区内的出行成本,促使市民少购或缓购私家车。(4) 发展绿色智能交通。首先,大力加强高效环保的交通运输技术的研究和推广,推进清洁能源车辆的使用,充分发挥其在碳减排上的示范效应。其次,安装车载信息系统,收集、处理和共享各类交通信息,提高交通状况的可预测性,缓解交通堵塞及停车压力。(5) 改善步行和自行车出行环境。首先,设立自行车、步行专道,用显著标志标示,并用隔离桩与机动车隔离,保证安全畅通。同时,加强对侵占人行步道、自行车道行为的管理,建设一批步行和自行车交通示范街区。其次,通过道路铺装及绿化装点等改善步行、自行车出行环境,提高城市空间的环境品质,减少机动车及各种道路噪声干扰的强度。①

3. 汽车工业与城市空间

3.1 中国汽车产销量再创新高

自 2011 年开始,中国本土汽车品牌受到影响,整个行业的销量增速从 2009 年的 46% 、2010 年的 32% 下跌至 2.5% ,给车商们拉响了警笛。② 但 2012 年,全国汽车产销分别为 1927.18 万辆和 1930.64 万辆,同比增长了 4.6% 和 4.3% ,比上年同期分别提高 3.8 个百分点和 1.9 个百分点,增速稳中有进。仅 12 月汽车产销分别为 178.49 万辆和 180.99 万辆,环比分别增长 1.34% 和 1.05% ,同比分别增长 5.49% 和 7.12% 。2012 年汽车整车出口量成功突破 100 万辆,达到 105.61 万辆。③ 可知这个汽车工业已进入总量较高的平稳发展阶段。

---

① 孙红霞:《关于焦作市低碳交通建设的问题》,《城市问题》2011 年第 6 期。

② 白水德彦、易水荟:《中国新问题:汽车滞销》,《环球时报》2012 年 7 月 27 日。

③ 陈志杰、刘晓静:《中国汽车产销量创新高 连续四年全球第一》,《南方日报》2013 年 1 月 12 日。

庞大的汽车产销量,预示着我国已悄然进入"汽车社会"。但城市交通基础建设与经济活动脱节情况并没有显著改变。在全球通勤状况最恶劣的三个城市中,北京在2010年度的调查中占据了首位;在2011年度的调查中,原本第二名的墨西哥城赶超北京,上升到了首位。但这并不意味着中国城市交通状况有了好转,在2010年并不醒目的深圳,在2011年达到了与北京相同的痛苦程度。IBM的年度调查内容涉及通勤时间、交通耗时、油价、通勤压力、交通状况导致的愤怒情绪、交通状况对工作的影响等十个方面。调查显示,多数受访者认为,在过去三年中交通状况变差了。一些重要的国际城市则表现出惊人的二分倾向:通勤情况似乎比上一年好些,但司机的压力与受挫感却增强了。在许多城市中,因通勤而产生负面情绪的人数有了明显的增长,受访者认为道路交通增加了个人压力和愤怒,并影响了他们的工作和学习。69%的受访者认为交通或多或少地对他们的身体产生了负面影响,42%的受访者感到压力的增长,35%的受访者变得易怒了。这些城市的大多数受访者(超过全球平均人数很多)都认为交通对他们的身心健康、生产力等都产生了负面影响,其中,深圳87%、北京86%、新德里70%、内罗毕61%的受访者,都认为交通是他们工作学习的主要抑制因素。在中国和印度,由交通状况引发的呼吸道疾病日趋严重。①

3.2 经济杠杆助城市跳出交通堵局

交通拥堵是一个社会问题,也是一个经济问题、管理问题。政府治理交通,除了对交通秩序和交通参与各方的管理,最重要的是对市民交通需求的有效管理。香港对于私家车不限购、不限行。新加坡的做法是"保、限、控","保"是保证出行便利。新加坡公交地铁系统发达、舒适、便利。"限"是设置购车门槛。一张拥车证约合人民币35万元。"控"是管理出行需求。分时分段收取拥堵费,控制拥堵地区的车辆数。说到底,新加坡和香港的做法是在保证公交系统发达的前提下,利用经济杠杆管理人们的交通需求。对此,专家呼吁利用经济杠杆"限制"不合理的购车需求和用车需求。②

2012年发布的《北京市"十二五"时期交通发展建设规划》表明,北京将出台拥堵收费管理政策及相应配套措施,并重点建设交通拥堵收费管理系统、拥堵收费监测评价系统等。专家表示,经济手段对于缓解交通拥堵作用明显。从世界大城市的经验看,实施部分区域收取"拥堵费"、结合治理大气污染收取"排污费"等,都值得北京借鉴。研究表明,因交通拥堵和管理问题,中国15座城市每天损失近10亿元财富。随着人口继续膨胀和机动车增长,2015年至2020年期间,北京的交

---

① 包亚明:《城市交通与"汽车社会"的来临》,《文汇报》2012年9月24日。

② 王永:《人们对北京交通已很不耐烦》,《环球时报》2012年12月7日。

通需求将接近规划路网最大容量,如不采取措施,届时交通拥堵将呈“灾难性”状态,整个路网的平均速度将低于15公里/小时,拥堵指数达到0.95。在此背景下下,收取拥堵费就成为终极的交通需求管理措施。中国工程院院士钟南山曾表示,收取交通拥堵费是一种行政干预手段,但长期来看对缓解交通拥堵是有效的。此外,汽车尾气是造成PM2.5的最大元凶,收取拥堵费对减少汽车出行数量有促进作用。如果道路拥堵费的收取方案一旦实施,将可大大改善北京的道路交通环境及城市空气质量。①

作为同样饱受交通困扰的大都市,上海交通部门表示暂不会采取此种政策,认为首要的缓解措施是大力发展公共交通。② 包括上海在内的一些城市推行征收交通拥堵费的条件尚不成熟。原因在于:(1) 交通拥堵费是使用者付费,但与国外不同,国内有大量公车消费,必然存在可以报销的情况,会使政策实施效果打折扣;(2) 通过收费改善交通拥堵,前提是要有发达便利的公共交通,没有可替代出行方式,则无异于“缘木求鱼”;(3) 国内公民的守法意识还不够强,收费政策实施不到位将造成更加混乱的局面,征收拥堵费的运行和执法成本会非常高。(4) 上海的公共交通体系还没有达到充分的便捷、安全、畅达。同时,上海在治理交通拥堵方面还有单行道、尾号限行等政策。其实,缓解城市交通压力,除了需要发达的“硬”设施,还要有精细的“软”管理。在国外,对每一条车道的使用,每一个道路交叉口甚至每一座公交车站的位置,都会进行专门的交通设计和评估。因此,要缓解城市交通拥堵问题,国内城市除了要重视交通设施、经济政策的作用,更应在交通运行设计和组织管理上下工夫。③ 经济杠杆的作用无需置疑,但对于不同的城市,不一定是最优选择。

4. 空中拥堵时代来临

4.1 空中拥堵,多是人为

航班延误已成为世界性的话题,其背后是迅猛增长的空中交通流量。北京首都国际机场完成扩建仅3年,旅客吞吐量就再度逼近设计容量。在欧洲,很多机场也正在迈向承载极限。而这一切将面临更严峻的挑战——预计到2030年,全球空中交通量是今天的两倍到三倍,每天有13.7万个航班在空中飞行,仅在中国,每年乘坐民航客机者将达到10亿人次。《2011年民航行业统计公报》显示,2011年,我国除台港澳外的内地运输机场共完成起降架次597.97万架次,每天起降超过1.6万架次。2008年,T3航站楼的落成,使首都国际机场的年设计吞吐量

① 《北京将出台拥堵收费政策 专家称可改善交通拥堵》,央视网2012年8月22日。

② 郑莹莹:《上海暂不收取交通拥堵费 大力发展公共交通治堵》,中国广播网2012年8月22日。

③ 刘锟:《治理交通拥堵上海有“弹药”》,《解放日报》2012年8月26日。

达8200万人次，但仅仅3年之后，首都国际机场的实际旅客吞吐量已达7900万人次，濒临饱和。由于机场上空交通繁忙，加之跑道占用、停机坪延误等原因，每天都有很多飞机不得不在机场上空盘旋，排队等待进场。①

国内航班延误事件为何频频发生？民航部门表示人为因素更突出。2011年的航班延误，航空公司原因占比近40%，流量原因占27%，其他原因包括天气、机场改扩建等。航班延误与城市拥堵一样，一方面是运行主体急剧增加与交通资源相对有限的矛盾，另一方面则是社会需求旺盛与管理运营滞后的矛盾。航班延误背后，也有空域管理不科学的问题，比如一些航路使用效率不高，一些航空公司虚占航线，航班放行联动机制缺失，都加剧了空中拥堵、增加了航班延误。更重要的还在于航空公司自身的问题。无论是民航局的调研结果，还是公众的普遍感受，一些航空公司运营水平不高、服务质量不够，人为放大了航空延误频率，也恶化了乘客对航班延误的心理感受。②

4.2　空中拥堵拷问航空服务品质

2012年8月5日，昆明长水国际机场遭遇雷雨天气，导致多个航班延误，引发数十人闯入机场停机坪这一过激行为。2012年11月29日，奥凯航空公司由昆明飞往长沙的BK2798航班延误，导致106名旅客滞留昆明长水国际机场候机大厅拒绝登机，期间有少数旅客甚至殴打工作人员。③

对于此类事件，业内人士指出，改进航班延误后续服务是避免冲突的关键。调查显示，有76.5%的消费者遇到过航班延误。而在航班延误后，很多航空公司不能提前或及时告知相关信息，不能采取快捷、有效的后续服务及赔偿，使49.5%的消费者对航班延误后的服务不满意，表示满意的消费者仅占16.8%。“提高航班正点率”和“改进航班延误后续服务”是消费者认为航空服务水平最应提高的方面。为避免消费纠纷，航空服务部门应做到：(1) 重视消费者的知情权，及时履行告知义务。航班延误或取消时，承运人应迅速及时将航班延误或取消等信息通知旅客，做好解释工作。调查显示，49.7%的消费者是在候机时才被告知航班延误或取消的，25%是在机场办理手续时得知，有20.2%是在登机后得知，仅有3.2%的消费者是在前往机场前得到告知。因此，航空公司需要进一步改进航班延误提醒服务，有义务对飞机晚点的原因做出详尽、真实的说明和充分解释。航空公司解释航班延误的原因，最常用的是天气和航空管制，达到了92.2%，但对此有32.5%的消费者不相信。(2) 尊重消费者的求偿权，提高理赔主动性。航班延误

① 邢宇皓：《空中拥堵如何解困》，《光明日报》2012年6月20日。
② 李力言：《航班延误拷问航空品质》，《京华时报》2012年7月22日。
③ 肖涵：《2012年长水机场的3次航班延误事件》，《云南法制报》2013年1月7日。

会给部分消费者带来实际经济损失。调查发现,被访者中只有 6.5% 的消费者曾获得航班延误损失赔偿。其中 38.4% 是航空公司主动进行赔偿的,47.5% 是与航空公司协商后得到赔偿的,8.1% 是向民航局或消协投诉后得到赔偿的。但得到赔偿的消费者对航班延误损失赔偿的满意程度并不高。因此,对于因飞机晚点造成的损失,航空公司应简化手续,积极主动赔偿乘客损失。(3) 改进服务,加强沟通,有效化解消费纠纷。国外航空公司航班正常率在 80% 左右。一旦遭遇航班延误,提供满足需求的服务是应对航班延误、化解矛盾的基本对策。调查发现,当遇到航班延误时,79.6% 的消费者最希望得到的服务是"尽早告知"和"协助改乘"。因此,航空公司应该在提高航班正点率的同时,完善航班延误后续服务机制,及时回应乘客的合理维权诉求,多角度、全方位提升航空服务水平,有效化解航班延误矛盾。① (4) 使用大型客机"提高运力"、"降低流量",改建机场"扩容"、新建机场"分流"。中国航空市场 1300 条航线中的 200 条承担着三分之二的客流负荷;全国 15% 的机场年客流量占客流总量的四分之三。在机场容量、空域容量和人力资源均呈现短缺的情况下,使用宽体客机是一个有效的手段。另外,内地现有机场 180 个,其中 53 个年吞吐量超过 100 万人次。在"十二五"期间,我国将新建机场 70 个,改扩建机场 101 个。②

五、城市公共社会建设与管理

卢梭曾说,房屋只构成镇,市民才构成城。对于一个城市而言,必须首先吸引人群和各种组织,否则城市就没有生命。③ 城市的发展既需要全体市民的共同努力,也意味着城市管理者必须重视市民的公共空间建设。

1 城市化的公共制度问题

1.1 城乡户籍制度艰难破冰

国家发展和改革委员会研究报告指出,我国外出农民工规模超过 1.59 亿,但由于没有城镇户籍,绝大多数不能享受相应的基本保障和公共服务。如何突破体制障碍,让农民工真正融入城市,已成为我国城镇化无法回避的问题。影响城镇化战略推进面临的体制障碍有:(1) 现行城乡二元户籍制度严重阻碍人口市民化进程,户籍制度及附着在户籍之上的各种福利制度极大地限制了农民工市民化。(2) 多层垂直管理的城镇行政体制,跨行政区的城市群合作协调机制缺乏,也影

① 刘冬荟、孙海明:《天气和航空管制成航班延误万能借口 乘客吐槽》,《半岛都市报》2012 年 11 月 19 日。

② 邢宇皓:《空中拥堵如何解困》,《光明日报》2012 年 6 月 20 日。

③ 〔美〕刘易斯·芒福德:《城市发展史——起源、演变和前景》,宋俊岭、倪文彦译,中国建筑工业出版社 2005 年版,第 88 页。

响着城镇化的健康发展。(3) 农村土地制度改革滞后,削弱了农民进城落户的能力。在现行《土地管理法》下,农民从农地征用中获得补偿的上限是土地农业产值的30倍,不能从农地征用的巨大增值收益中获益,在客观上降低了失地农民进城安家落户的经济能力。①

从20世纪90年代以来,户籍制度改革一直在进行,从国家层面到地方都有探索,2012年,打破城乡二元户籍制度的呼声尤其强烈。国办发布《关于积极稳妥推进户籍管理制度改革的通知》,成为我国户籍制度艰难破冰的推手。根据该通知:(1) 在县级市市区、县人民政府驻地镇和其他建制镇有合法稳定职业并有合法稳定住所(含租赁)的人员,本人及其共同居住生活的配偶、未婚子女、父母,可在当地申请登记常住户口。(2) 在设区的市(不含直辖市、副省级市和其他大城市)有合法稳定职业满三年并有合法稳定住所(含租赁)同时按照国家规定参加社会保险达到一定年限的人员,本人及其共同居住生活的配偶、未婚子女、父母,可在当地申请登记常住户口。(3) 继续合理控制直辖市、副省级市和其他大城市人口规模,进一步完善并落实好现行城市落户政策。对社会普遍关注的农民工落户北京的政策,国家将积极探索建立优秀农民工在京落户制度,为符合条件的外地户籍优秀农民工办理在京落户手续。专家解读指出:(1) 首次放开地级市户籍值得肯定。这次在特大城市、大城市、中等城市和小城市的体系之中,放开了设区的市,说明政策又往高处进了一步。(2) 通知对直辖市和副省级城市特大城市没有放宽,仍是如以往的政策一般进行比较严格的限制,从这个角度来讲,户籍制度改革还有很大的空间。(3) 新政并非户籍政策的根本突破。该通知是在原来户籍体制框架下的发展,接纳了更多的农民进城,但敞开大门的主要是中小城市。② 尽管城乡户籍制度改革尚不完美,但毕竟迈出了坚实的一大步。

1.2 收入分配改革

中国人的收入在世界上处于什么水平?联合国国际劳工组织对全球72个国家和地区的人均月收入做的统计结果显示,这些国家和地区的人均月收入是1480美元、约合人民币9327元。其中,中国员工的月平均工资为656美元、约合人民币4134元,位列所调查76个国家的第57位。一个国家的人均收入水平,是衡量其经济水平的指标之一,就此而言,中国比世界平均水平差了一半。但是,这个数字很难全面判断中国人的收入水平在世界上的状况。经济学家指出,全世界都面临着劳动者收入增加比较缓慢的问题,收入是反映居民生活质量的一个指标。收入越高说明个人支配的资源也就越多,劳动者相应的会感觉到生活水平有所提高,

① 《发改委报告:户籍制度严重阻碍我国市民化进程》,南方新闻网2012年12月9日。

② 孙乾:《户籍改革实行分类迁移政策 直辖市继续控制人口》,《京华时报》2012年2月24日。

但这跟一个国家其他方面的发展是密切相关的。并不是说收入水平高了,生活水平就一定好,这还与整个国家的发展和个人分配之间的关系密切相关。[①]

工资收入分配制度不仅直接决定每个劳动者的经济利益,还体现整个国家社会财富分配是否公平与合理,对此,专家呼吁尽快推出收入分配方案改革和以公益性为目标调整国有资本配置。此前,我国收入分配改革方案一拖再拖。2012年2月,国务院发布《关于深化收入分配制度改革的若干意见》,共分七个部分:(1)充分认识深化收入分配制度改革的重要性和艰巨性;(2)准确把握深化收入分配制度改革的总体要求和主要目标;(3)继续完善初次分配机制;(4)加快健全再分配调节机制;(5)建立健全促进农民收入较快增长的长效机制;(6)推动形成公开透明、公正合理的收入分配秩序;(7)加强深化收入分配制度改革的组织领导。[②] 这些措施对于我国工资分配制度的进一步完善,无疑会发挥直接的推动作用。但是,未来中国经济如果不能从过度依赖投资和出口、过度依赖第一第二产业转型到更多依赖民间消费,收入倍增计划实现起来就很可能搁浅。所以,经济结构转型、经济增长方式转型能否成功,是中国老百姓收入能否倍增的前提。[③]

1.3 养老金"空账"

中国社会正面临着老龄化加速逼近,社会保障不够完善、相关产业未成规模、失能老人生存堪忧的严峻现实。社会养老保险一直被看做是退休后收入的最重要支柱,但据报道,2013年全国养老金缺口将达到18.3万亿元。2011年城镇基本养老保险个人账户记账额为2.5万亿左右,而实账部分仅为2703亿元左右,"空账"达到2.25万亿。

对此专家指出,这是我国社会保险制度必须承担的转轨成本的一部分。我国城镇职工基本养老保险施行的仍是上世纪90年代确立的"统账结合"制度,基本养老保险由社会统筹和个人账户两部分组成。社会统筹部分由单位负担缴费,为单位职工工资总额的20%,个人账户则由职工个人缴费,为个人工资的8%。前者"现收现付",用于支付已退休人员的养老金,后者实行的是长期封闭积累、产权个人所有的"完全积累"制,原则上不能调剂借用。然而,仅靠统筹账户不足以应对当期发放,加之各地财政实力不同,多数地区不得不采用了"现收现付制"的方法,即挪用个人账户的资金、用正在工作的一代人合计缴纳的28%的月工资来支付现有退休人员的退休金,个人账户仅仅记账,2.5万亿的记账额由此形成。为解决这

① 《中国工薪阶层人均收入不到世界一半》,中国广播网2012年4月3日。

② 《国务院批转收入分配制度改革意见 共7部分》,新华网2013年2月5日。

③ 单秀巧:《陈志武:收入分配要纠偏 限制特权是改革之根本》,搜狐财经2013年2月5日。

一问题，从2000年开始，我国启动了“做实”个人账户试点。截至2011年年底，参与试点的辽宁、江苏、山东等13个省份共积累个人账户基金2703亿元，但与记账额之间的差额仍高达2.23万亿元，此“空账”被说成养老保险“缺口”而广为传播。从近两年的数据看，空账扩大的速度正在变快：从2008年到2010年，“空账”由1.4万亿升至1.7万亿，增加了3000亿，但在2011年一年就增加了5000亿。据人社部发布的《2011年度人力资源和社会保障事业发展统计公报》，2011年全年城镇基本养老保险基金总收入16895亿元，比上年增长25.9%。全年基金总支出12765亿元，比上年增长20.9%。年末基本养老保险基金累计结存19497亿元，因此缺口并不明显，中国的养老基金当期财务是安全的。

但多种因素的博弈决定了这种结余状态是不可持续的。扩面征缴是一把双刃剑，支付压力只是被延后了而已，到去年年末基本养老保险基金累计结存的19497亿元中，近三分之二来自于财政转移支付，如果没有财政补贴，多个省市已收不抵支。研究表明，在现有社保制度框架下，要确保2020年中国每个退休者都能领取养老金，以替代率（即领取养老金占该年社会平均工资的比重）52.4%计算，养老金支付缺口会持续增加。最早在2015年，中国城镇职工养老保险将出现支付缺口。如不能未雨绸缪，及时调整政策，到2050年，养老金缺口累积将达到该年GDP的95%。如此巨大的资金缺口，将使国家财政不堪重负。

我国养老保险制度建立不过二十年，为何就陷入了困境？专家指出，在短期内，我国养老金收支压力主要来源于制度设计导致的转轨成本；在中长期内，人口老龄化将逐渐成为导致养老金收支缺口的主要因素。从国际上看，养老保障体系通常由社会基本养老保险、企业年金和个人商业养老保险组成。与国际上这种“三条腿凳子”结构的养老保险体系不同，我国整个养老保障体系中的企业年金和个人商业养老保险的作用非常薄弱。作为唯一支柱在苦苦支撑的社会基本养老保险明显力不从心。而作为“第二支柱”的企业年金，运行多年但步伐缓慢，2011年企业年金资产占我国GDP的比重仅为0.76%，而全球企业年金占全球GDP的比重约38%。因此，专家呼吁：(1) 在人口老龄化不断加速的情况下，需要正视过度依赖基本养老保险带来的风险，尽快形成国家、企业和个人三方责任的合理分担。(2) 税收优惠政策正是鼓励企业及个人补充养老保障第二、第三支柱的有力措施。(3) 尽快出台第二支柱企业年金个人缴费部分的税收优惠政策。如若上述激励措施得以尽快推出，养老保障体系“三条腿凳子”的建立或将指日可待。[①]

① 《专家称养老金结余难持续　2015年或现支付缺口》，《经济参考报》2012年7月23日。

2. 城市公共卫生安全

2.1 违禁药物渗透到蔬菜水果

2012 年 2 月,哈尔滨食品药品监督管理部门在查证过程中发现,红牛饮料罐体配料表及食品添加剂的标注和批文不符,含有国家不允许在维生素功能饮料中使用的胭脂红等。在每 100 克中,含有苯甲酸钠 0.188 克,咖啡因 0.192 克,其配比接近 1 比 1。专家表示,虽然苯甲酸钠和咖啡因单独使用并无危害,但红牛饮料中接近 1 比 1 的配比,危险系数较大。[①] 6 月,国家食品安全风险监测发现,伊利生产的个别乳粉汞含量异常。在内蒙古质监局对伊利集团产品的检测中,被检的 40 个批次的产品中,有 2 个批次汞含量为 0.034 mg/Kg 和 0.045 mg/Kg。7 个乳清粉原料中有两个样品汞含量分别为 0.54 mg/Kg 和 0.42 mg/Kg。与同类产品相比,含量较高。专家指出:汞可能是通过水或饲料污染到原料乳中,用这些原料乳生产的奶粉可能出现汞异常。汞主要危害人的神经系统,使脑部受损,造成“汞中毒脑症”引起的四肢麻木、运动失调、视野变窄、听力困难等症状,重者心力衰竭而死亡。中毒较重者可以出现口腔病变、恶心、呕吐、腹痛、腹泻等症状,也可对皮肤黏膜及泌尿、生殖等系统造成损害。在微生物作用下,甲基化后毒性更大。[②]

2012 年,一个引人关注的公共卫生事件是山东“甲醛白菜”事件。山东青州市东夏镇部分商贩喷洒甲醛对大白菜保鲜被媒体曝光。甲醛是一种无色、具有强烈气味的刺激性气体,吸入高浓度甲醛后,会出现呼吸道的严重刺激和水肿、眼刺痛、头痛,也会发生支气管哮喘。经常吸入少量甲醛,能引起慢性中毒。其 35% 至 40% 的水溶液通称福尔马林,曾被违规用于水产品保鲜。[③] 不仅如此,许多菜农在冬季储存生姜时,还使用国家明令禁止的“六六粉”和“敌敌畏”驱虫保鲜。青州作为蔬菜主产地之一,在蔬菜上市前,要经过农业局两道防线检查,但为何难以确保蔬菜安全?原因在于蔬菜检测主要检测农残是否超标,由于国家对保鲜剂没有明确标准,在抽检过程中并不对保鲜剂进行检测,相关的强制性技术规范并不十分明确,而且甲醛检测并未纳入我国农产品检测范围内。农业专家建议,政府部门应尽快评估白菜等农产品运输过程中使用甲醛的危害性,并健全法规加以规范。[④] 继山东青州甲醛白菜事件后,烟台红富士苹果套药袋长大也被曝光。这种药袋将包裹幼果直到成熟,白色药末直接与苹果接触。其所用药物为退菌特和福美胂,属于禁止使用的农药。但这种药袋仍在大量生产和使用,“并不断呈扩大之势”。后来又有媒体进行了辟谣。中国农业大学专家称,时至今日,农药已是无孔不入。

① 张鑫、徐超《红牛被指 3 种成分未经批准 2 种成分危害堪比毒品》,《法制晚报》2012 年 2 月 10 日。

② 《伊利公告召回汞含量超标奶粉 包括全优多段产品》,中国广播网 2012 年 6 月 14 日。

③ 《广州检出 120 吨含甲醛白菜 主要来自山东和云南》,《北京晨报》2012 年 5 月 20 日。

④ 《蔬菜保鲜潜规则:标准缺失 敌敌畏保鲜生姜》,《21 世纪经济报道》2012 年 5 月 15 日。

农田的土壤里总会撒上各种除草剂和杀菌剂,它们会从根系进入果树。尽管大多数蔬果符合国家标准,所含农药量不足以对健康构成损伤,但这些物质最终还是要通过肝、肾代谢,摄入越多,肝肾负担就越重,因此应尽量减少摄入。① 违禁药物施用从副食品蔓延至蔬菜水果,表明我国食品安全卫生形势变得越来越严峻。

2.2 全民提升公共卫生安全意识

食品安全问题层出不穷,各国政府和消费者对此给予了前所未有的关注。与过去相比,我国在公共安全卫生方面有了新变化:第一,全民对公共卫生安全的关注比以前更为强烈。2012 年 5 月,媒体对 2011 年以来"媒体关注的十大公共卫生热点"进行评选。这些热点是:(1) 含铬工业明胶被用于制药胶囊,销售广泛;(2) 我国开始采用 PM2.5 作为环境监测指标;(3) 烟草专家当选中国工程院院士受到质疑;(4)双汇瘦肉精事件被央视曝光;(5)中国控烟成绩 37.3 分,排名世界倒数;(6) 台湾塑化剂事件流毒广泛;(7)中国乳业新国标低于欧美标准引发争议;(8)浙鲁豫破获食用地沟油生产销售团伙案件;(9)"中式卷烟"研究在反对声中退出申报国家科技奖;(10)蒙牛牛奶一批产品被检出黄曲霉毒素 M1 超标。② 中国疾病预防控制中心专家指出:媒体的公共卫生素养有了明显的提高,公共卫生谣言成了"过街老鼠"。③ 第二,在公共卫生服务项目中,我国更关注边远地区妇女儿童健康卫生,表明了我国民众对公共卫生安全的重视和意识觉醒。2012 年 7 月,卫生部介绍了 2012 年妇幼重大公共卫生服务项目,启动实施贫困地区儿童营养干预试点项目、地中海贫血防控试点项目和西部贫困地区新生儿疾病筛查补助项目,进一步呵护妇女儿童健康。2012 年中央财政投入 18.4 亿元,加大妇幼重大项目实施力度。国家扩大了农村妇女宫颈癌乳腺癌检查项目的覆盖面,将受益妇女的年龄由 35 岁至 59 岁扩展到 35 岁至 64 岁,受益人数分别由每年 400 万和 40 万增长到 1000 万和 120 万,并根据需要调整完善了检查技术方案。此外,还将在 10 个省(区、市)8 个国家集中连片特困地区的 100 个县实施贫困地区儿童营养干预试点项目,为贫困儿童提供营养补充剂,降低儿童低体重率、生长迟缓率和贫血患病率,改善贫困地区儿童营养和健康状况。④ 第三,我国在规范公共卫生体制改革上进一步深化。国务院印发的《"十二五"期间深化医药卫生体制改革规划暨实施方案》,将进一步增强医药卫生体制改革各项政策的协同性,继续推进基本公共卫生服务均等化,优化卫生资源配置,加快人才培养和信息化建设,加强药品生产

① 《山东烟台红富士苹果套药袋长大 禁药长期接触》,《新京报》2012 年 6 月 11 日。

② 张智:《2011—2012 年媒体关注的中国公共卫生十大新闻热点揭晓》,《华夏时报》2012 年 5 月 11 日。

③ 方芳:《十大公共卫生事件控烟占三项》,《北京日报》2012 年 5 月 12 日。

④ 王勉、陆波岸:《我国新增三项公共卫生服务项目呵护妇幼健康》,新华网 2012 年 7 月 13 日。

流通和医药卫生监管体制改革。其内容包括:(1) 提高基本公共卫生服务均等化水平。规划提出,逐步提高人均基本公共卫生服务经费标准,2015 年达到 40 元以上,免费为城乡居民提供健康档案、健康教育、预防接种、传染病防治、儿童保健、孕产妇保健、老年人保健、高血压等慢性病管理、重性精神疾病管理、卫生监督协管等国家基本公共卫生服务项目。到 2015 年,城乡居民健康档案规范化电子建档率达到 75% 以上。(2) 优化医疗资源结构,发展非公立医疗机构。每个县重点办好 1 所至 2 所县级医院(含县中医院),到 2015 年,力争 95% 以上的社区卫生服务中心和 90% 的乡镇卫生院、70% 以上的社区卫生服务站和 65% 以上的村卫生室能够提供中医药服务。(3) 改革药价机制,完善执业药师制度。到 2015 年,力争全国百强制药企业和药品批发企业销售额分别占行业总额的 50% 和 85% 以上。完善执业药师制度,加大执业药师配备使用力度,到"十二五"期末,所有零售药店法人或主要管理者必须具备执业药师资格,所有零售药店和医院药房营业时有执业药师指导合理用药。[①]

① 罗沙、王茜:《2015 年我国人均基本公共卫生服务经费将超 40 元》,新华网 2012 年 3 月 22 日。

第四章　都市文化与精神生态报告

一、文化政策与管理

1. 文化政策与文化战略

1.1　文化强国建设战略

2012年11月8日，中国共产党召开第十八次全国代表大会，胡锦涛同志在十八大报告中提出要扎实推进社会主义文化强国建设，并指出“文化是民族的血脉，是人民的精神家园。全面建成小康社会，实现中华民族伟大复兴，必须推动社会主义文化大发展大繁荣，兴起社会主义文化建设新高潮，提高国家文化软实力，发挥文化引领风尚、教育人民、服务社会、推动发展的作用。”[①]仔细梳理这一条“文化建设”路线，可以看到，早在2002年，党的十六大就突出强调了文化建设对于实现小康社会建设目标的战略地位，并做出了推进文化体制改革的部署；党的十七大从中国特色社会主义总体布局的高度，做出推进社会主义文化大发展大繁荣的决策；而十七届六中全会在坚持中国特色文化发展道路的基础上，又提出了推进社会主义文化强国建设的战略目标，并就文化发展的若干重大问题做出了具体部署。全国上下对“文化强国建设”的热情达到了前所未有的新高度，这充分表明了中国共产党在文化理论和文化建设上的高度自觉和高度自信，也必将对中国特色社会主义建设的全局产生深远影响。[②]

从十六大提出“文化体制改革”任务，到十七大将“文化软实力”写入大会报告；从十七届六中全会首次从完整意义上制定“文化强国战略”，到十八大报告再度强调“建设社会主义文化强国，关键是增强全民族文化创造活力”，我们党对文化建设规律的认识越来越全面，越来越深刻。而将“社会主义文化强国”的理念付诸现实意义、化为中华民族的民族精神的一个契机来自于2012年11月29日习近平总书记带领新一届中央领导集体参观国家博物馆《复兴之路》大型展览。在简短的讲话中，习近平总书记提出，“中国梦”就是实现中华民族的伟大复兴，这是中华民族近代以来最伟大的梦想，他满怀信心地表示这个梦想“一定能实现”。新一

① 《十八大报告(全文)》，新华网2012年11月19日。

② 杨晓华：《2012文化领域理论热点回眸》，《中国文化报》2013年1月11日。

届中央领导集体的做法和提法，引发了国内外的广泛关注，也激发了理论界和文化界的持续热情。

1.2 文化强国建设的政策保障

2012年2月16日至19日，全国文化体制改革工作会议在太原召开，就文化体制改革、文化产业发展与文化惠民等工作做深入探讨与广泛研究。同期发布的《国家“十二五”时期文化改革发展规划纲要》指出，围绕建设社会主义文化强国的宏伟目标，全面落实到2020年文化改革发展的总体部署，到2015年，我国文化改革发展的主要目标是：社会主义核心价值体系建设不断推进，全党全国各族人民团结奋斗的共同思想道德基础进一步巩固；文化体制改革重点任务基本完成，文化体制机制充满活力、富有效率，有力促进文化科学发展。

2012年2月28日《文化部“十二五”时期文化产业倍增计划》正式发布，指出“十二五”期间文化部门管理的文化产业增加值年平均现价增长速度高于20%，2015年比2010年至少翻一番，实现倍增的奋斗目标。温家宝总理在《2012年政府工作报告》中指出：“提高文化产业规模化、集约化、专业化水平，推动文化产业成为国民经济支柱性产业。”由此迎来了全国上下支持文化产业发展的财税政策的密集发布期。2月，文化部、财政部印发了《“公共电子阅览室建设计划”实施方案》，决定“十二五”期间在全国实施“公共电子阅览室建设计划”。4月，财政部、海关总署、国家税务总局又联合发布了《关于鼓励科普事业发展的进口税收政策的通知》。通知指出，2012年起四年内，部分科普单位将享受进口自用影视作品免征进口关税等数项税收优惠政策。但也有专家指出，由于文化产业受多方扶持，因此出现了不少投机者在拿到补贴、优惠后却没有发展文化产业。[①]

2. 新媒体的技术、经济与管理

2.1 微博、微信、APP

2012年，中国智能终端出货量高达2.24亿部。[②] 智能手机的普及使得原本基于互联网的信息和服务都变成了“在路上”。原本的“一切都在被数字化”变成了“一切都在移动化”。2012年是中国全面进入移动互联网时代、彻底打破“国界”限制的承启之年。由中国互联网协会、中关村管委会、北京市海淀区人民政府等指导，长城会主办的第四届GMIC2012全球移动互联网大会以“跨界、融合、变革”为主题，借助智能终端的全球化发展所形成的新契机，使得全球化已然成为了移动互联网的行业共识。

作为自媒体时代的标杆，微博使任何普通个体都能通过简单的设备和技术成

① 王涛、梁倩：《文化产业财税扶持政策密集出台》，《经济参考报》2012年4月6日。

② 《报告称：中国超美国成“智能终端冠军”》，《石家庄日报》2013年2月25日。

为传播过程中的信息源和传播者，获得强大话语权的利器。截至2012年12月底，我国微博用户规模为3.09亿，手机微博用户规模达到2.02亿，即高达65.6%的微博用户使用手机终端访问微博，有研究表示，用户行为的移动化让微博成为移动互联网时代最具发展潜力的产品之一。[①] 然而，微信的出现，才真正推动了移动互联网的国际化。移动互联网时代，应用“社交化”已不可逆转，相比较微博的差时浏览信息，微信用户主要是双方同时在线聊天，而且“微信1万个听众相当于新浪微博的100万粉丝”的说法，指出了微信的用户一定是真实的、私密的、有价值的，因此，微信的传播“精度”极有可能代替微博的传播“广度”而成为中国最有价值的移动媒体营销平台。微信群体的规模正呈现出裂变式增长的趋势，据统计，微信的国内用户数已达3亿，自2011年1月21日第一个微信版本的发布，耗时不到两年。与此同时，微信也在国际市场接连获得突破，最近还将在美国设立办公室，微信(Wechat)在海外市场也已有4000万用户。[②]

移动互联网新时代到来的第三个重要表征是手机APP下载数量的喷涌。如果说作为游戏、工具类应用的APP此前早就受到用户热捧，那么媒体形式的APP的出现则是我国移动互联趋势下水到渠成的事。[③] 有人做了统计，在2012年最后一周里，智能手机用户的应用下载量大幅增长，达到17.6亿次。美国用户下载了6.04亿次，中国用户下载了1.83亿次，英国用户下载了1.32亿次。[④] 而从2011年9月到2012年9月世界范围内的应用下载量达到了436亿次。其中的406亿次，即89%的下载量为免费应用，付费应用仅有5亿左右。

2.2 互联网百强企业

以工业和信息化部运行局和电管局为指导单位，电信研究院与部信息中心联合发布了2012年互联网信息服务收入前百家企业及增值电信业务发展白皮书。2012年互联网信息服务收入前百家企业也同时公布，腾讯、网易和百度位列前三强。互联网信息服务收入前百家企业是以2011年部增值企业年检数据和2011年通信业统计年报数据为基础，以在我国境内注册(港、澳、台地区除外)、持有互联网信息服务经营许可证、2011年度未亏损、以互联网信息服务收入为主且主营业务收入占营业收入比重超过50%的企业为标准，根据其规模、效益、结构及贡献等指标综合统计发布。[⑤] 前百家企业的具体特点主要归结为以下几点，一是对行业发展支撑作用明显，二是经济效益水平领先，三是对社会发展贡献逐步增强。

---

① 崔雷：《微博用户规模达3.09亿 手机微博成手机端主流应用》，人民网2013年1月15日。
② 《微信海外用户已达4千万 腾讯总裁称基础服务不收费》，《深圳商报》2013年4月8日。
③ 邓瑜：《2012年新媒体热词》，《中国记者》2013年3月19日。
④ 《18亿次！2012年最后一周APP手机应用下载猛增》，新浪科技2013年1月4日。
⑤ 旻溪：《2012互联网百强企业出炉 腾讯网易百度列前三》，腾讯科技网2012年10月10日。

据了解，本届百家企业共实现互联网信息服务收入约700亿元，以不到增值电信业0.5%的数量比重，创造了全行业40%以上的收入和20%左右的利润及税收。百家企业2011年实现利润总额118亿元，占全行业比重达26%；利润率为15%，比行业平均水平高7个百分点。其中，利润总额超过1亿元的企业有30家；利润率超过10%的企业有68家，超过5%的企业有83家。[①]

2.3 *规范互联网*

中国互联网络信息中心(CNNIC)《第31次中国互联网络发展状况统计报告》显示，截至2012年12月底，我国网民规模达5.64亿，全年新增网民5090万人。互联网普及率为42.1%，较2011年年底提升了3.8个百分点。[②] 数据显示，目前全球1/5的互联网用户在中国，尽管网民增速自2007年以来已经保持平稳，但丝毫没有停止的趋势。

随着网民规模的不断扩张以及网络事件的频发，自2002年起，实行网络实名制的呼声一直此起彼伏。中国的网络实名制历程大约经历了以下几个阶段：2003年开始，中国各地的网吧管理部门要求所有在网吧上网的客户必须向网吧提供身份证，实名登记，以及办理一卡通、IC卡等，理由是防止未成年人进入网吧。2004年5月13日，中国互联网协会发布了《互联网电子邮件服务标准》(征求意见稿)，首次提出实名制并且强调电子邮件服务商应要求客户提交真实的客户资料，该资料将是判断邮箱服务归属的标准。9月26日中国共产主义青年团所主管的中国青少年网络协会成立了游戏专业委员会，并决定在今后一年里，建立中国青少年全国游戏玩家俱乐部，为网络游戏中实施实名制打下基础。2004年5月18日，实行全站实名制的网站出现。2005年2月，信息产业部会同有关部门要求境内所有网站主办者必须通过为网站提供接入、托管、内容服务的IDC、ISP来备案登记，或者登录信息产业部备案网站自行备案。无论是企、事业单位网站，或是个人网站，都必须在备案时提供有效证件号码。通信管理局将对截至6月30日24时仍未向备案管理系统报备相关信息的网站实施暂时关闭，通知相关接入服务提供者暂时停止其接入服务。信息产业部电信管理局相关负责人敦请被暂时关闭的网站务必在7月10日24时前补办备案手续，否则将被关闭。2004年，中国教育部发布的《关于进一步加强高等学校校园网络管理工作的意见》，明确提出在高校教育网实施实名制，并成为中国教育部对中国高校进行审核的重要依据。至2005年3月，以清华大学水木清华BBS为首的一批各大高校的BBS向仅限实名制校内交流平台转变。2005年7月20日，中国最大的即时通讯公司腾讯发布公告称，根据深

---

① 旻溪：《2012互联网百强企业出炉 腾讯网易百度列前三》，腾讯科技网2012年10月10日。

② 崔雷：《我国网民规模达5.64亿 互联网普及率增速继续放缓》，人民网2013年1月15日。

圳公安局《关于开展网络公共信息服务场所清理整治工作的通知》,配合中国有关部门对腾讯开展的网络公共信息服务进行整理,对QQ群创建者和管理员进行实名登记工作。而此时正好媒体报道韩国网络实名制的情况,因而腾讯的这一举措被广泛看做是"中国全面推行网络实名制的序幕"。2005年7月22日,新华网称从7月22日起至9月底,中国深圳警方将开展为期3个月的网络公共信息服务场所清理整治工作。其中,警方将对BBS、BBS的版主进行实名登记,并校验身份证号码。8月5日中国文化部、信息产业部联合下发《关于网络游戏发展和管理的若干意见》。该意见稿称,为防止未成年人沉溺于网络游戏中的杀怪练级活动,要求"PK类练级游戏(依靠PK来提高级别)应当通过身份证登陆,实行实名游戏制度,拒绝未成年人登陆进入"。2006年10月,中华人民共和国信息产业部提出对博客实行实名制,在网上引起很大的反对声音。2007年3月,中国互联网协会发出消息称中国互联网协会在推进博客实名制,被媒体认为博客实名制已成定局。而此前,中国已经有博客服务商推出全站实行实名制注册的博客网站。2007年5月28日,有网站已实行实名制三周年。2008年1月,网络实名制立法进程启动。2008年8月,国家工业和信息化部正式答复网络实名制立法提案,虽未获通过,但表示,"实现有限网络实名制管理"将是未来互联网健康发展的方向。2010年4月13日,《人民日报》发表署名文章《网络实名制利弊之辩》。2012年3月16日,新浪、搜狐、网易和腾讯微博共同正式实行微博实名制。①

为引导和鼓励更多的互联网从业单位积极参与互联网行业自律,2012年9月11日召开的中国互联网大会授予新华网、腾讯、万网、中国青年网、新网互联、搜狗、天极传媒、奇虎360、华龙网、艾普网络、空中网、中国江苏网、携程旅行网、互动百科、东北网、新疆亚心网、天涯社区、中国电信增值业务运营中心、中国吉林网、安徽中安在线、网盛生意宝、大连天健网、陕西四博互联、中金在线、云南信息港、地宝网、河南大象网、中国台湾网、国际电子商务中心等29家互联网从业单位"2011—2012年度中国互联网行业自律贡献奖"。② 这将有力推动互联网企业在中国网络法制尚不完善的现状下进一步增强社会责任,完善自我管理,以实际行动为净化网络环境、推动我国互联网行业健康发展做出积极贡献。

3. 知识产权与文化管理

3.1 知识产权保护政策与举措

知识产权一直是各个国家和企业非常重视的内容,但近年来,打着"知识产权"幌子的专利海盗行为却在不少国家肆虐。所谓专利海盗,又称专利流氓,是指

---

① 《利弊难衡量 中国网络实名制何去何从?》,网络游戏新闻网2012年9月1日。

② 《中国互联网行业自律贡献奖获奖名单公布》,千龙网2012年9月12日。

那些本身并不制造专利产品或者提供专利服务，而是从其他公司、研究机构或个人发明者手上购买专利的所有权或使用权，然后专门通过专利诉讼赚取巨额利润的专业公司或团体。

2012 年，国家知识产权局在积极引导、扶持知识产权服务业发展方面出台了一系列政策和举措。4 月 28 日，与国务院 10 部门共同制定《关于加强战略性新兴产业知识产权工作的若干意见》，11 月 13 日，与国务院 9 部门联合发布《关于加快培育和发展知识产权服务业的指导意见》以及《知识产权服务业统计制度》等，并先后开展了知识产权服务业统计调查工作，加大了对专利代理机构诚信工作的监督与处罚力度，通过改革全国专利代理人资格考试规则为行业发展提供更多高层次人才等，为知识产权服务业进一步发展奠定了基础。而首个国家知识产权服务业集聚发展试验区落户苏州高新区则是国家在我国知识产权保护的努力方向上的一次大胆试水。该试验区分为知识产权高端服务、高层次人才培训和知识产权孵化应用 3 个功能区。预计到 2014 年，集聚区总投资将达到 20 亿元，建成载体面积 50 万平方米，入驻中介服务公司和知识产权成果孵化应用企业约 100 家，相关从业人员达 1 万人，年业务总收入达 50 亿元，并带动华东地区相关产业转型升级，由此新增全社会技工贸总收入 300 亿元。①

3.2 全球第一大专利申请国

世界知识产权组织 12 月 11 日在日内瓦发布报告称，中国已成为全球第一大专利申请国。2011 年，中国受理了超过 52 万件专利申请，美国为 50 万件，日本 34 万件。中国继 2010 年超过日本后，2011 年又超过美国，成为全球第一大专利申请国。尽管不能单纯从各国的知识产权申请数量上进行简单比较，但数据表明，在创新方面以往西方国家完全领先的格局已发生变化。

中国商标申请量的快速增长是近几年全球商标申请总量增长的主要因素。去年全球工业品外观设计专利申请量超过 77 万件，较 2010 年增加 16%，这一显著增长的主要推动力量也是中国。像中国企业在美国提交的“车钩及车钩防跳机构”、“客车救援通道”、“车体综合试验台”等高铁领域的 4 件专利首次获得美国高铁技术专利权的授予也预示着中国在专利能力申请方面的进步。

统计数据反映，过去 10 年，国家知识产权局受理的专利申请一直呈大幅增长态势，年均增幅达到 22.6%。但申请量只是衡量创新能力的指标之一。专利授权量、实施率以及有效专利拥有量等指标更能反映创新实力。因此，有专家建议应从政策层面改变重专利数量轻质量的导向，加大对国际专利和高质量专利申请的

① 刘锋、王晨明：《国家知识产权服务业集聚发展试验区揭牌》，《科技日报》2012 年 6 月 16 日。

资助。而且,企业自身也更应该真正从市场需求出发有选择性地申请高质量专利。[①]

3.3 网络侵权

2012年3月31日,《著作权法》(修改草案)征求意见稿公布,征来很多意见,尤其是网络版权、录音作品使用等相关条款,引发了相关业内人士的强烈不满。征求意见稿中规定,“网络服务提供者为网络用户提供存储、搜索或者链接等单纯网络技术服务时,不承担与著作权或相关权有关的信息审查义务。”“网络服务提供者知道或者应当知道网络用户利用其网络服务侵害著作权,未采取必要措施的,与该网络用户承担连带责任。”[②]虽然,《著作权法》的修改还存在一些争议与细节上的不到位,但对中国作家对簿百度一案起到了一定的作用。

韩寒、郝群(笔名慕容雪村)、韩瑷莲(笔名何马)状告百度侵犯著作权一案在2012年尘埃落定。2012年9月17日,海淀法院对14起著作权纠纷案进行了集中宣判,一审判决百度共赔偿17.3万元的经济损失及合理开支,对韩寒等作家提出的关闭百度文库、赔礼道歉等诉讼请求未予支持。事实上,这已经不是作家第一次与百度对簿公堂。早在2011年3月15日,韩寒、郝群等50位作家以版权所有人身份联名发表公开信,抗议百度文库向网民提供免费文档作品的下载行为。这一场出版业与互联网业就“侵权与分享”之间的过招已经开始。

国内著作权保护不规范的乱象和辛苦码字的作家们的担心,数字化出版、阅读模式与传统阅读、出版模式利益的单挑,习惯“免费午餐”的网民在获取分享的愉悦与保护版权良心间的矛盾心情,这些都构成了网络侵权的多种冲突。数字时代使得内容可以脱离纸张而独立存在,人们可以在互联网上发布自己的作品而无须经过传统的出版机构。这意味着内容生产者不变,但内容出版者和传播渠道已发生变化。数字时代的阅读给出版商和互联网带来了新的问题,而在这一场风波背后,凸显的是科技进步与立法滞后的矛盾。韩寒等作家最终诉诸法律,无疑是推动问题解决的一种方式。[③]

二、文化产业与文化消费

1. 文化产业现状与趋势

1.1 富矿还是泡沫?

2012年,对已发展达十余年的中国文化产业,各界出现了多角度反思,有人说

① 《专利“世界第一”仅是开始 创新能力得看专利质量》,《科技日报》2012年12月13日。
② 任重远:《著作权拟修法 网络服务提供者不承担著作权审查义务》,财新网2012年4月2日。
③ 《韩寒等告百度文库侵犯著作权胜诉 获赔17.3万》,《新京报》2012年10月20日。

它是“一座富矿”，也有人质疑它是“泡沫”。

从2000年至2011年间，中国出台了100多种配套扶持文化产业发展的政策，这样高频率、高密度出台扶持政策在中国其他行业中实属罕见。发展文化创意产业已经成为各级政府的共识，而且已成为政绩考核体制的一部分，文化产业的发展环境越来越成熟。权威统计数据显示，文化产业每年年均增加值在1000亿元左右，年均增长率为15%，从历史上看中国几乎没有任何一个行业有这种增长速度。对于银行、投资机构来说，文化产业无疑是待掘的富矿。①

但也有专家表示，由于文化产业的种种特性，也会存在投资风险。2007年诺基亚公司的市值是1100亿欧元，到2012年5月16日是88亿欧元；雅虎公司的市值曾经达到1300亿美元，到2012年5月仅为187亿美元；苹果公司2012年5月16日的市值是5170亿美元，而在30年前市值只有6.3亿美元。这组数据告诉我们，文化行业是一个潜藏着巨大金矿的行业，也是一个竞争残酷的行业，一个比较难把握的行业。②

自从中央提出要推动文化产业成为国民经济支柱性产业的战略目标后，有的地方为了达到这一目标，把体育、旅游、化妆品行业都放到文化产业的统计中，一些城市宣告文化产业增加值占GDP的比重超过5%，有的甚至超过10%；一些地方的文化产业统计数据更是“吓人”，年增长率高达50%……从中我们可以看到，文化产业的做大并不意味着文化强国目标就能够顺利实现，尤其要警惕以量为纲的发展思维可能导致的文化产业发展“泡沫化”——产值“虚胖”、创意和文化内涵缺失、量多竞争力弱、文化资源遭遇破坏性开发。③

近日国家统计局颁布了新修订的《文化及相关产业分类(2012)》标准，重新强化和规范了文化产业统计，体现了“约束性”，有利于防范、扭转文化产业统计上的“各行其是”，遏制文化创意产业“泛化”及空洞化趋势。

1.2 文化与科技融合

2012年5月18日，科技部、中宣部、文化部、广电总局和新闻出版总署五部门联合发布了首批国家级文化和科技融合示范基地，旨在进一步发挥文化和科技相互促进作用，以便更好地引导和推动各地文化和科技融合，增强文化产业领域科技实力和自主创新能力，促进我国文化产业持续健康快速发展。④

推进文化与科技融合，无疑是2012年度文化科技领域最受关注的命题。但

① 亿云文、张玉玲、杜艳：《文化产业：一座富矿》，《光明日报》2012年5月22日。

② 亿云文、张玉玲、杜艳：《文化产业：一座富矿》，《光明日报》2012年5月22日。

③ 顾鑫：《文化产业发展须警惕泡沫化》，《中国证券报》2013年3月16日。

④ 张玉玲、易运文、吴春燕：《首批国家级文化和科技融合示范基地公布》，《光明日报》2012年5月19日。

文化与科技融合,也还存在着一些亟待解决的问题:一、对文化科技等基本概念的认知需要进一步深入。在"中国文化产业30人高端峰会"和"文化科技创新论坛"上,一些专家提出了"文化科技的概念如何界定?文化与科技融合的提法是否严谨?"等许多问题,有人认为,文化与科技的融合,创意是驱动力,科技是支撑力,科技只是实现创意的必要条件。文化科技更多是指科技在文化领域的集成应用,其本身的学科属性并不明显,因此,必须在实践中培养既懂文化又熟悉科技的复合型人才。二、对政府与企业关系的认识需要进一步深化。推进文化与科技的融合,必须坚持以企业为主体、以市场为导向、产学研相结合的方向。然而,实际情况是,由于起步晚,我们的文化产业仍处于小、散、滥、差的发展阶段,尚未涌现出足够数量、足够规模的领军企业,文化企业投入科技研发的自觉与实力总体上尚不能适应现代文化产业发展的要求。在这样的状况下,必须依靠政府发挥引导、扶持的作用。而这就需要进一步深化对政府引导与企业自主研发关系的认知,加快政府职能转变,使政府既不缺位,又不越位,既承担起在文化与科技创新公共服务平台建设上的扶持、引导作用,又充分尊重企业的主体地位,不越俎代庖,使研发成果尽快转化为生产力。三、对相关资源的整合力度需要进一步提高,财政用于文化科技研发的投入仍然有限。由于行业管理体制等方面的原因,这些有限的资源分散于文化、科技等多个部门,尚不能很好地形成推进文化与科技融合的合力。因此,如何进一步促进部门内部与部门之间的协同,构建联动机制,合理布局研发资源,加强对相关资源的整合,不断改进文化与科技生产方式,仍是需要研究的问题。①

2. 文化产业业态

2.1 制造业创意化

以文化创意产业引领制造业升级,是各个发达国家和地区促进经济转型升级的重要举措和成功经验。随着国际上兴起的"第三次工业革命"的讨论热潮,越来越多的人认为,新科技的应用将使现有的制造业发生一场从设计、生产到销售等各个环节的革命性变化。

2012年8月29日,上海市制造业创意促进中心的成立宣告上海将"制造业创意产业作为新的生产性服务产业"的战略目标浮出水面。事实上,上海大力发展的制造业创意产业,并不是一种新的产业"业态",而是一种以创新、创意带动制造业,整体提升能级的制造业发展模式或形态。具体是指在制造业产业链中,各个环节广泛开展各类创造性活动,尤其是在产业链上游的设计与研发、以及产业链

---

① 思哲:《2012文化科技融合 星火渐成燎原之势》,《中国文化报》2012年12月31日。

下游的营销与服务环节，大大强化创意活动，使之成为制造业创新升级的原动力。[①]

有关专家指出，大力推进上海制造业创意产业发展，能够促进上海制造业以其高附加值、强渗透力和跨界融合能力，成为推动上海经济创新和转型的新引擎，其重要战略意义在于：一是引领上海制造业整体升级的重要途径，二是落实国家对上海战略定位的重要抓手，三是提升上海城市综合竞争力的有效手段。上海发展制造业创意产业，可以推动上海城市功能再造，使上海成为制造业订单的策源地、产品交易的结算地、创意创造的展示地、创新产品的集聚地，可以助推上海建设创新型、融合型的新兴战略产业体系，加快实现服务经济为主的现代产业结构，提升城市综合竞争力。[②]

2.2 主题公园的困境

随着居民旅游消费意识的觉醒，主题公园在我国遍地开花。据国家旅游局资源开发司统计，1989 年全国人造景观只有 30 余处，可是经过 20 余年的发展，全国已有主题公园超过 2500 个。纵观长三角地区，几乎每个一二线城市都拥有一个或多个主题公园，部分三线城市甚至也不惜投入巨资建设主题公园。[③]

调查显示，如今的主题公园数量虽多，经营状况却不佳。沉淀了 1500 亿元投资的主题公园，其中 70% 处于亏损状态，20% 持平，只有 10% 左右盈利。因经营不善短期内纷纷倒闭的主题公园更是屡见不鲜：广州的世界大观开园 1 年多后，达到鼎盛，当时每月进账 2000 万至 3000 万元，客流量也达 10 万人次之多，但是第三年就陷入债务风波，2009 年 8 月宣布无限期暂停营业；上海福禄贝尔乐园，1997 年建成，投资额高达 10 亿元，过了 1 年就倒闭了……[④]很多时候，主题公园本身并不是盈利的项目，房地产开发商的目的在于“拿地”，借“主题公园”之名，获“圈地”之实。[⑤] 针对这种现象，2011 年 8 月，发改委已采取相关措施，有针对性地叫停全国主题公园的建设；2012 年 2 月 16 日，央行和发改委、旅游局等 7 部委联合发布的《关于金融支持旅游业加快发展的若干意见》明确指出，对高尔夫球场、大型主题公园、城市水源地的观光农业等国家明令禁止或限制发展的旅游项目，应严格禁止或限制发放贷款。[⑥]

其中，值得关注的是每个省份都有的“影视基地”。“影视基地”单靠拍摄收入

---

① 《发展制造业创意产业》，《文汇报》2012 年 7 月 17 日。

② 《上海市制造业创意促进中心揭牌成立 2012 年制造业创意高峰论坛举办》，上海市政府门户网站 2012 年 8 月 31 日。

③ 邱玥：《主题公园如何突围“同质化”》，《光明日报》2012 年 5 月 31 日。

④ 邱玥：《主题公园如何突围“同质化”》，《光明日报》2012 年 5 月 31 日。

⑤ 张玉玲：《影视基地“热”该降温了》，《光明日报》2012 年 6 月 26 日。

⑥ 邱玥：《主题公园如何突围“同质化”》，《光明日报》2012 年 5 月 31 日。

是绝对要亏损的,大部分情况下,"影视基地"会变相地成为"主题公园",除了无锡影视城、横店影视实验区等10大影视基地外,各地已有及新修建的大中型影视基地多达数十个,加上各地小型影视基地更是不计其数。"影视基地"的通病与"主题公园"类似:重复建设、同质化严重、恶性竞争、亏损经营。影视基地的"疯长"速度远远大于中国影视产业的发展速度。而数字化影视技术的发展,也冲击着传统影视基地。传统影视基地的弊端是:建造仿古外景的成本居高,而同一景点反复使用又会造成背景雷同。数字技术却能部分解决背景雷同的问题,在这种情况下,依然热衷影视基地的建设必将带来重复建设、同质化风格和增加投资风险。①

2.3 微电影:由"草根"玩意儿走向商业主流

近年来,随着我国电影事业的繁荣发展,"微电影"作为一种新型视听样式,以其题材丰富、成本低廉、制作精巧、收视方便的特点,正通过新媒体平台得到越来越多受众尤其是青年人的喜爱,成为群众文化生活中不可或缺的重要内容。

微电影盛行于2012年。这一年,"中国国际微电影大赛"、"首届中国微电影创作发展论坛"、"'最美中国'全国大学生摄影及微电影创作大赛"、"中国首届大学生微电影节"以及"海峡两岸微电影大赛"等赛事的举行,及关于微电影的剧本征集、扶持计划等消息,预示着微电影不再局限于摄影爱好者们的随性自拍,而开始逐渐名人化、机构化、产业化和主流化。

微电影篇幅小、制作周期短、投资少,可在各种新媒体平台播放,具有较大的自由度与可操作性,②微电影能打破传统电影创作中"精英"与"草根"的界限,让更多的人有机会通过影像作品表达自己。过去电影创作是知识精英的特权,随着数字技术的发展,精英和草根的界限越来越模糊不清。③ 而微电影出现井喷式发展,则是微时代来临的象征。微,意味着效率。微博、微信、微小说和微电影共同诠释了当今时代的文化特征,也代表着未来文化发展的新趋势。可以说,微电影是电影在移动互联网时代的最大变量。

2.4 电视剧年年带"金箍"

2012年8月,广电总局再一次念起"紧箍咒",对电视剧创作提出了六项要求,其中包括革命历史题材要敌我分明;不能无限制放大家庭矛盾;古装历史剧不能捏造戏说;商战剧需要注意价值导向;翻拍克隆境外剧不能播出;不提倡网络小说改编,网游不能改拍。因为"六点意见"几乎涵盖了当今荧屏最火热的谍战、家庭、古装、商战、穿越、翻拍等题材,所以立刻引起网民热议。④

---

① 张玉玲:《影视基地"热"该降温了》,《光明日报》2012年6月26日。
② 王研:《2012文化热点关键词》,《辽宁日报》2012年12月27日。
③ 《曹先安:微电影应该维持平衡 草根菁英共存》,北青网2012年5月24日。
④ 王文:《广电局发布六大禁令 编剧纷纷吐槽"饭碗被砸"》,《羊城晚报》2012年8月4日。

对国产电视剧的批评之声数年来一直不绝于耳。有人指出“电视剧泛娱乐化现象严重”，有“游戏历史，丧失文化自尊；戏说史实，混淆民族记忆”之嫌。而泛娱乐化创作状况的原因有三：一是在电视剧市场竞争日趋激烈的情形下，为了缩短创作周期，尽快收回成本并赚取利润，创作者普遍前期准备不足，对历史资料和真相缺乏基本的搜集、核查过程，在故事本体还未成型时，便仓促进入艺术创作。手头素材不足以搭建故事框架时，便信手拈来进行编造。二是创作者急功近利，贪图收视效果及其经济回报，一味追求以奇制胜，吸引眼球，从而忽略了艺术创作的基本规律和民族的长远利益。三是如今影视制作的门槛过低，影视公司良莠不齐，影视市场秩序混乱，使得一些低俗剧作和节目有漏洞可钻。[①] 以 2012 年度最红电视剧《甄嬛传》为例，虽然此部电视剧一开播收视率便一路上扬，话题十足。宫中一干妃嫔的尔虞我诈被勾连至现代职场，观众大呼甚有共鸣；剧中台词衍生出来的“甄嬛体”也风靡网络，显示出其在制作方面的成功之处。但另一方面，它所传递的思想价值、精神内核及对历史文化造成的影响，也让人不得不提出质疑：如果以争斗为主题的电视剧成为观众精神食粮的主菜，如果戏说成为电视剧诠释历史的惯用手法，那么，其可能带来的负面效应不能不令人感到焦虑。[②]

3. 文化城市的方向

3.1 如何建设文化大都市

党的十七届六中全会之后，北京、天津、上海、重庆四个直辖市制定出台了新的文化发展政策和一系列扶持文化发展的措施，并将社会主义先进文化国际大都市作为新的文化发展目标。如北京以实施思想道德引领战略、科技创新和文化创新“双轮驱动”战略、文化精品战略、文化航母战略、文化名家战略、文化走出去战略六大发展战略，打造社会主义先进文化之都，建设具有重大国际影响力的文化中心；天津市提出了建设文化强市的战略目标，以全国文化体制改革先进地区及特色文化城市为方向；上海则努力建设与社会主义现代化国际大都市相匹配的国际文化大都市；而建设文化高地，是重庆市对文化建设提出的更具体、更明确的新目标。[③]

与此同时，学术界对中国城市的文化发展方向与发展方式也在做着积极探讨。2012 年 4 月 20 日由上海戏剧学院主办的世界城市（上海）文化论坛上，来自伦敦、纽约、伊斯坦布尔、约翰内斯堡、东京等 8 座世界知名城市的文化官员和学者聚集上海，交流各自城市文化发展的经验，研究世界城市文化发展的主要趋势，

① 《抗战题材电视剧掀起热潮　警惕娱乐埋葬历史》，人民网 2011 年 9 月 2 日。

② 王研：《2012 文化热点关键词》，《辽宁日报》2012 年 12 月 27 日。

③ 赵仁伟、张涛、杨金志、张琴：《打造社会主义先进文化的大都市》，中国文化传媒网 2011 年 12 月 10 日。

并就如何将文化资源更好地纳入城市发展整体战略展开了深入研讨。并且由伦敦市市长提议,参与"世界城市文化观测"项目的城市将共同起草《2012年世界城市文化发展报告》,将创建每个城市的文化活动数据库,通过60多项指标,对这些城市的文化生产和文化消费进行定量评估。①

《2012年世界城市文化报告》显示了全球12座城市(分别是上海、柏林、伊斯坦布尔、约翰内斯堡、伦敦、孟买、纽约、巴黎、圣保罗、新加坡、悉尼和东京)的文化设施和文化活动的情况,解释了文化在一个成功的国际大城市里所扮演的角色。在全球化的大潮冲击之下,世界变得越来越"平",越来越单一。每个城市的贸易、商业和金融模式都趋于雷同。文化是城市的灵魂,体现一个城市的性情,它才是令城市与众不同的主要原因。虽然文化氛围的强弱无法量化,仅仅在文化场所和活动的数量上类比城市文化也是有所偏颇的。但是无法否认,这些文化载体的多寡能较客观地反映一个城市文化的生态。但另一方面,正如E. B. 怀特所言:"纽约不是斯波坎市乘以六十倍,也不是底特律市乘以四倍。"城市的文化和精神并不能简单粗暴地"建设"出来。②

3.2 城市形象怎么"画"

城市文化形象作为人们对城市的综合识别系统包括三个层次:城市视觉形象、城市行为形象、城市精神形象。视觉形象是城市的"皮肤",行为形象是城市的"肌肉",精神形象是城市的"血液"。③ 然而,在城市视觉形象的塑造中,质疑声一直不曾停止。

苏州市的"东方之门"尚未竣工就成了众矢之的。其造型被网友调侃为就像"一条低腰的秋裤"。与此类似的还有乌鲁木齐的"飞天女神"和郑州的"孝顺猪"等。近几年,受非议的这类建筑也越来越多。"大裤衩"一类,"至今已觉不新鲜";沈阳的"方圆"、广州的"大金环"等等,前赴后继,有的还位居CNN的"全球十大最丑"之列。与地标性建筑"遥相呼应"的,是大量城市雕塑的备受非议。④

2012年7月有传言称湖北省襄阳市将斥资百万元,以金庸武侠小说《射雕英雄传》与《神雕侠侣》中"襄阳大战"故事人物为原型,在小北门广场建造郭靖黄蓉"射雕情缘"雕像,作为襄阳市汉江旅游风光带夜景亮化工程的人文景观之一。原本城市雕塑作为装饰与美化城市的一种艺术形式,能起到丰富城市居民的精神生活的作用,优秀的作品还能起到城市"市标"的作用。作为文化的构成部分,城市艺术代表了这个城市、这个地区的文化水准和精神风貌。一些城市中的优秀城雕

---

① 汪建根:《我们该如何建设文化大都市》,中国文化传媒网2012年4月26日。
② 《2012年世界城市文化报告:上海离一流大都市有多远》,网易2012年8月15日。
③ 康伟:《城市文化形象塑造的路径选择》,《学习时报》2013年1月6日。
④ 田东江:《公共建筑不能以丑为美》,人民网2012年9月5日。

作品以永久性的可视形象使每个进入所在环境的人都沉浸在浓重的文化氛围之中,感受到城市的艺术气息和脉搏。但此消息一出却一石激起千层浪,支持的声音和反对的声音展开了激辩,争论的焦点主要在于虚拟人物能否成为城市文化形象的代言人。[①]

专家表示,城市地标性建筑或雕塑,虽非关乎国计民生,但如果经常闹出笑话也须引起重视,以为后来者戒。建筑是百年大计,尤要慎重行事,若动辄引来嘘声一片,则势必丧失公众对公共决策的信心。

3.3 雷人城市广告语频频亮相

近年来,中国内地大小2000多座城市(包括地级市、县级市和县城)几乎都在绞尽脑汁地设计与营销城市,除形象广告、征集市歌、申遗、改名、选形象大使、建地标外,对于征集城市口号也热情高涨。前有"红"遍全国的"宜春,一座叫春的城市"的笑话,后有"我靠重庆,凉城利川"的惊人之语。城市口号屡屡遭受质疑,专家指出出现这一问题的原因是:"定位混乱、推广不力、缺乏国际视野、设计粗糙、公众参与度不足。"[②]整理当今国内的城市口号存在的问题,会发现很少有能划到以下四类之外的:

一是某某之都或某某之城,这个最简单,有什么出产,有什么产业,填上就得。

二是由苏杭领队的"天堂在人间",天堂、仙境、伊甸园成了许多城市的标签:"焦作山水,人间仙境"(焦作);"东方不老岛,海山仙子园"(浙江象山县);"小商品的海洋,购物者的天堂"(义乌),等等。其实把某某之都,直接改成某某天堂,一般都无不可。

三是"桂林山水甲天下"的成功,引发"山水类"口号扎堆:"福山福水福州游";"奇山秀水绿南宁";"多情山水,天下洲城"(长沙)。以中国的地貌,大部分城市要找出些小山小水都不难,这些山水是否有代表性?还是和房地产开发商宣传用的山水家园、山水花苑一样,只是个噱头?

四是给西方地名做"二房"。如在宣传中自比"东方日内瓦"的地区,就有石家庄、秦皇岛、肇庆、昆明、大理、巢湖、无锡、上海崇明等,还不算自称"东方小日内瓦"的,以及把发展目标定为"即将建成东方日内瓦"的。[③]

专家指出,"要么因为主流意识形态话语的强大惯性而显得很'虚',要么出于市场利益诉求而太'实',这是目前城市口号的两种极端化表现",而城市口号出现克隆现象有两个原因:一是对城市的历史与现状不了解;二是对城市未来的发展

---

① 《襄阳百万造郭靖黄蓉像——城市文化形象何去何从》,中国文化传媒网2013年1月22日。

② 《失落的城市精神》,中国经济网2012年7月9日。

③ 《无比正确的废话》,中国经济网2012年7月9日。

之路也不了解。[1] 城市广告频频出位、雷人，是突出了地方形象，还是亵渎了城市文化，这是个值得深思的问题。

三、文化事业与非物质文化遗产保护

1. 文化服务

1.1 25 省份公共文化人均投入"不及格"

据财政部数据显示，2012 年中央财政安排公共文化服务体系建设资金 155.21 亿元，比 2011 年增加 25.66 亿元，增长 19.81%。此项资金主要用于五个方面：继续支持实施重点文化惠民工程，安排广播电视"村村通"、乡镇和社区综合文化站、全国文化信息资源共享工程、农家书屋工程、广播电视直播卫星"户户通"工程专项资金 34.09 亿元；稳步推进公益性文化设施向社会免费开放，安排博物馆、纪念馆、美术馆、公共图书馆等免费开放专项资金 48.92 亿元；支持加强农村文化建设，安排资金 40.29 亿元，支持基层开展具有地方特色的群众文体活动；支持提升公共文化机构服务能力，安排资金 27.91 亿元，支持地方改善县级以上（含县）文化、文物、体育等单位设施条件；支持加快公共数字文化建设，安排资金 4 亿元，推进数字图书馆工程和基层公共电子阅览室建设。事实上，近年来，中央财政不断加大投入力度，支持构建覆盖城乡的公共文化服务体系，2003 年至 2012 年已累计投入 580.11 亿元，年均增长 82.2%。[2] 但看似巨大的财政投入，均摊到地方、人均的话，结果仍不甚理想。

据 2012 年《中国统计年鉴》、《中国文化文物统计年鉴》和《中国公共文化服务发展报告》等列出的权威数据整合而成的《2012 年中国公共文化服务发展报告》，通过分析中国 31 个省市自治区公共文化服务体系建设的现状、经验及其发展特点指出，2012 年度，国内多数省区市的公共文化投入总量少、比重低，公共文化服务人均投入和人均文化事业费普遍"不及格"，存在很大的提升和发展空间。从总量排名来看，全国公共文化服务综合指数总量排在前 3 位的是：广东（89.08 分）、江苏（83.76 分）、浙江（81.15 分），依然和 2011 年一样；人均排在前三位的是：上海（92.06 分）、北京（77.83 分）、浙江（74.60 分），与 2011 年相比，前两名不变，浙江从第 4 名进入第 3 名，天津则从第 3 名下降为第 4 名。从具体单项来看，人均文化事业费的全国平均值是 35.86 元，有 21 个省市自治区低于平均水平，这表明许多省市自治区公共文化投入严重不足，不仅总量少、比重低，而且群众最直接感受

① 《失落的城市精神》，中国经济网 2012 年 7 月 9 日。

② 《2012 年中央财政投入公共文化建设 155.21 亿元》，《中国新闻出版报》2013 年 2 月 5 日。

到的人均文化事业费也大都明显偏低,在这方面政府有很大的提升和发展空间。[①]

1.2 博物馆事业发展的新问题与新方式

第三届中国特色世界城市论坛以"推进公共文化服务,建设先进文化之都"为主题,指出了文化是一个国家内部的凝聚力和对外的影响力的关键因素。会上有专家直指"中国现在发展太快,出现了一些浮躁之风、铺张浪费的现象,像内地一些城市建设大量的博物馆、文化馆、图书馆等,但远离老百姓,甚至沦为领导参观之用"。[②] 给看似美好的城市文化场馆建设打了一个大大的问号。

较之西方发达国家,我国博物馆在专业水平、管理水平、社会服务能力等方面尚有差距。虽然自2008年年初博物馆免费开放工作启动以来,全国已有1804个博物馆纪念馆实现免费开放,年接待观众5.2亿人次。然而,随着免费开放的深入开展,社会和公众对博物馆的需求越来越多,要求越来越高,博物馆面临的挑战也愈发严峻。[③] 除了满足公众各种各样的人性化服务要求与高品质内容需求,在新的历史条件下,如何提升专业化、现代化和社会化水平,推进管理体制和运行机制创新,强化社会服务,构建充满生机和活力的公共文化服务体系,更是我国博物馆事业发展面临的主要任务。

近年来,随着数字技术的发展,数字化能够为博物馆带来新的展示方式,文物数据库的建立也使得查阅更加便捷。对博物馆而言,数字化是一种非常有效地促进、增加博物馆正面功能的手段。但是,数字化展示并不能取代实物展览。卢浮宫、大英博物馆、艾尔米塔什冬宫等国际知名博物馆仅在导览、登记、检索等服务设施上采用数字技术。毕竟,博物馆不是电影院,其基本功能是展示实物,需要依靠各种文物证据复原过去、解释历史。[④] 而以"中国博物馆数字化建设十年回顾与未来展望"和"文化遗产三维影像的采集与应用"为主题的"第十一届博物馆数字化推广论坛暨十周年纪念学术年会"就是针对全国近年来文化遗产影像采集中普遍存在的问题而展开讨论的,其重点在于解决影像采集拍摄中的品质问题。[⑤]

2. 文化创新

2.1 最有影响力论文一成"中国造"

英国《自然》杂志(*Nature*)发布的《自然出版指数2011中国》报告称,中国在《自然》系列期刊上发表论文的比率已经超过6%,在全球最有影响力的论文中,超

---

① 《上海人均文化服务全国最好 中国公共文化服务发展报告出炉》,上海市政府网站2013年4月25日。

② 杜燕:《专家指中国文化事业遭遇"误会"》,中国新闻网2012年4月7日。

③ 李韵:《观众七大新要求,博物馆如何应对?》,《光明日报》2012年5月18日。

④ 张春海:《我国博物馆进入快速发展期》,《中国社会科学报》2012年5月18日。

⑤ 《全国博物馆论坛召开》,《南方日报》2012年11月14日。

过10%来自中国科学家——多个数据表明,中国在发表论文和科学研究两方面有望成为全球的领导者。

2011年,全球在《自然》系列期刊上发表论文的总量为3425篇,其中中国在《自然》系列期刊上发表论文225篇,占6.6%,与2010年的152篇相比,增长显著。而与2000年的12篇相比,更是不可同日而语。该报告利用ISI(美国科学信息研究所)数据分析发现,在全球最有影响力的论文,即引用率最高的1%的论文中,超过10%是由中国科学家发表的。这一比率从2001年的1.85%增加到了2011年的11.3%,名列全球第4。在发表高质量的科研论文方面,2011年中国十大城市依次是北京、上海、合肥、香港、南京、武汉、厦门、杭州、深圳和西安。这十个城市发表论文的总量约占全国86%。[①] 与此同时,中国科学技术信息研究所预测,中国国际科技论文被引用次数有望在2014年进入世界第5位,提前实现《国家中长期科技发展规划纲要》和《国家"十二五"科学和技术发展规划》目标。数据显示,中国国际热点论文数量排在世界第5位。热点论文指的是在发表之后2年内就得到大量引用的论文,往往反映了最新的科学发现和研究动向,可以说是科学研究前沿的风向标。热点论文往往就是被引用次数排在各学科前1‰的论文,并且在未来的更长时间内会产生广泛的学术影响。截至2011年11月,中国热点论文数为196篇,占世界热点论文总数的9.9%,排在世界第5位,比2010年上升1位。美国热点论文数最多,为1070篇。其次为英国、德国和法国,中国在2011年超越了加拿大。中国发表在各学科领域代表性期刊的论文数量排在世界第2位。各学科影响因子居首位的期刊可以被看做是世界各学科领域有代表性的重要期刊。2010年这类期刊共有173种。中国在这些学术期刊上发表的论文数量大幅上升到5203篇,排在世界第2位。2005年至2010年,中国在各学科领域代表性期刊上发表的论文数量年均增长率高达23.3%,显著高于同期中国SCI论文总数的年均增长率(15.5%)。[②]

2.2 中华文明历史题材美术创作工程

作为迄今为止中国最大规模的主题性美术创作工程,"中华文明历史题材美术创作工程"计划历时5年,将用绘画、雕塑等视觉艺术形式来呈现煌煌五千年的历史文明。

"中华文明历史题材美术创作工程"将与"国家重大历史题材美术创作工程"(文化部、财政部主办)以姐妹篇形式前后衔接,依托丰富的历史素材和研究资料,运用造型艺术的表现形式,共同谱写出一部完整而精彩的图像艺术的中国历史。

① 许琦敏:《最有影响力论文一成"中国造"》,《文汇报》2012年5月25日。
② 陈磊:《中国高被引论文数量2014年将跃居全球第二》,《科技日报》2012年8月13日。

改革开放30年以来,我国的经济发展、社会建设取得了令人瞩目的成就。党和国家高度重视文化艺术的发展,国家"十二五"规划和党的十七届六中全会将推动社会主义文化大发展大繁荣提到党和国家全局战略的高度,提出了"建设社会主义文化强国"的战略目标。"中华文明历史题材美术创作工程"正是在其精神的指引下,为弘扬中华民族伟大精神、推动社会主义文艺事业、彰显当代中国美术魅力、满足人民精神文化需求所推出的一项美术创作举措,旨在通过形象化的艺术创作"助人伦、成教化",以充沛的激情、多彩的笔墨、感人的形象,努力创作一批无愧于时代、无愧于历史、无愧于人民的优秀作品。"创作工程"的实施,不仅将为中华民族重塑文明形象贡献力量,为国家留下一批物质和精神财富,为人民大众留下丰厚精神产品,也将为推动中国美术事业的进一步繁荣发展,为中华民族的伟大复兴做出应有贡献。①

该工程主要表现自公元前有中华人文活动记载以来至1840年这段漫长的历史发展时期,即中国史前社会、原始社会、奴隶社会、封建社会所发生的重大历史事件、历史史实、涌现的杰出人物和文明成果。美术创作工程选题实施方案提供150个选题和简介。选题和简介旨在为创作者提供创作的历史背景和空间,并非作品的标题、名称。创作者可根据选题所提示的范围,自由选取素材和角度进行创作。作品形式为中国画、油画、版画和雕塑(包括壁画、浮雕)。其中,中国画约占35%左右,油画约占35%左右,版画约占10%左右,雕塑约占20%左右。②

3. 文化遗产保护

3.1 《中国世界文化遗产预备名单》更新

在2012年11月18日召开的全国世界文化遗产工作会议上,国家文物局公布了更新后的《中国世界文化遗产预备名单》。更新后的名单涉及28个省、市、自治区以及香港特别行政区,比2006年12月公布名单的35项增加10项。

经过对比发现,旧名单中,开平碉楼及村落、福建土楼、五台山、登封"天地之中"历史建筑群、杭州西湖文化景观、元上都遗址6项文化遗产已申遗成功,先后列入《世界遗产名录》,而北京云居寺塔、藏经洞及石经、晋商大院、江西省瑞昌市铜岭铜矿遗址、临淄齐国故都与齐王陵等4项,以及"苏州古典园林"、"皖南古村落"、"曲阜孔庙、孔府、孔林"等3个扩展项目无缘新名单。此次公布的新名单呈现三个显著特点:首先是类型扩展。其次,打包项目成为常态。第三,涉及少数民族文化的项目大幅增加。对于《中国世界文化遗产预备名单》重新洗牌的原因,主要出于三方面考虑:一是各地申报世界文化遗产的热情持续高涨,多个省市向国

① 《中华文明历史题材美术创作工程在京启动》,人民网2011年12月19日。
② 《"中华文明历史题材美术创作工程"150个选题公布》,人民网2012年5月25日。

家文物局申请将一些价值突出、申遗潜力大的文化遗产项目列入预备名单；同时，世界遗产委员会关于世界遗产的申报要求越来越严格，文化景观、文化线路、工业遗产等新的遗产类型日益受到重视，原有的预备名单中新型遗产数量较少；另一方面，相当一部分原预备名单项目地方政府未予重视，申遗工作没有实质性进展，不具备近期申遗的基本条件。为此，国家文物局于2011年4月启动预备名单重设工作，按照世界遗产申报的趋势和要求，尽量吸纳一些申报积极性高、遗产价值突出、保护管理状况良好的遗产项目，剔除那些工作长期停滞的项目，以提高预备名单质量，充分发挥预备名单作为世界遗产申报项目储备的重要作用。[①]

值得关注的是，新名单中，联合申遗项目成为热点，农业遗产、文化线路等新型遗产以及少数民族遗产项目受到更大重视。尤为重要的是，名单将采取动态管理，因保护管理不善致使遗产价值受到严重损害的项目将从《预备名单》中除名。[②]

3.2 文化遗产保护的难题

中国民间文艺家协会主席冯骥才曾说："中华民族最久远绵长的根不在城市中，而是深深扎根在古村里。中国最大的物质文化与非物质文化遗产的复合和总合是古村落。"然而，由于"新农村"建设和城镇化进程中蕴含的极大商机、政绩，古村落的消亡近年来进入了高潮。中国民间文艺家协会的普查结果显示，我国230万个村庄中，依旧保存与自然相融合的村落规划、代表性民居、经典建筑、民俗和非物质文化遗产的古村落，已由2005年的约5000个锐减至不到3000个。[③]

有人对古村落做出这样的描述：在一个地域边界内聚族而居，有家族血缘性和区域地缘性；村落择吉而居、因地制宜、就地取材，融诗情画意于村落园林景观之中；村寨里有创业始祖的传说、遗训族规、家族大事记的庆典和缅怀先祖的祭祀活动等。[④] 出于战时迁徙或避世的初衷，先祖们选址往往中意偏僻之处、险要之所，导致古村近现代交通多欠发达，与外界沟通有限。也正因如此，古村多未参与上世纪初的工业大发展，从而保留了典型的农业时代生产生活模式。但在上世纪下半叶，生产力的发展导致了旧生产关系的瓦解，带给农村地区前所未有的冲击。[⑤] 而城市化进程将这些鲜为人知的古村落推出了"桃花源"。

调查显示，这些被誉为"中国第三建筑体系"的乡土体系中，有人居住的古建筑多保持完好，而一些无人之所的墙体裂缝则令人瞠目。除了木质建筑及土夯墙

---

① 李韵：《国家文物局重设〈中国世界文化遗产预备名单〉》，《光明日报》2012年11月18日。

② 《更新〈中国世界文化遗产预备名单〉将实行动态管理以"申报"促"保护"》，中国文化传媒网2012年11月29日。

③ 单颖文：《7年间少了2000个古村落》，《文汇报》2012年5月30日。

④ 李霏霏、颜铭：《古村落保护：生死线上的乡土记忆》，《环球时报》2013年3月26日。

⑤ 《"保护古村落比保护故宫还难"》，《文汇报》2012年5月30日。

的自然因素,"空心化"也是古村落逐渐败落的重要原因。① 有专家指出,保护古村落比保护故宫还难。因为故宫的价值众所周知,但"乡土民居"的价值鲜有人关心,而现代文明生活与保护古村落之间又矛盾重重。古村落是中国文化的根植所在,是物质文化遗产和非物质文化遗产的有机结合体,是中国最大的文化遗产。古村落的毁坏,意味着千百年来经过人们世世代代传承的历史文化积淀的消失,这种巨大的精神损失永远无法弥补。但我们也看到,在对古村落的保护开发过程中,政府、民间保护组织、企业,几种力量集合在一起,越来越多的村民在无干预的情况下已经开始自发保护,筹措资金,寻找创意,这不失为一种好的选择。让原住民拥有对家园更多的话语权、自治权,将他们的利益纳入保护开发计划中,是否会为古村落可以保有最本真的原生态增加一分可能性呢?正如冯骥才所说,莫让如厚厚古书的传统村落,还来不及被翻阅,就已经消亡。②

3.3 文化保护的成功样本

在人类学的视阈中,文化共同体的同向行为通常具有可平衡和可调适的结构性特征,这为我们正确处理好非物质文化遗产保护与旅游开发之间的关系提供了一种可能性。在我国建设国家级文化生态保护区的背景下,平遥县以鲜明的自主性对现代性进行本土化改造,具有地方传统文化与旅游市场相互促进的战略视野。它的经验告诉我们,使用现代性技术来保护文化生态,发挥文化主体的能动性无疑是这种互动模式的关键所在。③

除此以外,文化与资本的结合也为文化保护提供了一种思路。2012 年 4 月 11 日,位于常熟的江苏天堂卡通文化传播有限公司与美国华尔街知名投资银行卡贝基金签订合约,成功获得 1.8 亿元风险投资,成为江苏省首家获得国际风投公司注资的文化创意企业。常熟素有"崇文尚礼、诗性秀美"的文化特质,历史上,以虞山命名的琴、诗、画、印以及书法等文艺流派都曾享誉海内外。把物质文化遗产与非物质文化遗产保护相融合,并实现互动发展,是近年来常熟文化保护的一大亮点。除率先在江苏省公布首批常熟市非物质文化遗产代表作名录、建成全市非物质文化遗产数据库外,常熟还成立了专门的文化保护机构,设立财政专项经费,以品牌意识塑造传承载体,着力打造"中国古琴江南保护基地"、"中国民间艺术之乡"、"中国曲艺之乡"。非物质文化遗产的保护,传承是核心。而传承的根本,在于载体。依托自身产业基础和自然人文资源,常熟建设了常熟东南文化创意产业园、沙家浜江南水乡影视产业园、虞山尚湖江南文化博览园等首批 5 个文化产业

---

① 《"保护古村落比保护故宫还难"》,《文汇报》2012 年 5 月 30 日。

② 李霏霏、颜铭:《古村落保护:生死线上的乡土记忆》,《环球时报》2013 年 3 月 26 日。

③ 袁年兴:《文化生态保护区的平遥经验》,《中国社会科学报》2012 年 5 月 21 日。

示范基地。截至2011年年底,常熟市文化产业企业达2200多家,文化产业增加值87.1亿元,占全市GDP比重的5.06%。文化产业已成为常熟经济新的增长点。①

四、都市社会与精神生态一瞥

1. 生活方式的创意

1.1 家庭生活的新方式

前几年,吃饭由饭店送餐,洗衣送洗衣房,家庭清洁请钟点工,买、汏、烧都发包出去的生活方式已经成为大都市白领的普遍选择,而近两年,由于高端商务人士的需要,五星级酒店开始纷纷在中国推出酒店式公寓,用优质服务赢得客人的心,用更加贴心、周到的生活服务吸引顾客。相比较传统的五星级酒店,酒店式公寓提供的不仅是住宿,而是将豪宅的感觉和五星级酒店的服务结合在一起,为客人提供管家、保姆等服务,营造和谐的社交氛围,营造"家"的感觉。② 家庭生活方式正变得越来越多元。

一方面,人们在不是"家"的地方居住、生活、交际,另一方面,有"家"的年轻夫妻们却过着两地分居的"周末夫妻"的"新时尚"生活。由此演变出来的还有"半糖夫妻"(同城分居的婚姻方式,即夫妻二人在工作日独自生活,周末共同生活。这是流行于高学历、高收入的年轻都市夫妻的一种全新婚姻模式)、周末婚(男女双方领了结婚证,在法律名义上是夫妻,但在周一到周五工作日,住各自的房子,过各自的单身生活,只是在周末聚居在一起,过夫妻生活)、周末父母(一些年轻父母,因为忙于自己的事业,将孩子交给爷爷奶奶或外公外婆照顾,或把孩子全托,只有等到周末才把孩子接回家,一起生活几天,培养亲情)等,如此种种,或者是由于工作原因,或者是出于对个人独立空间的追求,越来越多的夫妻往往要隔十天半个月才能聚上一回,而在这些"周末夫妻"中,发生家庭危机的几率正在迅速上升。心理专家表示,中国夫妇的婚姻处于"高稳定、低质量"的状况,离婚率不超过20%,远远低于西方国家,但婚姻质量却很低,夫妇间心理沟通严重不足。普通夫妇间的交流沟通都不足,"周末夫妻"间的地域差距更是在夫妻间造了条鸿沟。③

1.2 新的消费方式需要更合理的行业规范

10年前,网购还是人们半信半疑的新生事物;2012年,它以"疯狂"的姿态证实自己是强大而不可忽视的存在。每天8亿件商品待售、6000万人次"逛店"、平均每分钟售出4.8万件货品——这不是凭空想象,而是真实数据勾画出的网购图

---

① 苏雁、许学建:《"常熟样本"助推文化保护传承》,《光明日报》2012年5月26日。

② 虞晔:《酒店公寓营造"上海的家"》,《环球时报》2012年5月23日。

③ 《"周末夫妻"引发中国婚姻生活新病症》,网易2012年4月7日。

景。[①] 据中国商业联合会的统计数据,2012 年中国国内网购销售规模超万亿,达到 13040.0 亿元。[②] 仅 11 月 11 日的“光棍节”网上促销,阿里巴巴(包括天猫商城和淘宝网)一天就实现交易额 191 亿元,相当于北京王府井百货集团 2011 年全年的销售额。另外有调查显示,从全球来看,中国消费者网购的频率最高,达到欧洲消费者的 4 倍,是美国和英国消费者的近两倍。[③]

随着网购业务的迅速扩张,快递业务的实际营业额也节节飙升,据国家统计局发布的 2012 年国民经济和社会发展统计公报显示,2012 年全年我国完成快递业务量 56.85 亿件。[④] 但由此带来的各类纠纷也愈演愈烈,2012 年 12 月,央视等媒体就曾先后曝光过快递行业的种种黑幕,央视记者通过实地暗访快递公司的仓库、分公司,并采访快递公司分拣员以及与快递公司交往频繁的淘宝店主发现,快递业野蛮分拣、拒绝赔偿、私自倒卖无主邮件等闻所未闻的乱象层出不穷。[⑤] 这不得不逼迫人们开始重新思考、审视这一新兴行业的合法性问题。虽然《快递服务》系列国家标准于 2012 年 5 月 1 日起已正式实施,且在新《快递服务》国家标准中,明确规定了“先验货再签字、寄件前要验视、延误要赔偿”等内容,但调查发现,这个标准实施颇有难度。在实际操作中,大部分的快递企业都不能严格执行。有快递企业如此表示,“新国标”只是指导意见,并不是强制性措施,而完全根据“新国标”操作,快递公司必须增加更多的人力、物力才有可操作性,这将造成营业成本进一步上升,因此在短时间内执行较难。[⑥]

1.3 奢侈品消费的“欲望”与“实力”

自 20 世纪 70 年代皮尔·卡丹进入中国,已有数百个外国奢侈品品牌在中国营销。有专家表示,中国消费者对奢侈品的认知深度和广度在不断提升,一线城市消费者已经比较理性和成熟。还有一个现象就是,奢侈品消费从面子消费转向商务馈赠和投资收藏,这也是中国奢侈品消费理念提升的表现。不过,中国消费者对品牌的层次感还不是很清楚。比如,在一、二、三线城市,说起路易·威登,古驰大多数人都知道,但普拉达、菲拉格慕等品牌,在二、三线城市认知度就降低了。[⑦]

随着全球经济发展脚步的放缓,昔日贪婪的投资者现在开始平静下来,见证一个又一个泡沫的破裂。在经历房地产价格下跌的阵痛后,拉菲红酒和龙井茶,

---

① 《走过 2012:亲,这一年,你网购了吗?》,新华网 2012 年 12 月 23 日。

② 黄渊普:《2012 中国网络购物市场交易规模超 1.3 万亿》,艾瑞咨询 2013 年 1 月 28 日。

③ 《2012 国内网购规模超万亿》,《法制晚报》2013 年 1 月 10 日。

④ 《国家统计局:2012 年快递业务量为 56.8 亿件》,中国经济网 2013 年 2 月 22 日。

⑤ 《中国快递业乱象或依旧 规范化整治势在必行》,新华网 2013 年 4 月 23 日。

⑥ 《新〈快递服务〉国家标准实施有难度》,萧山网 2012 年 8 月 27 日。

⑦ 段聪聪:《奢侈品牌在中国急需培养“文化味”》《环球时报》2012 年 5 月 26 日。

也开始"掉价"。随着买家日趋小心、信用额度收缩以及商业信心下滑,众多行业的价格水平都在下跌。过去几年,拉菲红酒一直是中国超级富豪的最爱。有报道称,在2011年泡沫顶峰时期,中国一家时髦餐厅的宴会上消费的拉菲红酒的价格为每瓶5万元人民币。另有报道称,一瓶2008年的拉菲红酒的价格已从高峰时期的每瓶1.6万元下跌到八九千元。①

虽然在高端奢侈品消费上,国人的能力与品位都有待提升,但在一些原本不属于"奢侈品消费"的事物上,攀比、跟风的心态却愈演愈烈。2012年1月13日,随着iPhone4S在内地开售,一股苹果旋风强势登陆,成千上万的"果粉"不惧严寒和拥挤,通宵排队,黄牛之战也随之打响,更有购机心切的人群因不满专卖店未能按时发售而向其扔鸡蛋甚至砸店。抢购苹果新品越来越成为时下潮流,不少高校学生更以拥有"爱疯"机为奋斗目标,并深深沉迷在iPhone、iPad等苹果产品带来的满足感中无以自拔。网络上大学生为买iPhone陪睡、为得到最新苹果机不惜卖肾等事件不断盛传,在新品iPhone4S发行之际更有网友发出"iPhone4S出来了,可是我只有一个肾了啊"的笑谈。种种光怪陆离的事件的发生让人们在感叹苹果机对国人的非凡吸引力的同时,也质疑着当代中国人价值观的严重偏移。② 甚至有外媒称,中国人为了显示身份而购买苹果的产品。③ 但根据瑞士联合银行(UBS)2012年9月发布的报告显示,即使是北京和上海这样的国内一线城市的人均购买力在全球仍属于最低一档,仅为最高城市苏黎世和纽约的1/3,约为香港和台北的4到5成。因此,尽管中国是全世界使用iPhone人口最多的国家,离"富裕"的道路依然太远。④

2. 国人的"食"与"性"

2.1　城市富人迷上西方食品

中国社会的一个新阶层——城市富人正快速壮大,他们培养出对西方品牌的品味,从普拉达到古奇,还有法国葡萄酒、西班牙橄榄油和英国饼干与啤酒。但专家指出,中国的消费者"太过概念化",总是把葡萄酒与法国联系起来,把巧克力同比利时联系起来,把威士忌同苏格兰联系起来。这种肤浅的认识方式显示出国人在消费洋货时普遍缺少的"文化味"。⑤

虽然,国人对西方商品的认识还有待纠正,如一些在国外属于大众消费的商品常常会被视为"高端产品"。但英国的食品、饮料制造商和零售企业都强烈意识

① 格雷斯·吴:《奢侈品泡沫开始破裂》《环球时报》2012年5月24日。
② 黄裕嘉:《"苹果热"何以高烧难退》,《联合早报网》2012年3月10日。
③ 《年中盘点:法新社批国人买苹果为显身份》,中关村在线2012年6月25日。
④ 《iPhone相当于奢侈品 中国工薪族还不够档次》,iPhone中文网2012年10月26日。
⑤ 朱莉娅·克莱威:《城市富人迷上西方食品》,《环球时报》2012年5月22日。

到了中国人对西方食品猛增的嗜好。中国人对西方食品的兴趣的急速增加,让越来越多的英国企业希望从日益繁荣的中国食品杂货市场上分得一杯羹。中国人的饮食习惯已开始效仿西方人,越来越多的中产阶级把麦片粥而非稀米粥当成早饭,使用茶包而非传统茶叶来泡茶……在不断增长的人口、向更贵食品的转向及强劲经济增长的推动下,中国终于超越美国成为世界上最大的食品和杂货市场。预计其增速将是美国的两倍,到 2015 年时规模将达 9500 亿英镑。①

中国人喜欢西方食品的一个原因是"面子"。有调查显示,许多西方食品如饼干和巧克力,被消费者买来作为礼物送给别人或作为犒劳自己的奖赏。② 而且人们往往认为在西餐厅约会是一件浪漫的事情。尽管价格比普通中餐厅贵,但西餐厅的环境更好、服务更好。另外,食品安全也是中国消费者欢迎海外食品的重要原因之一。③

2.2 "舌尖"上的另一个中国

相比较西方国家食品受到的追捧,中国的食品安全问题一直是笼罩在每个国人头上的阴霾。多次调查表明,政府监管部门难以让市民确信食品安全能够实现。④ 原因在于,我国的食品安全问题,主要是违法犯罪问题。西方发达国家的食品安全工作,主要是与致病性微生物等有害物质做斗争。而我们在与致病性微生物等有害物质做斗争的同时,更要花费极大的精力与违法犯罪分子做斗争。可以说,故意违法犯罪活动猖獗,是影响我国食品安全的突出矛盾和主要症结之一。⑤

有媒体总结了 2012 年中国食品安全问题中影响较大的八大事件:

1. 麦当劳过期产品加工出售:麦当劳规定甜品派应在炸出 90 分钟内销售。原本快到期的甜品派,员工更换包装,将标注时间向后推迟一个小时。吉士片过期几个小时后仍然被员工用做早餐吉士蛋汉堡。经央视"3·15 晚会"曝光后,麦当劳称,将就这一个别事件立即进行认真调查,并坚决严肃处理,以实际行动向消费者表示歉意。

2. 雅培奶粉不符合安全标准:英国研究公司报告称,雅培送检样品中乳清蛋白对酪蛋白的比例很低,未达到国际标准和中国最低标准,照此数据,雅培有可能导致新生婴儿肠道出血、营养不良、腹泻及对其肾脏功能造成很大的压力。最后,雅培请第三方独立检测机构进行检测,确认符合中国国家食品安全标准。公司承

① 朱莉娅·克莱威:《城市富人迷上西方食品》,《环球时报》2012 年 5 月 22 日。

② 朱莉娅·克莱威:《城市富人迷上西方食品》,《环球时报》2012 年 5 月 22 日。

③ 克利福德·库南:《〈爱尔兰时报〉:西方食品在中国大受欢迎》,王晓雄译,《环球时报》2012 年 5 月 21 日。

④ 卡鲁姆·迈克里德:《舌尖上的另一个中国》,《环球时报》2012 年 5 月 30 日。

⑤ 《中国食品安全问题多是人为的》,《齐鲁晚报》2013 年 5 月 9 日。

认,CER 检测的为港版奶粉,此次检测为内地版喜康力。上海出入境检验检疫局也曾表示,未发现进口雅培金装喜康宝婴儿配方奶粉不符合我国法规标准要求。

3. 立顿茶叶上禁用农药超标:绿色和平环保组织的一份报告显示:“立顿”多种系列茶叶均含有被国家禁止在茶叶上使用的多种农药。其铁观音含有禁用的三氯杀螨醇,其绿茶含有禁用的硫丹。中国茶叶流通协会发表声明,报告中检测的“立顿”茶样品全部符合国家标准。结果是联合利华宣称,因为我们现行国家茶叶卫生标准中农药残留限量指标明显偏低,涉及农药种类太少,且未将茶园禁用农药限量指标列入其中。在登记允许使用的 600 多种农药中,只有不到 30 种农药有针对茶叶的残留标准。

4. 伊利部分批次奶粉汞超标:国家质检总局对婴幼儿配方乳粉汞含量进行了专项应急检测,发现伊利部分批次奶粉出现汞超标。伊利湖南分公司市场部表示,购买伊利全优 2、3、4 段乳粉的市民,可以选择在购买处退货退款。公司称对此次召回事件造成的影响深表歉意。并将全力做好产品召回事件的后续相关工作。

5. 古井贡酒部分酒用食用酒精勾兑:古井贡酒从安徽瑞福祥食品有限公司采购酒精 4551.49 万元,折算约为 6596 吨。业内人士怀疑古井贡酒中有部分用酒精勾兑出来。酒精的乙醇含量大于 95%,对人体伤害较大。外购优质白酒勾兑,每吨白酒要 3 万至 4 万元基酒,而使用食用酒精,每吨成本却只要 8000 元至 9000 元。对此,古井贡酒回应称,确实存在部分酒用食用酒精勾兑的情况。这主要是用在液态发酵白酒上,液态发酵一般会使用食用酒精勾兑,公司主要是在部分低端酒的发酵过程中才会使用食用酒精,高端的酒不会用到。

6. 健康元生物公司采购地沟油制药:宁波市中院于 8 月 28 日开庭审理的全国首例特大地沟油案件中,河南惠康及其关联企业与焦作健康元签订购销合同,共销售 1.62 万吨地沟油,金额高达 1.45 亿元。采购地沟油已成事实,但健康元公司依然在辩解。令人感叹:健康元公司竟然要为地沟油“正名”。

7. 光明牛奶酸败:分布在上海杨浦、浦东、金山、长宁等区的牛奶订户发现,通过“光明随心订”订购的 220 毫升装小口瓶鲜牛奶,送到家中后出现了异味变质。此前,安徽省颍上县部分学生食用光明乳业配送的牛奶后,78 名学生身体不适,6 名学生出现呕吐。光明方面的解释是:配送过程中车辆温度没达标导致产品酸败。对此光明对消费者表示了深深的歉意,第一时间派专业人员上门进行处理,根据消费者的意愿进行退货、补货或者退款。光明方面同时承诺,会对产品移库过程加强监督管理,避免类似事件的发生。

8. 白酒塑化剂超标:将酒鬼酒送第三方检测后发现,酒鬼酒塑化剂超标高达 260%,长期食用塑化剂超标的食品,会损害男性生殖能力,促使女性性早熟以及对免疫系统和消化系统造成伤害,甚至会毒害人类基因。酒鬼酒回应,根据欧洲食品安全局推荐的人体可以耐受摄入量,按照我国人均预期寿命,在适量的情况下,不会对健康造成损害,可以放心饮用。并且声称,被检出塑化剂超标的50度酒鬼酒市场存货为5000万元,公司没有产品召回计划。如果经销商要退货,公司会收;若不退,公司不予处理,因为质监局尚无塑化剂含量的具体要求。[①]

用传统的方式来宣传食品安全的问题,难以产生大的效应;而用网站宣传,效果显著,网站群体参与性比较强,容易产生影响,尤其是用Web2.0的方式能更有效地把问题反映出来,能传达更多的专业知识。因此,"掷出窗外"应时而生了。"掷出窗外"网定位为关于食品安全问题曝光新闻的搜集、整理和展示类网站,收录了全国有明确来源、有受害者的2000多条有害食品记录,可以按省份、食品种类来查询,被网友称为"有毒食品警告网站"。该网站有时一天能吸引100万点击量。该网站的创办者说,舌尖上存在两种中国。一个是拥有传统饮食文化和悠久历史的中国,另一个则是"掷出窗外"中显示的中国,黑心商贩制作黑心食品,并且拥有庞大的市场。[②] "掷出窗外"网站走红后,政府部门也有了动作。3月29日,上海正式开通启用了食品安全投诉热线"12331",消费者在上海遇到任何食品安全类问题,都可以直接拨打热线咨询、投诉和举报,从而彻底解决了食品安全举报电话号码多,消费者记不住,也分不清该向哪个部门投诉举报的难题。[③] 可以说,这是民间力量对中国食品安全制度的一次有力推动。

西方国家普遍适用的"株连九族"式安全法是保障食品品质的较好办法。如美国的食品召回制度、建立国内外食品厂商登记制度以及设立许多机构通过其研究、检测、预防等工作协助食品安全工作。欧盟在食品安全方面虽然没有根本法,但有很多法令、法规和标准,这些法律法规包括食品安全的一般原则、食品链的污染和环境因素、植物卫生检查、粮食卫生、以及国际间食品安全的规定等,自1996年英国发现疯牛病以来,欧盟的食品安全立法的重心由保障食品供应转移到了保护消费者健康上,欧盟委员会于2000年发表了《食品安全白皮书》,提出食品安全管理应当是从农田到餐桌的一系列环节的综合管理,成为欧盟食品新政策的基础。日本则建立了"优良农业产品认证制度",进入日本的食用农产品必须详细表明产品的各种信息和数据,消费者通过互联网或零售店就可以查询。并且在食品安全管理上,日本强调国家、地方政府和民间法人三位一体,任何一个环节出了问题都要负责任。[④]

---

① 鄢忠:《2012食品安全八大事件:地沟油制药 牛奶酸败等》,《西安晚报》2012年12月28日。

② 卡鲁姆·迈克里德:《舌尖上的另一个中国》,《环球时报》2012年5月30日。

③ 《复旦研究生创办食品安全网站 一度访问过大瘫痪》,《钱江晚报》2012年5月6日。

④ 王峥:《发达国家食品安全法制发展及启示》,《理论月刊》2006年第5期。

2.3　美与丑的界限

据《纽约时报》报道,继美国和巴西后,中国成为全球第三整容大国。而韩国驻华使馆的数据又显示,2011 年韩国方面为赴韩整容的中国游客发放了 1073 份签证,总数较 2010 年上升了 386%,意味着过去一年中国赴韩整形人数增近 4 倍[①],印证了"'美'不能定量批发,但美人可以"的事实。

2012 年盛夏,网络上关于选美小姐的议论不断,先是国际小姐重庆赛区前三名中枪,紧接着横空出世的环球比基尼山东赛区三甲令网友更为震惊,此后的环球小姐海南赛区三强、世界比基尼小姐湖北赛区三强均未能幸免于难。现代选美历史已近百年,但如今不争的事实是:优秀人才不再以选美为生涯出路,观众也已严重审美疲劳。当选美变成一锅缺乏制约和规范的大杂烩时,所谓的乱象,就成为了必然。尽管偶有清流,但纷纷扰扰的选丑,闹闹哄哄的名利,熙来攘往的商家,雁过拔毛的主办方,仍然构成了中国选美十年之现状。[②] 而当这些闹哄哄的"选美"变成了"选丑"大赛,从地地道道的娱乐新闻,变成地地道道的"时政新闻",让公众不得不怀疑这些选美大赛背后有没有暗箱操作。

3. 青少年与女性文化

3.1　谁是偶像?

据中国青少年研究中心发布的"少儿偶像崇拜"统计:在前十名少年儿童最崇拜的偶像与榜样中,绝大多数是娱乐明星。[③] 而文学家、艺术家、思想家、英雄、政治人物、军事人物均为 3% 左右,科学家只有 2.3%,劳动模范更少,不足 1 个百分点,仅有 0.4%。专家认为,偶像转型背后的成功观、价值观值得关注。以前科学家曾是多数孩子的偶像,而现在,偶像从精神性转向物质性,意味着今天的偶像并不完全用于信仰,而往往用于娱乐和消费。偶像的物质化转型,实际上是精神价值丧失的结果。[④]

而"高富帅"、"白富美"等网络新词在各大论坛、微博、帖吧的高频出现,也显示出年轻人对物质、外貌的重视程度也比从前更加关注,不少年轻男女更是将"高富帅"、"白富美"视为自己择偶的标准。"高富帅",通常指在身材、财富、相貌等各方面完美无缺的男性;"白富美",通常指皮肤白皙、家境良好、相貌出众的女性。众多年轻人对"白富美"、"高富帅"的追逐,让不少普通人感慨"心酸与残酷"。而中国青年报社会调查中心的调查显示,81.2% 的人感觉时下很多年轻人择偶时青

---

① 中广:《中国成为全球第三整容大国　10 年 20 万张脸被毁掉》,《广州日报》2012 年 2 月 26 日。

② 《娱评:选美乱象 动机不纯圈钱才是目的》,《南都娱乐周刊》2012 年 8 月 24 日。

③ 胡波:《别为青少年塑造神话的偶像》,《中国青年报》2012 年 12 月 16 日。

④ 《调查显示青少年偶像文体明星占 7 成 科学家不足 3%》,《北京晚报》2012 年 3 月 1 日。

睐“高富帅”、“白富美”。受访者中,80 后占 52.3%,70 后占 22.1%,90 后占 18.7%。[1]

相对上一辈人来说,现在年轻人的婚恋观更注重物质,无论是处世方式还是价值观都变得更加功利。另外,时下的偶像剧也在一定程度上影响着年轻人的价值观,他们比较容易将偶像剧中的人物视为择偶的标准。一些年轻人追求“白富美”、“高富帅”,其实是面子和攀比心理所致。他们觉得追求到这样的人,可以提升自信。部分年轻人不是为了追求自己的幸福婚姻去谈恋爱,有时更像是为了迎合周围人对他的看法或期望,去寻找伴侣。

3.2 “伪娘”是不良榜样?

“易装”、“易性”这种亚文化的少数群体从出现开始,便与社会传统伦理道德形成了对立,并衍生出各种令人咋舌的行为,冲击着传统价值观的底线。[2] 在中国,比较成功的“易装”群体是湖北武汉一批热衷动漫形象的在校男大学生组成的全国唯一的伪娘团体——“爱丽丝伪娘团”。

“伪娘”起源于日本动漫作品,且这一群体由来已久,只是其传播和影响一直存在于小众之中。“伪娘”一般指的是五官和脸型有女性美感的正常男性,通过一切自然非加工或通过人为手段达到让他人误认为是女性效果的男性,且变装后常常带有很强的萌属性,有的可能更胜过一般女性。主要特征是相貌形态呈女性化,生理性别为男性。[3] 因“爱丽丝伪娘团”的迅速蹿红,“伪娘”文化开始在社会上盛行起来。

“伪娘”成为一种当下的社会流行时尚,引起争议本就在预料之中,它具有意义,同样也失落意义。[4] 有观点认为,这是对中华文化熏陶下构建起的对审美标准的恶性挑衅,在这个物欲横流的年代里,拿他人的病态美开涮,成了一种流行病,“伪娘”现象充分满足人们窥探他人隐私的欲望,也可能会引发青少年效仿。反对观点则表示,在多元化的时代,作为一个进步的民族,应该宽容地对待个体的选择,并且要充分信任青少年的判断力不会受此影响。在我国演艺史上出现过数个反串性别角色的男性演员,他们代表着顶级的表演艺术,但专家表示,如果仅仅是作为一种艺术表演,“伪娘”无可厚非。但“伪娘”现象背后不排除有利益团体不当炒作的嫌疑,这种炒作带来的社会价值观的不当引导尤其值得注意。“伪娘”在公众场所“演出”或做一些其他活动,被媒体广泛报道,有了极高的关注度,同时也形成了一种示范效应。有些自我认知不强,或性别意识模糊的青少年会很容易跟风

---

① 《民调称 8 成年轻人择偶青睐“高富帅与白富美”》,《中国青年报》2012 年 5 月 22 日。

② 《“易装”、“易性”:大都市亚文化一角》,《中国社会科学报》2012 年 5 月 21 日。

③ 《“伪娘”是男人心病还是新时代潮流?》,爱丽女性网 2012 年 10 月 18 日。

④ 郭文婧:《“伪娘”盛行的审美喜悦与社会隐忧》,《工人日报》2012 年 4 月 16 日。

模仿,甚至产生性别错位,这种负效应是不容忽视的。①

3.3 中国的"半边天"

毛泽东曾说"妇女能顶半边天"。《2012 胡润女富豪榜》显示,在"全球白手起家女富豪"前5名中有4名来自中国,前10名中有7名来自中国,有人以此认为这个惊人的数据是对中国女性经济地位提升的最好证明。② 在《福布斯》杂志确认的全球14名女性亿万(以美元计算)富豪当中,一半来自中国。在中国,女性占劳动大军的46%,是世界上比例最高的国家之一。中国经济的迅速增长和社会变革为女性带来了很多发展机遇,而中国政府一贯坚持的政策为女性提供了平等教育的机会,真正地赋权给女性。在一般人的印象中,似乎美国女性格外具有进取心,然而最近一家纽约智库的调查显示,只有1/3受过高等教育的美国女性自认为"有抱负",而在中国女性中这一数字达到2/3;有一半的美国女性希望获得公司高层职位,中国女性中则为75%。英国《卫报》指出,中国女性的收入平均占家庭收入的一半。③

与此相对的是美国女性媒介研究中心发布的"2012 美国媒体女性地位调查"报告。该报告意在探究美国媒体中女性地位生态状况。通过收集近期权威机构对女性媒体人的调查及媒体性别不平等的相关研究,该报告总结了有关新闻及娱乐媒体中,女性从业者及管理者在行业中所占比重,并归纳了影视作品中的女性形象。统计结果表明,在过去十年中,女性在美国新闻及娱乐媒体中持续被忽视,随着时间的变化,这个状况并没有更多改观;电影、电视在刻画女性形象时,常常反映出社会对性别的刻板印象。比如在电影中,年轻的女性总是被塑造成性诱惑的工具。研究表明,这种女性被轻视及性诱惑的负面形象已经植根于大众意识中。而在现实中,中国的女性企业家释放出了更多的内在潜力,也为一些背景不显赫的女性带来了希望。在每年超过600万的中国大学毕业生当中,大约一半是女性。虽然有很多女性和男性一起在农田劳作,成千上万的女性在工厂里工作,但已有一批女强人进入董事会的会议室——大约2900万女性成为企业家,超过30%的中国民营企业至少部分由女性掌管。④ 然而,官方数字显示,中国女性在1949年新中国成立后的10年里曾获得的经济、社会和政治地位正在倒退。虽然2012年空军少校刘洋成为中国首位女航天员,这一突破性事件具有重要的象征性意义,但和大多数中国女性并没有什么关系。以少儿偶像选择来看,无论是男生选择的榜样还是女生选择的榜样,女性榜样所占的比例都大大少于男性。原因之

① 《爱丽丝伪娘团:比女人还有魅力的男萝莉》,中国时刻网2012年11月23日。
② 《中国女性地位会超过男性吗》,《环球时报》2012年10月24日。
③ 《国际舆论聚焦中国两会 称赞女性地位不断提升》,中国网2012年3月8日。
④ 丹尼尔·巴兹利:《中国女强人可顶半边天》,《环球时报》2012年5月23日。

一在于性别不平等在教材中普遍存在。教材人物中女性形象较少,且充斥着性别刻板印象。文学作品中同样如此,有调查显示,少年儿童最喜欢的10个艺术形象包括孙悟空、柯南、喜羊羊、鸣人、成龙、哆啦A梦、蒙其·D.路飞、保尔·柯察金、诸葛亮、灰太狼,其中没有一个是女性形象。较受女生喜爱的女性形象如白雪公主、灰姑娘、美羊羊、小樱、林黛玉等,大多年轻貌美、善良纯洁、顺从忍受,对爱情充满憧憬,等待男人的救赎。这不仅会影响女生自我形象的塑造,更是社会对女性附属地位的暗示。正如有人指出,当代社会,把事业看得比家庭更重的女性往往被视作异类,遭受着"负面的眼光"。①

对比国外,如在法国,象征自由、平等、博爱和司法公正精神的人物形象均为女性。法国1876年赠送给美国独立100周年纪念活动的自由女神像,就是根据代表共和国价值的玛丽安娜形象而创作的。② 而中国还没有一个国人心目中共同认可的代表中国形象的女性人物,千百年的封建男尊女卑思想不是靠几句口号、几个政策就能改变的,从思维到行为、从个人到社会的彻底改观还需时日与更多努力。

4. 社会观念的代际变迁

4.1 择偶"进化论"

1950年4月,《中华人民共和国婚姻法》在北京颁布。这是新中国的首部国家大法,宣布废除包办强迫,实行婚姻自由,建立一夫一妻的新婚姻制度,彻底颠覆了"父母之命,媒妁之言"的传统婚姻。

随后的二十年里,信仰和阶级成分是婚姻的主导力量。青年女性要的是"红色爱情",这个时期的择偶排行榜上,根正苗红的军人高居榜首。1977年国家恢复高考制度后,知识受到莫大崇拜,"天之骄子"的大学生成为20世纪80年代初择偶的理想对象。20世纪80年代初,结婚时有"三转一响"(自行车、缝纫机、手表、录音机)已叫人羡慕,到了中后期,得备齐"三大件"(电视、冰箱、洗衣机)才叫体面。人心都有过好日子的渴求,职业、家境成为择偶时的重要因子。"国营"不嫁"集体","大集体"不嫁"二集体",城里残疾小伙儿能娶农村大美人的等级顺序,迅速被市场经济冲垮了。个体户这个多年上不了台面的职业,在80年代中后期的征婚市场上炙手可热。

到了90年代,"万元户"早已被"大款"取代,事业、收入、户口都是择偶时的决定因素,"不能解决户口者免谈"等话语赤裸裸地出现在征婚启事上。迈入新世纪后,女性对婚姻质量的要求不断提高,经济对婚姻的左右能力也持续上升。有房

---

① 《外国人看中国:美报称中国女性地位正在倒退》,中国网2012年6月22日。

② 潘亮:《玛丽安娜,真正的法国"第一夫人"》,《环球时报》2012年5月23日。

有车才能结婚吗？这个命题被无数困惑的小青年讨论了一次又一次。无论答案是与否，不争的事实是：为了终身大事，多数人俯首甘为“房奴”。但相比以往，现在显然是最宽容的年代。单身不婚可以是一种生活态度，未婚同居由大城市向中小城镇普及，“老少配”有了传奇，“姐弟恋”就更冠冕堂皇地进行着。[①]

2012年，由中国社会工作协会婚介行业委员会与百合网联合发布的《2012年中国人婚恋状况调查报告》则显示出如今年轻人的择偶观。娱乐圈工作成为择偶时最不受欢迎的职业榜首，其中63%的人最不希望伴侣在娱乐圈工作，其次是空姐空少、自由职业者和导游，三成左右的人不希望另一半从事这些职业。除此以外，收入稳定比有房更易获得女性青睐。77.4%的女性要求男性的收入最少要比自己多1倍以上。[②] 据国家统计局的数据显示，2012年年末，中国大陆总人口性别比为105.13(以女性为100，男性对女性的比例)。虽然“男多女少”，却有43.2%的女性和36.5%的男性没有遇到“靠谱对象”。这支占总人口数18.6%之多的庞大“单身大军”的婚恋问题已不仅仅是他们个人的私事，而是日渐成为不容忽视的社会问题。[③]

4.2 道德的贫富差距

美国经济学家加尔布雷斯1958年所著《富裕社会》一书专门批判当时美国过于强调GDP增长率和产量，称美国只顾商品产量的做法，将导致生活质量出现更大问题。在该书中有一个观点，即穷人明白自己的问题和解决办法，而富人“往往将财富用于错误的目的，把自己弄得像傻瓜”。这个对比也适用于当代的中国社会。

中国曾经是世界上国民经济地位最平等的国家之一，而现在其贫富差距日趋严重。首先，在一代人的时间里，中国只顾经济增长，忽视了其他一切。其次，社会主义中国打破社会保障的“铁饭碗”后，贫富差距迅速拉大。再次，私人消费显著增加，其代价是公共产品如养老、基本医疗或公共教育投入不足。最后，过度开发和形象工程的支出有增无减，而原本必要的福利投入反而停滞不前。[④] 事实上，这种贫富差距的拉大，也正在扩大整个社会的道德“贫富差距”。

经济危机背景下企业商业道德堕落之快已经超出了人们的想象。据美国彭博社报道，根据一份针对全世界400名企业首席财务官的调查，15%的人认同“非常规商业行为”，比如行贿或虚报财务状况。为保证企业发展、获取更多商机，他

---

① 《攀比择偶：嫁娶都要高富帅白富美》，凤凰网2012年11月23日。

② 《2012中国婚恋状况调查　80后择偶压力大于70后》，《新闻晨报》2013年1月22日。

③ 《〈2012中国人婚恋状况调查报告〉发布择偶压力围困单身人士》，《中国妇女报》2013年1月22日。

④ 《路透社：中国需警惕富裕危机》，《环球时报》2012年8月2日。

们认为“拿钱铺路”是不可少的公关手段之一。[1] 如因“权钱结合”而自诩为不是“普通人”的“雷语官员”、“表叔”、“房姐”事件，是国家公权力的私有化和私人化的直接体现。

与此同时，普通民众“正能量”的接力棒从未停止过。有人说，中国的民众还没有普遍形成法治精神。不论发生了多少不诚信的案例，“世界上还是好人多”仍是中国大多数人的牢固信念。但维护一个社会的诚信，仅靠良知是不够的，还需要硬性的约束。[2] 社会道德是软性约束，一方面要靠社会对道德标准有高度的认同和践行，一方面要用制度建设来为道德事件行为“托底”，用制度保障来提升社会道德，强化社会公德、职业道德、家庭美德、个人品德修养等，让好人有好报形成社会共识，营造“崇德尚善”的社会氛围。[3]

对此，一些地方政府在逐步探索，用制度保障为道德建设“托底”，免除道德实践行为的后顾之忧，这成为除舆论规范之外社会道德建设的有益尝试。值得借鉴的有，2012 年 7 月，《广东省见义勇为人员奖励和保障条例(草案)》提请广东省人大常委会审议，因为在抚恤发放和责任免除方面作出了明确规定，避免让见义勇为者“流血又流泪”，这部从政府规定上升为地方性法规的立法草案在第一时间引起了社会的广泛关注。广东省公安厅相关负责人说，这一举措就是为了弘扬社会正义，鼓励见义勇为并保障见义勇为人员的合法权益。2012 年 11 月，山东省下发《山东省见义勇为奖励和保护条例》，以地方性法规形式明确，见义勇为受益人应当对见义勇为人员及其家庭成员表达谢意、予以慰藉。[4] 此举也旨在扬善惩恶、确立社会道德“风向标”。

4.3 一篇美文:《这一辈人的波折与痴心》

先前，是师辈一位接一位仙逝。接着又轮到同班的同学，但我不曾料到他也就这样撒手人寰，因为在读书时，他属于“身体壮得像牛”那一拨儿的：高个儿，长腿，走起路来直拔拔地大步流星，好像从来不会闲逛溜达似的。听他太太说，逛商场也像在赶路。这我能想象。那时复旦附近的五角场还很冷清，一家叫做“淞沪食堂”的餐馆，一所平房，几张饭桌，夏天在外面树上挂一些红红绿绿的电灯，灯下摆几张竹木桌椅，就算最奢华的消夏所在。到周末，同学三五，有时结伴前去，叫两三个凉菜，要两瓶啤酒，吃一碗面条，算是打牙祭。这时，他总是像行军似的冲在前面，还不时回头招呼，“走快点，怎么那么慢慢腾腾的！”其实，按我的步子，他走一步，我得走一步半才能赶上趟。

① 任安理、高文宇:《经济危机恶化全球企业道德》《环球时报》2012 年 5 月 24 日。
② 隋笑飞:《我们为何“不敢和陌生人说话”》,《文汇报》2012 年 5 月 23 日。
③ 《2012 社会道德热点事件回顾》,新华网 2012 年 12 月 24 日。
④ 《山东出台规定:见义勇为受益人须答谢恩人》,《山东商报》2012 年 11 月 7 日。

我们那届,有一部分是“调干生”——就是上大学前已经参加过几年工作的。因为岁数比我们长几岁,所以就归属于“老”字辈儿。刘崇义是“抗美援朝渡过江”的。归国后又到外语学院学俄语。因为苏共二十大之后中苏关系发生变化,于是“俄语人才过剩”,他们刚学了一年,可以自愿转入其他学校学习。“老刘”就这样转入了复旦大学中文系。我们这一代生不逢时。毕业后按规定做了一年学生工作,接着又到农村“四清”的“阶级斗争大课堂”里去“经风雨、见世面”,一去又是一年。待到“四清”归来,几场文艺大批判后,那场几乎毁掉中国的“文化大革命”就拉开序幕了。当时,可以通天的高层人物都不知“文化大革命”该怎么搞,我们这些小八腊子自然更在云里雾里。冲在前面的是“造反派”,想不通的是“保皇派”,置身事外的算“逍遥派”。还有先是“保皇”,后因挨批又转而“造反”,最后又因“造反”获罪的;或是先曾“造反”,后因获罪而转为“逍遥”的。因为谁都不知道该怎样做,所以一时小道风行,“小报”盛传,连先前得风气之先的党委书记们,也要变着方儿探听些小道新闻。不料,到了“一打三反”,这又成了罪状。我与刘崇义君便一同卷入了中文系的所谓“小圈子”。

接到他逝世的消息,他在学校读书时的模样,步履,笑声,甚至讲话到决断时手臂由上向下挥动的姿态都一时浮现眼前。想到他的经历,写下了一副挽联,希望能献于他的灵前:

论这辈人,波折屡经,最难能为国为民、痴心不改;

计平生事,艰辛备受,空赢得任冤任苦、壮志难酬。①

5. 草根与明星的文化生态

5.1 草根的狂欢

韩国歌手“鸟叔”PSY的一首单曲《江南style》,于2012年7月15日发布后,迅速从歌曲演变成流行词、流行体,数字峰值也到达其热度顶峰,如今已有接近5亿次的全球点击②。紧接着XXstyle成为新的流行短句在网络和口头传播,掀起全球范围内的模仿秀。

有人指出,《江南Style》是典型的互联网文化的产物,是典型的快餐文化,集合了差异性、搞笑、夸张的舞步这些容易出现模仿和从众的效应,从而引发流行和追捧。事实上,在经历了过去几年各种“体”和网络奇葩的洗礼之后,网民们的恶搞狂欢依然没有停歇的趋势。仿佛在一夜之间,对语文课本中杜甫插画的恶搞已经红遍网络,甚至成为一个亚文化现象,引起了许多人的关注。从“馒头血案”到“小月月”,从“打酱油”到“俯卧撑”,从“羊羔体”到“咆哮体”,从一个“囧”字的诞生

---

① 陈四益:《这一辈人的波折与痴心》,《文汇报》2012年5月21日。

② 《江南Style新解:生于“病毒”死于恶搞》,《中国经营报》2012年10月20日。

到“三类青年”的横行,每一次网络流行文化都会引发类似的争论,每一个网络流行语的背后都保存着无数网友的共同记忆。[①] 这些文化现象都带有典型的互联网的快餐文化特质,首先都是从线上的大众草根引导潮流,然后逐渐蔓延到线下,影响到大众,引发更大规模的模仿和热议。[②] 2012 年,随着网络潮水的推波助澜,越来越多的草根民众参与到原本属于明星、名人的娱乐圈中,共同缔造出一个个网络流行语。

网友“三峡在线”于 2012 年 12 月初在网上发布“2012 十大网络流行语榜单”,列举出:“你幸福吗?;屌丝;××Style;我能说脏话吗?;我再也不相信爱情了;累了,感觉不会再爱了;随时受不了;正能量;中国好××;元芳,你怎么看?”十个网络流行语。由于得到了众多网友热捧,“2012 最经典的十大网络流行语”还被翻译成标准的英文,发表在“中美新闻网”上,“屌丝”被译为“Diaos”。[③] 而在《咬文嚼字》所发布的“2012 年十大流行语”中,“正能量”位居榜首,“屌丝”等却不在其中。十大年度热词分别为:“正能量”、“元芳,你怎么看?”、“舌尖上”、“躺着也中枪”、“高富帅”、“中国式”、“压力山大”、“赞”、“最美”、“接地气”。[④] 两相比较,也可发现草根与学界的显著差异。

5.2　名人与明星的道德底线

2008 年的香港“艳照门”还未完全淡出人们的视线,2012 年港台两地又曝光两起类似事件,让人不由地唏嘘:明星们都怎么了? 据香港杂志爆料,女星连诗雅以及农夫妻子泳娜的大量艳照流出后,迅速引起娱乐圈及广大民众关注;而台湾娱乐圈也爆出“富少迷奸女星”大案,元大金控董事李岳苍儿子李宗瑞被指涉嫌迷昏并偷拍多名艺人、名模,受害人数多达六十余名,其行径堪比当年“艳照门”事件之恶劣,甚至有过之而无不及。明星作为公众人物,一举一动都受到更多人的关注,无论是做好事还是坏事,效果都会被无限放大。有人指出,在社会道德整体滑坡的时候,对明星的道德提出严格要求有积极意义,一个恪守各种社会准则的明星,会对他们的粉丝产生良好的影响。正是人们对明星过于宽容,才导致明星成为道德贫血群体。[⑤] 然而每当碰到明星婚讯、绯闻、隐私的时候,公众的热情则空前高涨,所造成的影响和声势通常会大于作品和事件本身。无论是道德底线还是窥私欲作祟,公众对于明星私生活的过度关注正在将中国娱乐圈引入一个“恶炒”的深渊中,先黑后红则成了明星人气洗牌的一种手段,从潜规则到艳照、从偷漏税

① 于洋:《恶搞杜甫引深思 是狂欢还是一种表达?》,《人民日报》2012 年 4 月 10 日。
② 《江南 Style 新解:生于“病毒” 死于恶搞》,《中国经营报》2012 年 10 月 20 日。
③ 《2012 十大网络流行语:你幸福吗和屌丝上榜》,新华网 2012 年 12 月 4 日。
④ 《2012 年十大流行语:屌丝未入榜单 正能量成年度最热词》,《黑龙江日报》2012 年 12 月 31 日。
⑤ 韩浩月:《明星的职业道德》,《羊城晚报》2011 年 11 月 17 日。

到吸毒,负面新闻似乎要比正面讨论的传播速度快、范围更广。[①] 这种“围观”效应的不胫而走,有时候就成了明星们饮鸩止渴的直接动力。

另一方面,一些文化名人的曝光率堪比明星,凡是跟文化沾点边儿的大小活动,总能看见他们的身影。他们在不同的领域侃侃而谈,却鲜少贡献真正具有专业价值的观点,过分“万金油”式的发言方式,让他们的学术形象逐渐失去了权威性,甚至成为商业化、娱乐化的标签。11 月 17 日,北京大学百年大讲堂昆曲演出结束后,主持人邀请于丹上台分享感受,却惹来台下哄声,于丹只好匆匆下台。此事集中体现了公众对文化名人的身份质疑。[②]

5.3 网络作家富豪榜

长期以来,作家都是默默耕耘,辛勤爬格的一群人,很少在聚光灯下抛头露面。2012 年 11 月 29 日的“中国作家富豪榜颁奖典礼”却将这一群腼腆的文字工作者推向了舞台中央。

2011 年,由华西都市报独家发布的第六届中国作家富豪榜首增子榜单——“中国漫画作家富豪榜”,第一次将中国漫画作家财富变化过程向公众曝光,一夜之间成为全社会的关注焦点。2012 年华西都市报在继续推出“中国漫画作家富豪榜”的前提下,还增加了另一全新子榜单——“中国网络作家富豪榜”,将中国网络作家的生存状态和中国网络文学的发展脉络完整而清晰地呈现出来。

有媒体将“第七届中国作家富豪榜”的上榜作家和顶级出版人齐走红毯、出席作家富豪榜颁奖典礼,在亿万读者中激起空前轰动效应的事件称为中国文学的奥斯卡盛典。网络作家唐家三少、我吃西红柿、天蚕土豆分别以 3300 万、2100 万、1800 万的版税收入荣登“网络作家富豪榜”前三甲。其中,前 20 名上榜的网络作家,在文学网站行情是以 1000 字 1.4 分钱起步,但凭借自身的坚持不懈,在短短 5 年内敲出了 1.77 亿元的个人财富,响亮地喊出了“阅读改变人生,写作致富光荣”的口号,激起了更多人对华语文学的阅读欲望。[③]

从 1997 年爱情小说《第一次的亲密接触》从网上火到网下,并转变为书本、纸质杂志、电影、电视起,“网络写手”成为一个新兴而又充满吸引力的行业,无数的网络文学网站诞生了,如创办于 1997 年的华语文学门户“榕树下”就凝聚了一批在华语文学界极具影响力的作家,如安妮宝贝、宁财神、李寻欢、蔡骏、今何在……“榕树下”多次举办网络文学大赛,余华、苏童、王安忆、王朔、阿城、陈村、麦家、邱华栋、李敬泽等名家均曾出任大赛评委。曾在文化界引发了以“榕树下”为代表的

① 农夫三拳:《张艺谋隐婚传闻疑点多 公众过度关注明星隐私》,凤凰网 2012 年 3 月 14 日。
② 《于丹赴北京大学谈昆曲 学子高呼:滚下去》,腾讯娱乐 2012 年 11 月 18 日。
③ 《中国网络作家富豪榜:首富 5 年吸金 3300 万》,《华西都市报》2012 年 11 月 26 日。

"网络文学"现象的全国大讨论。2002 年,网络文学的大本营转移到了天涯网站。慕容雪村就是在此被网友发现并喜欢。与此同时,小说门户网站发展尤为显眼。起点中文网、天鹰文学网等一批中文小说网站先后建立,并出现网络作者签约现象。2004 年,小说网发展到公司化经营模式,采取 VIP 会员制付费阅读形式,众多人气爆红、收入甚高的"网络大神"出现。自此,原创文学网站也开始进入一个高速发展期。起点中文网正式宣布被盛大收购,成为盛大文学旗下众多原创文学网站的一员。小说网期待在新兴的数字出版和电子产业开拓出新的产业链和利益链。[①] 直至今日,除了以网络文学起家的盛大文学外,包括新浪、搜狐等几大门户网站,都开始主打原创文学,而完美时空旗下的纵横中文网、中文在线旗下的 17K 小说网以及华夏中文网、魔铁中文网等主打原创文学的网站都吸引了相当一部分读者,整个网络文学的发展也越发进入成熟态势。网络文学俨然已经成为"全民阅读"的另类突破,不仅影响着整个互联网业态,也将影响整个社会。

据相关资料统计,中国目前拥有网络文学写作者 200 多万人,每年有六七万部作品被签约;全国网络文学用户达 1.94 亿,超过了网上电子商务用户。中国年收入过百万的网络作者预计超过 50 个,月收过万的作者近千名,其中以男性读者喜欢的仙侠、玄幻小说为主要写作方向的占据一半以上份额。除此之外,这些网络文学作品每年给阅读网站和移动运营商带来的直接收益就接近 20 亿元,而以网络小说为核心衍生的出版物、游戏、漫画、影视剧、广告等相关产业的收入高达上百亿元。[②]

6. 大众文化彷徨在十字路口

1.1"喜剧与小品"的三十年

2012 年春晚,语言类节目中出现戏剧性一幕。已在春晚风光十余年的赵本山小品缺席,"开心麻花"代替"本山大叔"成为春晚的顶梁柱。1990 年,赵本山带着小品《相亲》登上央视春晚的舞台一炮走红,并逐渐成为每年春晚最举足轻重的角色。从 1990 年春晚至 2011 年春晚,除 1994 年因时间太晚节目没排上,赵本山大年三十在央视表演小品长达 21 年之久,并连续 13 年获得央视举办的"我最喜爱的 CCTV 春晚节目评选"小品类第一名。2012 年 1 月 19 日下午,剧组官方宣布,赵本山因病退出春晚今年舞台。[③] 伴随"本山大叔"的隐退,北京知名演出团体"开心麻花"成为焦点。本届春晚,开心麻花 6 位成员,出演 1 个原创小品,参演 2 个小品。舞台剧品牌"开心麻花"堪称龙年春晚的最大黑马。

① 刘慧:《2012 网络作家富豪榜出炉 20 位大神敲出 1.7 亿元》,《华商报》2012 年 11 月 27 日。

② 《网络文学发展遭遇瓶颈 该何去何从?》,《互联网周刊》2012 年 10 月 12 日。

③ 《赵本山退出央视春晚传三个版本告别内幕》,网易娱乐 2012 年 1 月 19 日。

值得关注的，是“本山大叔”与“开心麻花”一退一进所折射出的中国大众文化的当代症候。赵本山的小品一直被视为中国大众文化的典型样本，缺乏反思的乐观主义（有学者将之概括为“傻乐”）是其显著特征。赵本山小品代表了20世纪90年代以来中国喜剧文化的特质：在日益紧张的生存压力中寻求短暂的“愚乐”，是当代市场经济时代中国喜剧文化共同特征。与之相比，新世纪初出现的一批喜剧团体，最为典型的是“开心麻花”和郭德纲的“德云社”，他们不再“愚乐”，而是通过辛辣的讽刺、彻底的自嘲与富有力量的解构，展示喜剧的生存斗争力量。2012年春晚，“开心麻花”代替“本山大叔”成为这场仪式的焦点，这可以看做是中国喜剧文化发生转变的重要标志。

1.2 电视剧低俗化

2012年，电视剧的低俗成为众矢之的。5月8日，《人民日报》发表文章对“宫斗剧”专门批评，文章说，“重口味”的后宫题材电视剧，充斥着勾心斗角、争风吃醋、相互算计——人性中恶的一面被无限放大。这种对历史的解构背后隐藏着对权力、恩宠、一夜走红、一夜暴富的向往和对享乐主义的崇拜，既无益于认识历史，也无益于思考人生。穿越剧曾因内容新奇怪异，对历史的表现过于跳跃随意，人物行为变化异常，而受到观众和专家的质疑。相较而言，后宫戏在内容表现上有过之而无不及。大量后宫戏存在内容雷同、人物设置脸谱化、情节大同小异、以及更严重的对历史胡编乱造、价值观混乱扭曲的问题。在这些后宫剧中，后宫佳丽一个比一个靓丽光鲜，而内心一个比一个刁钻凶狠。这里没有真诚善良，只有丛林法则。这样的剧情在电视荧屏风起云涌，应该引发深刻的思考。这些后宫剧缺乏历史感，肢解历史，胡编乱造。另外一些后宫剧为了缩短拍摄周期，不屑打磨剧本，直接抄袭香港同类题材电视剧《金枝欲孽》、《宫心计》等，情节几近相同，毫无原创性可言。国产电视剧的繁荣、发展从何谈起？①

① 王广飞：《人民日报批宫斗剧：人性中的恶被无限放大》，《人民日报》2012年5月8日。

第五章　城市科学研究与人文艺术报告

一、城市科学基础理论研究

2012年,城市科学的研究进一步发挥哲学社会科学的特点与作用,继续探索中国城市化进程中的一般规律、深层本质、整体特征、理论架构等问题,在增强学科自觉性方面有所突破。同时,探索中国城市化的经验问题及中西城市化比较问题,已逐渐成为中国城市科学研究的新角度。

1. 城市科学学科的理论建构诉求

2012年,城市科学学科的理论建构诉求进一步深化。

在11月17—18日的上海交通大学城市科学秋季论坛上,上海交通大学城市科学研究院刘士林教授提出,针对我国城市高速发展的现状,学术界应考虑建立独立、系统、专业的城市科学,为城市化建设提供更充分的理论指导和智力支持。现在的关键问题在于,如何在世界城市化背景下形成新的理论共识自觉,以城市科学的基础理论研究与学科框架建设为中心,推动相关城市研究理论进行学科整合与视界融合,使处于潜形态的城市科学成为现实中有强大生命力的科学理论,为中国城市化进程提供基础性的科学方法、价值理念与理论体系。"城市既然是一个有机整体,其本身就必然存在着共通性的特征、规律与本质,意味着我们有可能建构出城市科学的新理论,其关键在于如何发现或建构出其内在原理与相互作用机制。"这一话题得到了与会各位专家学者的认同。

对如何具体建构中国城市科学,刘士林提出了三点建议:一是对传统的城市地理学、城市规划学、城市人类学、城市社会学、城市经济学等展开内涵建设,围绕着基本概念、范畴体系和逻辑架构的审查与重构,完成传统城市理论的知识更新和系统升级,更好地适应当今城市化的现实需要。二是对近年来一些初具规模的新理论和新学科——城市生态学、城市设计学、城市管理学、城市文化学、城市史学、城市美学等进行梳理和规范,明确这些新理论、新学科的基本理论问题、研究对象与范围,通过学科框架建构对相关理论与学科资源进行优化组合,推动这些新知识、新理论、新学科的可持续发展。三是从顶层设计的角度提出和创建一批具有基础构架和重大现实需要的新学科,如城市科学理论、城市环境科学、城市交通科学、城市信息科学等,通过跟踪与解决城市重大与关键问题,实现传统城市研究的升级和新学科方向的融合，为带动相关理论研究的系统集成及协同创新提供示范。①

2. 中国式城市化模式的理论自觉

在继续呼吁树立一种正确的城市观或都市态度的同时，城市科学研究开始转向中国城市深层次的问题研究。《城市群的全球化进程及中国经验》探究了中西城市群的差异分析以及中国城市群发展现状的得与失。认为中西城市群的主要差异可以用“空间因素”和“时间因素”的对立来概括。西方城市群缘于戈特曼的地理学及其对自然空间如何演化为城市空间、城市空间又如何演化为城市群空间的调查与跟踪，受其影响西方城市群最重视的是自然空间演化、城市形态蔓延、空间距离改变等维度，包括戈特曼特别重视的交通和信息，包括城市群理论的内部分歧，如大都市区强调的是空间中有农村和低城市化地区，如超级都市群概念强调的则是几个城市群由于边界消失而结成一个等，由此可以得出，西方城市群理论起源于对“空间”变化的观察和研究，其在实践中遭遇的很多问题也可归结为“空间”问题，并倾向于从空间角度寻求解决问题的方案和路径。相比而言中国城市群在理论研究和现实实践中更多受制于“时间”要素，与戈特曼的调查研究和理论总结不同，我国城市群研究主要是西方理论传播和影响的产物；其次，与西方城市群主要是城市地理与经济自然演化的结果不同，我国城市群规划与建设的主要动力是人工的规划、设计和推动。因而，在我国的城市群理论和实践中，必然要更多地加入历史趋势、时代特征和当下诉求等“时间性因素”，或者说，很多紧迫性、当下性的需要和愿望很容易混入并主宰我国的都市化进程。在快速发展中，如何才能充分照顾城市群自然成长和演化的内在规律，顺应全球都市化进程的主流趋势和本质需要，既是我国城市群研究特别需要注意的问题，同时也是决定我国城市群建设质量和发展水平的关键所在。②

在城市研究本土化的阐述中，中国传媒大学文学院耿波副教授提出，中国城市化发展与西方存在着不同的城市传统与现代化范式，中国城市发展要有自己的“中国问题”，学术界在这方面的研究尚有四方面不足：一是套用研究，生搬硬套西方城市研究范式来研究中国城市发展；二是模式化研究，倾向于以数理统计、社会数据、技术结构等固定范式对中国城市发展进行静态研究；三是消费式研究，对城市的研究集中于主观体验，将城市个体矮化为追求感官享受的个体，将城市削平为消费化城市；四是价值虚无主义研究，将城市完全视为碎片的集合，采取本雅明

① 胡言午、李玉：《2012 上海交大城市科学秋季论坛召开》，《中国社会科学报》2012 年 11 月 19 日。
② 刘士林：《城市群的全球化进程及中国经验》，《学术界》2012 年第 6 期。

所谓“漫游”式的观察方法来把握城市。①

3. 城市研究与建设的价值观念问题

《城市科学建构与中华民族的城市启蒙》一文指出，数量庞大、来自农村的新城市人，由于对新的生存环境、工具技术及游戏规则的陌生和不适应，很难分享城市化进程带来的利益，缺乏科学的理论指导与客观的价值立场使人们对城市容易采取简单化、非理性思维甚至极端化的行为。这与当下城市研究主要以古典人文精神和现代理性系统为核心理论资源密切相关，由之产生和传播的知识、观念、理论还有价值判断在主体内部为当代人在城市中生存与发展设置了诸多的观念屏障和心理障碍。因而在当下的中国，急需解决的是树立正确的城市观和普及城市科学知识，并在这个基础上重建当代中华民族对城市的感觉、意识、思维方式、价值观念、心理结构和审美趣味。当下与城市相关的研究分属自然科学、社会科学与人文科学各有其“片面的深刻性”和“局部的有效性”。自然科学最有实用价值，但是带来的环境、生态、技术伦理、心理压抑等问题也日趋严重，在很大程度上抵消了科技进步带来的物质解放和繁荣；社会科学的城市研究最为活跃，但由于实证本身排斥“情感、信仰”等人文问题，缺陷日益凸显；而人文科学由于既缺乏自然科学可以增加城市财富的“硬实力”，同时也缺乏对城市社会深入和科学的调查与研究，不少评论往往沦为“愤青”式的“酷评”和非理性的“发泄”。其出路在于推进三大学科的有机融合，建构以“美”和“自由”为灵魂的城市人文科学是核心结构，以“善”和“秩序”为主要内涵的城市社会科学是中层结构，而以“真”和“物质”为主体的城市自然科学则是表层结构。②

4. 对现有城市研究的总结与梳理

对现有研究的总结和梳理首先体现在对“大都市”和“城市群”的内涵界定及发展模式的阐述上。关于“大都市”和“城市群”的内涵及其关系，国内外学术界一直缺乏系统梳理，由此对全球和我国城市化进程造成了诸多不利影响。《从大都市到城市群：中国城市化的困惑与选择》一文认为，从大都市的方面看，在西方的理论研究中，大致可理出一个以“城市（city）→大都市（metropolis）→世界城市（world city）/全球城市（global city）”为关键词的基本框架或演化历程。从城市群的方面看，可以理出以“相邻的大都市区域（neighboring metropolitan regions）→多个大都市群体（metropolitan clusters）→超级都市区域（mega - cities）→都市群/大都市带（megalopolis/mega - region）→超级都市群（super - mega - region）”为关键词的基本框架或演化历程。与世界城市和全球城市理论以“city”为中心词不同，

① 胡言午、李玉：《2012 上海交大城市科学秋季论坛召开》，《中国社会科学报》2012 年 11 月 19 日。

② 刘士林：《城市科学建构与中华民族的城市启蒙》，《学术研究》2012 年第 10 期。

戈特曼本人以“Megalopolis”同时指称“大都市”和“城市群”，这是有重要的理论意义与历史意义的。一方面，说明“大都市”与“城市群”的关系过于密切；另一方面，它还与戈特曼强调形成区域内良好的城市层级分工体系以及中心城市和区域内其他城市的圆融和谐关系密切相关。①

就中国自身情况而言，《城市群的全球化进程及中国经验》指出，关于我国城市群的发展现状，学界主要有四个版本，其中又可划分为学术版和政府版两类：学术版主要有两种，分别由社会科学和自然科学两方面提出，一是中国社会科学院《2006 年城市竞争力蓝皮书》提出的 15 个城市群。二是中国科学院地理科学与资源研究《2010 中国城市群发展报告》提出的 23 大城市群，这一报告还将我国城市群分为达标和不达标两类。政府版也主要有两种，可分为非正式和正式两种：一是 2007 年国家发改委课题组提出的 10 大城市群，主要依据是它们以不到 1/10 的土地面积，承载了 1/3 以上的人口，创造了 1/2 以上的 GDP。二是住建部《全国城镇体系规划纲要(2005—2020 年)》提出的以“一带、七轴、多中心”为骨架，大中小城市协调发展的城镇空间结构。在中国一个比较特殊的现状是，有一个具有“准城市群”内涵的概念，就是几乎和城市群一样随处可见的“经济区”，全国的经济区在数量上已相当可观，它们基本上是以数量不等的城市为主体框架，而且很多经济区在开始规划时都叫城市群，但由于城市群的框架内容和发展目标更加丰富和科学，加上我国转变经济发展方式的宏观背景，这些经济区必定要选择城市群的发展模式。②

《从大都市到城市群：中国城市化的困惑与选择》一文指出，在中国把“大都市”和“城市群”分开并不仅仅是个概念使用问题那么简单，其中更折射出我国城市群发展的深层困境，即：在现实中，以单体城市模式规划和建设城市群的思路和框架也比比皆是。而中国城市建设需要打破的现实问题在于，客观上由于城市群内的首位城市与其他城市发展水平差别较大，主观上是首位或有实力的中心城市都想突出自己的优势与支配地位，甚至与区域内其他城市在资源、人才和资金上形成恶性竞争，因而即使采用了城市群的概念，实际上并没有多少真实的内涵。③

二、城市政策与发展研究

2012 年，针对城市政策与发展的探讨研究主要集中在以下几点：一是城市化与现代化研究；二是新型城镇化研究；三是构建科学合理的城市格局；四是世界城

① 刘士林：《从大都市到城市群：中国城市化的困惑与选择》，《江海学刊》2012 年第 5 期。
② 刘士林：《城市群的全球化进程及中国经验》，《学术界》2012 年第 6 期。
③ 刘士林：《从大都市到城市群：中国城市化的困惑与选择》，《江海学刊》2012 年第 5 期。

市与国际化都市研究。

1. 城市化与现代化

1.1 城市化助推现代化

城市化与现代化的互动研究近年来备受瞩目，从学术研究到政策制定都在试图寻找实现两者同步发展的最佳策略。《二十世纪中国城市化与城市现代化论略》指出，“中国城市的发展，一直交织着两条主线，一条是传统的乡村社会日益城市化，另一条是城市的现代化。这两条主线或者这两个进程互为表里、相互制约、相互推动。一方面城市化是现代化运动的必然结果，另一方面城市现代化又是城市化水平不断提高的反映。”①城市化很大程度上就是现代化。

党的十八大报告指出，要“促进工业化、信息化、城镇化、农业现代化同步发展”。工业化、信息化、城镇化、农业现代化相互关联、不可分割，统一于社会主义现代化建设过程。新华社发文指出，“我国正处于‘新四化’深入发展中。‘新四化’既是我国社会主义现代化建设的战略任务，也是加快形成新的经济发展方式，促进我国经济持续健康发展的重要动力。”②其中，城镇化战略在新四化中具有重要地位，既是实现现代化主要的承载力量，又是重要的推动力量，是未来经济投资的大方向。

1.2 城市化与社会变革

2012 年，城市化进程如何带动社会变革，双方如何实现弥合互动成为学界关注的焦点。《中国城市化道路的历史透视和现实思考》指出，城市化从两个方面展开，一是物化的城市化，或称直接城市化，即物质上和形态上的城市化；二是无形的城市化，或称间接城市化，即精神上、意识上、文化上的城市化。很明显，这种城市化理论主要是针对西方工业化和现代化进程中城市发展所引发的社会变革状况提出的。③

中国的城市化是带有深刻历史进步意义的社会改造工程。它以“城市化建设”为主题，通过改革来创新和完善社会制度，打破中国的二元结构社会体系，以实现社会的全面进步。西方媒体这样评价中国的社会问题，“历史的原因，由于‘剪刀差’的缘故造成‘二元结构’社会至今，而今纵然利用‘反哺’已不足以改变‘二元结构’制度的本身；此外，还由此带来文化、习俗、观念等一系列的‘断崖式’

① 涂文学、李卫东：《二十世纪中国城市化与城市现代化论略》，《江汉大学学报》（社会科学版）2011 年 5 期。

② 《十八大报告解读：为什么要促进“四化”同步发展？》，新华网 2012 年 12 月 25 日。

③ 陈国灿：《中国城市化道路的历史透视和现实思考》，《江汉大学学报》（社会科学版）2012 年 4 月，第 29 卷第 2 期。

的"二元结构社会",这为整个社会的公平发展埋下深层不稳定要素。"[①]可以说城市化是国家着眼于中国社会的未来持久健康发展,解决一直困扰中国的二元社会结构的大战略。从这个意义出发,中国的城市化建设对于广大发展中国家而言,具有树立表率和传播价值观的意义。[②]

对于探讨如何具体实现城市化与社会变革的弥合互动,《中国二元经济结构调整中的工业化和城市化问题》从建立新型工业化的角度给出了一种路径,指出"工业化是一个与经济发展同步的制度创新的过程、工业化是一场新的社会变革。"[③]《城镇化进程中农村土地市场化流转的对策思考》从大连市全域城市化中农村土地流转的角度探讨了当下中国城镇化进程中农村土地流转问题的制度创新。[④] 其他相关研究还有《城市包容性发展与中国新型城市化》等。

2. 新型城镇化之路

2.1　积极稳妥推进城镇化

关于推进城镇化的政策研究在2012年出现井喷现象。长期从事国家战略和空间规划研究的宋健坤博士提出,"今天的城镇化包含两层次内容,首先是站在大区域的角度看待城市化,更加重视城市与省域、城市与城市之间的互动;其次是站在小区域的角度看待城镇化,更加符合社会发展和经济运行轨迹的农村城镇化发展。"优化资源空间的配置,就能够推动城镇化可持续性的发展。

《中国城镇化面临的挑战及应对:基于社会视角的研究》阐述了城镇化过程中来自城乡社会的双重挑战,指出必须把城乡作为一个有机整体,大力推进和实施城市化和农村城镇化同步并举城乡互动的二元城镇化战略,同时针对城镇化过程中出现的城乡社会问题提出了相应的对策建议。[⑤]《论中国城镇化困境与发展新思维》则论述了在新的历史环境条件下,中国如何城镇化以及在城镇化过程应该选择什么样的模式,应该处理好错综复杂的关系等中国在第二次转型过程中思考的问题。[⑥] 另外,相关研究还有《中国城镇化"推进模式"研究》,《城镇化的发展规律、原则及路径》等。

中银国际研究报告认为,"新型城镇化是'深度'城镇化而非'广度'城镇化。

---

① 陈国灿:《中国城市化道路的历史透视和现实思考》,《江汉大学学报》(社会科学版)2012年4月,第29卷第2期。

② 宋健坤:《城镇化:中国第三次社会变革的标志》,《金融时报》中文网2012年12月26日。

③ 颜明:《中国二元经济结构调整中的工业化和城市化问题——基于新工业化理论的研究》,《云南大学学报》2012年第8期。

④ 解秀玲:《城镇化进程中农村土地市场化流转的对策思考——基于大连全域城市化中农村土地流转的调查》,《前沿》2012年第12期。

⑤ 单菁菁:《中国城镇化面临的挑战及应对:基于社会视角的研究》,《现代城市研究》2012年第7期。

⑥ 刘鸿渊、陈怡男:《论中国城镇化困境与发展新思维》,《求实》2012年第5期。

不再是以往大范围布点，而是强调尊重市场规律发展城市圈、推进土地节约集约利用；不再单纯强调常住人口城镇化率，而是更为强调户籍人口城镇化率，即真实城镇化率，推进农业转移人口市民化。”①在积极推动城镇化的同时，必须坚决反对非理性城镇化的发展，杜绝过于追求城镇化的形式与速度，而忽视其内容与质量的行为。

2.2 城乡共同繁荣

实现城乡共同繁荣是中国实现复兴必须要完成的历史任务，城镇化为此提供了重要的历史契机。关于城乡共同繁荣的相关研究主要有：《新时期城乡统筹的问题与对策》提出“政府主导 + 城乡互动 + 多元融合 + 重点突破”的城乡统筹新模式；②《城乡统筹背景下农村基础设施建设管理问题研究：以北京市为例》提出了构建城乡统筹的多元化建设模式和多形式运作模式、形成稳定的专业化队伍和专项资金配套措施的建议，以及进一步加大农民参与力度以提高农民满意度的对策；③《寿光市推进城乡民生一体化的实践与思考》提出“城乡一体，均衡寿光”的发展思路，努力推进城乡民生一体化，使全市人民充分享受改革的成果，全面提升人民群众的幸福感和满意度，加快幸福新寿光建设④。中国未来的新型城镇化应该致力于提高农村基础设施的供给、提高农民收入和提高农民生活质量，实现城乡共荣的局面，避免盲目追求充满矛盾的“城镇化率”。

3. 构建科学合理的城市格局

3.1 科学规划城市群规模和布局

2012 年中央经济工作会议指出：“要构建科学合理的城市格局，大中小城市和小城镇、城市群要科学布局。”

民建中央副主席、经济学家辜胜阻提出：发展城市群，对内要推进城市化，要科学规划城市群规模和布局，加强城市群内交通、通讯和网络等基础设施建设，借助信息化建设，发展“智慧城市”，推动内涵型城市化发展。要与资源环境承载能力相适应，把生态文明理念和原则全面融入城市发展全过程。对外要大力发展中小城市，特别是做大县城，发展县城经济，以外延的据点式发展为特征，建设有吸引力的中小城镇，尤其是在中西部地区重点依托县城发展县域城市，引导流动人口向中小城市分流。改变城市体系“头重脚轻”态势，减缓特大城市人口膨胀压力

---

① 胡健、杨瑞：《中央经济工作会议渐近 新城镇化或出配套政策》，每日经济新闻网 2012 年 12 月 14 日。

② 王成新、王格芳：《新时期城乡统筹的问题与对策》，《宏观经济管理》2012 年第 10 期。

③ 彭文英、杨燕英、徐丰：《城乡统筹背景下农村基础设施建设管理问题研究：以北京市为例》，《中央财经大学学报》2012 年第 6 期。

④ 李天波、丁荣耀、杨万花：《寿光市推进城乡民生一体化的实践与思考》，《城市建设理论研究》2011 年第 21 期。

和环境污染等“大城市病”。[①]

与此的相关研究还有《未来我国城市群经济区发展研究》,文章指出,到2030年,我国人口规模将达到15亿人,城镇化率将达到70%。在厘清都市圈、城市群、经济带、经济区等基本要素概念的基础上,从中心城市势能及辐射带动范围出发,探讨到2030年我国将形成的区域空间布局意义重大;[②]《产业集群低碳化升级路径研究:以长株潭城市群为例》在对其产业集群的发展现状及低碳化问题进行整体判断的基础上,提出了“强调一个中心,实施五大战略”的产业集群低碳化升级的总体思路[③]。其他还有《以城市群为载体完善城市化布局和形态》,《大都市圈卫星城市选择与功能布局——以重庆为例》等。

3.2 城市化与生态文明建设

党的十八大把生态文明建设放在突出地位,纳入社会主义现代化建设总体布局,要求把生态文明建设融入经济建设、政治建设、文化建设、社会建设各方面和全过程,努力建设美丽中国。2012年中央经济工作会议提出“要把生态文明理念和原则全面融入城镇化全过程,走集约、智能、绿色、低碳的新型城镇化道路”。

《中国城市化进程中生态问题及对策研究》指出,城市生态问题多种多样,其实质是人与自然关系的失调,解决的根本途径是协调人地关系,实现社会、经济、生态的可持续发展。[④]《基于城市价值的中国低碳城市发展模式》指出建设低碳城市,要坚持人与自然和谐统一的发展目标,把降低碳排放与提高市民生活质量和城市竞争力结合起来,按照低碳战略、低碳规划、低碳产业、低碳文化和低碳管理“五位一体”等系统推进的路径,探索生态文明框架下城市价值最大化的实现模式。[⑤]《低碳转型:生态文明城市建设的发展路径——以长株潭城市群建设为例》指出生态文明城市建设关系到资源和环境约束下的城市可持续发展问题,低碳化发展为推动生态文明城市建设指明了发展方向[⑥],其他还有《基于生态文明建设的城乡一体化的路径选择——以苏州为例》等。

4. 世界城市与国际化都市

由日本“森纪念财团”和韩国的“首尔研究院”发表的《2012年全球城市综合竞争力指数排名》(GPCI)显示,伦敦因举办奥运会而排在首位。北京城市竞争力

---

① 参见辜胜阻:《城镇化是最大的发展红利与增长引擎》,《中华工商时报》2013年2月20日。

② 黄征学:《未来我国城市群经济区发展研究》,《宏观经济管理》2012年第6期。

③ 王欢芳、胡振华:《产业集群低碳化升级路径研究:以长株潭城市群为例》,《现代城市研究》2012年第2期。

④ 刘世乾:《中国城市化进程中生态问题及对策研究》,《经营管理者》2012年第1期。

⑤ 连玉明、王波:《基于城市价值的中国低碳城市发展模式》,《技术经济与管理研究》2012年第5期。

⑥ 徐华亮:《低碳转型:生态文明城市建设的发展路径——以长株潭城市群建设为例》,《城市观察》2012年第6期。

排名由2008年的第28位上升至第11位,上海则从第25位提升至第14位。首尔研究院方面表示,中国的上海与北京经济发展,住房环境改善成为排行跃升的基础。由此表明我国的建设国际化大都市战略取得了显著成绩。

我国关于世界城市及国际化都市研究的文章仍主要集中于对北上广的分析,需要指出的是关于世界级城市群的研究逐渐升温。相关研究有《世界城市与世界级城镇群:殊途同归——北京世界城市建设的区域观》,文章指出,从内涵上看,世界城市与世界级城镇群具有内在统一性:城镇群发展催生世界城市,世界城市引领世界级城镇群的整体发展。根据世界城市的发展规律,结合北京自身发展的现实状况,北京世界城市建设必须树立明确的区域发展观念,通过京津冀联手打造一个具有国际竞争力的世界级城镇群,实现北京世界城市建设和京津冀区域整体发展的互利双赢①;《上海建设世界城市过程中的产业发展问题及建议》认为上海产业外延式规模扩张受到制约,需要在体制和机制上进行转型。在产业要素聚集上,从过去依托产业政策推动转变为构造良好的功能环境,以吸引国内外高级要素聚集;在产业整合机制上,要从过去追求产业外延式规模扩张转变为培育和吸引产业领袖,提升产业能级。②

三、城市规划与设计

1. 城市规划与设计

1.1 城市规划中的公共利益问题

随着国民民主意识的逐渐增强和政府职能转变的探索,城市规划与设计中的公共利益、公众参与和政府责任越来越受到学界的关注。

《论公众参与有效性的提高——以城市规划领域为例》(下文简称《论公众参与有效性的提高》)把公众参与做了广义与狭义的分别,广义层面上括公民试图影响公共政策和公共生活的一切活动。狭义层面上,“所谓公众参与,指的是行政主体之外的个人和组织对行政过程产生影响的一系列行为的总和。”③《组织化的权力和资本与碎片化的多元利益主体——旧城改造中的公众参与及其本质缺陷》(下文简称《组织化的权力和资本与碎片化的多元利益主体》)则强调公众参与是指民众以非暴力的、合法的途径表达自己的目标和理想,参与并影响公共决策的

---

① 李浩:《世界城市与世界级城镇群:殊途同归——北京世界城市建设的区域观》,《规划师》2012年第6期。

② 林善浪、武健:《上海建设世界城市过程中的产业发展问题及建议》,《中国城市经济》2012年第3期。

③ 王青斌:《论公众参与有效性的提高——以城市规划领域为例》,《政法论坛》2012年7月。

过程。[①]《决策与民意:城市规划变更中的公众参与》(下文简称《决策与民意》)认同公众参与是"公共权力在立法、制定公共政策、决定公共事务或公共治理时,由公共权力机构通过开放途径,从公众和利害相关人或组织获取信息,听取意见,并通过反馈互动对公共决策和治理行为产生影响的各种行为"[②]这一定义。

《论公众参与有效性的提高》从城市管理角度指出,公众参与行政是现代行政的内在需求。城市规划与设计涉及多重利益群体,让公众有效地参与其中,使现代行政更为民主,有利于政府进一步转变职能,有助于提高行政的合理性,有效制约行政机关裁量权的滥用,有利于减少行政争议。公众参与城市规划的编制及变更的过程,实质是公众和政府对话的一次良好契机,对于政府来说,一方面可以提高城市规划编制和变更的科学性,另一方面,出台的城市规划也容易得到公众的接受和配合。[③]

《决策与民意》从城市发展的角度指出,在编制过程中广泛征求民意,且经过反复的论证,具有较强的科学性,有利于一个城市健康有序的发展。[④]《组织化的权力和资本与碎片化的多元利益主体》指出了公众参与能够克服传统公共决策中存在的问题:一是传统公共决策过程往往忽略了政治上和经济上的弱势群体;二是专业人士的价值观和社会理想与一般大众有所隔离和分化,导致他们在公共决策中不一定能反映民众的价值观和社会理想;三是专业人士在与他们的客户之间关系中的支配地位,导致客户和一般公众无法很好地监督专业人士的专业操守和责任;四是专家智慧所提供的技术理性不一定能适合所有场合,在某些场合下民众完全可以质疑这些技术理性。[⑤]

《决策与民意》还列举了一些国家和地区公众参与城市规划的优势特征,如美国的高度组织性——一方面加强了市民的参与能力,使市民在城市规划的变更中掌握了更强大的话语权,另一方面畅通了官方与民意的交流渠道,保证了参与的理性化和有效性;加拿大的全程性——保证了参与的真实性和有效性,使得在城市规划的编制和变更中最大限度地尊重并吸取了民意,同时,将城市规划在每一个阶段的信息都予以公开,也保障了公众的知情权;我国台湾地区的程序性——具体规定了公众参与的时间、方式以及效力,增强了公众参与制度在实践中的可

---

① 方长春:《组织化的权力和资本与碎片化的多元利益主体——旧城改造中的公众参与及其本质缺陷》,《江苏行政学院学报》2012 年第 4 期。

② 兰燕卓:《决策与民意:城市规划变更中的公众参与》,《经济社会体制比较》2012 年 9 月。

③ 王青斌:《论公众参与有效性的提高——以城市规划领域为例》,《政法论坛》2012 年 7 月。

④ 兰燕卓:《决策与民意:城市规划变更中的公众参与》,《经济社会体制比较》2012 年 9 月。

⑤ 方长春:《组织化的权力和资本与碎片化的多元利益主体——旧城改造中的公众参与及其本质缺陷》,《江苏行政学院学报》2012 年第 4 期。

行性，也从法律上对公众参与的实施予以切实的保障。[①]

《论公众参与有效性的提高》明确指出，我国城市规划中的公众参与有效性较低的原因主要有以下几点：公众参与的主体范围较窄，公众参与的渠道不畅，公众参与的时机滞后，公众参与的权利保障机制匮乏。[②] 除了上述原因，《组织化的权力和资本与碎片化的多元利益主体》还指出，城市规划与旧城改造过程中公共参与的本质缺陷在于组织化权力与资本和有着多元利益需求的碎片化、无组织化的利益需求主体之间不对等博弈。在这种不对等博弈过程中，组织化的权力与资本成为旧城改造实质上的主体。这一主体因其组织化而力量强大，要么侵蚀了其他利益主体的利益，要么一厢情愿地代表了其他利益主体。[③] 该文还认为，要提高公众参与的有效性，应进一步规范参与方式，对参与的主体、适用范围、程序等尽可能明确。完善信息公开制度，让公众"知"的权利得到保障，才能从根本上解决公众参与渠道不畅和参与时机滞后等问题。完善公众参与者的权利保障制度，包括保障参与主体的合理意见得到吸收和采纳的制度和保障公众参与权利的司法制度。[④]《决策与民意》认为，应赋予公众城市规划变更的启动权，关注信息的有效性原则，贯彻参与的尽早性和持续性原则，注重参与的组织性原则，落实加强参与能力原则。[⑤]《组织化的权力和资本与碎片化的多元利益主体》犀利地指出，只有变革城市管理模式，才可能促进公众参与从低层次向高层次提升，才有可能找到公共参与的有效路径。而城市管理模式的变革就是要摆脱传统的"管治"模式思维的影响，真正实现向"治理"模式转变。实现城市管理模式向"治理"型转变，就是强调多元利益主体对城市公共事务的参与，这是顺应公民社会的壮大和克服政府失灵，促进国家与社会的良性互动的必然要求。[⑥]

随着城市化进程加快，城市房屋拆迁越来越频繁，因拆迁导致的利益纠纷也变成一个重大的社会问题。《略论政府在城市房屋拆迁中的责任》一文阐明了政府在城市房屋拆迁中责任履行存在的问题：过分追求经济效益而损害民众利益，商业性拆迁与公益性拆迁混同，城市房屋拆迁导致城市文化的流失。并给出了加强政府在城市房屋拆迁中责任的措施和建议：科学合理地进行城市规划建设，完

---

① 兰燕卓：《决策与民意：城市规划变更中的公众参与》，《经济社会体制比较》2012 年 9 月。

② 王青斌：《论公众参与有效性的提高——以城市规划领域为例》，《政法论坛》2012 年 7 月。

③ 方长春：《组织化的权力和资本与碎片化的多元利益主体——旧城改造中的公众参与及其本质缺陷》，《江苏行政学院学报》2012 年第 4 期。

④ 王青斌：《论公众参与有效性的提高——以城市规划领域为例》，《政法论坛》2012 年 7 月。

⑤ 兰燕卓：《决策与民意：城市规划变更中的公众参与》，《经济社会体制比较》2012 年 9 月。

⑥ 方长春：《组织化的权力和资本与碎片化的多元利益主体——旧城改造中的公众参与及其本质缺陷》，《江苏行政学院学报》2012 年第 4 期。

善城市房屋拆迁的法律机制，制定公平合理的补偿标准，完善社会保障制度。①

在城市规划中，城市边缘人群的利益容易被忽视。快速城市化产生了繁华、有序的正规性城市，但却由于过高的生活成本和有限的就业机会而很难接纳城市弱势群体，他们往往只能居住在基础设施不完善，地产没有保障的落后街区，即非正规城市。《城市规划和公共政策视角下的非正规城市思考》通过分析非正规城市系统，从城市公共政策以及城市规划的角度探讨了非正规城市空间存在的合理性和可能性。文章指出，一个现代化的城市，必须有多样性并存的城市角落，非正规性城市即为城市多样性的典型代表，虽然其中存在很多问题，但不能一概否决，应充分挖掘其丰富的社会、经济、文化价值，以理性的态度对待，非正规城市也可以融入主流城市，成为集多样性、秩序性、宜居性、趣味性为一体的城市空间。对于非正规城市中的主体，公共机构要提供保护，防治他们被强行排挤。公共政策可以把非正规街区的土地实现合法化作为目标，并注重对非正规街区基础设施的建设，改善居住条件。②

1.2 城市规划与人口

2012 年，在涉及城市规划与人口的文章中，有的阐述了世界各国在人口流动或老龄化当中出现的问题及趋势；有的从地理学视角出发，以相对技术性的知识对城市规划中的人口流动进行了研究；有的整理了众多学者们对相关问题的研究和看法。

在城市交通领域，主要是从交通设施建设和交通管理展开研究。《基于地理学视角的我国城市通勤研究进展》侧重从制度转型和城市空间重构的角度分析城市居民通勤行为的变化及其对交通的影响，指出近年来学者们更多的是从制度转型的视角研究城市土地有偿使用、单位制度改革、住房商品化等对居民通勤的影响，存在着以下不足之处：从通勤研究区域和研究内容看，我国城市通勤研究区域分布极不平衡；针对大城市的通勤研究，基于宏观层面的研究较多，基于不同社会属性的微观个体差异性研究特别是针对弱势群体的研究还非常不足；从通勤研究数据基础和方法看，存在着数据代表性的问题；从研究方法看，新技术、新方法的应用相对滞后，多学科方法的交叉应用有待加强，中国本土化研究方法缺乏。文章认为，未来地理学视角下的城市通勤研究要在三个方面进一步加强：(1) 拓展城市通勤研究区域范围。(2) 加强研究内容的深度，提升理论化成果。(3) 注重

① 孙紫夏：《略论政府在城市房屋拆迁中的责任》，《人民论坛》2012 第 8 期。

② 李娜、杨俊雷、韩敏、裴沛：《城市规划和公共政策视角下的非正规城市思考》，《多元与包容——2012 中国城市规划年会论文集(13. 城市规划管理)》2012 年。

多学科方法的交叉应用，在实证主义方法研究的基础上，加强人本主义方法的运用。①

在人口流动上，《基于地理学思维的人口专题研究与城市规划》讨论了人口迁移专题研究对城市规划的意义。迁移人口的省内、省外分布特点和发展趋势，可以在一定程度上反映一个城市的影响力及相应格局的变化，从而对被研究城市的发展趋势有更好的把握。人口迁移方向还可反映出区域之间的社会文化背景，而理清这种社会文化背景对于规划研究十分重要。文章特别提醒城市规划师、城市管理者和外来人口管理部门应注意人户分离的现象。人户分离是指城市居民的居住地与户口登记地不在一处的情况，包括"有人无户"和"有户无人"两种情况。人口的人户分离问题，在很多城市都比较严重。一方面，它导致了人口统计数值与实际数量的偏差；另一方面，它又在一定程度上反映出某些城市地域的居住变动情况及对人口居住的吸引力。②

在城市总体规划中，对人口问题的调查研究是一项十分重要的基础性工作。《人员流动趋势与城市规划政策方向的思考》分析指出，城市住房、社会保障、教育等众多方面的市民与非市民待遇差异，使大部分流动人口既没有被赋予与本地人口相同的享受公共福利的权利和机会，没有得到城市社会的广泛认同，也无益于消除多年来形成的城乡壁垒，逐步形成了城市中相对较为孤立的弱势群体，由于较低的经济收入，较难与本地社会相融合，流动人口相对集聚于环境较差、管理混乱的城乡结合部，并形成相对独立的社会区。他们难以融入新的社会环境，容易与当地人发生矛盾与误解，文化支离破碎、情感冷漠现象凸现。③ 该文对此提出，要减少人员流动的成本与壁垒，开放人员流动渠道，建立允许人们自由流动的体制。可以在总体规划中增加流动人口规划指导性原则，将其置于城市用地布局、基础设施布局考虑范畴内。建立针对该人群的带有福利性质的专门社区，为低收入流动人口提供适当的住房。促进文化传播与城乡文化多样性发展，适当为当地人提供更多的服务业就业岗位。④

2010年，我国65岁及以上人口比例为8.87%，进入了"老年型社会"。《面向人口老龄化的城市规划应对》一文研究分析了国外人口老龄化迁移机制及规划应对经验，分析了我国人口老龄化格局及进程，提出老年人口需求与空间资源高效率配置需统筹兼顾、空间特征和机制需做进一步探讨，并据此提出城市规划应有

① 刘定惠、朱超洪、杨永春：《基于地理学视角的我国城市通勤研究进展》，《城市发展研究》2012年第10期。

② 冯健：《基于地理学思维的人口专题研究与城市规划》，《城市规划》2012年第5期。

③ 周秋燕、周珊：《人员流动趋势与城市规划政策方向的思考》，《商业时代》2012年第26期。

④ 周秋燕、周珊：《人员流动趋势与城市规划政策方向的思考》，《商业时代》2012年第26期。

"两个面向":一是面向老年人口"居住—医疗—交通"等行为和需求规律的城市规划理论与方法;二是面向老年人口需求满足与城市空间和要素资源合理配置的"公平与效率"的统筹兼顾。①《基于地理学思维的人口专题研究与城市规划》则以武汉某社区老年娱乐场所用地的尴尬场景为例,指出城市规划考虑老龄化的需求已迫在眉睫。从城市规划和管理的角度讲,要真正做到"老有所养"、"老有所医"、"老有所教"、"老有所学"、"老有所为"和"老有所乐",必须要解决老年社会服务供给不足的问题,特别是在用地规划中给予特殊关照,如可以考虑设置"老年用地"的用地类型等。②

1.3 城市设计与审美

大规模的城市开发建设,城市的空间形态和环境质量,城市面貌与气质都离不开城市设计。除了传统理解上的较为狭义和具象的城市空间设计、景观设计、建筑设计、公共艺术外,业界和学界越来越看重城市设计与城市规划及城市文化的关系。

公共艺术是现代城市设计的重要语言及要素之一。《公共艺术与城市设计的协调与同步》认为,在当下的城市设计中,一个重要课题是解决环境协调的问题。文章以历史地段的城市设计与公共艺术设计协调同步发展为例,强调了公共艺术不仅是纯视觉的艺术品,空间的合理性、自然资源的生态性、公众在公共空间中的心理体验更应受到重视,公共艺术承担着改善城市居住环境的作用。城市需要有文化内涵、代表城市精神的城市景观,而不是从别处移植来的各种标志,因此公共艺术还承担着改善城市景观与城市文化的作用,要将公共艺术观念融入城市景观的创造之中,彰显蕴含其间的城市精神与文化内涵。③

在建筑设计和建设上,我国毫无悬念已为世界建筑的展示柜和角斗场。一座座地标性建筑争先恐后地生长出来。体态越来越大,身材越来越高,风格越来越怪。对此,中央美术学院建筑学院博士邱昕认为,超高层建筑虽然给开发商带来了巨大收益,但实际效率并不理想,这涉及安全性、利用率和成本问题。认为在没有充分认识超高层建筑的弊端并进行深入的可行性研究前,盲目建设将可能导致景观环境恶化、地表沉降增大、小微气候变化,甚至建筑本身运营堪忧等一系列问题。④ 浙江师范大学人文学院教授张法指出,我国城市景观存在的平庸、缺失、雷同三大问题,并批判了中国城市景观相联区构筑中美学原则的缺失和中国城市景

① 于涛方、王瑾:《面向人口老龄化的城市规划应对》,《规划师》2012 年第 9 期。
② 冯健:《基于地理学思维的人口专题研究与城市规划》,《城市规划》2012 年第 5 期。
③ 叶志强:《公共艺术与城市设计的协调与同步》,《艺术百家》2012 年第 6 期。
④ 邱昕:《追求"地标"应有度》,《美术观察》2012 年第 6 期。

观雷同的美学根源,[①]对千层一面、毫无文化特色与文化审美的中国城市景观表达了惋惜。此外,四川大学美术学博士研究生庄木弟指出,书法美学规律与城市规划设计审美原则存在着内在联系。他从书法"结构"与城市"解构"、书法之"势"与城市之"张力"、书法之"神韵"与城市之"气韵"、书法之"抑扬顿挫"与城市之"起承转合"、书法之"抒情性"与城市规划之"感情色彩"[②]等方面,揭示了书法与城市设计间相同的美学旨趣,饶有意趣。

1.4 对国际案例的解读

《意大利创意城市:新景象与新项目》和《安特卫普:一座再创造和再度活跃的城市》)两篇文章以案例、图表、图片等形式分别展示和阐述了意大利城市和地区以及安特卫普市在创意城市建设上的各种作为。《首尔设计之都发展道路及其战略研究》通过分析韩国首尔发展的战略研究,探讨其推进设训之都建设的实践和经验,包括构建平台建设,扶持中小企业;制定了全套培育产业的发展规划和措施,扶持中小企业;以国内 IT 优势推进创意产业发展;让设计惠及民众。[③]

《近代早期英国王室对伦敦城市建筑的管理——以文告为中心》认为近代英国王室对伦敦的城市规划政策可从其颁布的建筑文告中体现出来。该文阐释了从伊丽莎白一世开始颁布文告禁止伦敦新建房屋,到詹姆士一世转向注重建筑质量与建筑标准,再到查理一世继续推行、深化父辈的城市政策,三位国王颁布的文告均未能有效控制住伦敦不断向外拓展的过程,折射出近代早期伦敦的城市环境、城市规划、社会管理等方面存在的问题。[④]

《城乡规划中"公共福祉"的判定研究——一则著名美国案例的分析及其对中国的启示》通过对美国城市规划判例中的"劳雷尔山 I 案"判决的解读,分析得出:城市规划中"公共福祉"的判断,不应仅限于规划所辖地域范围内的利益考虑,还应考虑受规划影响的地域和人群;人的基本住房需求是"公共福祉"的基本要素,当公共福祉的各要素间冲突时,要素的重要性及手段和目标之间的不可替代性,应成为具体的公共福祉判断的关键;"公共福祉"实现需要私人和公共行为共同作用。这对于我国城乡规划制定中利益范围的确定及考量因素的选择可以带来一些积极的启示。[⑤]

---

① 张法:《从美学境界上遏止中国城市景观的平庸、缺失、雷同》,《探索与争鸣》2012 年 12 期。

② 庄木弟:《书法美学规律与城市规划设计审美原则的内在联系》,《美术研究》2012 年第 4 期。

③ 王倩倩、褚劲风、崔国、邹琳:《首尔设计之都发展道路及其战略研究》,《世界地理研究》2012 年 6 月。

④ 何洪涛、刘玉珺:《近代早期英国王室对伦敦城市建筑的管理——以文告为中心》,《东北师范大学学报》(哲学社会科学版)2012 年第 4 期。

⑤ 李泠烨:《城乡规划中"公共福祉"的判定研究——一则著名美国案例的分析及其对中国的启示》,《行政法学研究》2012 年第 2 期。

《境外治理违法建筑的经验和启示》通过对我国香港、新加坡和美国在治理违法建筑方面的经验分析，概括了其制度构建方面的若干启示，主要是：立法细密，执法严格；资源配置到位，保证工作高效；明确各方职责，形成强大合力；市民监督，多方协作，业主自律；加强宣传引导，管制与教育并重；注重人本，合理变通。①

《伪满时期日本对长春城市规划的三重考量》指出，伪满洲国出现后，长春的规划和建设成为关键。出于伪满国都建设的考量，日本制定了详细的规划和法律、法规。出于日本势力在中国东北中心地位的考量，日本划分了军事区域、政治区域和文化、娱乐区域。出于永久占领中国东北的考量，日本在建设上使用先进的建材，完备城市基础设施。日本企图通过对长春的规划，掩盖其占领中国东北的事实和永久占领中国东北的野心。②

四、城市空间与城市历史

2012 年 2 月 15 日，《光明日报》汇总了吴良镛先生部分建筑学观点，将城市建设的科学性重新拉回到人们的视线。吴良镛先生表示，自己所做的一切都是为了找到一条适合中国特色的城市规划建设道路。③

1. 国内城市历史案例

国内城市历史案例多以媒体报道为主，上海、苏州、开封等历史久远的地方仍是学术界研究、媒体报道的重点、热点；诸如叫卖声之类的细节元素也成为城市研究的入手点。

——从闵行聆听上海文化

海派文化诠释上海，上海的故事从闵行开始，起点是马桥。资料记载，马桥古文化遗址位于上海市闵行区马桥镇俞塘村，座落在一道被称为“竹冈”的贝沙堤之上，呈南北长，东西窄的宽带形状。“马桥文化”是太湖地区一个典型的文化遗存，在中国考古史上占有重要的地位。距今 5500 年，马桥遗址已形成陆地。从菘泽文化至良渚文化过渡时期，先民们就开始在这里繁衍生息。至夏商时期，成为环湖地区面积最大、最具有当时社会生活面貌的典型村落，总面积超过 150000 平方米。春秋战国至唐、宋、元时期，这里一直是先民们的定居地。1982 年，马桥遗址被考古界定名为“马桥文化”。马桥遗址于 1959 年被发现，并在 20 世纪 60 年代和 90 年代进行了数次挖掘，出土文物 1000 余件。马桥遗址的发掘为论断上海的

---

① 沈晖、陈瑶：《境外治理违法建筑的经验和启示》，《湖南大学学报（社会科学版）》2012 年 11 月。

② 刘威：《伪满时期日本对长春城市规划的三重考量》，《社会科学战线》2012 年第 4 期。

③ 田雅婷：《吴良镛：筑梦人生》，《光明日报》2012 年 2 月 15 日。

历史提供了科学依据,为推断上海的成陆提供了珍贵史实。[①]

——城市田园:苏州古城空间结构与城市生命力

宋代《平江图》记录了当时苏州城三横四直水陆双棋盘格局的基本样态,此后虽历经修建,但基本格局没有大的变化,诸多街巷道路保留至今。苏州古城的空间结构特点,使我们可以从城市田园的层面了解苏州古城的生命力。苏州城内既有大片的土地,也有着完善的水利系统,形成了一个完整的农业生产机制。不仅可以维持着简单的农业再生产,而且可以根据社会需要在一定的条件下调整产业结构、扩大生产规模;在相当的时间内不仅能满足城内居民的消费需求,而且能满足相应数量的外来人口的生产和生存需求。在社会稳定、风调雨顺时期,苏州城充分发挥着社会聚集和社会辐射的作用;在战乱和灾荒年代甚至在与外界隔绝的情况下,城内的生产仍然能够照常进行,其空间还可容纳周边地区的灾民,城内生产和生活在一定时间内不会因为战乱灾荒发生实质性变化。[②]

——开封的性格

开封是个多宗教多民族的城市,犹太人在开封的同化与融合,也证实着这个城市的厚道与宽容。同时开封是个充满市俗生活气息而又注重精神享受的城市。从唐末到宋初,坊与市的壁垒逐渐打破。到北宋中期的开封,坊与市纵横交错、融为一体。大街小巷、桥头路口,都成为商品买卖的地方。城与市的融合,给开封带来了兴旺繁华的景象,也使这一城市充满着更多的市井生活气息。于是便有了《清明上河图》酒肆店铺的琳琅满目,人来车往的光怪陆离。城和市的融合,也给过去和现在的城市交通带来拥堵。宋代所产生的士大夫文化,注重道德气节,以先忧后乐相砥砺。重视精神文化产品的生产与享受,宋朝的流风余韵,流传至今。开封是中国书法名城。字和画是上至官员商人,下至贩夫走卒都喜闻乐见的艺术品。开封是一个消费重于生产的城市。从 1912 年创办到现在,河南大学走过了一个世纪的历程。在古都开封办学,河南大学在潜移默化中接受、传承了开封的城市性格。以"明德新民,止于至善"作为校训,是希望学生、教师、学校切实担负起社会的责任,使自己日新,使国民日新,使社会日新。以"团结、勤奋、严谨、朴实"来概括自己的校风,崇尚内敛沉稳,不事张扬的风格。在中原经济区建设热潮中,作为核心增长极的古城开封,焕发出勃勃生机。[③]

——诗中的元上都

元上都遗址展示了文化融合的特点,见证了北亚地区游牧文明和农耕文明之

---

① 《跨越 5500 年的历史足迹聆听文化闵行背后的故事》:《文汇报》2012 年 5 月 25 日。

② 臧公秀:《城市田园:苏州古城空间结构与城市生命力》,《中国社会科学报》2012 年 6 月 6 日。

③ 关爱和:《开封的性格》,《光明日报》2012 年 6 月 29 日。

间的碰撞和相互交融。元上都遗址符合世界遗产的价值标准,满足遗产真实性和完整性的要求。世界遗产委员会充分肯定元上都遗址的保护和管理状况,并且认为现在遗址管理的效率正在得到持续的强化和提升。“上都”在古代是对京都的通称。班固《两都赋》“实用西迁,作我上都”即以长安为上都。又,对陪都而言,古称首都为上都。北齐以晋阳为下都,故称邺(今河北临漳西南)为上都。唐肃宗宝应元年(762)建东、西、南、北四陪都,故称长安(今西安市)为上都。后来,蒙古蒙哥宪宗六年(1256),成吉思汗之孙忽必烈营建城郭宫室于滦水北,三年而成,赐名开平府。其后,忽必烈称大汗于开平,是为元世祖。登基之年为元中统元年(1260)。开平作为首都,称上都。自此,元上都闻名遐迩。[①]

——流动摊贩的“城市之声”成为研究城市发展的细节

流动摊贩是活跃在古今中外、城市乡村的一个底层社会群体。近代中国,这一群体在城市社会不断发展壮大,成为都市社会的底色。城市失业者和四周乡民构成近代城市流动摊贩的主要来源,因为数甚众、竞争激烈,即便有五花八门的生存技艺,依旧无法摆脱漂移不定的生活境遇。城市平民与流动摊贩有着日常的良性往来。市民饮食、日用、休闲、娱乐、集会所需,为流动摊贩提供了广阔的生存空间;走街串巷的摊贩便利了居民生活,成为美妙的“城市之声”。同时,流动摊贩的不良习性又成为城市社会不和谐的音符,在一定程度上伤害了市民生活,其过分的精明促成了低俗市井气的养成。[②] 以南京国民政府成立为分水岭,流动摊贩与国家政权关系经历了从疏离到合流的演变路径。之前,国家将流动摊贩视为一种自然存在,其生存环境比较宽松自由。南京国民政府成立后,制定了一系列有关摊贩治理的法令措施,在中国近代城市社会,流动摊贩遭遇了新的生机与挑战。城市以宽广的包容力给他们提供了谋生机会与生存空间。流动摊贩在市民日常生活、失业人口再就业、商品终端流通中发挥着无可替代的作用。他们增添了城市的草根色彩,潜移默化着市民性格,丰富传扬了街头文化与城市记忆,早已成为美妙的“城市之声”和都市社会有机体的一部分。[③]

2. 国外城市历史研究

国外城市历史研究依然延续以点带面的研究方法和效果,对于起步较早的欧洲文明城市的研究较为集中。

《种族隔离:城市分裂的全球史》:美国纽约州立大学布法罗分校城市史学者卡尔·H.南丁格尔(Carl H. Nightingale)的最新著作《种族隔离:城市分裂的全球

① 屠岸:《诗中的元上都》,《文汇报》2012 年 7 月 23 日。

② 胡俊修:《流动摊贩:近代中国的“城市之声”》,《中国社会科学报》2012 年 7 月 4 日。

③ 胡俊修:《流动摊贩:近代中国的“城市之声”》,《中国社会科学报》2012 年 7 月 4 日。

史》(*Segregation: A Global History of Divided Cities*)由芝加哥大学出版社出版。该书以全球史的视角研究了人类的种族隔离,提出这种隔离曾在城市中广泛存在。该书追溯至远古时代,以考古证据来研究古代社会中城市政治和经济领域的不平等现象。作者提到欧洲殖民主义对世界的影响,并以英国东印度公司将加尔各答人为割裂为"白城"和"黑城"的史实为例,论证了城市中的隔离是以肤色为基础、以种族为依据的。作者认为,在近代,这种隔离遍布全球,至 20 世纪,情况更加严重。遍布全球的白人社区把一座座城市按照种族的界限割裂开来。作者集中探讨了两个例子:一个是南非约翰内斯堡,这座城市的种族隔离曾是以国家名义进行的;另一个是芝加哥,这座城市的种族隔离则是房地产市场和住房政策方面的微妙手段带来的副产品。该书道出了人类社会不堪回首的往事,帮助人们展望未来更加美好平等的城市生活。①

3. 城市历史研究会议

近年来,城市考古已成为中国考古学研究的重要课题之一,2012 年 10 月 19—23 日,中国人民大学历史学院、中国人民大学北方民族考古研究所主办的"东北亚古代聚落与城市考古"国际学术研讨会在北京举行,来自中、俄、韩、日、等国的学者参加了研讨。隋唐时期,中原北方以及南方部分地区流行非常规整的封闭式城市,其渊源何在引人关注。有学者向上追溯至东魏北齐邺南城、北魏洛阳城、曹魏邺北城等,另有学者认为是受游牧民族影响的产物。文献材料和考古发现共同表明,从春秋战国时期开始,外形较为规整、封闭的城圈与同样特点的里相套叠,可能已是城市的显著外在特征。2011 年,中国社会科学院考古研究所与内蒙古文物考古研究所联合组成考古队,首次发掘了辽上京皇城乾德门遗址,2012 年又对皇城内西山坡佛寺遗址进行考古发掘,取得重要的考古发现。这些发现表明,辽上京是我国游牧民族在北方草原地区建立的第一座都城,它对于"草原丝绸之路"的繁荣起到了重要作用。基于第三次文物普查的相关数据,中国文化遗产研究院研究员乔梁指出,黑龙江汉晋时期的遗存大约有 2270 处。②

五、城市经济与管理

1. 城市经济

1.1 城市发展转型

2012 年,继资源城市改造转型成为研究热点之后,城市转型发展日益成为本年度城市科学研究前沿问题。不同于资源型城市改造、转变经济发展方式,"城市

---

① 《种族隔离:城市分裂的全球史》,《中国社会科学报》2012 年 5 月 30 日。

② 张春海、郝欣:《东北亚城市考古揭示城市演进史》,《中国社会科学报》,2012 年 10 月 24 日。

转型”的提出日益脱离出单纯的经济转型和结构调整命题，将城市经济研究逐渐带至更加宽广的经济社会文化变革的背景。

《城市发展转型研究进展及展望》认为，城市发展转型研究多是注重资源型城市转型而忽视一般性区域中心城市转型，注重城市经济转型而忽视城市文化与社会转型，注重定性研究而忽视定量研究。[①]《城市发展转型问题研究综述》指出，“近年来，随着全球化的快速推进、国民经济的持续发展、新技术的广泛应用以及资源与环境压力的日益加大，我国的各大城市也加快了转型发展的步伐，对于城市转型问题的多学科、多视角、多维度的综合研究日益增多。”关于城市转型的内涵的理解，国内主要有四种：其一是将城市转型认为是城市经济转型；其二认为城市转型是城市危机转型；其三认为城市转型就是生产方式的调整与发展模式的变化；其四认为城市转型是多领域、多方面、多层次、多视角的综合转型。国外对城市转型的研究主要集中在三个方面：其一是原计划经济国家城市向市场经济的转型，其二是城市向可持续发展的转型，其三是资源型城市的转型。[②] 两相比较，国内对于城市转型的研究起步较晚，对转型的普遍性概括较少，此外存在的问题还有：城市转型概念定义混乱、缺乏深入的系统性研究、缺乏实证研究。

总结2012年城市转型研究，主要有以下两点：

一是原有的研究较多地集中在资源型城市转型方式研究，这一类研究在2012年继续有所发展。《考虑环境因素的资源型城市转型效率分析——基于DEA方法和面板数据》运用数据包络分析方法结合熵值法对2000年到2007年21个地级资源型城市转型的效率进行了分析，其中熵值法的运用是将“工业六废”统一转换为环境污染指数作为DEA模型的产出指标，分析结果表明：我国资源型城市转型效率基本呈上升趋势，分区域分析东部资源型城市转型效率最高，西部其次，中部最低，根据资源型城市类型分析，黑色金属加工类资源型城市转型效率最高。[③]《资源型城市转型中禀赋条件约束与突破机制探析》从可开采储量约束和存量约束两个角度，探究影响资源型城市转型禀赋约束机理，认为在决定转型路径和转型方略时，资源禀赋条件至关重要，仅探求可开采储量的突破仍然无益于长期可持续发展，于可开采储量的约束要加大技术升级，到域外进行开发，对于资源存量约束，则要及早制定接续产业战略。[④]

---

① 李玲、仇方道、朱传耿、马随随：《城市发展转型研究进展及展望》，《地域研究与开发》2012年第2期。

② 李彦军、叶裕民：《城市发展转型问题研究综述》，《城市问题》2012年第1期。

③ 董锋、龙如银、李晓晖：《考虑环境因素的资源型城市转型效率分析——基于DEA方法和面板数据》，《长江流域资源与环境》2012年第5期。

④ 曹斐、刘学敏：《资源型城市转型中禀赋条件约束与突破机制探析》，《城市发展研究》2012年第2期。

二是讨论以某种产业来促进城市的转型发展,主要提出了文化创意产业与服务业两种,文化创意产业是近期的热点。《社会科学》杂志2012年第7期主办了《"文化创意产业与城市转型发展:空间集聚·机制路径·政策新举"专题》,厉无畏指出:"创意不再单单是通过产业化作为文化产业的替代概念,而是与城市发展有机融合,向经济价值与社会价值并重的方向推进,并逐渐成为城市经济、城市就业、城市影响力、城市吸引力和城市品牌的核心维度。"[①]《文化创意驱动城市转型发展的模式及作用机制》指出,文化创意驱动城市转型发展一般有四种模式:文化创意空间设施建设、文化创意产业集聚发展、历史文化资源开发利用以及文化创意生态营造,实际上对应了城市空间改造、创意产业改变经济结构、工业遗产改造、人文环境改造四个问题。文章又提出,文化本身的特性决定文化创意驱动城市转型发展具有六种作用机制:即创造性、融合、美化、个性化、多样化和社会化。[②]《文化创意产业的空间集聚促进城市转型》认为文化创意产业的空间集聚可分为艺术家主导的原创型集聚、设计家和企业家主导的生产型集聚和消费者主导的消费型集聚几种不同类型,分别对应四种不同的作用机制:自我毁灭式、融合衍生式、辐射拓展式和终端引领式,作用机制通过城市再生、结构调整、网络构建和需求创造等路径促进了城市的全面转型。《服务业推动城市转型的"中国路径"》指出我国的城市化进程与服务业的发展尚未形成互动关系,现代服务业推动城市转型发展的动力机制没有形成,影响了经济增长的质量和城市功能的优化,需要用科学的指标体系形成"倒逼机制",才能转变发展的理念,让城市之间告别GDP规模、增速之争。[③]

1.2 城市与产业

在区域性实证研究进一步发展的同时,对产业发展与城市化之间的一般关系的考察在2012年有了更多的本土化倾向,研究者开始根据中国的特殊性来对研究方法进行修改,力图更加有效指导实践。2012年,上海交通大学中国都市圈发展与管理研究中心发布《2012中国都市圈评价指数》,其评价指标体系未变,实际考察中国都市圈发育状况、经济规模和运行效率。结果认为局部有变动,但整体格局未变;上海都市圈龙头地位短时间难以撼动;东部都市圈已经悄然步入经济发展方式转变的轨道;中西部及东北部高投资高增长模式难以持续。[④]

---

① 厉无畏:《"文化创意产业与城市转型发展:空间集聚·机制路径·政策新举"专题》,《社会科学》2012年第7期。

② 刘平:《文化创意驱动城市转型发展的模式及作用机制》,《社会科学》2012年第7期。

③ 李程骅:《服务业推动城市转型的"中国路径"》,《经济学动态》2012年第4期。

④ 车春鹏、高汝熹:《2012中国都市圈评价指数发布》,2012国际都市圈发展论坛会议论文,第7—8页。

《都市圈内部城市间的共生机制》借鉴生态学中种群间的关系，建立了封闭和开放性条件下的都市圈内部城市间互惠共生模型，分析指出都市圈城市结构与产业结构之间的关系，以及各阶段的共生关系的表现。若都市圈呈现出中心—外围型的城市结构，则产业结构间需要较强的互补性，较大的差异性，且具有完善的产业分工，才能体现出良好的共生关系；而若都市圈呈现出多中心的网状型城市结构，则城市间产业结构相似性较大，差异性较小，城市间竞争较为激烈，但最终也会达到相互制衡的共生均衡状态，引入 FDI 影响下的开放情况，研究结果表明，此时都市圈内部城市间的共生关系的确会受 FDI 的影响，影响的强度和方向与 FDI 带来的溢出效应对当地环境容量的作用有密切关系。①

《资本深化、产业结构与中国城市劳动生产率》一文指出，学界关于城市劳动生产率的研究大多是基于发达国家城市化平稳期假定做出的，这与中国发展情境不符，因而讨论了国内外关于城市产出问题基本假定条件的差异，运用了一定的数量计算放大，利用中国 1995—2010 年地级以上城市市辖区数据，从时间、区域和行政层级等方面估算了城市规模报酬、资本存量和产业结构等因素对城市劳动生产率的影响。其结论为：第一，城市劳均资本存量对城市劳均产出水平有着显著作用；第二，近几年提升工业化水平对城市产出效率的作用非常小；第三，劳动力和土地等要素市场的扭曲已经极大妨碍了城市能够发挥的带动经济和提升效率的经济引擎作用，要素市场“松绑”，释放“制度红利”对城市效率的提升必将有积极的作用；第四，中国地区间城市发展水平差距将会进一步拉大；第五，存在一些制约中国大城市发挥其生产效率的因素未能得到很好解决，较高的行政层级有助于城市获取更多的资源，却不一定能实现资源的有效利用。②

《产业关联、空间地理与二三产业共同集聚——来自中国 212 个城市的经验考察》建立了产业和空间两维度的二三产业共同集聚的理论分析框架，并采用全国 212 个地级以上城市的面板数据进行了实证分析。结论为：第一，产业前后向关联和知识密集度有助于促进二三产业共同集聚水平的提高，这种作用存在显著的区域性差异；第二，当商务成本超过一定的阀值之后，产业共同集聚呈现分离趋势，二三产业从互补效应开始向挤出效应转变，而且这一阀值存在行业异质性；第三，区域性中心城市的发展有助于周边城市的二三产业共同集聚度的提高。③

---

① 罗守贵、金芙蓉：《都市圈内部城市间的共生机制》，《系统管理学报》2012 年第 5 期。

② 毛丰付、潘加顺：《资本深化、产业结构与中国城市劳动生产率》，《中国工业经济》2012 年第 10 期。

③ 《产业关联、空间地理与二三产业共同集聚——来自中国 212 个城市的经验考察》，《管理世界》2012 年第 4 期。

2. 城市管理

2.1 城市社区治理

城市社区治理一直是学界讨论的热点,2012 年出现了更多对于现有社区治理理念及组织参与模式的解读。《城市社区管理中的公众参与》将城市社区管理中的公众参与形式分为社区动员式参与、公众自发式参与、合作式参与三种,同时指出社区动员式参与是当下社区公众参与的主要形式之一,公众自发式参与是非常理想的社区参与类型,而合作式参与指的是社区居民与居委会之间的合作参与。通过分析作者认为,"自发式的社区参与自主性最强,但是参与过程受到资源限制比较大,参与过程因此面临合法性和参与持续性的问题。社区动员式参与获得的支持较多,但是参与者的参与动机不明确,尽管在形式上符合社区居委会的管理目标,但是动员式参与能否真正提高社区管理的成效和水平则很难说。而城市社区管理中的合作式参与则能够协调自主参与和动员参与的利与弊。"[①]《我国城市社区的理论建构及其实践路径》将社会变迁趋势总结为社会生活的市场化与去市场化、社会生活的去行政化与再行政化、社会生活的地域化与去地域化三个趋势,并将理论分为行政社区理论、共同体社区理论以及脱域社区理论,对城市社区的现状和建设理论进行了总结,认为我国城市社区的基本动力是多向度的社会变迁,现有的各种社区建设理论仅选择社会变迁中的某一向度作为自己的基础,这使得各种理论相互冲突而且脱离现实。[②]

在城市社区本土化的构建上,《社会管理创新和城市社区管理体制创新》给出了自己的定义:第一是地域性的居民居住区;第二是具有现代社会"多元化"的特征,完全不同于"同质性强"的传统"社区";第三是从它在整个城市社会系统运行中的功能、同政府的关系、其内部治理方式等方面看,它都具有"组织化程度"较高的特征。《城市社区体系结构可获性评价的原理研究》"运用城市生活空间质量观的理念分析了城市社区体系结构的公正性和客观可获性的内涵,构建了城市社区体系结构可获性评价的模式,即阶层化居舍剥夺指数评价模式和阶层化社会区剥夺指数模式。"[③]《从"有形村落"到"无形中国"社区研究方法中国化的可能路径》一文指出,农村研究的基本进路可以是从个案调查,到区域研究,再到区域比较,其在城市社区的研究中不无借鉴意义。[④]

---

① 向德平、王志丹:《城市社区管理中的公众参与》,《学习与探索》2012 年第 2 期。

② 周业勤:《我国城市社区的理论建构及其实践路径》,《安徽大学学报(哲学社会科学版)》2012 年第 1 期。

③ 张侃侃、王兴中:《城市社区体系结构可获性评价的原理研究》,《人文地理》2012 年第 2 期。

④ 刘小峰:《从"有形村落"到"无形中国"社区研究方法中国化的可能路径》,《中国社会科学报》2012 年 2 月 13 日。

在城市社区现状揭示的研究中,《城市社区冲突:强弱支配与行动困境——以上海P区M风波事件为例》指出,"基于基层政府选择性应付的公私逻辑,国家与社会在微观的社区生活中勾勒出'强国家—弱社会'关系之外的'隐国家—显社会'关系格局,并衍生出强弱力量与显隐结构交织的支配机制。这致使社区居委会在基层政府和社区居民之间陷入多重的行动困境,也即国家对于基层政权建设和社会自组织生产之间抱有双赢期望下的合作困境。"①《户籍身份、示范效应与居民幸福感:来自上海和深圳社区的证据》经过调查认为户籍制度的存在不利于提高城市内外来人口的幸福感,但关键在于,这可能挫伤高教育水平(往往也是高收入)的外来居民这一群体在城市安家和长期居留的可能。"这一群体的幸福感对于实现城市未来的社会和谐与提高居民的幸福感显得尤其重要。"②

2.2 农民工城市化问题

2012年,新生代农民工的市民化、城市化问题继续在学界引起关注。学界在户籍制度改革、社会保障制度跟进等问题上基本持相同意见,但这一方面的创新必须依赖实践。这些研究的重要性在于充分揭示了新型农民工市民化的现实瓶颈,以及怎样培育其在城市生活中的文化心理认同。

对于制约农民工市民化的问题上,《新生代农民工市民化程度的测度》运用调研数据,分析了影响案例地区新生代农民工市民化程度差异的因素,影响案例地区新生代农民工市民化程度的主要因素是职业阶层的回报率不同,而人力资本水平与其职业阶层分布具有较强的相关性。因此,努力提高新生代农民工的人力资本水平是促进其市民化的重要方式。③《非均衡性:新生代农民工市民化的路径分析》认为,现有的研究的关键问题是普遍存在一个预设前提,即认为新生代农民工及相关利益主体都有着强烈的市民化愿望,只要改变相关政策就能快速地实现新生代农民工的市民化,但事实上,并不是所有的新生代农民工和相关利益主体都有着强烈的市民化的意愿,研究分析了各个利益主体之间的非均衡性,以及新一代农民工实现城市化路径上的非均衡性。④ 这可以说是现状分析中比较细化的视角。

新一代农民工的文化心理认同一直是热点问题。《从职业城市化到人的城市化——我国农民工城市社会融入研究阶段和问题综述》认为,我国农民工形成和

---

① 李正东:《城市社区冲突:强弱支配与行动困境——以上海P区M风波事件为例》,《社会主义研究》2012年第6期。

② 陈钊、徐彤、刘晓峰:《户籍身份、示范效应与居民幸福感:来自上海和深圳社区的证据》,《世界经济》2012年第4期。

③ 周密、张广胜、黄利:《新生代农民工市民化程度的测度》,《农业技术经济》2012年第1期。

④ 黄闯:《非均衡性:新生代农民工市民化的路径分析》,《当代青年研究》2012年第5期。

发展可划分成职业城市化、地域城市化、身份城市化和人的城市化四个历史阶段,并在比较西方移民问题的基础上,预测了农民工城市社会融入研究将出现以新生代农民工为重点的趋势。[①]《社会资本视域下新生代农民工社会融入路径研究》以社会资本理论为研究框架,分析了新生代农民工市民化所面对的问题,主要有"熟人社会"解体、信任关系下降、个体原子化状态等,从社会组织、社会制度规范等层面提出了具体的融入规划,并为重塑新生代农民工的"熟人社会"提出了作用机制。[②]

六、城市人口与社会

1. 老龄化问题依然突出

老龄化问题在过去一年中仍是讨论的热点。2009 年 10 月—2010 年 4 月,廖和平、付睿对部分农村空巢老人的生活现状进行了问卷调查。调查内容分为基本情况、经济状况、日常生活、医疗健康、心理状况、文化娱乐六大方面。统计分析表明,农村空巢老人的生活现状堪忧,面临着诸多的生活问题。(一) 经济拮据,缺乏满足感:1. 经济来源渠道不畅,2. 经济支出结构失衡;(二) 起居无依,缺乏依赖感:1. 子女照料时常缺位,2. 老伴照料时常失位;(三) 情感孤独,缺乏快乐感:1. 社会活动较少,2. 情感慰藉贫乏,3. 身心感觉不爽;(四) 缺医少药,缺乏健康感:1. 身体心理常存困扰,2. 求医问药常感困难,3. 医药费用常临困境。其原因可梳理为(一) 农村家庭养老功能逐渐弱化:1. 核心家庭日增,2. 农村劳力外迁,3. 传统孝道弱化;(二) 自我、社会养老能力不够理想:1. 自我养老能力不强,2. 社区养老机构匮乏,3. 农村养老保险乏力;(三) 农村医疗保障制度不够完善:1. 医疗费用补偿仍存不足,2. 药品制销市场不够规范,3. 医疗技术水平不够理想;(四) 农村老人文体娱乐活动不够丰富:1. 老年人文体公共产品供给欠缺,2. 老年人文化娱乐形式比较单调。[③]

1984 年建筑师理查德·哈奇(Richard Hatch)提出"包容性设计",并把其内涵界定为"公众有能力参与并能控制环境"[④],指不论每个人的年龄、能力状况如何都可以被吸引和使用产品与环境的一种设计方法;或是通过与使用者共同努力来消

① 毛哲山:《从职业城市化到人的城市化——我国农民工城市社会融入研究阶段和问题综述》,《中国社会科学院研究生院学报》2012 年第 1 期。

② 崔华华、刘信鹏:《社会资本视域下新生代农民工社会融入路径研究》,《未来与发展》2012 年第 9 期。

③ 廖和平、付睿:《社会转型背景下农村空巢老人面临的主要问题及原因分析——基于五省 18 个自然村的调查数据》,《湖南科技大学学报(社会科学版)》2012 年 11 月,第 15 卷第 6 期,第 101—105 页。

④ 张文英、冯希亮:《包容性设计对老龄化社会公共空间营建的意义》,《中国园林》2012 年第 10 期,第 30—35 页。

除社会、技术、政治和经济过程中所产生的障碍的一种基础建设和设计的方法①。其目的是使设计者确保他们所设计的产品和环境可以尽可能多地满足大众的需求,而尽量摆脱用户年龄或能力的限制。包容性设计是一种全面、综合性的设计,在被不同年龄和能力的消费者使用的背景下,涵盖产品的各个方面,贯穿于产品从构思到最终生产的整个生命周期。但它并非是一种新的设计风格,而是一种新的"为大众而设计"的态度与途径。②

遵照包容性设计,要始终把"人"放在首位,注重可选择性、灵活性、多样性和差异性。人口老龄化刺激了包容性设计的需求,老年人渴望生活自理,促使了"生活街道"概念的产生,并鼓励了生产商和设计师真正考虑老年人的需要③,包括其生理需求和心理需求。

21 世纪初,包括中国在内的一些发展中国家都逐步迈入老龄化社会。此后发展中国家的经济发展也不一定会放缓。通过提高人口素质及增加人口发展机会,发展中国家就能够保持社会经济的高速增长。俄罗斯克拉斯诺亚尔斯克经贸学院教授杰姆琴卡研究认为,教育决定了人口素质,收入决定了人口的进一步发展机会。在这两方面,发展中国家还有很大的提升空间。这意味着在进入老龄化社会后,发展中国家的当务之急是提高民众教育水平、提高人口素质和人口发展机会及将收入分配合理化。只有这样才能更好地发展本国经济。④

2. 同性恋等性别问题受到广泛关注

2012 年,演艺界的众多艺人公开承认自己的同性恋身份,同性恋话题也再次被带到大众视野中。同性关系、两性关系、女性权利都是社会学关注的重要问题。

作为少数群体的同性恋者,其心理健康状况很大程度上受到社会中占大多数的异性恋群体的认知和接受程度的影响⑤。当代的大学生生长在多元文化的背景下,对各种观念和思想持有很强的开放态度,他们对于同性恋的认知和态度一定程度上反映了社会整体认知和态度。⑥

研究者通过采用整群随机抽样法,对当代大学生对同性恋的认知和态度进行调查。调查结果显示,52.8% 的大学生通过传媒(包括网络、书本、电视、电影)了解同性恋群体,46.0% 的大学生通过同伴交流的方式了解同性恋群体,仅有 1.2% 的大学生从学校课堂获得同性恋的相关知识。大学生对同性恋群体的认识不全

① Inclusive Design fromWikipedia[EB/OL]. [2009-05-18]. http://en. wikipedia. org/wiki/User:Profmgo/Inclusive_Design.

② 张文英、冯希亮:《包容性设计对老龄化社会公共空间营建的意义》,《中国园林》2012 年第 10 期。

③ 张文英、冯希亮:《包容性设计对老龄化社会公共空间营建的意义》,《中国园林》2012 年第 10 期。

④ 闫勇:《人口与经济增长的关系成全球学术热点》,《中国社会科学报》2012 年 5 月 25 日。

⑤ 李慧静:《同性恋者的心理健康状况及其影响因素》,《社会心理科学》2010 年第 4 期。

⑥ 梁斌、亢旭东:《成都高校大学生对同性恋的认知和态度》,《中国学校卫生》2012 年第 2 期。

面,在对同性恋的交往、感情、社会地位等问题的认知态度上还存在一定的负面刻板印象,加之大众传媒以往对同性恋的负面、偏见性报道①,导致大学生在对待同性恋的态度上不乏矛盾之处。一方面71.1%的大学生认可同性恋是一种生活方式,另一方面41.2%的大学生又对同性恋持排斥态度,认为其有违道德,而赞同同性恋婚姻合法化的仅为26.9%。②

虽然公众对同性恋群体关注度高,但接受程度却存在感情距离差异。大学生对同性恋的接受程度,从对他人(43.8%)、朋友(25.0%)到家人(21.6%)的接受程度呈递减趋势,说明大学生对同性恋的接受程度同样存在明显的感情距离差异。调查还发现,不同性别和生源地的大学生在对同性恋的认知态度上存在明显差异,女生较之男生、来自城市的大学生较之来自农村的大学生对同性恋的接纳、认同程度明显更高。同时,男、女大学生更易接受女同性恋。③

关于同性恋的社会原因,现有研究认为这是多方因素促成的。一是工业化和城市化的结果:一个客观条件是远离家庭和宗族的人员更有可能追求符合内心愿望的生活,自由恋爱如此,同性恋也是如此。另一客观条件是城市里人口的相对密集使同性间发生碰撞的机会大大增多,同性恋基地——如酒吧、浴池、公园和公厕等——自发形成,且全部是城市设施;二是经济发展和收入提高的结果:婚姻不仅建立在双方的感情基础上,也是一个经济联合体,比如两个人共同生活的成本一般低于单独生活成本的总和。经济越发展收入越高,单身者也越多,而对一些同性恋者来说,即使找不到伴侣,也会选择独善其身而不与异性结婚;三是交通和信息发展的结果:信息技术手段和交通出行手段的发展和发达为异地恋的长久提供了便利条件,同性恋的发展也便少了破坏元素;除了上述三个原因,由于西方开放思想的深入和政府渐渐退出私人空间的行为,使得同性恋行为更加公开化,看上去数量呈上涨状态。④

七、城市文化与传播

2012年,学术界对城市文化与传播的研究可谓包罗万象,兼具宏微观视野,有的从整个国家或城市文化进行分析和宏观探讨,有的从某个城市或某种城市文化现象进行剖析和批评,还有的对该领域的研究做综述和梳理。其中,最大的特色

① 杨倩:《国内媒体对同性恋现象报道的分析》,《新闻爱好者》2011年第2期。

② 梁斌、亢旭东:《成都高校大学生对同性恋的认知和态度》,《中国学校卫生》2012年第2期。

③ 梁斌、亢旭东:《成都高校大学生对同性恋的认知和态度》,《中国学校卫生》2012年第2期。

④ 二言:《为什么中国的同性恋看似越来越多?》:此文为北京林业大学性与性别研究所主办的"性别多元:理论与实务研讨会"会议论文,收入《性别多元:理论与实务研究》一书中,方刚主编,台湾万有出版社2012年版。

在于个案研究。

相较于往年的个案研究,2012 年的研究视野更多地回归国内城市。以往的个案不少专注于我国和国际的大都市,且北京和上海作为世界城市的研究对象,二者在研究程度上可谓平分秋色。2012 年,学者们将眼光转向中西部及二三线城市,对国外的国际大都市的研究和对北京的研究似乎有所降温,对上海的研究仍旧显得较为兴奋。此外,国内学者也关注起大学与城市文化的联系、影视作品体现出的城市文化及影视等媒介对于城市文化的传播现象。应该特别指出的是,农民工对城市的适应、城乡文化冲突与一体化的问题也日益受到重视。

1. 上海都市文化研究

上海戏剧学院副院长、大都市文化观测研究中心主任黄昌勇教授在《上海:作为世界城市的文化自觉》中,从上海的文化历史、"两次跨越"与"两个时代"、世界城市或国际文化大都市与上海文化自觉三方面对上海的城市文化进行了阐释。文章指出,要清晰地看到 2011 年上海正式提出了至 2020 年建成国际文化大都市的愿景,现在距离目标还有 8 年,时间非常紧迫,上海成为世界城市、作为文化大都市有很多工作要做。文章特别指出上海与其他国际大都市相比,其文化多样性是不够的;在公共文化建设方面还有很多不足。①

上海交通大学城市科学研究院刘士林教授认为,"大都市"这一概念已不适用于界定和表述中国大城市。以"国际大都市"和"国际文化大都市"为代表,"大都市"成为上海城市定位的核心概念和基本表述。但在世界、中国和上海的迅速变化和快速发展中,"大都市"概念已明显不适于界定和表述上海的城市定位和未来发展。"大都市"(metropolis)在流行伊始就是一个负面用语。作为工业文明背景下"单体城市"发展模式的代表,当代大都市普遍被城市病缠身而难以自拔,不符合当今城市发展的主流和趋势。从中国看,大都市这个概念已声名狼藉,随着我国"城市病"进入集中爆发期,各种超前规划的后遗症越来越多,对"国际大都市"的批评和声讨在相当长的时期内仍将持续。大都市模式特有的"自我中心"和"孤芳自赏",与当今世界和国家对上海的关注和希望存在明显冲突。"城市群"(Megalopolis)和"大都市"的本质区别在于:后者把城市看做"孤立的存在",每个城市只关心"自己"并"以邻为壑",直接导致了城市的无序发展和"恶性竞争";前者则把区域内城市看做利益攸关的"共同体",重在建立合理的城市层级体系以降低发展成本,代表了城市化的根本利益和先进方向。为此他建议:在上海城市定位上正式以"城市群"取代"大都市",在我国区域发展差距与矛盾仍十分突出的当下,以城市群作为上海城市定位的核心概念和基本表述,有助于解决长期以来困扰上

① 黄昌勇:《上海:作为世界城市的文化自觉》,《毛泽东邓小平理论研究》2012 年第 6 期。

海的文化难题，彰显海纳百川、谦和大气的城市精神。①

在中国航海博物馆第三届国际学术研讨会，上海海事大学杨权斌教授提到，近代上海城市的发展直接受惠于开埠以后的世界文化交流。上海在快速发展航运经济的同时，促使城市文化的多元融合与文化创新，并呈现出独有的港市文化开放性、交互性、集聚性特征。上海的城市精神融汇了中华民族文化的蓝色基因、世界海洋文化的拓新特质、人类科学文化的成果和现代和谐世界的人文理念。上海在打造"全球城市"的过程中，必须致力于国际航运文化转型，坚持"海派文化"的核心价值文化导向，努力建构"城以港兴"的港口型城市的人文环境，提升"形神兼备"的国际航运中心的文化魅力和建设"与时俱进"的国际都市人类家园。②

东华大学学者高鸽从上海小剧场话剧这一独特视角切入，窥探出江南城市文化的特点，如江南式的幽默，江南女性文化和江南社会文化。在谈到江南城市的社会文化时，作者对南方人、北方人的性格做了有趣的对比：北方人的性格豪爽乐观、粗犷，很多人不讲究隐私，大家成群结队去洗澡成了一种娱乐方式，出现了"澡堂文化"；而南方人性格温和细腻，尤其江南一带，鱼米之乡，人外表上显得瘦弱一点，性格也温婉含蓄许多。在上海，很难想象一群人下班之后直奔浴池，边洗澡边调侃的场景。江南人也不大喜欢"成群结党"，生活比较自我，思想比较独立，尤其是年轻人，多有自己对人生的思考与感悟。因为性格中的细腻和自我，所以人们的生活方式也比较"小资"，喝咖啡、吃下午茶，讲究的是一个环境一个心情。③

对近现代上海的探索和追溯也是学院派一大爱好。上海交通大学建筑学系陆邵明副教授主张城市文化的塑造与传承需要密码，认为上海作为一个以港兴市的城市，演绎了从"滩"的自然景观到"港"的都市景观，超越了既有地理框定的文化景观，由此提出近代码头遗产是上海都市文化进程的一个密码和象征符号。在《上海现代化变迁中的城市文化密码探寻》一文中，他基于文献综述、基地考察，从历史物像、场所与事件等三条基因链，探索了这一城市密码的文化内涵、表征体系与历史价值，确认了码头遗产这一密码的可编辑性对于海派文化遗存的再生发展的积极意义。④

香港中文大学历史系教授梁元生透过清末民初在上海的广东人基督徒群体，分析了其中两组人对上海城市文化所作的贡献。其一是创办和经营百货公司的

---

① 刘士林：《"大都市"已不适用于界定和表述中国大城市——以上海为例》，《探索与争鸣》2012 年第 12 期。

② 杨权斌：《城市精神与全球城市目标下的国际航运文化转型》，"上海：海与城的交融"中国航海博物馆第三届国际学术研讨会，2012 年 8 月 22 日。

③ 高鸽：《上海小剧场话剧与城市文化研究看剧场中的江南文化》，《上海戏剧》2012 年 12 月。

④ 陆邵明：《上海现代化变迁中的城市文化密码探寻》，《江苏行政学院学报》2012 年第 2 期。

基督徒，其二是以新技术印刷图书画报的文化人和出版商人，他们许多也有基督教的背景。这些广东人在沪的发展和际遇，比较起早期由粤来沪的商人和买办，无论其职业、心态以及对城市经济的冲击和对文化产生的作用，都有着显著的差别。①

2．大学与城市文化

大学文化是社会文化的一个组成部分，它是以大学为载体，通过历届师生的传承和创造，为大学所积累的物质和精神成果的总和，是一种与大众文化或其他社会文化既相联系、又相区别的文化系统。从结构层次上看，大学文化包含物质文化、制度文化、精神文化等层次。物质文化是大学文化的外在和基础，制度文化是大学文化的支柱，精神文化是大学文化的核心。大学文化具有封闭性与开放性的统一、创新性与继承性的结合、高雅性与普及性的共生等特征，发挥着重要的教育引导、凝聚激励、引领创新和协调融合等功能。②

为了更好地实现大学和城市的互动，《发展视阈下高校校园文化与城市文化互动研究》提出，不仅要加强城市文化建设，提升城市核心竞争力；建立产、学、研相结合体制，发挥高校服务社会功能；还要构建开放性的高校文化建设模式，增强城市文化整体实力；继续解放思想，锐意创新，凝练出符合社会发展需要的新时代校园文化。③《论大学文化与城市文化的互动》认为，要加强大学文化建设，推动城市文化发展，就要加强大学文化创新，夯实大学文化服务城市文化建设的基础；加强大学与城市文化互动，构筑城市文化建设立体式平台；加强对城市文化、城市精神的研究，为提升城市文化水平提供理论支撑。④ 在两者的互动机制建设上，《大学文化与城市文化发展》与《论大学对城市文化的引领功能及其实现》都极为类似地提到，要构建大学文化的开放机制，加强大学与城市的互动；构建大学文化的贡献机制，加强大学与政府的联动；构建大学文化服务城市文化建设的长效机制，加强大学文化与城市文化的系统共建。⑤

《大学服务城市文化功能探究》则阐释了城市文化内涵，并将大学服务城市文化功能分为引领、辐射、创新城市文化三个层次，在此基础上，讨论了不同层次大学的服务城市文化功能的定位——一般研究型大学和部分研究教学型（或者教学研究型）大学应更多地发挥文化创新、创造的作用，努力思考如何为创新城市文化

---

① 梁元生：《创造“文化新天地”：清末民初广东基督教徒对上海城市文化的冲击和改造》，《史林》2012年4月。

② 孙雷：《论大学文化与城市文化的互动》，《学校党建与思想教育》2012年第4期。

③ 许珍：《发展视阈下高校校园文化与城市文化互动研究》，《中国成人教育》2012年第18期。

④ 孙雷：《论大学文化与城市文化的互动》，《学校党建与思想教育》2012年第4期。

⑤ 孙雷：《大学文化与城市文化发展》，《高校理论战线》2012年第4期；李华玲、李峻：《论大学对城市文化的引领功能及其实现》，《国家教育行政学院学报》2012年第10期。

做出更多的贡献;大多数研究教学型(或者教学研究型)大学和本科教学型大学应更多地承担起文化传承与选择的功能,更多地思考如何加强对城市文化的引导和引领;高职高专等教学型大学则应更多地承担对城市文化的传播功能,更多地考虑如何提高弘扬城市文化的能力。当然,考虑到文化的多变性、复杂性,各类型大学服务城市文化的实际内容和路径肯定会有交叉。①

3. 城市文化传播与媒介

武汉大学新闻与传播学院金璐以武汉为观察点,从传播的"仪式观"来审视城市文化传播,认为居住在同一座城市中的人们分享着相同的城市历史,拥有带着城市传统烙印的多样化行为方式,他们的脑海和心灵中根植着同样的城市精神文化,而城市文化的传播实质上就是一种通过符号来使现实得以生产、维系、修正和转变的过程,是一种分享意义的文化仪式。受众作为旁观者,加入到了媒体所描述的城市文化的场景之中,这样的描述能够为整个城市生活提供整体的形式、秩序和调子,能够保持城市的精神文化发展脉络,不至于在城市化和现代化进程的浮躁氛围中丢失了城市的总体形式、破坏了城市的生机和活力。为此,在城市文化被轻视和冷落的当下,媒体不仅仅要服务于市民的信息需求,更重要的是构建和深化市民对自己所生活的城市的文化认同,形成一种城市文化氛围,将城市文化传播升华为一种"城市文化的分享仪式",依靠自身的影响力参与到城市化建设之中,巩固城市对文化的贮存功能,恢复城市对文化的流传功能和培育充满个性的城市文化,重塑城市文化灵魂,成为城市文化发展的助推器。②

南京铁道职业技术学院冯明兵将地铁文化置于城市文化的视阈,探讨了地铁文化的概念及其文化价值——地铁既是城市文化的物化形态,也是城市文化精神形态的存在方式;既是城市文化的创新形式,也是推动城市文化发展的创新手段;既能成为城市文化的标志,也可创造出城市文化的新范式。③

伍迪·艾伦作为以电影表现城市文化和城市生活的代表性导演,他的四十多部电影中有一半以上都是在他出生和成长的纽约拍摄的。《现代电影的城市书写——从伍迪·艾伦电影看城市影像符号》一文认为,伍迪·艾伦电影中的城市形象,既是风景和单纯故事背景的影像,又是情感倾诉对象寄托的意象,还是现代生活寓言的象征。导演运用多种表现手法,不仅展示出城市这个单纯的电影影像所显现出来的不同意象和象征意味,而且达到表现城市、剖析社会的目的。④

---

① 陈斌、张维雅、郑剑:《大学服务城市文化功能探究》,《中国高教研究》2012 年第 3 期。

② 金璐:《从"仪式观"看城市文化传播》,《前沿》2012 年第 1 期。

③ 冯明兵:《以城市文化为视角论地铁文化的价值》,《城市轨道交通研究》2012 年第 10 期。

④ 袁萍、王晶:《现代电影的城市书写——从伍迪·艾伦电影看城市影像符号》,《南昌大学学报》(人文社会科学版)2012 年 11 月。

《电影对现代城市形象的传播研究》通过电影中的社会背景对城市消费文化的影响及电影中视觉符号对大众文化渗透进行了分析。文章认为,电影能够将城市文化的时间性与空间性很好地融合,文化重新通过声音和图像的形式得以传播,使声音与图像成为社会认知和传播的重要方式。对消费者而言,这种传播效果是潜移默化的。因此,城市及企业利用电影进行品牌营销是一种明智的决策。城市利用电影这一视觉语言向全世界的人们展示城市建筑、城市文化以及城市形象,可以实现对城市的立体化营销,表现在多种发行主体的相互联合、多种发行内容的相互融合及多种发行渠道的相互配合。①

《影像·城市·工业——光影世界中的城市形象建构》同样认为影视作品是推广城市形象重要且独特的渠道。城市的主体是人,影视作品的主体也是人,文章用众多影视作品印证,影视艺术作品中的城市是通过一个个鲜活的人物形象得以表现的。有些人物的性格特征本身就是城市形象的表征。作者认为,影视艺术因表现城市形象而充满了空间场域的文化力量,而工厂作为标志性的城市意象则显示出城市现代性的演进。在许多艺术形式中,工业题材是重要的表现对象,因为工厂常常是一个现代化城市的重要表征,工业文化作为城市文化最为典型的文化形式,是城市最重要的文化意象。②

八、城市文学与艺术

1. 城市文学

2012 年,城市文学研究开始脱离较为笼统的“待发掘”、“待启蒙”、“受遮蔽”的总体判断和“欲望”、“怀旧”两大主题,开始探究城市文学同其他文学体裁、地域历史等的复杂关系。文学分析更多以城市中的个体式群体为分析对象而非笼统的“情感”。在 2012 年,城市文学研究的新趋势主要表现为:欲望主题的进一步深化,以代际创作、城乡关系为视角的文学史批评,城市文学的地域创作及城市文学艺术历史考察。

1.1 城市文学“欲望”主题的进一步深化

对于城市文学中的欲望主题,2012 年度的城市文学研究继续给予了关注,《时尚中国:城市没有浪漫》一文中写道,“我们已经看到了太多时尚中国城市的文学形象,但是,一个浪漫的城市,或者说一种浪漫的城市气质,似乎从来也不会在时尚中国的城市文学里出现。在时尚中国的城市文学发展之初,浪漫的生存形式及

---

① 佟利平、张润东:《电影对现代城市形象的传播研究》,《2012 年艺术工学与创意产业国际学术会议论文集》。

② 邓丽:《影像·城市·工业——光影世界中的城市形象建构》,《名作欣赏》2012 年第 2 期。

艺术风格就受到了遏制，城市品质的方向一开始就被现实功利所充分控制，在这样的城市里，不可能发生'浪漫'这种自由的生存形式，浪漫的精灵只能在时尚中国的城市上空游荡：它们无法降落。……在时尚中国，已经可以像对待庆功宴一样去对待文学，城市在文学中的存在，只是为了展开现实的浮华与享受，或者，把文学当作功利主义需要的实际延伸。"①该文以"欲望"为关键词，展开了对城市文学中人为获取城市中种种物质资源而产生的人性悲剧的研究。

2012年，这一方面的研究中出现两大特点：

第一，国外新研究方法开始被介绍进来，成为新的方法论工具。在《威廉斯与文学表征的"对位阅读"——以〈乡村与城市〉对意识形态的解构为例》一文中，介绍了威廉斯《乡村与城市》(*The Country and the City*)对文学作品中的城乡意象、城乡关系、各自的变迁及全球化时代的城乡结构等主题所进行的考察。针对田园牧歌式的乡村生活逐渐在现代城市化的背景中逐渐消失，威廉斯认为"乡村"和"城市"的变迁不仅是地理空间的变迁，也是生活方式和"情感结构"的改变，而社会权力是潜伏在背后的根本驱动力。"主张"始终将对宏观时代背景的分析融于细致的文本解读。通过检视文本是否再现了真实的社会关系，超越文学表征的表象，从而显影文学表征背后隐藏的权力运作。"认为乡村无法挽回的改变不仅是外部力量所致，还有发轫于自身的缘由，而资本主义则是力量的源泉。但这一切在文学作品"只是对温情的、虚构的社会架构的认同和憧憬，而不是以建立新秩序为目标，这种期冀和改革的愿望正好为统治阶级所征用，成为减压阀。"②《西方城市文化视野中的文学研究述评》一文指出，"西方学术界将文学纳入城市视域予以研究肇始于19世纪后期，直至20世纪三四十年代，研究的焦点主要集中于城市对于文学的影响，如作家的城市经验……20世纪60年代以来，随着文化研究的兴起，"文学城市"丰富的知识价值受到其他学科的普遍关注。"在该文中，作者介绍了文学的城市地形学描绘与空间及环境研究、文学中的城市与乡村观念研究、性别与城市再现、文学中的人群、大众与阶级形象。"城市研究与文学研究的交叉与渗透提出了新的问题，革新了文学研究的方法，拓展了文学研究的视野，而它所处理的问题，也不仅是文学研究和城市研究作为两个独立学科关注的问题，而且是关乎现代社会组织、价值观念和生活方式的所有问题。"③这两篇文章表明，文化研究的视角开始在城市文学研究中深入展开。

第二，出现了更加细化的人物分析，女性成为欲望主题考察的切入点。《欲望

---

① 徐肖楠、施军：《时尚中国：城市没有浪漫》，《文艺评论》2012年第1期。

② 何卫华：《威廉斯与文学表征的"对位阅读"——以〈乡村与城市〉对意识形态的解构为例》，《文艺理论研究》2012年第4期。

③ 陈晓兰：《西方城市文化视野中的文学研究述评》，《兰州大学学报(社会科学版)》2012年第6期。

的化身:新世纪批评视野中的城市文学审美形象阐释——以女性与知识分子形象为例》一文指出,城市文学作为一种日趋成熟的审美类型逐渐走向立体化和复杂化,其中一条主线是欲望特征。作者认为,这在女性与知识分子形象上体现得最为真切,“面对如此物化的现实,城市文学批评主要存在着两种不同的价值维度:一是认为对于商品、金钱的过度热衷带来了女性的异化、物化,是一种新的历史条件下的迷失,此观点居于批评的主流地位。……有的论者积极挖掘女性被物化的正面意义,从批判的后现代女性主义理论来理解“物化”,旨在突破精神/物质,意识/身体等二元对立的思维模式,打破在这一模式统摄下男性/女性的等级制象征秩序与话语——权力关系,这开辟了认识城市文学女性形象的新途径。……事实上,物质、身体诱惑给女性个体带来的解放意味要远逊于它给女性带来的灵魂摧残。”①《向都市迁徙的女性部落——有关上海女佣的三个文本考察》一文将鲁迅写于1935年的短篇《阿金》、张爱玲1944年发表的中篇《桂花蒸 阿小悲秋》及王安忆的长篇《富萍》连贯起来,揭示了上海女佣这一从乡村向都市默默迁徙的一个独特部落的精神心理历程。②《浅论20世纪90年代女性都市小说的创作类型》一文,则将女性都市小说分为世情生态小说、市情商态小说、城市精神史小说、女性私人化小说以及女性物化小说。③

除了以上两种新趋势,一直以来谈论较多的“欲望”主题也在2012年的中国城市文学研究中有了新的突破。在《物化都市空间的展示与营构——世俗化时代都市文学中的物化倾向》一文中,从物化都市空间的震惊体验、人与物化都市的对抗、人对物质的欣赏与膜拜等方面,对世俗化时代都市文学中的物化倾向进行分析阐释,认为如此描写有对生活表象真实的倚重的倾向,由此反射出作家不再将信仰、理性等终极价值作为标准,而是将客观的、外在的“可信度”(本来是对象和形象的属性之一)作为标准,并往往非常重视事件的新奇性、原生态性,使文本具有了较强的物化色彩。④《传媒视野下都市文学中“另类”聚焦——当代作家邱华栋质疑的别样人生》指出,邱华栋的作品从文本的表层看写的是烦恼消极事,但实际上善意地认同开放时代的社会进步和人性解放;另一方面以社会责任与理性锋

① 赵双花:《欲望的化身:新世纪批评视野中的城市文学审美形象阐释——以女性与知识分子形象为例》,《文艺评论》2012年第5期。

② 阮兰芳:《向都市迁徙的女性部落——有关上海女佣的三个文本考察》,《文艺理论与批评》2012年第2期。

③ 李冬梅:《浅论20世纪90年代女性都市小说的创作类型》,《吉林省教育学院学报》2012年第8期。

④ 褚洪敏:《物化都市空间的展示与营构——世俗化时代都市文学中的物化倾向》,《海南师范大学学报》(社会科学版)2012年第6期。

芒审丑溢恶地表达对都市中崇拜金钱，安于物质的人群生存的质疑。[①]《20 世纪 90 年代以来城市文学叙事的文化批评》"从三个层面对 20 世纪 90 年代以来的城市文学进行文化学考察：一是从总体上论述城市文学的兴起以及城市文学叙事的多元审美旨趣与文化症候；二是从消费主义文化视域出发发掘 90 年代以来对消费主义文化的想象性呈现，及其所包孕的文化价值矛盾；三是进一步论述 90 年代以来城市文学对消费主义生活方式的铺陈叙写，批判城市文学在对消费主义文化趋骛与超拔的叙事张力所折射出的虚无主义价值观。"[②]《杂色斑斓、诡秘阴晦的浮世绘——新世纪第一个十年（2001—2010）都市小说一瞥》一文将都市小说的叙述视角概括为"偷窥者的目光"、"无名年代的个体化叙事"、"新型的美学风貌"，认为曾经引发人们诸多关注的"80 后"写作在精神气质上同 21 世纪第一个十年的都市小说可谓一脉相承。"它们都以个人为主体，个人的情感体验成为叙述的原动力，较少或根本不关注重大的历史事件和社会意义，也不试图体现出明显的伦理取向。批评界常常贬这些作品沉溺于一己小我的天地中，忘记了民族、国家和社会，缺乏厚重的分量。"[③]但同时也指出，这同中国缺乏浪漫主义文化传统相关，"在中国的批评话语中，人们津津乐道的是那些有着宏大历史、社会叙事框架的作品，个人的情感只能在其间充当配角，常常无法成为叙事推进的原动力。在这种文化氛围中，都市文学遭遇到一定程度的贬斥、漠视也是顺理成章的结局"。[④]

1.2 以代际创作、城乡关系为视角的文学史批评

2012 年，城市文学研究出现了代际创作、地域创作的新视角，重新阐释了城市文学与乡村文学之间的关系。在此前的研究中，当代城市文学在研究中被认为体现了消费性、欲望化，创作者大多是"80 后"作家、网络文学作家以及像卫慧、安妮宝贝、六六等与传统作家不同而受到争议的作家。在 2012 年，这样的固有形态有所打破，城市文学的创作者扩展为"60、70 后"作家群体，城市文学开始在更大范围内受到重视。

《乡村文明的变异与"50 后"的境遇——当下中国文学状况的一个方面》认为，如果作家要在当代继续保持同时代的紧密性和互动性，以自身创作表达出这个时代的精神困境和难题，那么小说创作的主题势必要从乡村转向城市，因为这

---

① 徐张杰：《传媒视野下都市文学中"另类"聚焦——当代作家邱华栋质疑的别样人生》，《湖北社会科学》2012 年第 2 期。

② 李艳丰：《20 世纪 90 年代以来城市文学叙事的文化批评》，《广州大学学报》（社会科学版）2012 年第 2 期。

③ 王宏图：《杂色斑斓、诡秘阴晦的浮世绘——新世纪第一个十年（2001—2010）都市小说一瞥》，《文艺争鸣》2012 年第 6 期。

④ 王宏图：《杂色斑斓、诡秘阴晦的浮世绘——新世纪第一个十年（2001—2010）都市小说一瞥》，《文艺争鸣》2012 年第 6 期。

是中国现代性——乡村文明的溃败和新文明的迅速崛起所带来的必然结果,在这一方面,作者认为"50后"作家"不仅没有表达的能力,甚至丧失了愿望"。"可以肯定,当下文学正在发生的结构性变化,不仅仅是空间或区域、场景和人物的变化,它更是一种价值观念、生活方式和情感方式的大变化。而对这一变化的表达或处理是由"60后""70后"作家实现的,这与历史有关。在20世纪40年代,由于当时的中国社会在本质上是"乡土中国",同时中国革命的胜利主要依靠的力量是农民,因而当时中国乡土文学转向了"农村题材",但当时间发展到了80年代初期,又出现了"农村题材"向"新乡土文学"的转移,其中的"新乡土"的背景是在改革开放中乡村逐渐瓦解及城市逐渐形成,在这种情况下,中国都市文学开始兴起。由于长期以来"反城市的现代性"及贵族的缺失,中国的都市文化经验正在艰难地艰难探寻和建构,并直接体现在官场题材、市民题材及"知识分子"题材上。但很显然,这一进程尚未完成,结果也无法预计,但也不难得出一个基本判断,即"一种有别于乡村文明、以城市文化为核心的'新文明'正在建构"①。

1.3　城市文学的地域创作及城市文学艺术的历史考察

城市文学与城市文化既是当今城市化背景下的新产物,也是中国各地文化风俗、城市史长期积淀的结果。

在2012年,以具体城市地域为对象的城市文学研究逐渐增多,同时作为研究对象的城市也不断扩充,并逐渐向历史文化考察的层面展开。《文学地理学的学科建构》一文呼吁建立独立的文学地理学学科,作者提到了城市文学地理研究,具体有城市文学轴心的形成与变迁研究、城市文学空间研究、城市之于作家的价值内化包括城市记忆、想象、意象等研究。作者认为,在文学地理中城市轴心起到了主导全局的作用,在当今城市化进程中,城市文学将会受到学界的持续和重点关注,所以有理由强化城市文学地理的研究力度与深度。②《1980年代以来文学中的城市研究——以地域属性为考察中心》认为,"城市中的文学"研究成果斐然,但关于"文学中的城市"研究,比较系统深入的成果却寥寥,以地域属性考察文学中的城市不仅可以突破以往现代性下的思维困境,而且可让城市文学研究回归其最本质的属性,考察孕育中国城市文学的母体——城市在文学中的真实呈像,展现其本土性和丰富性。③

《城市文学视野中的〈古诗十九首〉》指出,《古诗十九首》"是第一次在诗歌里全面地描摹东汉都城洛阳的整体风貌,又是第一次刻画士人们身处京师时在各种

---

① 孟繁华:《乡村文明的变异与"50后"的境遇——当下中国文学状况的一个方面》,《文艺研究》2012年第4期。

② 梅新林:《文学地理学的学科建构》,《华中师范大学学报(人文社会科学版)》2012年第4期。

③ 张惠苑:《1980年代以来文学中的城市研究》,华东师范大学2012届博士研究生论文。

不同环境下的复杂心态，这些汉代诗人第一次淋漓尽致地暴露了自己醉心功利、放旷纵欲、追求娱乐的世俗性的一面”[①]。在《十九首》之前，中国古代文学作品中曾有反映城市生活的，但在文人创作的诗歌中，用典型性艺术技巧，站在宏大的空间边际指点京师洛阳城市意象的，还要以《十九首》为首创。[②]《唐代诗歌中的城市》将唐诗中的城市意象分为五种，认为城市文学表现了城市中平民“面对生活或者理想失落时所产生的深深无奈”。在文中还提出了一个问题，即唐代诗歌中，“很少出现如乡村诗歌中的乡民那样虽艰辛但乐观的市民形象”[③]，这与《城市文学视野中的〈古诗十九首〉》中对汉代士人心态的描述有些相同。《国家性与地方性：开封城市叙述的两种文本传统》一文兼顾开封城市的地域性和历史性，梳理出自宋代开始一直到当代文学作品中的开封城市形象，将开封的城市形象总结为国家性的帝都叙述传统和地方性的市井叙述传统，当开封城兴盛时，文学上凸显其地方性传统，而开封城衰落时则重视其国家性想象，凸显帝都叙述传统。[④]《乐府文学中的“都市书写”》将乐府文学中的“都市书写”概括为都市物质景观、文化景观和都市心态三方面，其特殊性主要体现在历史想象与现实环境结合的都市场景、乐府创作的沿袭性与都市景观的模式化上。[⑤] 此外，《租界、乡土与都市——文学与天津城市的现代转型》、《文学记忆中的城市文化审思——以20世纪三四十年代文学中的昆明为例》、《古代城市文学资源与城市文化特色构建——以洛阳为例》等文章，也在不同层面对城市史和地区文化中的城市问题进行了有益的探索。

---

① 王书才：《城市文学视野中的〈古诗十九首〉》，《毕节学院学报》2012年第3期。

② 王书才：《城市文学视野中的〈古诗十九首〉》，《毕节学院学报》2012年第3期。

③ 仲红卫：《唐代诗歌中的城市》，《中国社会科学报》2012年12月7日。

④ 张鸿声、吴鹏：《国家性与地方性：开封城市叙述的两种文本传统》，《郑州大学学报》（哲学社会科学版）2012年第6期。

⑤ 杨基燕、王志清：《乐府文学中的“都市书写”》，《云南师范大学学报（哲学社会科学版）》2012年第2期。